U1074602

行政复议法、行政诉讼法一本通

法规应用研究中心　编

一本通
YIBENTONG

中国法治出版社
CHINA LEGAL PUBLISHING HOUSE

编辑说明

“法律一本通”系列丛书自2005年出版以来，以其科学的体系、实用的内容，深受广大读者的喜爱。2007年、2011年、2014年、2016年、2018年、2019年、2021年、2023年我们对其进行了改版，丰富了其内容，增强了其实用性，博得了广大读者的赞誉。

我们秉承“以法释法”的宗旨，在保持原有的体例之上，今年再次对“法律一本通”系列丛书进行改版，以达到“应办案所需，适学习所用”的目标。新版丛书具有以下特点：

1. 丛书以主体法的条文为序，逐条穿插关联的现行有效的法律、行政法规、部门规章、司法解释、请示答复和部分地方规范性文件，以方便读者理解和适用。

2. 丛书紧扣实践和学习两个主题，在目录上标注了重点法条，并在某些重点法条的相关规定之前，对收录的相关文件进行分类，再按分类归纳核心要点，以便读者最便捷地查找使用。

3. 丛书紧扣法律条文，在主法条的相关规定之后附上案例指引，收录最高人民法院、最高人民检察院指导性案例、公报案例以及相关机构公布的典型案例的裁判摘要、案例要旨或案情摘要等。通过相关案例，可以进一步领会和把握法律条文的适用，从而作为解决实际问题的参考。并对案例指引制作索引目录，方便读者查找。

4. 丛书以脚注的形式，对各类法律文件之间或者同一法律文件不同条文之间的适用关系、重点法条疑难之处进行说明，以便读者系统地理解我国现行各个法律部门的规则体系，从而更好地为教学科研和司法实践服务。

目 录

中华人民共和国行政复议法

第一章 总 则

第 一 条【立法目的】 …… 2
第 二 条【适用范围】 …… 3
★ 第 三 条【工作原则】 …… 5
第 四 条【行政复议机关、机构及其职责】 …… 11
第 五 条【行政复议调解】 …… 12
第 六 条【行政复议人员】 …… 16
第 七 条【行政复议工作保障】 …… 17
第 八 条【行政复议信息化建设】 …… 21
第 九 条【表彰和奖励】 …… 25
第 十 条【行政复议与行政诉讼的衔接】 …… 25

第二章 行政复议申请

第一节 行政复议范围

★ 第十一条【行政复议范围的一般规定】 …… 29
★ 第十二条【行政复议范围的排除】 …… 34
第十三条【对规范性文件的附带审查】 …… 37

第二节 行政复议参加人

★ 第 十 四 条【申请人】…………………………………… 41
第 十 五 条【代表人】…………………………………… 43
第 十 六 条【第三人】…………………………………… 44
第 十 七 条【代理人】…………………………………… 47
第 十 八 条【法律援助】………………………………… 49
第 十 九 条【被申请人】………………………………… 51

第三节　申请的提出

★ 第 二 十 条【一般申请期限】……………………………… 52
第二十一条【最长申请期限】……………………………… 56
第二十二条【申请方式】…………………………………… 57
第二十三条【复议前置】…………………………………… 58

第四节　行政复议管辖

第二十四条【县级以上地方人民政府管辖】……………… 61
第二十五条【国务院部门管辖】…………………………… 61
第二十六条【原级行政复议决定的救济途径】…………… 63
第二十七条【垂直领导行政机关等管辖】………………… 64
第二十八条【司法行政部门的管辖】……………………… 65
★ 第二十九条【行政复议与行政诉讼的选择】……………… 65

第三章　行政复议受理

★ 第 三 十 条【受理条件】………………………………… 66
第三十一条【申请材料补正】……………………………… 71
第三十二条【部分案件的复核处理】……………………… 75
第三十三条【驳回复议申请】……………………………… 76
第三十四条【复议前置后的行政诉讼】…………………… 77
第三十五条【对行政复议受理的监督】…………………… 78

第四章　行政复议审理

第一节　一般规定

第三十六条【审理程序及要求】 …… 79
第三十七条【审理依据】 …… 80
第三十八条【提级审理】 …… 81
★ 第三十九条【复议中止】 …… 81
第 四 十 条【恢复审理】 …… 85
★ 第四十一条【复议终止】 …… 85
第四十二条【复议期间行政行为不停止执行及其例外】 …… 87

第二节　行政复议证据

第四十三条【证据种类】 …… 89
第四十四条【举证责任】 …… 91
第四十五条【调查取证】 …… 92
第四十六条【被申请人收集和补充证据限制】 …… 93
第四十七条【申请人等查阅、复制权利】 …… 95

第三节　普通程序

第四十八条【被申请人书面答复】 …… 98
第四十九条【听取意见程序】 …… 101
第 五 十 条【听证情形和人员组成】 …… 106
第五十一条【听证程序和要求】 …… 112
第五十二条【行政复议委员会组成和职责】 …… 115

第四节　简易程序

第五十三条【简易程序适用情形】 …… 116
第五十四条【简易程序的具体要求】 …… 117
第五十五条【简易程序向普通程序转换】 …… 120

第五节　行政复议附带审查

第五十六条【规范性文件审查处理】…… 121
第五十七条【行政行为依据审查处理】…… 122
第五十八条【附带审查处理程序】…… 124
第五十九条【附带审查处理结果】…… 126
第 六 十 条【接受转送机关的职责】…… 127

第五章　行政复议决定

第六十一条【行政复议决定程序】…… 129
★ 第六十二条【行政复议审理期限】…… 130
第六十三条【变更行政行为】…… 133
第六十四条【撤销或者部分撤销、责令重作行政行为】…… 135
第六十五条【确认行政行为违法】…… 137
第六十六条【限期履行法定职责】…… 138
第六十七条【确认行政行为无效】…… 139
第六十八条【维持行政行为】…… 139
第六十九条【驳回复议请求】…… 142
第 七 十 条【被申请人不提交书面答复等情形的处理】…… 143
第七十一条【行政协议案件处理】…… 144
第七十二条【行政复议期间赔偿请求的处理】…… 145
第七十三条【行政复议调解处理】…… 147
第七十四条【行政复议和解处理】…… 155
第七十五条【行政复议决定书】…… 157
第七十六条【行政复议意见书】…… 162
第七十七条【复议文书的履行及不履行的后果】…… 164
第七十八条【行政复议决定书、调解书的强制执行】…… 166
第七十九条【行政复议决定书公开和文书抄告】…… 168

第六章 法律责任

第 八 十 条【行政复议机关不依法履职的法律责任】 …… 168
第八十一条【行政复议机关工作人员的法律责任】 ……… 171
第八十二条【被申请人不书面答复等行为的法律责任】 …… 172
第八十三条【被申请人不履行有关文书的法律责任】 …… 173
第八十四条【拒绝、阻挠调查取证等行为的法律责任】 …… 174
第八十五条【违法事实材料移送】 …………………… 174
第八十六条【职务违法犯罪线索移送】 ……………… 175

第七章 附 则

第八十七条【受理申请不收费】 …………………… 175
第八十八条【期间计算和文书送达】 ……………… 176
第八十九条【适用范围补充规定】 ………………… 178
第 九 十 条【施行日期】 ………………………… 178

中华人民共和国行政诉讼法

第一章 总 则

第 一 条【立法目的】 ………………………… 180
第 二 条【诉权】 ……………………………… 184
第 三 条【行政机关负责人出庭应诉】 ……………… 189
★ 第 四 条【独立行使审判权】 ……………………… 195
第 五 条【以事实为根据，以法律为准绳原则】 ……… 195
第 六 条【合法性审查原则】 ……………………… 201
第 七 条【合议、回避、公开审判和两审终审原则】 …… 202

第　八　条【法律地位平等原则】……………………………… 203
第　九　条【本民族语言文字原则】…………………………… 204
第　十　条【辩论原则】……………………………………… 206
第十一条【法律监督原则】………………………………… 207

第二章　受案范围

★ 第十二条【行政诉讼受案范围】……………………………… 216
第十三条【受案范围的排除】……………………………… 230

第三章　管　辖

★ 第十四条【基层人民法院管辖的第一审行政案件】…… 233
★ 第十五条【中级人民法院管辖的第一审行政案件】…… 234
第十六条【高级人民法院管辖的第一审行政案件】…… 236
第十七条【最高人民法院管辖的第一审行政案件】…… 237
第十八条【一般地域管辖和法院跨行政区域管辖】…… 238
第十九条【限制人身自由行政案件的管辖】………… 238
第二十条【不动产行政案件的管辖】………………… 239
第二十一条【选择管辖】………………………………… 240
第二十二条【移送管辖】………………………………… 240
第二十三条【指定管辖】………………………………… 241
第二十四条【管辖权转移】……………………………… 242

第四章　诉讼参加人

★ 第二十五条【原告资格】………………………………… 245
★ 第二十六条【被告资格】………………………………… 252
第二十七条【共同诉讼】………………………………… 259
第二十八条【代表人诉讼】……………………………… 260
第二十九条【诉讼第三人】……………………………… 261

第 三 十 条【法定代理人】 …………………………………… 263
第三十一条【委托代理人】 …………………………………… 264
第三十二条【当事人及诉讼代理人权利】 …………………… 265

第五章 证 据

第三十三条【证据种类】 ……………………………………… 268
★ 第三十四条【被告举证责任】 ………………………………… 279
第三十五条【行政机关收集证据的限制】 …………………… 283
第三十六条【被告延期提供证据和补充证据】 ……………… 284
第三十七条【原告可以提供证据】 …………………………… 285
第三十八条【原告举证责任】 ………………………………… 286
第三十九条【法院要求当事人提供或者补充证据】 ………… 288
第 四 十 条【法院调取证据】 ………………………………… 288
第四十一条【申请法院调取证据】 …………………………… 290
第四十二条【证据保全】 ……………………………………… 291
第四十三条【证据适用规则】 ………………………………… 292

第六章 起诉和受理

★ 第四十四条【行政复议与行政诉讼的关系】 ………………… 293
第四十五条【经行政复议的起诉期限】 ……………………… 294
★ 第四十六条【一般起诉期限】 ………………………………… 295
第四十七条【行政机关不履行法定职责的起诉期限】 ……… 297
第四十八条【起诉期限的扣除和延长】 ……………………… 297
第四十九条【起诉条件】 ……………………………………… 299
第 五 十 条【起诉方式】 ……………………………………… 302
第五十一条【登记立案】 ……………………………………… 303
第五十二条【法院不立案的救济】 …………………………… 305
第五十三条【规范性文件的附带审查】 ……………………… 306

第七章 审理和判决

第一节 一般规定

第五十四条【公开审理原则】 …… 313

★ 第五十五条【回避】 …… 315

第五十六条【诉讼不停止执行】 …… 316

第五十七条【先予执行】 …… 317

第五十八条【拒不到庭或中途退庭的法律后果】 …… 318

第五十九条【妨害行政诉讼强制措施】 …… 319

第 六 十 条【调解】 …… 320

第六十一条【民事争议和行政争议交叉】 …… 322

第六十二条【撤诉】 …… 324

第六十三条【审理依据】 …… 325

第六十四条【规范性文件审查和处理】 …… 328

第六十五条【裁判文书公开】 …… 329

第六十六条【有关行政机关工作人员和被告的处理】 …… 330

第二节 第一审普通程序

第六十七条【发送起诉状和提出答辩状】 …… 331

第六十八条【审判组织形式】 …… 331

第六十九条【驳回原告诉讼请求判决】 …… 332

第 七 十 条【撤销判决和重作判决】 …… 334

第七十一条【重作判决对被告的限制】 …… 338

第七十二条【履行判决】 …… 338

第七十三条【给付判决】 …… 339

第七十四条【确认违法判决】 …… 340

第七十五条【确认无效判决】 …… 342

第七十六条【确认违法和无效判决的补充规定】 …… 343

第七十七条【变更判决】 …… 343

第七十八条【行政协议履行及补偿判决】 …… 344

第七十九条【复议决定和原行政行为一并裁判】………… 345
第 八 十 条【公开宣判】…………………………………… 347
第八十一条【第一审审限】………………………………… 349

第三节 简 易 程 序

★ 第八十二条【简易程序适用情形】……………………… 350
第八十三条【简易程序的审判组织形式和审限】………… 350
第八十四条【简易程序与普通程序的转换】……………… 351

第四节 第二审程序

第八十五条【上诉】………………………………………… 352
第八十六条【二审审理方式】……………………………… 353
第八十七条【二审审查范围】……………………………… 353
第八十八条【二审审限】…………………………………… 354
第八十九条【二审裁判】…………………………………… 356

第五节 审判监督程序

第 九 十 条【当事人申请再审】………………………… 359
第九十一条【再审事由】…………………………………… 362
第九十二条【人民法院依职权再审】……………………… 363
第九十三条【抗诉和检察建议】…………………………… 364

第八章 执 行

第九十四条【生效裁判和调解书的执行】………………… 382
第九十五条【申请强制执行和执行管辖】………………… 383
第九十六条【对行政机关拒绝履行的执行措施】………… 385
第九十七条【非诉执行】…………………………………… 388

第九章 涉外行政诉讼

第九十八条【涉外行政诉讼的法律适用原则】………… 389
第九十九条【同等与对等原则】………………………… 391
第 一 百 条【中国律师代理】………………………… 392

第十章 附 则

第一百零一条【适用民事诉讼法规定】………………… 393
第一百零二条【诉讼费用】……………………………… 397
第一百零三条【施行日期】……………………………… 397

附录一

最高人民法院关于适用《中华人民共和国行政诉讼法》的解释 …………………………………………… 399
（2018 年 2 月 6 日）

附录二

1. 行政起诉状 ……………………………………………… 438
2. 举证通知书（被告举证用）…………………………… 440
3. 举证通知书（原告、第三人举证用）………………… 443
4. 通知书（调取证据用）………………………………… 446
5. 行政机关负责人出庭通知书 ………………………… 447
6. 证人出庭申请书 ……………………………………… 448
7. 先予执行申请书 ……………………………………… 449
8. 停止执行申请书 ……………………………………… 450
9. 处理建议书（对规范性文件提出处理建议用）……… 451
10. 司法建议书…………………………………………… 453
11. 本书所涉文件目录 …………………………………… 454

案例索引目录

- 夏某珍诉安吉经济开发区管理委员会、安吉县人民政府强制清除地上物、强制占用土地及湖州市人民政府行政复议案 …… 5
- 张某与黑龙江省某市人民政府行政复议调解检察监督案 …… 15
- 某公司诉某区人民政府不予受理行政复议申请决定案 …… 33
- 陈某蝶诉某区人民政府行政复议申请不予受理决定案 …… 33
- 冯某诉河北省衡水市人民政府撤销国有土地使用证案 …… 43
- 周某不服上海市某街道办事处变更最低生活保障待遇申请行政复议案 …… 50
- 宋某利诉杭州市人民政府驳回行政复议申请决定案 …… 66
- 黄某等诉金华市工商行政管理局工商登记行政复议案 …… 71
- 天津开发区某公司诉天津市人民政府不予受理行政复议申请决定案 …… 71
- 某工程公司不服天津市某区住房和建设委员会行政处罚行政复议案 …… 89
- 山东某贝文化传媒有限公司高唐分公司诉高唐县市场监督管理局、高唐县人民政府行政处罚及行政复议案 …… 100
- 唐某不服广东省某市卫生健康委员会投诉举报处理答复行政复议案 …… 105
- 徐某某与贵州省某县政府辞退决定行政复议检察监督案 …… 132
- 王某某诉上饶市广丰区人民政府改变原行政行为的行政复议决定案 …… 134
- 蔡某诉万宁市人民政府行政复议案 …… 136
- 张某甲、张某乙工伤保险资格认定及行政复议案 …… 141

● 某国际有限公司、湖北某高速公路有限公司诉湖北省荆州市人民政府、湖北省人民政府解除特许权协议及行政复议一案 …… 141
● 李某诉上海市静安区人民政府、上海市人民政府房屋征收补偿决定及行政复议决定一案 …… 142
● 某家庭农场不服山东省某市辖区人民政府行政补偿决定行政复议案 …… 146
● 某新能源公司不服浙江省某市生态环境局行政处罚行政复议案 …… 154
● 刘某诉广东省英德市人民政府行政复议案 …… 160
● 吴某与河北省某市人社局、省人社厅工伤认定及行政复议抗诉案 …… 161
● 某动力机械公司不服重庆市某生态环境保护综合行政执法队行政处罚行政复议案 …… 163
● 河北朱某诉某市某区民政局婚姻登记检察监督案 …… 183
● 辽阳县某铁矿诉辽阳市人力资源和社会保障局及第三人印某工伤保险资格认定案 …… 204
● 蔡某等 13 人诉某自然资源和规划局不履行行政处理职责案 …… 206
● 贵州刘某祥、邓某珍诉某县人民政府森林、林木所有权登记检察监督案 …… 207
● 某材料公司诉重庆市某区安监局、市安监局行政处罚及行政复议检察监督案 …… 211
● 陈某诉江苏省某市某区人民政府强制拆迁及行政赔偿检察监督案 …… 212
● 山东省某包装公司及魏某安全生产违法行政非诉执行检察监督案 …… 212
● 湖南省某市人民检察院对市人民法院行政诉讼执行活动检察监督案 …… 212

- 糜某诉浙江省某市住房和城乡建设局、某市人民政府信息公开及行政复议检察监督案 …… 212
- 肖某等 3 人与河北省某市住建局行政裁判执行监督案 …… 213
- 广东省某市交通运输局申请执行违法运营行政处罚决定监督案 …… 213
- 山西翟某胜申请执行行政处理判决检察监督案 …… 214
- 湖南某市执法局申请执行罚款决定检察监督案 …… 214
- 浙江王某诉某市人社局甲区人社局工伤认定及行政复议检察监督案 …… 214
- 陕西某国土资源分局申请执行退还土地、拆除建筑物、罚款决定检察监督案 …… 215
- 云南省剑川县人民检察院诉剑川县森林公安局怠于履行法定职责环境行政公益诉讼案 …… 220
- 魏某、陈某诉来安县人民政府收回土地使用权批复案 …… 220
- 周某诉南京市溧水区民政局、南京市民政局不履行行政登记职责及行政复议案 …… 220
- 北海市某海洋科技有限公司诉北海市海洋与渔业局行政处罚案 …… 221
- 海南某船务有限公司诉某市渔政支队行政处罚案 …… 221
- 陈某诉成都市成华区环境保护局环境行政处罚案 …… 222
- 上海某建材开发有限公司诉上海市金山区环境保护局环境行政处罚案 …… 223
- 萍乡市某房地产开发有限公司诉萍乡市国土资源局不履行行政协议案 …… 223
- 内蒙古某房地产开发有限责任公司诉呼和浩特市人民防空办公室人防行政征收案 …… 224
- 张某诉天津市人力资源和社会保障局、天津市社会保险基金管理中心行政不作为案 …… 225
- 张某诉濮阳市国土资源局行政不作为案 …… 225

● 彭某诉深圳市南山区规划土地监察大队行政不作为案 ……… 226
● 钟某诉北京市工商行政管理局通州分局行政不作为案 ……… 226
● 王某诉寿光市人民政府行政不作为案 ……………………… 227
● 沈某、蔡某诉南通市公安局开发区分局行政不作为案 ……… 227
● 兰州某驾驶员培训服务有限公司诉兰州市城关区城市管理行政执法局行政不作为案 ……………………………………… 228
● 赵某诉凤阳县某镇人民政府行政不作为案 ………………… 228
● 艾某诉沈阳市卫生和计划生育委员会行政不作为案 ……… 229
● 张某等五人诉天水市公安局麦积分局行政不作为赔偿案 …… 229
● 王某诉乐山市人力资源和社会保障局工伤认定案 ………… 232
● 袁某诉重庆市南岸区人民政府、重庆市人民政府政府信息公开及复议案 ………………………………………………… 233
● 某外贸公司诉某海关海关估价行政纠纷案 ………………… 236
● 某村某社诉重庆市人民政府林权争议复议决定案 ………… 237
● 夏某诉徐州市建设局行政证明案 ………………………… 241
● 龙某诉北流市政府、北流市应急管理局安全生产行政处罚纠纷案 …………………………………………………… 244
● 支某兰诉山东省某市自然资源和规划局宅基地使用权登记诉讼监督案 ………………………………………………… 248
● 吉林省白山市人民检察院诉白山市江源区卫生和计划生育局、白山市江源区中医院环境公益诉讼案 ………………… 249
● 罗某诉吉安市物价局物价行政处理案 ……………………… 249
● 陕西省宝鸡市环境保护局凤翔分局不全面履职案 ………… 250
● 北京市海淀区人民检察院督促落实未成年人禁烟保护案 …… 250
● 黑龙江省检察机关督促治理二次供水安全公益诉讼案 ……… 250
● 江苏省睢宁县人民检察院督促处置危险废物行政公益诉讼案 ……………………………………………………… 250
● 河南省人民检察院郑州铁路运输分院督促整治违建塘坝危害高铁运营安全行政公益诉讼案 ………………………… 251

• 福建省福清市人民检察院督促消除幼儿园安全隐患行政公益诉讼案 …… 251
• 贵州省沿河土家族自治县人民检察院督促履行食品安全监管职责行政公益诉讼案 …… 251
• 江苏省溧阳市人民检察院督促整治网吧违规接纳未成年人行政公益诉讼案 …… 251
• 吉林省检察机关督促履行环境保护监管职责行政公益诉讼案 …… 252
• 山西省检察机关督促整治浑源矿企非法开采行政公益诉讼案 …… 252
• 田某诉北京科技大学拒绝颁发毕业证、学位证案 …… 258
• 何某诉某大学履行法定职责案 …… 258
• 宣某等 18 人诉衢州市国土资源局收回土地使用权案 …… 260
• 迈某·乔丹与某局商标评审委员会、某乔丹公司“乔丹”商标争议行政纠纷案 …… 262
• 孙某诉天津新技术产业园区劳动人事局工伤认定案 …… 262
• 刘某诉某县自然资源和规划局、第三人孙某集体土地所有权登记案 …… 263
• 赵某诉内蒙古自治区某旗退役军人事务局给付烈士子女定期生活补助诉讼监督案 …… 282
• 沙某甲等诉马鞍山市 S 区人民政府房屋强制拆除行政赔偿案 …… 287
• 曾某诉自贡市公安局交通警察支队吊销机动车驾驶证案 …… 291
• 杨某诉山东省人民政府行政复议案 …… 294
• 海南某公司诉海南省人民政府行政复议案 …… 296
• 某村委会诉黑龙江省某市不动产登记中心行政登记诉讼监督案 …… 299
• 陆某诉贵州省某县人民政府行政强制拆迁案 …… 302

- 徐某诉山东省五莲县社会医疗保险事业处不予报销医疗费用案 …… 307
- 方某诉浙江省淳安县公安局治安管理行政处罚一案 …… 308
- 袁某诉江西省于都县人民政府物价行政征收一案 …… 308
- 大某商贸有限公司诉北京市丰台区食品药品监督管理局行政处罚案 …… 309
- 郑某诉浙江省温岭市人民政府土地行政批准案 …… 310
- 上海某物业管理有限公司诉上海市住房和城乡建设管理委员会物业服务资质行政许可案 …… 310
- 孙某诉原浙江省环境保护厅环保行政许可案 …… 311
- 成都某医疗科技有限责任公司诉四川省成都市科学技术局科技项目资助行政许可案 …… 311
- 毛某、祝某诉浙江省江山市某镇人民政府行政强制及行政赔偿案 …… 312
- 贵州省榕江县人民检察院督促保护传统村落行政公益诉讼案 …… 313
- 安徽省望江县人民检察院督促保护褒隐寺塔行政公益诉讼案 …… 314
- 贵州省威宁县人民检察院督促整治喀斯特草原石漠化行政公益诉讼案 …… 314
- 陈某诉某城市管理局行政处罚案 …… 318
- 某盐业进出口有限公司苏州分公司诉江苏省苏州市盐务管理局盐业行政处罚案 …… 326
- 尹某帅、张某甲、尹某苒诉山东省德州经济技术开发区管理委员会、山东省德州经济技术开发区某镇人民政府拆迁安置补偿行政复议案 …… 327
- 某石料厂诉某劳保局工伤认定案 …… 333
- 某公司诉某市商务委员会行政决定案 …… 334

● 克某香料公司诉某局商标评审委员会商标申请驳回复审行政纠纷案 …… 335
● 重庆市某物业管理有限公司诉重庆市某区人力资源和社会保障局劳动和社会保障行政确认案 …… 335
● 黄某、何甲、何乙诉四川省成都市某工商行政管理局行政处罚案 …… 336
● 孙某某诉北京市平谷区某镇人民政府、北京市平谷区人民政府行政处罚及行政复议案 …… 337
● 何某诉某劳动局工伤认定行政行为案 …… 337
● 杨某诉某学校不履行法定职责案 …… 339
● 李某诉广东省交通运输厅政府信息公开案 …… 341
● 上海某燃料有限公司诉上海市质量技术监督局行政处罚决定案 …… 344
● 项某敏诉六盘水市人民政府改变原行政行为行政复议决定案 …… 347
● 夏某英诉山东省威海市人民政府行政复议再审案 …… 347
● 济南某兰户外用品有限公司商标争议行政纠纷案 …… 348
● 甲建材公司、乙建材公司诉湖南某工业园区管理委员会、湖南省某县人民政府行政协议案 …… 354
● 黎某、陈某诉湛江市某区人民政府、湛江市人民政府信访处理及驳回行政复议申请决定案 …… 356
● 陆某诉某房屋土地管理局房屋拆迁行政裁决案 …… 358
● 盐城市某食品有限公司东台分公司诉盐城市东台工商行政管理局工商行政处罚案 …… 358
● 张某、陶某等诉四川省某市人民政府侵犯客运人力三轮车经营权案 …… 361
● 某实业公司诉某市住房和城乡建设局征收补偿认定纠纷抗诉案 …… 365
● 黑辽检察机关督促撤销方某被冒名婚姻登记检察监督案 …… 366

- 钱某诉某村委会要求履行法定职责检察监督案 ………………… 367
- 某村股份经济合作社诉某镇政府撤销行政协议检察监督案…… 367
- 某公司诉某县人社局支付保险待遇检察监督案 ………………… 367
- 王某鹏违法购买出售国家保护野生动物行刑反向衔接案 …… 368
- 某国有农场诉某县自然资源局房屋所有权登记检察监督案…… 369
- 杨某某诉某市医疗保障局劳动保障行政给付检察监督案 …… 369
- 某信息技术公司诉某市食药监局、某市政府行政处罚检察监督案 ……………………………………………………………… 370
- 牛某某诉北京市公安局某分局不履行法定职责监督案 ……… 370
- 严某等诉上海市及某区规划和自然资源局撤销验收合格证监督案 ……………………………………………………………… 371
- 江苏省南通市检察机关促进问题企业注销登记专项治理案…… 371
- 何某某诉浙江省某市某区人社局工伤认定监督案 …………… 372
- 施某甲（郭某）诉福建省某市政府颁证行为监督案 ………… 373
- 苏某诉山东省某市房管局、赵某房屋行政登记监督案 ……… 373
- 任某诉湖南省长沙市某街道办事处行政强制监督系列案 …… 373
- 王某、朱某与某县政府确认行政行为违法抗诉案 …………… 374
- 柴某、毕某与某县政府房屋行政登记纠纷抗诉案 …………… 375
- 某县安监局与某工业公司安全生产行政处罚抗诉案 ………… 375
- 熊某与某县国土局、县房管局行政登记抗诉案 ……………… 376
- 某村委会与王某请求履行法定职责抗诉案 …………………… 376
- 胡某等与某乡政府土地行政征收抗诉案 ……………………… 377
- 某村委会 19（2）队与某县政府土地行政登记纠纷抗诉案 … 378
- 某县建委与某开发公司城建行政合同纠纷抗诉案 …………… 378
- 某市林业局与郑某等行政非诉执行检察建议案 ……………… 379
- 某区水务局与某有限公司行政非诉执行检察建议案 ………… 380
- 福建潘某英诉某区公安分局行政拘留检察监督案 …………… 380
- 江苏丁某诉某区住房和城乡建设局等建设工程规划许可检察监督案 ……………………………………………………………… 381

- 山东某养殖中心诉某镇政府强制清除地上物审判程序检察监督案 …… 382
- 某镇人民政府执行裁定复议案 …… 387
- 湖北省某县水利局申请强制执行肖某河道违法建设处罚决定监督案 …… 389
- 意大利某控股股份公司诉山东省某市某税务局税务行政征收案 …… 390
- 丁某诉商丘市某区人民政府房屋征收决定案 …… 392

中华人民共和国行政复议法

（1999 年 4 月 29 日第九届全国人民代表大会常务委员会第九次会议通过　根据 2009 年 8 月 27 日第十一届全国人民代表大会常务委员会第十次会议《关于修改部分法律的决定》第一次修正　根据 2017 年 9 月 1 日第十二届全国人民代表大会常务委员会第二十九次会议《关于修改〈中华人民共和国法官法〉等八部法律的决定》第二次修正　2023 年 9 月 1 日第十四届全国人民代表大会常务委员会第五次会议修订　2023 年 9 月 1 日中华人民共和国主席令第 9 号公布　自 2024 年 1 月 1 日起施行）

目　录

第一章　总　　则
第二章　行政复议申请
　第一节　行政复议范围
　第二节　行政复议参加人
　第三节　申请的提出
　第四节　行政复议管辖
第三章　行政复议受理
第四章　行政复议审理
　第一节　一般规定
　第二节　行政复议证据
　第三节　普通程序
　第四节　简易程序
　第五节　行政复议附带审查
第五章　行政复议决定
第六章　法律责任
第七章　附　　则

第一章 总　　则

第一条 立法目的[①]

为了防止和纠正违法的或者不当的行政行为，保护公民、法人和其他组织的合法权益，监督和保障行政机关依法行使职权，发挥行政复议化解行政争议的主渠道作用，推进法治政府建设，根据宪法，制定本法。

法　律

1.《行政诉讼法》（2017 年 6 月 27 日）[②]

第 1 条　为保证人民法院公正、及时审理行政案件，解决行政争议，保护公民、法人和其他组织的合法权益，监督行政机关依法行使职权，根据宪法，制定本法。

第 2 条　公民、法人或者其他组织认为行政机关和行政机关工作人员的行政行为侵犯其合法权益，有权依照本法向人民法院提起诉讼。

前款所称行政行为，包括法律、法规、规章授权的组织作出的行政行为。

2.《监察法》（2018 年 3 月 20 日）

第 1 条　为了深化国家监察体制改革，加强对所有行使公权力的公职人员的监督，实现国家监察全面覆盖，深入开展反腐败工作，推进国家治理体系和治理能力现代化，根据宪法，制定本法。

---

① 条文主旨为编者所加，下同。

② 本书法律文件使用简称，以下不再标注。本书所示规范性文件的日期为该文件的通过、发布、修改后公布日期之一。以下不再标注。

3.《国家赔偿法》（2012 年 10 月 26 日）

第 1 条 为保障公民、法人和其他组织享有依法取得国家赔偿的权利，促进国家机关依法行使职权，根据宪法，制定本法。

第 2 条 国家机关和国家机关工作人员行使职权，有本法规定的侵犯公民、法人和其他组织合法权益的情形，造成损害的，受害人有依照本法取得国家赔偿的权利。

本法规定的赔偿义务机关，应当依照本法及时履行赔偿义务。

行政法规及文件

4.《政府信息公开条例》（2019 年 4 月 3 日 国务院令第 711 号）

第 1 条 为了保障公民、法人和其他组织依法获取政府信息，提高政府工作的透明度，建设法治政府，充分发挥政府信息对人民群众生产、生活和经济社会活动的服务作用，制定本条例。

第 2 条 本条例所称政府信息，是指行政机关在履行行政管理职能过程中制作或者获取的，以一定形式记录、保存的信息。

第二条 适用范围

公民、法人或者其他组织认为行政机关的行政行为侵犯其合法权益，向行政复议机关提出行政复议申请，行政复议机关办理行政复议案件，适用本法。

前款所称行政行为，包括法律、法规、规章授权的组织的行政行为。

法　律

1.《行政诉讼法》（2017 年 6 月 27 日）

第 2 条 公民、法人或者其他组织认为行政机关和行政机关工作人员的行政行为侵犯其合法权益，有权依照本法向人民法院提起诉讼。

前款所称行政行为，包括法律、法规、规章授权的组织作出的行政行为。

第3条 人民法院应当保障公民、法人和其他组织的起诉权利，对应当受理的行政案件依法受理。

行政机关及其工作人员不得干预、阻碍人民法院受理行政案件。

被诉行政机关负责人应当出庭应诉。不能出庭的，应当委托行政机关相应的工作人员出庭。

第12条 人民法院受理公民、法人或者其他组织提起的下列诉讼：

……

2.《行政强制法》（2011年6月30日）

第2条 本法所称行政强制，包括行政强制措施和行政强制执行。

行政强制措施，是指行政机关在行政管理过程中，为制止违法行为、防止证据损毁、避免危害发生、控制危险扩大等情形，依法对公民的人身自由实施暂时性限制，或者对公民、法人或者其他组织的财物实施暂时性控制的行为。

行政强制执行，是指行政机关或者行政机关申请人民法院，对不履行行政决定的公民、法人或者其他组织，依法强制履行义务的行为。

第8条 公民、法人或者其他组织对行政机关实施行政强制，享有陈述权、申辩权；有权依法申请行政复议或者提起行政诉讼；因行政机关违法实施行政强制受到损害的，有权依法要求赔偿。

公民、法人或者其他组织因人民法院在强制执行中有违法行为或者扩大强制执行范围受到损害的，有权依法要求赔偿。

3.《行政许可法》（2019年4月23日）

第7条 公民、法人或者其他组织对行政机关实施行政许可，享有陈述权、申辩权；有权依法申请行政复议或者提起行政诉讼；其合法权益因行政机关违法实施行政许可受到损害的，有权依法要求赔偿。

● 案例指引

夏某珍诉安吉经济开发区管理委员会、安吉县人民政府强制清除地上物、强制占用土地及湖州市人民政府行政复议案（人民法院案例库：2024-12-3-016-003）①

裁判摘要：行政机关在土地交付、使用过程中具有双重身份的，即在交付土地中行使的是行政管理职责，作为受让方取得土地使用权后在该土地行使的是民事主体的权利。行政机关在土地交付后实施的建设行为并非行政行为，不属于行政诉讼及行政复议的受案范围。

第三条 工作原则

行政复议工作坚持中国共产党的领导。

行政复议机关履行行政复议职责，应当遵循合法、公正、公开、高效、便民、为民的原则，坚持有错必纠，保障法律、法规的正确实施。

● 法　律

1.《行政复议法》（2023 年 9 月 1 日）

第 13 条　公民、法人或者其他组织认为行政机关的行政行为所依据的下列规范性文件不合法，在对行政行为申请行政复议时，可以一并向行政复议机关提出对该规范性文件的附带审查申请：

---

① 参见人民法院案例库，https：//rmfyalk. court. gov. cn/，最后访问时间：2025 年 10 月 28 日。下文同一出处案例不再特别提示。

（一）国务院部门的规范性文件；

（二）县级以上地方各级人民政府及其工作部门的规范性文件；

（三）乡、镇人民政府的规范性文件；

（四）法律、法规、规章授权的组织的规范性文件。

前款所列规范性文件不含规章。规章的审查依照法律、行政法规办理。

● 行政法规及文件

2.《行政复议法实施条例》（2007年5月29日　国务院令第499号）

第2条　各级行政复议机关应当认真履行行政复议职责，领导并支持本机关负责法制工作的机构（以下简称行政复议机构）依法办理行政复议事项，并依照有关规定配备、充实、调剂专职行政复议人员，保证行政复议机构的办案能力与工作任务相适应。

第3条　行政复议机构除应当依照行政复议法①第三条的规定履行职责外，还应当履行下列职责：

（一）依照行政复议法第十八条的规定转送有关行政复议申请；

（二）办理行政复议法第二十九条规定的行政赔偿等事项；

（三）按照职责权限，督促行政复议申请的受理和行政复议决定的履行；

（四）办理行政复议、行政应诉案件统计和重大行政复议决定备案事项；

（五）办理或者组织办理未经行政复议直接提起行政诉讼的行政应诉事项；

（六）研究行政复议工作中发现的问题，及时向有关机关提出改进建议，重大问题及时向行政复议机关报告。

第4条　专职行政复议人员应当具备与履行行政复议职责相

---

① 凡2023年9月1日以前公布的相关规定，条文内容所称皆指2023年修订前的《行政复议法》。以下不再提示。

适应的品行、专业知识和业务能力，并取得相应资格。具体办法由国务院法制机构会同国务院有关部门规定。

● 部门规章及文件

3.《**中国保险监督管理委员会**[①]**行政复议办法**》（2010 年 1 月 6 日 中国保险监督管理委员会令 2010 年第 1 号）

第 3 条 中国保监会负责法制工作的机构作为中国保监会的行政复议机构，具体办理行政复议事项，履行下列职责：

（一）受理行政复议申请；

（二）向有关组织和人员调查取证，查阅文件和资料；

（三）审查申请行政复议的具体行政行为是否合法与适当，拟订行政复议决定；

（四）处理或者转送对本办法第七条所列有关规定的审查申请；

（五）办理行政复议统计和重大行政复议决定备案事项；

（六）对违反本办法规定的行为依照规定的权限和程序提出处理建议；

（七）督促行政复议决定的执行；

（八）法律、行政法规和中国保监会规章规定的其他职责。

4.《**中国证券监督管理委员会行政复议办法**》（2010 年 5 月 4 日 中国证券监督管理委员会令第 67 号）

第 3 条 中国证监会负责法制工作的机构作为行政复议机构具体办理行政复议事项，除应当依照《行政复议法》第三条、《行政复议法实施条例》第三条的规定履行职责外，还应当履行下列职责：

（一）组织行政复议听证；

---

① 国务院机构改革后，部分机构的名称和职能现已发生变化，详见《国务院机构改革方案》，本书以下不再提示。

（二）根据需要提请召开行政复议委员会工作会议；

（三）提出审查意见；

（四）办理行政复议和解、组织行政复议调解等事项；

（五）指导派出机构的行政应诉工作；

（六）法律、行政法规规定的其他职责。

5. **《农业部行政复议工作规定》**（2010 年 12 月 22 日 农政发〔2010〕5 号）

第 5 条 农业行政复议机构负责办理行政复议案件，具体履行下列职责：

（一）审查行政复议申请，并决定是否受理；

（二）审理调查申请行政复议的具体行政行为是否合法与适当，拟订行政复议决定；

（三）依照《行政复议法》第二十六条、第二十七条的规定处理有关审查申请；

（四）办理《行政复议法》第二十九条规定的行政赔偿等事项；

（五）组织办理因不服行政复议决定而提起的行政诉讼应诉事宜；

（六）统计分析行政复议、行政应诉案件情况；

（七）组织对农业系统行政复议人员进行业务培训，提高行政复议人员的专业素质；

（八）研究行政复议工作中发现的问题，及时向有关机关提出改进建议；

（九）法律、行政法规规定的其他职责。

6. **《国家知识产权局行政复议规程》**（2024 年 12 月 30 日 国家知识产权局令第 82 号）

第 2 条 公民、法人或者其他组织认为国家知识产权局的行政行为侵犯其合法权益，向国家知识产权局申请行政复议，国家知识产权局办理行政复议案件，适用本规程。

第3条 国家知识产权局的行政复议工作坚持中国共产党的领导。

国家知识产权局履行行政复议职责，应当遵循合法、公正、公开、高效、便民、为民的原则，坚持有错必纠，保障法律、法规的正确实施。

第4条 国家知识产权局条法司是国家知识产权局行政复议机构（以下称“行政复议机构”），依法办理国家知识产权局的行政复议事项。

第5条 国家知识产权局办理行政复议案件，可以依法进行调解。

调解应当遵循合法、自愿的原则，不得损害国家利益、社会公共利益和他人合法权益，不得违反法律、法规的强制性规定。

7. **《国家食品药品监督管理总局行政复议办法》**（2013年11月6日 国家食品药品监督管理总局令第2号）

第5条 国家食品药品监督管理总局行政复议办公室（以下简称行政复议办公室）设在法制司，办理行政复议案件的具体事项，依法履行下列职责：

（一）对行政复议申请进行初步审查，决定是否受理；

（二）向有关组织和人员调查取证，查阅相关文件和资料；

（三）组织审理行政复议案件，提出审理建议，拟订行政复议决定；

（四）对被申请人违反《行政复议法》、《行政复议法实施条例》及本办法的行为提出处理建议；

（五）依照有关规定参与办理因不服行政复议决定提起行政诉讼的应诉事项；

（六）法律、行政法规规定的职责和国家食品药品监督管理总局规定的其他职责。

8.《海关审理行政复议案件程序规定》（2024年1月22日　海关总署令第265号）

第3条　海关总署、直属海关是海关行政复议机关，依照本规定履行行政复议职责。海关总署、直属海关负责法治工作的机构是海关行政复议机构，依照本规定办理行政复议事项。海关行政复议机构同时组织办理本级海关的行政应诉事项。

上级海关行政复议机构对下级海关行政复议机构的行政复议工作进行指导、监督。

9.《住房城乡建设行政复议办法》（2015年9月7日　住房和城乡建设部令第25号）

第4条　行政复议机关负责法制工作的机构作为行政复议机构，办理行政复议有关事项，履行下列职责：

（一）受理行政复议申请；

（二）向有关组织和人员调查取证，查阅文件和资料，组织行政复议听证；

（三）通知第三人参加行政复议；

（四）主持行政复议调解，审查行政复议和解协议；

（五）审查申请行政复议的行政行为是否合法与适当，提出处理建议，拟订行政复议决定；

（六）法律、法规、规章规定的其他职责。

第5条　行政复议机关可以根据行政复议工作的需要，设立行政复议委员会，其主要职责是：

（一）制定行政复议工作的规则、程序；

（二）对重大、复杂、疑难的行政复议案件提出处理意见；

（三）对行政复议涉及的有权处理的规范性文件的审查提出处理意见；

（四）其他需要决定的重大行政复议事项。

10.《税务行政复议规则》（2018 年 6 月 15 日 国家税务总局令第 44 号）

第 4 条 行政复议应当遵循合法、公正、公开、及时和便民的原则。

行政复议机关应当树立依法行政观念，强化责任意识和服务意识，认真履行行政复议职责，坚持有错必纠，确保法律正确实施。

第四条 行政复议机关、机构及其职责

县级以上各级人民政府以及其他依照本法履行行政复议职责的行政机关是行政复议机关。

行政复议机关办理行政复议事项的机构是行政复议机构。行政复议机构同时组织办理行政复议机关的行政应诉事项。

行政复议机关应当加强行政复议工作，支持和保障行政复议机构依法履行职责。上级行政复议机构对下级行政复议机构的行政复议工作进行指导、监督。

国务院行政复议机构可以发布行政复议指导性案例。

● 行政法规及文件

《行政复议法实施条例》（2007 年 5 月 29 日 国务院令第 499 号）

第 54 条 县级以上各级人民政府应当加强对所属工作部门和下级人民政府履行行政复议职责的监督。

行政复议机关应当加强对其行政复议机构履行行政复议职责的监督。

第 58 条 县级以上各级人民政府行政复议机构应当定期向本级人民政府提交行政复议工作状况分析报告。

第五条 行政复议调解

行政复议机关办理行政复议案件，可以进行调解。

调解应当遵循合法、自愿的原则，不得损害国家利益、社会公共利益和他人合法权益，不得违反法律、法规的强制性规定。

法　律

1.《外商投资法》（2019 年 3 月 15 日）

第 26 条第 3 款　外商投资企业或者其投资者认为行政机关及其工作人员的行政行为侵犯其合法权益的，除依照前款规定通过外商投资企业投诉工作机制申请协调解决外，还可以依法申请行政复议、提起行政诉讼。

行政法规及文件

2.《国务院关于加强数字政府建设的指导意见》（2022 年 6 月 6 日　国发〔2022〕14 号）

二、构建协同高效的政府数字化履职能力体系

……

（三）积极推动数字化治理模式创新，提升社会管理能力。

推动社会治理模式从单向管理转向双向互动、从线下转向线上线下融合，着力提升矛盾纠纷化解、社会治安防控、公共安全保障、基层社会治理等领域数字化治理能力。提升社会矛盾化解能力。坚持和发展新时代“枫桥经验”，提升网上行政复议、网上信访、网上调解、智慧法律援助等水平，促进矛盾纠纷源头预防和排查化解……

3.《国务院关于加强市县政府依法行政的决定》（2008 年 5 月 12 日　国发〔2008〕17 号）

（二十二）加强行政复议和行政应诉工作。市县政府及其部

门要认真贯彻执行行政复议法及其实施条例，充分发挥行政复议在行政监督、解决行政争议、化解人民内部矛盾和维护社会稳定方面的重要作用。要畅通行政复议渠道，坚持便民利民原则，依法应当受理的行政复议案件必须受理。要改进行政复议审理方式，综合运用书面审查、实地调查、听证、和解、调解等手段办案。要依法公正做出行政复议决定，对违法或者不当的行政行为，该撤销的坚决予以撤销，该变更的坚决予以变更。要按照行政复议法实施条例的规定，健全市县政府行政复议机构，充实行政复议工作人员，行政复议机构审理行政复议案件，应当由 2 名以上行政复议人员参加；推行行政复议人员资格管理制度，切实提高行政复议能力。要认真做好行政应诉工作，鼓励、倡导行政机关负责人出庭应诉。行政机关要自觉履行人民法院做出的判决和裁定。

4.《**行政复议法实施条例**》（2007 年 5 月 29 日　国务院令第 499 号）

第 50 条　有下列情形之一的，行政复议机关可以按照自愿、合法的原则进行调解：

（一）公民、法人或者其他组织对行政机关行使法律、法规规定的自由裁量权作出的具体行政行为不服申请行政复议的；

（二）当事人之间的行政赔偿或者行政补偿纠纷。

当事人经调解达成协议的，行政复议机关应当制作行政复议调解书。调解书应当载明行政复议请求、事实、理由和调解结果，并加盖行政复议机关印章。行政复议调解书经双方当事人签字，即具有法律效力。

调解未达成协议或者调解书生效前一方反悔的，行政复议机关应当及时作出行政复议决定。

5.《**外商投资法实施条例**》（2019 年 12 月 26 日　国务院令第 723 号）

第 30 条　外商投资企业或者其投资者认为行政机关及其工作人员的行政行为侵犯其合法权益，通过外商投资企业投诉工作机制申请协调解决的，有关方面进行协调时可以向被申请的行政机关及其工作人员了解情况，被申请的行政机关及其工作人员应当予以配合。协调结果应当以书面形式及时告知申请人。

外商投资企业或者其投资者依照前款规定申请协调解决有关问题的，不影响其依法申请行政复议、提起行政诉讼。

第31条　对外商投资企业或者其投资者通过外商投资企业投诉工作机制反映或者申请协调解决问题，任何单位和个人不得压制或者打击报复。

除外商投资企业投诉工作机制外，外商投资企业或者其投资者还可以通过其他合法途径向政府及其有关部门反映问题。

● 部门规章及文件

6. **《海事行政复议工作规定》**（2024年6月7日　海督察〔2024〕56号）

第5条　海事行政复议机关办理行政复议案件，可以进行调解。

调解应当遵循合法、自愿的原则，不得损害国家利益、社会公共利益和他人合法权益，不得违反法律、法规的强制性规定。

7. **《国家外汇管理局行政复议程序》**（2024年4月18日　国家外汇管理局公告2024年第1号）

第5条　行政复议机关办理行政复议案件，可以进行调解。

调解应当遵循合法、自愿的原则，不得损害国家利益、社会公共利益和他人合法权益，不得违反法律、法规的强制性规定。

● 请示答复

8. **《国务院关于〈支持北京深化国家服务业扩大开放综合示范区建设工作方案〉的批复》**（2023年11月18日　国函〔2023〕130号）

20. 完善争议解决机制。探索制定临时仲裁庭仲裁涉外纠纷的规则。在当事人自愿的前提下，建立涉外商事案件专业调解前置机制。鼓励外籍及港澳台调解员参与涉外纠纷解决。支持仲裁机构与法院、行业管理部门合作，建立专业领域仲裁案件专家咨询、信息通报以及资源共享机制。强化诉讼与仲裁、调解、公证、行政复议、行政裁决等非诉讼方式有机衔接。

9. **《最高人民法院对十三届全国人大四次会议第 9717 号建议的答复》**（2021 年 6 月 4 日）

……在此情形之下，深化多元化纠纷解决机制改革，完善调解、仲裁、行政裁决、行政复议、诉讼等有机衔接、相互协调的多元化纠纷解决体系，才能最大限度地将矛盾纠纷化解在基层和萌芽状态，以法治方式和制度安排解决改革发展中面临的矛盾，全面提升人民群众的获得感、幸福感、安全感，以法治保障人民安居乐业。

……

我们认为，检察机关是多元化解行政争议的重要力量，通过建立检察监督与审判调解、人民调解、行政调解、律师调解的联动机制，能够有效形成化解行政争议合力，实质解决行政争议，更好地保护公民、法人和其他组织的合法权益……

● 案例指引

张某与黑龙江省某市人民政府行政复议调解检察监督案（最高人民检察院 2020 年度十大行政检察典型案例①）

案例要旨：检察机关发现行政机关作出的行政复议调解违反了相关法律规定，通过提出检察建议，监督行政机关纠正违法行为，维护了人民群众的合法权益，实现行政争议的实质性化解，取得了良好的法律效果和社会效果。

---

① 参见中华人民共和国最高人民检察院网站，https：//www. spp. gov. cn/spp/xwfbh/wsfbh/202101/t20210128_ 507972. shtml，最后访问时间：2025 年 10 月 28 日。

第六条 行政复议人员

国家建立专业化、职业化行政复议人员队伍。

行政复议机构中初次从事行政复议工作的人员，应当通过国家统一法律职业资格考试取得法律职业资格，并参加统一职前培训。

国务院行政复议机构应当会同有关部门制定行政复议人员工作规范，加强对行政复议人员的业务考核和管理。

● 行政法规及文件

1. **《国务院关于加强市县政府依法行政的决定》**（2008年5月12日　国发〔2008〕17号）

（二十二）加强行政复议和行政应诉工作。市县政府及其部门要认真贯彻执行行政复议法及其实施条例，充分发挥行政复议在行政监督、解决行政争议、化解人民内部矛盾和维护社会稳定方面的重要作用。要畅通行政复议渠道，坚持便民利民原则，依法应当受理的行政复议案件必须受理。要改进行政复议审理方式，综合运用书面审查、实地调查、听证、和解、调解等手段办案。要依法公正做出行政复议决定，对违法或者不当的行政行为，该撤销的坚决予以撤销，该变更的坚决予以变更。要按照行政复议法实施条例的规定，健全市县政府行政复议机构，充实行政复议工作人员，行政复议机构审理行政复议案件，应当由2名以上行政复议人员参加；推行行政复议人员资格管理制度，切实提高行政复议能力。要认真做好行政应诉工作，鼓励、倡导行政机关负责人出庭应诉。行政机关要自觉履行人民法院做出的判决和裁定。

2. **《行政复议法实施条例》**（2007年5月29日　国务院令第499号）

第2条　各级行政复议机关应当认真履行行政复议职责，领导并支持本机关负责法制工作的机构（以下简称行政复议机构）依法办理行政复议事项，并依照有关规定配备、充实、调剂专职行政复议人员，保证行政复议机构的办案能力与工作任务相适应。

第4条 专职行政复议人员应当具备与履行行政复议职责相适应的品行、专业知识和业务能力，并取得相应资格。具体办法由国务院法制机构会同国务院有关部门规定。

部门规章及文件

3. **《国家矿山安全监察局行政复议及行政应诉办法》**（2024年7月16日）

第6条第2款 初次从事行政复议的人员，应当通过国家统一法律职业资格考试取得法律职业资格，参加统一职前培训。

4. **《海事行政复议工作规定》**（2024年6月7日 海督察〔2024〕56号）

第6条 海事行政复议机关执法督察部门应当配备两名以上行政复议工作人员，具体负责海事行政复议案件的受理、调查取证、审查、制作及送达相关文书等职责。

海事行政复议机关中初次从事行政复议工作的人员，应当通过国家统一法律职业资格考试取得法律职业资格，并参加统一职前培训。

海事行政复议机关应当加强对行政复议人员的业务考核和管理。对在行政复议工作中做出显著成绩的单位和个人，按照国家有关规定给予表彰和奖励。

第七条 行政复议工作保障

行政复议机关应当确保行政复议机构的人员配备与所承担的工作任务相适应，提高行政复议人员专业素质，根据工作需要保障办案场所、装备等设施。县级以上各级人民政府应当将行政复议工作经费列入本级预算。

部门规章及文件

1.《国家矿山安全监察局行政复议及行政应诉办法》（2024 年 7 月 16 日）

第 6 条第 1 款 国家矿山安全监察局依法配备与履行行政复议和行政应诉职责相适应的工作人员，并保障办案工作经费、场所、调查取证装备及其他必要的工作条件。

2.《海事行政复议工作规定》（2024 年 6 月 7 日 海督察〔2024〕56 号）

第 8 条第 1 款 海事行政复议机关应当根据工作需要设置办案场所，配备交通、通讯、摄像、录音等装备设施。各级海事管理机构应当将行政复议工作经费列入本级预算。

3.《生态环境部行政复议办法》（2024 年 4 月 11 日 生态环境部令第 33 号）

第 8 条 生态环境部应当确保行政复议机构的人员配备与所承担的工作任务相适应，提高行政复议人员专业素质，根据工作需要保障办案场所、装备等设施。行政复议工作经费列入本级预算。

4.《国家中医药管理局行政复议与行政应诉管理办法》（2024 年 3 月 1 日 国中医药法监发〔2024〕2 号）

第 5 条 审理行政复议案件，应当由两名以上行政复议工作人员参加，并配备必需的办案设施、设备。行政复议办公室中初次从事行政复议工作的人员，应当通过国家统一法律职业资格考试取得法律职业资格，并参加统一职前培训。

第 33 条 国家中医药管理局行政复议和行政应诉工作经费由国家中医药管理局专项列支，不得向当事人收取任何费用。

5.《国家国防科技工业局行政复议实施办法》（2024 年 2 月 28 日 工业和信息化部令第 70 号）

第 26 条 国家国防科工局受理行政复议申请，不得向申请人收取任何费用。

行政复议活动所需经费，依照《中华人民共和国行政复议法》相关规定执行。

6.**《工业和信息化部行政复议实施办法》**（2024年2月26日　工业和信息化部令第69号）

第20条　工业和信息化部建立健全专业化、职业化的行政复议人员队伍。

第21条　工业和信息化部确保行政复议机构的人员配备与所承担的工作任务相适应，提高行政复议人员专业素质，根据听取当事人意见、听证、查阅复制材料、调解等工作需要，保障办案场所、装备等设施和其他必要的工作条件。

省、自治区、直辖市通信管理局应当为办理行政复议答复工作配备相应人员，保障经费、装备等工作条件。

第24条　工业和信息化部受理行政复议申请，不得向申请人收取任何费用。行政复议所需经费，列入工业和信息化部行政经费予以保障。

7.**《海关审理行政复议案件程序规定》**（2024年1月22日　海关总署令第265号）

第4条　各级海关行政复议机关应当确保海关行政复议机构的人员配备与所承担的工作任务相适应。海关行政复议工作所需接待、阅卷、听证、调解、案卷保存等办案场所及相关设施设备由各级海关予以保障。海关行政复议工作所需经费列入各级海关预算。

海关行政复议机关应当对行政复议人员进行业务培训，提高行政复议人员的专业素质。

海关行政复议机关对在行政复议工作中做出显著成绩的单位和个人，按照有关规定给予表彰和奖励。

8.《关于进一步加强行政复议调解工作推动行政争议实质性化解的指导意见》（2024年4月3日　司规〔2024〕1号）

四、加强行政复议调解工作保障

（十）加强组织领导。各级司法行政机关要积极争取党委、政府的重视支持，逐步将行政复议调解工作纳入法治政府建设有关考核指标体系，推动行政争议实质性化解。加强和规范行政复议调解工作管理，切实转变观念，形成注重运用调解方式推进复议工作的良好氛围，克服不愿调、不会调、不善调等问题。要协调相关部门统筹安排行政复议调解工作所需设施装备和经费预算，把行政复议调解工作纳入政府购买行政复议与应诉服务内容。

（十一）重视能力建设。加强对参与调解的行政复议人员和第三方人员的专业知识、调解技能、职业道德等方面的培训，加快建设高水平的行政复议调解队伍。要树立精品意识，积极培育一批成绩突出、群众认可的行政复议调解工作室或者调解员，不断创新调解工作方法、工作模式，提高行政复议调解工作能力。

……

请示答复

9.《最高人民法院对十三届全国人大四次会议第6353号建议的答复》（2021年6月23日）

一、深化一站式多元解纷机制建设实践，为制定和完善多元化纠纷解决机制立法提供实践依据

目前，我国在多部法律中规定了调解、仲裁、行政裁决、行政复议制度，鼓励当事人在自愿平等、互谅互让的基础上协商解决纠纷，推动了矛盾争议的快速解决，为有效解决各种纠纷提供了相应的法律制度保障。近年来，吉林、四川、山东、福建、河北、安徽、上海等地在推进多元解纷工作实践基础上，出台地区多元化纠纷解决促进条例，规范多元解纷工作，明确责任分工，

推动构建共建共治共享的社会治理格局。但从目前情况看，各方面解纷资源统筹配置不到位，尚未建立科学系统的多元解纷考核指标体系，相关职能部门缺乏明确合理分工，联动配合不足，未能形成有效化解合力；多元解纷工作存在模式不统一，地区不平衡问题依然存在；调解员力量配备薄弱且专业化水平有待提升，行业性专业性调解组织力量不足，难以满足群众多元解纷需求；调解员经费保障仍受制于各地财政水平，难以充分调动调解员积极性；等等。这些短板问题亟待通过立法予以明确和规范。最高人民法院将进一步深化人民法院一站式多元解纷实践，不断拓展与中央有关单位“总对总”在线诉调对接范围，及时总结有益经验做法，加快制定在线调解规则，支持地方法院配合当地党委政府因地制宜出台相关法规、规章，积极参与并推动有关多元化纠纷解决机制法律法规制定工作，加快形成推动国家立法进程的工作合力。

第八条 行政复议信息化建设

行政复议机关应当加强信息化建设，运用现代信息技术，方便公民、法人或者其他组织申请、参加行政复议，提高工作质量和效率。

部门规章及文件

1.《**海事行政复议工作规定**》（2024 年 6 月 7 日 海督察〔2024〕56 号）

第 9 条 海事行政复议机关应当加强信息化建设，运用移动应用程序、小程序等现代信息技术，方便公民、法人或者其他组织申请、参加行政复议，提高工作质量和效率。

2.《**工业和信息化部行政复议实施办法**》（2024 年 2 月 26 日 工业和信息化部令第 69 号）

第 22 条 工业和信息化部加强信息化建设，优化完善行政复议办理系统，方便公民、法人或者其他组织申请、参加行政复议，提高复议工作质量和效率。

3.《国家邮政局关于深入推进邮政管理部门法治政府建设的实施意见》（2022年6月2日　国邮发〔2022〕22号）

六、健全矛盾纠纷化解体系，依法妥善解决群众合理诉求

……

（二十一）加强行政复议行政应诉工作。加强邮政管理部门行政复议层级指导。依法明确直辖市邮政管理局作为行政复议机关的责任。全面推进邮政行政复议规范化专业化信息化建设，加强对行政复议决定书、意见书和建议书的执行监督，实现个案监督纠错与推进依法行政有机结合。落实行政机关负责人出庭应诉制度，健全邮政管理领域行政争议实质性化解机制。切实履行生效裁判，积极主动履行职责和纠正违法行为。配合支持检察机关开展行政诉讼监督和行政公益诉讼，认真做好司法建议、检察建议落实和反馈工作。

……

八、强化法治建设科技保障，提升法治政府建设数字化水平

（二十五）提高行业管理信息化水平。加强邮政管理部门信息化平台建设的统筹规划，推进行业数据信息整合应用。推广运用互联网、大数据、人工智能等技术手段开展行业管理，优化创新行业管理流程和方式，促进行政决策、立法、执法水平提升。推动邮政管理部门政务服务向移动端延伸。配合落实行政法规、部门规章、行政规范性文件的统一公开查询。依法保护国家安全、商业秘密、自然人隐私和个人信息，探索推进邮政管理数据有序开放共享。

（二十六）深入推进“互联网+”监管执法。依托寄递渠道安全监管“绿盾”工程，大力推进“互联网+”监管执法，健全与国家“互联网+监管”系统的对接机制。完善“互联网+”监

管事项目录清单。加强邮政管理一线的智能化执法设备配备运用，探索推行邮政行政执法 APP，加快推广远程监管、移动监管、预警防控等监管形式，对寄递企业营业场所、邮件快件处理场所、信息系统等实施非现场监管。

……

4.《中国银保监会关于印发银行业保险业法治建设实施方案的通知》（2022 年 3 月 28 日　银保监发〔2022〕7 号）

（二十）发挥行政复议化解行政争议主渠道作用。增强行政复议的专业性、透明度和公信力，着力发挥行政复议的监督功能和化解行政纠纷的重要作用，发挥行政复议制度效能，依法纠正行政复议过程中发现的银行保险机构故意侵害当事人合法权益的违法行为。全面推进行政复议规范化、专业化、信息化建设，不断提高办案质量和效率。健全优化行政复议审理机制，重大、疑难、复杂案件由行政复议委员会审议决定。

5.《人力资源和社会保障法治建设实施方案（2021 — 2025 年）》（2021 年 12 月 6 日　人社部发〔2021〕96 号）

（二十四）发挥行政复议化解行政争议主渠道作用。按照行政复议法和《行政复议体制改革方案》要求，理顺行政复议体制，推进行政复议规范化、专业化、信息化建设，健全优化行政复议审理机制。

6.《生态环境部关于深化生态环境领域依法行政 持续强化依法治污的指导意见》（2021 年 11 月 9 日　环法规〔2021〕107 号）

（十二）持续强化生态环境领域社会矛盾纠纷行政预防调处化解工作

认真落实行政复议规范化、专业化、信息化建设要求，不断提高生态环境复议案件办案质量和效率。加强和规范生态环境领域行政应诉工作，切实履行人民法院生效裁判，认真做好司法建议、检察建议的落实和反馈工作。通过行政复议办理，指导生态环境系统预防和及时纠正行政违法行为。各级生态环境部门要依法加强行政调解，及时妥善推进矛盾纠纷化解。

7.**《农业农村部关于全面推进农业农村法治建设的意见》**（2021年4月20日　农法发〔2021〕5号）

（二十一）依法化解涉农矛盾纠纷。健全完善农村土地承包经营纠纷调解仲裁体系，及时调处农村土地承包经营纠纷。依法办理涉农信访事项，注重从政策层面预防和化解信访反映的普遍性、倾向性问题，切实维护农民群众、农村集体经济组织和新型农业经营主体等的合法权益。坚持法律效果、政治效果、社会效果有机统一，注重以法为据、以理服人、以情感人，加大农业执法过程中调处化解涉农矛盾纠纷的力度。落实深化行政复议体制改革要求，推进行政复议规范化、专业化、信息化建设，依法公正办理复议案件。

8.**《法治市场监管建设实施纲要（2021—2025年）》**（2021年12月13日　国市监法发〔2021〕80号）

（十七）加强执法监督。认真落实行政执法监督相关规定，加强市场监管执法监督机制和能力建设。积极运用专项执法检查、执法案卷评查等方式，加大对行政执法的监督力度。大力整治重点领域行政执法不作为乱作为、执法不严格不规范不文明不透明等突出问题，及时纠正违法或者不当的行政行为。严禁下达或者变相下达罚没指标，严禁将罚没收入同作出行政处罚的行政机关及其工作人员的考核、考评直接或者变相挂钩。建立并实施行政执法监督员制度。积极配合行政复议体制改革，推进行政复议规范化、专业化、信息化建设，健全优化行政复议案件审理机制。建立行政复议决定以及行政复议意见书、建议书执行监督机制。全面落实行政复议决定书网上公开制度。

第九条 表彰和奖励

对在行政复议工作中做出显著成绩的单位和个人，按照国家有关规定给予表彰和奖励。

部门规章及文件

1.《海事行政复议工作规定》（2024年6月7日 海督察〔2024〕56号）

第6条第3款 海事行政复议机关应当加强对行政复议人员的业务考核和管理。对在行政复议工作中做出显著成绩的单位和个人，按照国家有关规定给予表彰和奖励。

2.《海关审理行政复议案件程序规定》（2024年1月22日 海关总署令第265号）

第4条第3款 海关行政复议机关对在行政复议工作中做出显著成绩的单位和个人，按照有关规定给予表彰和奖励。

3.《工业和信息化部行政复议实施办法》（2024年2月26日 工业和信息化部令第69号）

第23条 工业和信息化部对在行政复议工作中做出显著成绩的单位和个人，按照国家有关规定给予表彰和奖励。

4.《生态环境部行政复议办法》（2024年4月11日 生态环境部令第33号）

第7条 对在生态环境部行政复议工作中做出显著成绩的单位和个人，按照国家有关规定给予表彰和奖励。

第十条 行政复议与行政诉讼的衔接

公民、法人或者其他组织对行政复议决定不服的，可以依照《中华人民共和国行政诉讼法》的规定向人民法院提起行政诉讼，但是法律规定行政复议决定为最终裁决的除外。

法 律

1.《行政复议法》（2023年9月1日）

第26条 对省、自治区、直辖市人民政府依照本法第二十四条第二款的规定、国务院部门依照本法第二十五条第一项的规定作出的行政复议决定不服的，可以向人民法院提起行政诉讼；也可以向国务院申请裁决，国务院依照本法的规定作出最终裁决。

部门规章及文件

2.《海关审理行政复议案件程序规定》（2024年1月22日 海关总署令第265号）

第11条 有下列情形之一的，申请人应当先向海关申请行政复议，对海关行政复议决定不服的，可以再依法向人民法院提起行政诉讼：

（一）对海关当场作出的行政处罚决定不服；

（二）认为海关未履行法定职责；

（三）申请政府信息公开，海关不予公开；

（四）同海关发生纳税争议；

（五）法律、行政法规规定应当先向海关申请行政复议的其他情形。

对前款规定的情形，海关在作出行政行为时应当告知公民、法人或者其他组织先向海关行政复议机关申请行政复议。

第34条 申请人不服海关行政复议决定或者海关行政复议机关受理后超过行政复议期限不作答复的，申请人可以自收到决定书之日起或者行政复议期限届满之日起十五日内，依法向人民法院提起行政诉讼。

3.《工业和信息化部行政复议实施办法》（2024年2月26日 工业和信息化部令第69号）

第15条 公民、法人或者其他组织对工业和信息化部行政复议决定不服的，可以依照《中华人民共和国行政诉讼法》的规定向人民法院提起行政诉讼，但是法律规定行政复议决定为最终裁决的除外。对工业和信息化部的行政行为作出的行政复议决定不服的，可以向人民法院提起行政诉讼；也可以向国务院申请裁决。

4. **《国家国防科技工业局行政复议实施办法》**（2024 年 2 月 28 日　工业和信息化部令第 70 号）

第 4 条　国家国防科工局法制工作机构是国家国防科工局的行政复议机构，具体办理行政复议事项，履行下列职责：

……

（六）办理因不服国家国防科工局行政复议决定提起行政诉讼的应诉事项；

……

第 24 条　公民、法人或者其他组织对国家国防科工局作出的行政复议决定不服的，可以依法向人民法院提起行政诉讼，也可以依法向国务院申请裁决。

5. **《生态环境部行政复议办法》**（2024 年 4 月 11 日　生态环境部令第 33 号）

第 17 条　有下列情形之一的，申请人应当先向生态环境部申请行政复议，对行政复议决定不服的，可以再依法向人民法院提起行政诉讼：

（一）对生态环境部及其派出机构、管理的组织当场作出的行政处罚决定不服的；

（二）认为生态环境部及其派出机构、管理的组织存在行政复议法第十一条规定的未履行法定职责情形的；

（三）申请政府信息公开，生态环境部及其派出机构、管理的组织不予公开的；

（四）法律、行政法规规定应当先申请行政复议的其他情形。

对前款规定的情形，生态环境部及其派出机构、管理的组织在作出行政行为时应当告知公民、法人或者其他组织先向生态环境部申请行政复议。

6.《国家外汇管理局行政复议程序》（2024年4月18日　国家外汇管理局公告2024年第1号）

第7条第1款　公民、法人或者其他组织认为外汇局的行政行为侵犯其合法权益，可以自知道或者应当知道该行为之日起六十日内先向行政复议机关提出行政复议申请。对行政复议决定不服的，可以依法向人民法院提起行政诉讼，但是法律规定行政复议决定为最终裁决的除外。

第11条　申请人对外汇局行政行为不服的，向上一级外汇局申请行政复议。

对国家外汇管理局作出的行政行为不服的，向国家外汇管理局申请行政复议；对国家外汇管理局行政复议决定不服的，可依法向人民法院提起行政诉讼，也可以向国务院申请最终裁决。

7.《海事行政复议工作规定》（2024年6月7日　海督察〔2024〕56号）

第19条　有下列情形之一的，申请人应当先向海事行政复议机关申请行政复议，对行政复议决定不服的，可以再依法向人民法院提起行政诉讼：

（一）对当场作出的行政处罚不服；

（二）认为海事管理机构存在本规定第十条规定的未履行法定职责情形；

（三）申请政府信息公开，海事管理机构不予公开；

（四）法律、行政法规规定应当先向行政复议机关申请行政复议的其他情形。

对前款规定的情形，海事管理机构在作出行政行为时应当告知公民、法人或者其他组织先向海事行政复议机关申请行政复议。

第二章　行政复议申请

第一节　行政复议范围

第十一条　行政复议范围的一般规定

有下列情形之一的，公民、法人或者其他组织可以依照本法申请行政复议：

（一）对行政机关作出的行政处罚决定不服；

（二）对行政机关作出的行政强制措施、行政强制执行决定不服；

（三）申请行政许可，行政机关拒绝或者在法定期限内不予答复，或者对行政机关作出的有关行政许可的其他决定不服；

（四）对行政机关作出的确认自然资源的所有权或者使用权的决定不服；

（五）对行政机关作出的征收征用决定及其补偿决定不服；

（六）对行政机关作出的赔偿决定或者不予赔偿决定不服；

（七）对行政机关作出的不予受理工伤认定申请的决定或者工伤认定结论不服；

（八）认为行政机关侵犯其经营自主权或者农村土地承包经营权、农村土地经营权；

（九）认为行政机关滥用行政权力排除或者限制竞争；

（十）认为行政机关违法集资、摊派费用或者违法要求履行其他义务；

（十一）申请行政机关履行保护人身权利、财产权利、受教育权利等合法权益的法定职责，行政机关拒绝履行、未依法履行或者不予答复；

（十二）申请行政机关依法给付抚恤金、社会保险待遇或者最低生活保障等社会保障，行政机关没有依法给付；

（十三）认为行政机关不依法订立、不依法履行、未按照约定履行或者违法变更、解除政府特许经营协议、土地房屋征收补偿协议等行政协议；

（十四）认为行政机关在政府信息公开工作中侵犯其合法权益；

（十五）认为行政机关的其他行政行为侵犯其合法权益。

● 部门规章及文件

1.《**中国保险监督管理委员会行政复议办法**》（2010年1月6日中国保险监督管理委员会令2010年第1号）

第5条 公民、法人或者其他组织对中国保监会或者其派出机构作出的、属于行政复议法第六条规定的具体行政行为不服，可以向中国保监会申请行政复议。

2.《**中国证券监督管理委员会行政复议办法**》（2010年5月4日中国证券监督管理委员会令第67号）

第7条 公民、法人或者其他组织对中国证监会或其派出机构、授权组织作出的具体行政行为不服，有下列情形之一的，可以向中国证监会申请行政复议：

（一）对中国证监会或其派出机构作出的警告、罚款、没收违法所得、责令关闭、撤销任职资格或者证券从业资格、暂停或者撤销业务许可、吊销业务许可证等行政处罚决定不服的；

（二）对中国证监会或其派出机构作出的证券、期货市场禁入决定不服的；

（三）对中国证监会或其派出机构作出的冻结、查封、限制交易等行政强制措施不服的；

（四）对中国证监会或其派出机构作出的限制业务活动、限期撤销境内分支机构、限制分配红利、限制转让财产、责令限制股东行使股东权利以及责令更换董事、监事、高级管理人员或者限制其权利等行政监管措施不服的；

（五）认为中国证监会或其派出机构、授权组织侵犯其合法的经营自主权的；

（六）认为符合法定条件，申请办理证券、期货行政许可事项，中国证监会或其派出机构没有依法办理的；

（七）认为中国证监会或其派出机构在政府信息公开工作中的具体行政行为侵犯其合法权益的；

（八）认为中国证监会或其派出机构、授权组织的其他具体行政行为侵犯其合法权益的。

3. **《国家知识产权局行政复议规程》**（2024 年 12 月 30 日　国家知识产权局令第 82 号）

第 7 条　除依法不属于行政复议范围的情形外，有下列情形之一的，公民、法人或者其他组织可以依法申请行政复议：

（一）对国家知识产权局作出的有关专利申请、专利权的行政行为不服；

（二）对国家知识产权局作出的有关商标注册申请、注册商标专用权的行政行为不服；

（三）对国家知识产权局作出的有关集成电路布图设计登记申请、集成电路布图设计专有权的行政行为不服；

（四）对国家知识产权局作出的有关地理标志产品保护以及地理标志专用标志的行政行为不服；

（五）对国家知识产权局作出的有关专利、商标代理管理的行政行为不服；

（六）申请国家知识产权局履行保护人身权利、财产权利等合法权益的法定职责，国家知识产权局拒绝履行、未依法履行或者不予答复；

（七）认为国家知识产权局在政府信息公开工作中侵犯其合法权益；

（八）认为国家知识产权局作出的其他行政行为侵犯其合法权益。

4.**《税务行政复议规则》**（2018 年 6 月 15 日　国家税务总局令第 44 号）

第 14 条　行政复议机关受理申请人对税务机关下列具体行政行为不服提出的行政复议申请：

（一）征税行为，包括确认纳税主体、征税对象、征税范围、减税、免税、退税、抵扣税款、适用税率、计税依据、纳税环节、纳税期限、纳税地点和税款征收方式等具体行政行为，征收税款、加收滞纳金，扣缴义务人、受税务机关委托的单位和个人作出的代扣代缴、代收代缴、代征行为等。

（二）行政许可、行政审批行为。

（三）发票管理行为，包括发售、收缴、代开发票等。

（四）税收保全措施、强制执行措施。

（五）行政处罚行为：

1. 罚款；

2. 没收财物和违法所得；

3. 停止出口退税权。

（六）不依法履行下列职责的行为：

1. 颁发税务登记；

2. 开具、出具完税凭证、外出经营活动税收管理证明；

3. 行政赔偿；

4. 行政奖励；

5. 其他不依法履行职责的行为。

（七）资格认定行为。

（八）不依法确认纳税担保行为。

（九）政府信息公开工作中的具体行政行为。

（十）纳税信用等级评定行为。

（十一）通知出入境管理机关阻止出境行为。

（十二）其他具体行政行为。

案例指引

1. 某公司诉某区人民政府不予受理行政复议申请决定案（人民法院案例库：2023-12-3-016-015）

裁判要旨：劳动保障行政部门限期责令行政相对人向有关劳动者改正所存在的违法行为，意味着劳动保障行政部门认定行政相对人与劳动者之间存在劳动关系，并基于劳动关系指令用人单位改正违法行为，同时告知行政相对人若拒不履行限期整改的内容，将对其进行行政处罚。从涉案《劳动保障监察限期整改指令书》内容来看，被约束对象是特定的，并指出不履行的后果，对某公司设定了义务，对其权利义务产生了实际影响，可以认定涉案《劳动保障监察限期整改指令书》对某公司直接产生了法律效果。涉案《劳动保障监察限期整改指令书》呈外部性和最终性，是具有权利义务影响性和成熟性的行政行为，不符合内部性、非正式性、未完成性等过程性行政行为的特点，对行政相对人权利义务产生实际影响，属于行政复议的受理范围。

2. 陈某蝶诉某区人民政府行政复议申请不予受理决定案（人民法院案例库：2023-12-3-016-002）

裁判要旨：法院生效裁判认为，上诉人陈某蝶向原审起诉，请求撤销被上海市某区人民政府所作《行政复议申请不予受理决定书》。经查，上诉人申请行政复议事项为：某镇政府向检察院提供

《情况》的行为违法。因该事项明显不属行政行为，且涉及有关诉讼事项，不属于行政复议的受案范围，亦不属于行政诉讼的受案范围。因此，原审裁定驳回上诉人的起诉正确，应予维持。

第十二条 行政复议范围的排除

下列事项不属于行政复议范围：

（一）国防、外交等国家行为；

（二）行政法规、规章或者行政机关制定、发布的具有普遍约束力的决定、命令等规范性文件；

（三）行政机关对行政机关工作人员的奖惩、任免等决定；

（四）行政机关对民事纠纷作出的调解。

● 部门规章及文件

1. **《中国保险监督管理委员会行政复议办法》**（2010年1月6日中国保险监督管理委员会令2010年第1号）

第6条 对中国保监会或者其派出机构的下列行为不能申请行政复议：

（一）对其工作人员作出的行政处分或者其他人事处理决定；

（二）不具有强制力的行政指导行为；

（三）对公民、法人或者其他组织的权利义务不产生实际影响的行为。

2. **《中国证券监督管理委员会行政复议办法》**（2010年5月4日中国证券监督管理委员会令第67号）

第8条 中国证监会或其派出机构、授权组织的下列行为不属于行政复议申请的范围：

（一）中国证监会或其派出机构、授权组织对其工作人员作出的行政处分以及其他人事处理决定；

（二）中国证监会或其派出机构、授权组织对证券、期货民事争议所作的调解行为；

（三）由中国证监会或其派出机构作出的行政调解和行政和解行为；

（四）不具有强制力的证券、期货行政指导行为；

（五）中国证监会或其派出机构对公民、法人或者其他组织提起申诉的重复处理行为；

（六）证券、期货交易所或证券、期货业协会依据自律规则，对公民、法人或者其他组织作出的决定；

（七）对公民、法人或者其他组织的权利义务不产生实际影响的行为。

3.《农业部行政复议工作规定》（2010 年 12 月 22 日 农政发〔2010〕5 号）

第 11 条 行政复议申请属于下列情形的，农业行政复议机关不予受理：

（一）行政复议申请已由其他单位依法受理的；

（二）申请人就同一具体行政行为向人民法院提起行政诉讼，人民法院已经依法受理的；

（三）对不具有强制力的行政指导行为、农业技术服务行为等申请行政复议的；

（四）对植物新品种权的授予、不授予以及确认无效、更名等决定不服申请行政复议的；

（五）对农业技术鉴定行为申请行政复议的；

（六）超出法定申请期限提出行政复议申请的；

（七）其他不属于行政复议范围的。

对已生效的行政复议决定不服或者经行政复议机构同意，自愿撤回行政复议申请后，以同一事实和理由再次申请行政复议的，农业行政复议机关不再重复处理。

4.《国家知识产权局行政复议规程》（2024 年 12 月 30 日　国家知识产权局令第 82 号）

第 7 条　除依法不属于行政复议范围的情形外，有下列情形之一的，公民、法人或者其他组织可以依法申请行政复议：

（一）对国家知识产权局作出的有关专利申请、专利权的行政行为不服；

（二）对国家知识产权局作出的有关商标注册申请、注册商标专用权的行政行为不服；

（三）对国家知识产权局作出的有关集成电路布图设计登记申请、集成电路布图设计专有权的行政行为不服；

（四）对国家知识产权局作出的有关地理标志产品保护以及地理标志专用标志的行政行为不服；

（五）对国家知识产权局作出的有关专利、商标代理管理的行政行为不服；

（六）申请国家知识产权局履行保护人身权利、财产权利等合法权益的法定职责，国家知识产权局拒绝履行、未依法履行或者不予答复；

（七）认为国家知识产权局在政府信息公开工作中侵犯其合法权益；

（八）认为国家知识产权局作出的其他行政行为侵犯其合法权益。

5.《住房城乡建设行政复议办法》（2015 年 9 月 7 日　住房和城乡建设部令第 25 号）

第 10 条　有下列情形之一的，申请人提出行政复议申请，行政复议机关不予受理：

（一）不服县级以上人民政府住房城乡建设主管部门作出的行政处分、人事任免有关决定，或者认为住房城乡建设主管部门应当履行但未依法履行有关行政处分、人事任免职责的；

（二）不服县级以上人民政府住房城乡建设主管部门对有权处理的信访事项，根据《信访条例》作出的处理意见、复查意见、复核意见和不再受理决定的；

（三）不服县级以上人民政府住房城乡建设主管部门制定的规范性文件，以及作出的行政调解行为、行政和解行为、行政复议决定的；

（四）以行政复议申请名义，向行政复议机关提出批评、意见、建议、控告、检举、投诉，以及其他信访请求的；

（五）申请人已就同一事项先向其他有权受理的行政复议机关提出行政复议申请的，或者人民法院已就该事项立案登记的；

（六）被复议的行政行为已为其他生效法律文书的效力所羁束的；

（七）法律、法规规定的不应纳入行政复议范围的其他情形。

第十三条 对规范性文件的附带审查

公民、法人或者其他组织认为行政机关的行政行为所依据的下列规范性文件不合法，在对行政行为申请行政复议时，可以一并向行政复议机关提出对该规范性文件的附带审查申请：

（一）国务院部门的规范性文件；

（二）县级以上地方各级人民政府及其工作部门的规范性文件；

（三）乡、镇人民政府的规范性文件；

（四）法律、法规、规章授权的组织的规范性文件。

前款所列规范性文件不含规章。规章的审查依照法律、行政法规办理。

● 行政法规及文件

1.《行政复议法实施条例》（2007 年 5 月 29 日　国务院令第 499 号）

第 26 条　依照行政复议法第七条的规定，申请人认为具体行政行为所依据的规定不合法的，可以在对具体行政行为申请行政复议的同时一并提出对该规定的审查申请；申请人在对具体行政行为提出行政复议申请时尚不知道该具体行政行为所依据的规定的，可以在行政复议机关作出行政复议决定前向行政复议机关提出对该规定的审查申请。

● 部门规章及文件

2.《海关审理行政复议案件程序规定》（2024 年 1 月 22 日　海关总署令第 265 号）

第 26 条　海关行政复议机关对规范性文件进行附带审查，有权处理的，应当在三十日内依照下列程序处理：

（一）海关行政复议机构应当自行政复议中止之日起三日内书面通知该规范性文件的业务主管部门；

（二）业务主管部门应当自收到书面通知之日起十日内就该规范性文件的合法性、有效性等向海关行政复议机构提出审查意见。

第 27 条　海关行政复议机关对规范性文件进行附带审查，无权处理的，应当在七日内转送有权处理的上级海关或者其他有权处理的国家机关依法处理。

接受转送的上级海关业务主管部门应当就该规范性文件的合法性、有效性等提出审查意见，自收到转送文件之日起六十日内将处理意见以上级海关名义回复转送的下级海关。

第 29 条第 3 款　海关行政复议机关对规范性文件进行附带审查的，应当将审查结果在行政复议决定书中一并告知。

3.《**国家中医药管理局行政复议与行政应诉管理办法**》（2024 年 3 月 1 日　国中医药法监发〔2024〕2 号）

第 6 条　国家中医药管理局管辖对我局作出的行政行为不服的行政复议案件。

公民、法人或者其他组织认为国家中医药管理局的行政行为所依据的规范性文件不合法的，在对行政行为申请行政复议时，可以一并向国家中医药管理局提出对该规范性文件的附带审查申请。

第 16 条　行政复议申请人提出对有关规范性文件的附带审查申请，行政复议办公室应当中止行政复议，并自行政复议中止之日起三日内根据情况作出以下处理：

（一）该规范性文件是由国家中医药管理局制定的，行政复议办公室书面通知规范性文件的局机关业务主管部门就相关条款的合法性提出书面答复，有关部门应当在十日内提出书面答复；

（二）该规范性文件是其他行政机关制定的，行政复议办公室应当转送有权处理的行政机关依法处理。

4.《**生态环境部行政复议办法**》（2024 年 4 月 11 日　生态环境部令第 33 号）

第 11 条　公民、法人或者其他组织认为被复议的行政行为所依据的规范性文件不合法，在对行政行为申请行政复议时，可以依据行政复议法第十三条的规定，一并向生态环境部提出对该规范性文件的附带审查申请。

第 33 条　申请人依照行政复议法第十三条的规定提出对有关规范性文件的附带审查申请的，或者生态环境部对被申请人作出的行政行为进行审查时，认为其依据不合法的，生态环境部依据行政复议法第五十六条、第五十七条、第五十八条、第五十九条、第六十条的规定进行处理。

5.《国家外汇管理局行政复议程序》（2024 年 4 月 18 日　国家外汇管理局公告 2024 年第 1 号）

第 10 条　申请人认为外汇局的行政行为所依据的规范性文件不合法，在对行政行为申请行政复议时可以一并提出对该规范性文件的附带审查申请。前款所称规范性文件不含规章。

第 24 条　行政复议机关对有关规范性文件进行附带审查，或者对行政行为依据进行审查，有权处理的，应当在三十日内依法处理，行政复议机构应当自行政复议中止之日起三个工作日内，书面通知该规范性文件或者依据的制定部门，制定部门应当自收到书面通知之日起十个工作日内就相关条款的合法性进行审查并书面答复；无权处理的，应当在七个工作日内转送有权处理的外汇局或者其他有权处理的国家机关依法处理，接受转送的外汇局应当进行审查，并自收到转送之日起六十日内书面回复处理意见。

第 47 条　申请人依照本规定第十二条的规定提出对有关规范性文件附带审查申请，海事行政复议机关有权处理的，应当在三十日内依法处理；无权处理的，应当在七日内制作《规范性文件转送处理函（一）》（见附件 14），按照法定程序转送有权处理的行政机关依法处理。

第 48 条　海事行政复议机关在对被申请人作出的行政行为审查时，认为其依据不合法，本机关有权处理的，应当在三十日内依法处理；无权处理的，应当在七日内制作《规范性文件转送处理函（二）》（见附件 17），按照法定程序转送有权处理的国家机关依法处理。

第 49 条　海事行政复议机关依照本规定第四十七条、第四十八条的规定有权处理有关规范性文件或者依据的，海事行政复议机关执法督察部门应当自行政复议中止之日起三日内，书面通知制定规范性文件或者依据的海事管理机构就相关条款的合法性提出书面答复。制定规范性文件或者依据的海事管理机构应当自收到书面通知之日起十日内提交书面答复及相关材料。

海事行政复议机关执法督察部门认为必要时，可以要求制定规范性文件或者依据的海事管理机构当面说明理由，制定规范性文件或者依据的海事管理机构应当配合。

第50条 海事行政复议机关依照本规定第四十七条、第四十八条的规定有权处理有关规范性文件或者依据，认为相关条款合法的，在行政复议决定书中一并告知；认为相关条款超越权限或者违反上位法的，决定停止该条款的执行，并责令制定规范性文件或者依据的海事管理机构予以纠正。

第51条 依照本规定第四十七条、第四十八条的规定接受转送的海事管理机构应当自收到转送之日起六十日内，将处理意见回复转送的行政复议机关。

第二节 行政复议参加人

第十四条 申请人

依照本法申请行政复议的公民、法人或者其他组织是申请人。

有权申请行政复议的公民死亡的，其近亲属可以申请行政复议。有权申请行政复议的法人或者其他组织终止的，其权利义务承受人可以申请行政复议。

有权申请行政复议的公民为无民事行为能力人或者限制民事行为能力人的，其法定代理人可以代为申请行政复议。

行政法规及文件

1.《行政复议法实施条例》（2007年5月29日 国务院令第499号）

第5条 依照行政复议法和本条例的规定申请行政复议的公民、法人或者其他组织为申请人。

第6条 合伙企业申请行政复议的，应当以核准登记的企业为申请人，由执行合伙事务的合伙人代表该企业参加行政复议；其他合伙组织申请行政复议的，由合伙人共同申请行政复议。

前款规定以外的不具备法人资格的其他组织申请行政复议的，由该组织的主要负责人代表该组织参加行政复议；没有主要负责人的，由共同推选的其他成员代表该组织参加行政复议。

第 7 条 股份制企业的股东大会、股东代表大会、董事会认为行政机关作出的具体行政行为侵犯企业合法权益的，可以以企业的名义申请行政复议。

● 部门规章及文件

2. **《税务行政复议规则》**（2018 年 6 月 15 日 国家税务总局令第 44 号）

第 20 条 合伙企业申请行政复议的，应当以核准登记的企业为申请人，由执行合伙事务的合伙人代表该企业参加行政复议；其他合伙组织申请行政复议的，由合伙人共同申请行政复议。

前款规定以外的不具备法人资格的其他组织申请行政复议的，由该组织的主要负责人代表该组织参加行政复议；没有主要负责人的，由共同推选的其他成员代表该组织参加行政复议。

第 21 条 股份制企业的股东大会、股东代表大会、董事会认为税务具体行政行为侵犯企业合法权益的，可以以企业的名义申请行政复议。

第 22 条 有权申请行政复议的公民死亡的，其近亲属可以申请行政复议；有权申请行政复议的公民为无行为能力人或者限制行为能力人，其法定代理人可以代理申请行政复议。

有权申请行政复议的法人或者其他组织发生合并、分立或终止的，承受其权利义务的法人或者其他组织可以申请行政复议。

第 24 条 非具体行政行为的行政管理相对人，但其权利直接被该具体行政行为所剥夺、限制或者被赋予义务的公民、法人或其他组织，在行政管理相对人没有申请行政复议时，可以单独申请行政复议。

● 案例指引

冯某诉河北省衡水市人民政府撤销国有土地使用证案［最高人民法院行政审判十大典型案例（第一批）[①] 之九］

裁判摘要： 本案的典型意义在于进一步确定行政复议资格和权利的承继问题。行政复议制度是我国重要的行政救济制度。行政救济制度的核心理念在于"有权利必有救济"。行政相对人认为行政行为侵犯其合法权益的，可以向行政机关提出行政复议申请；申请人需与被申请的行政行为有利害关系，复议申请才予以受理。本案中，前手已经丧失行政复议的资格，后手则丧失了权利继受的基础。颁证之后，行政机关与行政相对人之间已形成稳定的行政法律关系，除非存在法定事由，法院和行政复议机关亦有义务维持行政法律关系的有序存在。公民、法人或者其他组织只有在符合行政复议法和行政诉讼法的关于利害关系人的规定的前提下，才能对既存法律关系发起复议或者诉讼"挑战"，这也正是维护法律安定性和行政秩序稳定性的需要。

第十五条 代表人

同一行政复议案件申请人人数众多的，可以由申请人推选代表人参加行政复议。

代表人参加行政复议的行为对其所代表的申请人发生效力，但是代表人变更行政复议请求、撤回行政复议申请、承认第三人请求的，应当经被代表的申请人同意。

---

① 参见中华人民共和国最高人民法院网站，https：//www.court.gov.cn/zixun/xiangqing/47862.html，最后访问时间：2025 年 10 月 28 日。以下不再标注。

● 部门规章及文件

1.《**行政复议普通程序听取意见办法**》（2024 年 4 月 3 日　司规〔2024〕1 号）

第 12 条　同一行政复议案件申请人人数众多的，可以根据查明案件事实的需要，听取申请人代表或者部分申请人的意见。

2.《**生态环境部行政复议办法**》（2024 年 4 月 11 日　生态环境部令第 33 号）

第 12 条　依照行政复议法规定申请行政复议的公民、法人或者其他组织是申请人。

同一行政复议案件申请人人数众多的，可以由申请人推选代表人参加行政复议。

代表人参加行政复议的行为对其所代表的申请人发生效力，但是代表人变更行政复议请求、撤回行政复议申请、承认第三人请求的，应当经被代表的申请人同意。

3.《**海事行政复议工作规定**》（2024 年 6 月 7 日　海督察〔2024〕56 号）

第 13 条　依照本规定申请海事行政复议的公民、法人或者其他组织是申请人。

同一海事行政复议案件申请人人数众多的，可以由申请人推选代表人参加行政复议。代表人参加行政复议的行为对其所代表的申请人发生效力，但是代表人变更行政复议请求、撤回行政复议申请、承认第三人请求的，应当经被代表的申请人同意。

第十六条　第三人

申请人以外的同被申请行政复议的行政行为或者行政复议案件处理结果有利害关系的公民、法人或者其他组织，可以作为第三人申请参加行政复议，或者由行政复议机构通知其作为第三人参加行政复议。

第三人不参加行政复议，不影响行政复议案件的审理。

部门规章及文件

1. **《行政复议普通程序听取意见办法》**（2024 年 4 月 3 日　司规〔2024〕1 号）

第 13 条　第三人意见的听取，参照听取申请人意见的规定办理。

第三人的利益诉求与申请人有冲突的，可以就双方各自提出的案件事实和证据，听取对方意见。

2. **《海关审理行政复议案件程序规定》**（2024 年 1 月 22 日　海关总署令第 265 号）

第 6 条　行政复议参加人包括申请人、被申请人、第三人、委托代理人。

第三人参加行政复议的，海关行政复议机构应当制发《第三人参加行政复议通知书》并送达当事人。

委托代理人参加行政复议的，应当向海关行政复议机构提交授权委托书、委托人及被委托人的身份证明文件。申请人、第三人变更或者解除代理人权限的，应当书面告知海关行政复议机构。

第 28 条　适用普通程序审理的行政复议案件，海关行政复议机关应当自受理申请之日起六十日内作出行政复议决定。有下列情形之一的，经海关行政复议机构负责人批准，可以适当延长，但是延长期限最多不得超过三十日：

……

（三）有第三人参加行政复议；

（四）申请人、第三人提出新的事实或者证据需要进一步调查；

……

第32条 海关行政复议机构提出案件处理意见，经行政复议机关的负责人同意或者集体讨论通过后，作出行政复议决定，应当制发《行政复议决定书》，并送达当事人。

《行政复议决定书》应当载明下列内容：

（一）申请人、被申请人、第三人基本情况；

……

（四）第三人提出的意见；

……

3.**《生态环境部行政复议办法》**（2024年4月11日 生态环境部令第33号）

第13条 申请人以外的同被申请行政复议的行政行为或者行政复议案件处理结果有利害关系的公民、法人或者其他组织，可以作为第三人申请参加行政复议，或者由生态环境部行政复议机构通知其作为第三人参加行政复议。

第三人不参加行政复议，不影响行政复议案件的审理。

4.**《国家外汇管理局行政复议程序》**（2024年4月18日 国家外汇管理局公告2024年第1号）

第6条 依照《行政复议法》申请行政复议的公民、法人或者其他组织是申请人，作出被申请行政复议的行政行为的外汇局是被申请人。申请人以外的同被申请行政复议的行政行为或者行政复议案件处理结果有利害关系的公民、法人或者其他组织，可以作为第三人申请参加行政复议，或者由行政复议机构通知其作为第三人参加行政复议；第三人不参加行政复议，不影响行政复议案件的审理。申请人申请行政复议，第三人参加行政复议，应当提交合法有效身份证明文件。申请人、第三人委托他人代为参加行政复议的，应当提交自身及代理人的合法有效身份证明文件以及授权委托书，授权委托书中应当载明委托事项、权限内容和期限；申请人、第三人变更或者解除代理人权限的，应当签名或者签章后书面告知行政复议机构。

5.**《海事行政复议工作规定》**（2024年6月7日　海督察〔2024〕56号）

第14条　申请人以外的同被申请行政复议的行政行为或者行政复议案件处理结果有利害关系的公民、法人或者其他组织，可以作为第三人申请参加行政复议，或者由海事行政复议机关执法督察部门通知其作为第三人参加行政复议。

第三人不参加行政复议，不影响行政复议案件的审理。

第十七条　代理人

申请人、第三人可以委托一至二名律师、基层法律服务工作者或者其他代理人代为参加行政复议。

申请人、第三人委托代理人的，应当向行政复议机构提交授权委托书、委托人及被委托人的身份证明文件。授权委托书应当载明委托事项、权限和期限。申请人、第三人变更或者解除代理人权限的，应当书面告知行政复议机构。

● 部门规章及文件

1.**《海关审理行政复议案件程序规定》**（2024年1月22日　海关总署令第265号）

第6条　行政复议参加人包括申请人、被申请人、第三人、委托代理人。

第三人参加行政复议的，海关行政复议机构应当制发《第三人参加行政复议通知书》并送达当事人。

委托代理人参加行政复议的，应当向海关行政复议机构提交授权委托书、委托人及被委托人的身份证明文件。申请人、第三人变更或者解除代理人权限的，应当书面告知海关行政复议机构。

2. **《工业和信息化部行政复议实施办法》**（2024年2月26日　工业和信息化部令第69号）

第6条第2款　申请人为公民的，应当提交居民身份证或者其他有效证件复印件；申请人为法人或者其他组织的，应当提交营业执照或者其他有效证件复印件、法定代表人或者主要负责人居民身份证或者其他有效证件复印件。申请人委托代理人代为申请的，还应当提交授权委托书和代理人的居民身份证或者其他有效证件复印件。授权委托书应当载明委托事项、权限和期限。

3. **《国家中医药管理局行政复议与行政应诉管理办法》**（2024年3月1日　国中医药法监发〔2024〕2号）

第27条　国家中医药管理局有关部门确定一名诉讼代理人，经行政复议办公室推荐，报国家中医药管理局负责人决定。必要时，可以委托律师担任诉讼代理人。

行政复议办公室根据国家中医药管理局负责人决定，办理授权委托书等材料。

4. **《生态环境部行政复议办法》**（2024年4月11日　生态环境部令第33号）

第14条　申请人、第三人可以委托一至二名律师、基层法律服务工作者或者其他代理人代为参加行政复议。

申请人、第三人委托代理人的，应当向生态环境部行政复议机构提交授权委托书、委托人及被委托人的身份证明文件。授权委托书应当载明委托事项、权限和期限。申请人、第三人变更或者解除代理人权限的，应当书面告知生态环境部行政复议机构。

5.《国家外汇管理局行政复议程序》（2024 年 4 月 18 日　国家外汇管理局公告 2024 年第 1 号）

第 6 条第 2 款　申请人申请行政复议，第三人参加行政复议，应当提交合法有效身份证明文件。申请人、第三人委托他人代为参加行政复议的，应当提交自身及代理人的合法有效身份证明文件以及授权委托书，授权委托书中应当载明委托事项、权限内容和期限；申请人、第三人变更或者解除代理人权限的，应当签名或者签章后书面告知行政复议机构。

6.《海事行政复议工作规定》（2024 年 6 月 7 日　海督察〔2024〕56 号）

第 15 条　申请人、第三人可以委托一至二名律师、基层法律服务工作者或者其他代理人代为参加行政复议。

申请人、第三人委托代理人的，应当向海事行政复议机关执法督察部门提交授权委托书、委托人及被委托人的身份证明文件。授权委托书应当载明委托人、受托人、委托事项、委托权限、委托期限，由委托人签名或者盖章。申请人、第三人变更或者解除代理人权限的，应当书面告知海事行政复议机关执法督察部门。

7.《国家矿山安全监察局行政复议及行政应诉办法》（2024 年 7 月 16 日）

第 10 条　申请人、第三人委托代理人的，应当向法规科技司提交授权委托书、委托人及被委托人的身份证明文件。授权委托书应当载明委托事项、权限和期限。申请人、第三人变更或者解除代理人权限的，应当书面告知法规科技司。

第十八条　法律援助

符合法律援助条件的行政复议申请人申请法律援助的，法律援助机构应当依法为其提供法律援助。

● 法 律

《法律援助法》（2021 年 8 月 20 日）

第 44 条 法律援助机构收到法律援助申请后，发现有下列情形之一的，可以决定先行提供法律援助：

（一）距法定时效或者期限届满不足七日，需要及时提起诉讼或者申请仲裁、行政复议；

……

● 案例指引

周某不服上海市某街道办事处变更最低生活保障待遇申请行政复议案

（司法部发布第三批贯彻实施新修订行政复议法典型案例[①]之四）

案例要旨：本案是上海市首例行政复议申请法律援助案件，行政复议机构积极履职，提前介入并与法律援助律师共同努力，实现了行政争议的案前化解，对促进行政复议与法律援助工作融合及提升行政复议工作质效都有积极意义。行政复议机构一方面积极探索“行政复议+法律援助”联动工作机制，切实发挥行政复议和法律援助的制度优势，由行政复议人员和法律援助律师对有法律援助需求的申请人作出正确引导，围绕实质争议焦点帮助申请人依法寻求救济；另一方面积极搭建沟通平台，引导街道办事处在涉及困难群众权益的低保金变更事项办理中，充分考虑行政相对人的实际情况，避免机械适用相关规定，为化解行政争议提出切实可行的解决方案。本案在申请人提起行政复议申请阶段即达成和解，切实解决群众急难愁盼问题，是复议为民理念的充分体现。

---

① 参见中华人民共和国司法部网站，http：//legalinfo. moj. gov. cn/pub/sfbzhfx/zhfxfzzx/fzzxyw/202409/t20240926_ 506709. html，最后访问时间：2025 年 10 月 28 日。以下不再标注。

第十九条 被申请人

公民、法人或者其他组织对行政行为不服申请行政复议的，作出行政行为的行政机关或者法律、法规、规章授权的组织是被申请人。

两个以上行政机关以共同的名义作出同一行政行为的，共同作出行政行为的行政机关是被申请人。

行政机关委托的组织作出行政行为的，委托的行政机关是被申请人。

作出行政行为的行政机关被撤销或者职权变更的，继续行使其职权的行政机关是被申请人。

部门规章及文件

1.**《工业和信息化部行政复议实施办法》**（2024 年 2 月 26 日　工业和信息化部令第 69 号）

第 4 条　对工业和信息化部或者省、自治区、直辖市通信管理局的行政行为不服，申请行政复议的公民、法人或者其他组织是申请人，作出该行政行为的工业和信息化部或者省、自治区、直辖市通信管理局是被申请人。

2.**《国家国防科技工业局行政复议实施办法》**（2024 年 2 月 28 日　工业和信息化部令第 70 号）

第 6 条　对国家国防科工局的行政行为不服，申请行政复议的公民、法人或者其他组织是申请人；国家国防科工局是被申请人，由承办行政行为有关事项的内设机构承担被申请人有关工作。

3.**《国家外汇管理局行政复议程序》**（2024 年 4 月 18 日　国家外汇管理局公告 2024 年第 1 号）

第 6 条第 1 款　依照《行政复议法》申请行政复议的公民、法人或者其他组织是申请人，作出被申请行政复议的行政行为的外汇局是被申请人。申请人以外的同被申请行政复议的行政行为或者行政复议案件处理结果有利害关系的公民、法人或者其他组织，可以作为第三人申请参加行政复议，或者由行政复议机构通知其作为第三人参加行政复议；第三人不参加行政复议，不影响行政复议案件的审理。

4.《**海事行政复议工作规定**》（2024 年 6 月 7 日　海督察〔2024〕56 号）

第 16 条　公民、法人或者其他组织对行政行为不服申请行政复议的，作出行政行为的海事管理机构是被申请人。

两个以上海事管理机构以共同名义作出同一行政行为的，共同作出行政行为的海事管理机构是被申请人。

海事管理机构委托的组织作出行政行为的，委托的海事管理机构是被申请人。

作出行政行为的海事管理机构被撤销或者职权变更的，继续行使其职权的海事管理机构是被申请人。

第三节　申请的提出

第二十条　一般申请期限

公民、法人或者其他组织认为行政行为侵犯其合法权益的，可以自知道或者应当知道该行政行为之日起六十日内提出行政复议申请；但是法律规定的申请期限超过六十日的除外。

因不可抗力或者其他正当理由耽误法定申请期限的，申请期限自障碍消除之日起继续计算。

行政机关作出行政行为时，未告知公民、法人或者其他组织申请行政复议的权利、行政复议机关和申请期限的，申请期限自公民、法人或者其他组织知道或者应当知道申请行政复议的权利、行政复议机关和申请期限之日起计算，但是自知道或者应当知道行政行为内容之日起最长不得超过一年。

● 行政法规及文件

1.《行政复议法实施条例》（2007 年 5 月 29 日　国务院令第 499 号）

第 15 条　行政复议法第九条第一款规定的行政复议申请期限的计算，依照下列规定办理：

（一）当场作出具体行政行为的，自具体行政行为作出之日起计算；

（二）载明具体行政行为的法律文书直接送达的，自受送达人签收之日起计算；

（三）载明具体行政行为的法律文书邮寄送达的，自受送达人在邮件签收单上签收之日起计算；没有邮件签收单的，自受送达人在送达回执上签名之日起计算；

（四）具体行政行为依法通过公告形式告知受送达人的，自公告规定的期限届满之日起计算；

（五）行政机关作出具体行政行为时未告知公民、法人或者其他组织，事后补充告知的，自该公民、法人或者其他组织收到行政机关补充告知的通知之日起计算；

（六）被申请人能够证明公民、法人或者其他组织知道具体行政行为的，自证据材料证明其知道具体行政行为之日起计算。

行政机关作出具体行政行为，依法应当向有关公民、法人或者其他组织送达法律文书而未送达的，视为该公民、法人或者其他组织不知道该具体行政行为。

第 16 条　公民、法人或者其他组织依照行政复议法第六条第（八）项、第（九）项、第（十）项的规定申请行政机关履行法定职责，行政机关未履行的，行政复议申请期限依照下列规定计算：

（一）有履行期限规定的，自履行期限届满之日起计算；

（二）没有履行期限规定的，自行政机关收到申请满 60 日起计算。

公民、法人或者其他组织在紧急情况下请求行政机关履行保护人身权、财产权的法定职责，行政机关不履行的，行政复议申请期限不受前款规定的限制。

第17条 行政机关作出的具体行政行为对公民、法人或者其他组织的权利、义务可能产生不利影响的，应当告知其申请行政复议的权利、行政复议机关和行政复议申请期限。

● 部门规章及文件

2. **《中国保险监督管理委员会行政复议办法》**（2010年1月6日 中国保险监督管理委员会令2010年第1号）

第8条 公民、法人或者其他组织认为中国保监会或者其派出机构的具体行政行为侵犯其合法权益的，可以自知道该具体行政行为之日起六十日内提出行政复议申请。法律规定的申请期限超过六十日的除外。

因不可抗力或者其他正当理由耽误法定申请期限的，经行政复议机构依法审查属实，申请期限自障碍消除之日起继续计算。

3. **《国家知识产权局行政复议规程》**（2024年12月30日 国家知识产权局令第82号）

第10条 公民、法人或者其他组织认为国家知识产权局的行政行为侵犯其合法权益的，可以自知道或者应当知道该行政行为之日起六十日内提出行政复议申请。

因不可抗力或者其他正当理由耽误前款所述期限的，该期限自障碍消除之日起继续计算。

国家知识产权局作出行政行为时，未告知公民、法人或者其他组织申请行政复议的权利、行政复议机关和申请期限的，申请期限自公民、法人或者其他组织知道或者应当知道申请行政复议的权利、行政复议机关和申请期限之日起计算，但是自知道或者应当知道行政行为内容之日起最长不得超过一年。行政复议申请自行政行为作出之日起超过五年的，国家知识产权局不予受理。

4.《海关审理行政复议案件程序规定》（2024 年 1 月 22 日　海关总署令第 265 号）

第 7 条　公民、法人或者其他组织认为海关行政行为侵犯其合法权益的，可以自知道或者应当知道该行政行为之日起六十日内提出行政复议申请；但是法律规定的申请期限超过六十日的除外。

申请人因不可抗力或者其他正当理由耽误法定申请期限的，申请期限自障碍消除之日起继续计算。

海关作出行政行为时，未告知公民、法人或者其他组织申请行政复议的权利、行政复议机关和申请期限的，申请期限自公民、法人或者其他组织知道或者应当知道申请行政复议的权利、行政复议机关和申请期限之日起计算，但是自知道或者应当知道行政行为内容之日起最长不得超过一年。

第 8 条　公民、法人或者其他组织认为海关未依法履行法定职责，行政复议申请期限依照下列规定计算：

（一）履行职责的期限有法律、行政法规、海关规章及规范性文件规定的，自履行期限届满之日起计算；

（二）履行职责的期限没有规定的，自海关收到公民、法人或者其他组织要求履行职责的申请满六十日起计算。

5.《住房城乡建设行政复议办法》（2015 年 9 月 7 日　住房和城乡建设部令第 25 号）

第 13 条　申请人认为行政行为侵犯其合法权益的，可以自知道或者应当知道该行政行为之日起 60 日内提出行政复议申请；但是法律规定的申请期限超过 60 日的除外。因不可抗力或者其他正当理由耽误法定申请期限的，申请期限自障碍消除之日起继续计算。

申请人认为行政机关不履行法定职责的，可以在法律、法规、规章规定的履行期限届满后，按照前款规定提出行政复议申请；法律、法规、规章没有规定履行期限的，可以自向行政机关提出申请满 60 日后，按照前款规定提出行政复议申请。

对涉及不动产的行政行为从作出之日起超过 20 年、其他行政行为从作出之日起超过 5 年申请行政复议的，行政复议机关不予受理。

第二十一条 最长申请期限

因不动产提出的行政复议申请自行政行为作出之日起超过二十年，其他行政复议申请自行政行为作出之日起超过五年的，行政复议机关不予受理。

部门规章及文件

1.《**海事行政复议工作规定**》（2024 年 6 月 7 日 海督察〔2024〕56 号）

第 17 条 公民、法人或者其他组织向海事行政复议机关申请海事行政复议，应当自知道或者应当知道该行政行为之日起六十日内提出行政复议申请；但是法律规定的申请期限超过六十日的除外。

因不可抗力或者其他正当理由耽误法定申请期限的，申请人应当在申请时提出，经海事行政复议机关依法确认后，申请期限自障碍消除之日起继续计算。

海事管理机构作出行政行为时，未告知公民、法人或者其他组织申请行政复议的权利、海事行政复议机关和申请期限的，申请期限自公民、法人或者其他组织知道或者应当知道申请行政复议的权利、海事行政复议机关和申请期限之日起计算，但是自知道或者应当知道行政行为内容之日起最长不得超过一年。

行政复议申请自行政行为作出之日起超过五年的，海事行政复议机关不予受理。

2. **《生态环境部行政复议办法》**（2024 年 4 月 11 日　生态环境部令第 33 号）

第 15 条　公民、法人或者其他组织认为生态环境部及其派出机构、管理的组织的行政行为侵犯其合法权益的，可以自知道或者应当知道该行政行为之日起六十日内提出行政复议申请；但是法律规定的申请期限超过六十日的除外。

因不可抗力或者其他正当理由耽误法定申请期限的，申请期限自障碍消除之日起继续计算。

生态环境部及其派出机构、管理的组织作出行政行为时，未告知公民、法人或者其他组织申请行政复议的权利、行政复议机关和申请期限的，申请期限自公民、法人或者其他组织知道或者应当知道申请行政复议的权利、行政复议机关和申请期限之日起计算，但是自知道或者应当知道行政行为内容之日起最长不得超过一年。

因不动产提出的行政复议申请自行政行为作出之日起超过二十年，其他行政复议申请自行政行为作出之日起超过五年的，生态环境部不予受理。

第二十二条　申请方式

申请人申请行政复议，可以书面申请；书面申请有困难的，也可以口头申请。

书面申请的，可以通过邮寄或者行政复议机关指定的互联网渠道等方式提交行政复议申请书，也可以当面提交行政复议申请书。行政机关通过互联网渠道送达行政行为决定书的，应当同时提供提交行政复议申请书的互联网渠道。

口头申请的，行政复议机关应当当场记录申请人的基本情况、行政复议请求、申请行政复议的主要事实、理由和时间。

申请人对两个以上行政行为不服的，应当分别申请行政复议。

● 行政法规及文件

《行政复议法实施条例》（2007年5月29日　国务院令第499号）

第18条　申请人书面申请行政复议的，可以采取当面递交、邮寄或者传真等方式提出行政复议申请。

有条件的行政复议机构可以接受以电子邮件形式提出的行政复议申请。

第19条　申请人书面申请行政复议的，应当在行政复议申请书中载明下列事项：

（一）申请人的基本情况，包括：公民的姓名、性别、年龄、身份证号码、工作单位、住所、邮政编码；法人或者其他组织的名称、住所、邮政编码和法定代表人或者主要负责人的姓名、职务；

（二）被申请人的名称；

（三）行政复议请求、申请行政复议的主要事实和理由；

（四）申请人的签名或者盖章；

（五）申请行政复议的日期。

第20条　申请人口头申请行政复议的，行政复议机构应当依照本条例第十九条规定的事项，当场制作行政复议申请笔录交申请人核对或者向申请人宣读，并由申请人签字确认。

第二十三条　复议前置

有下列情形之一的，申请人应当先向行政复议机关申请行政复议，对行政复议决定不服的，可以再依法向人民法院提起行政诉讼：

（一）对当场作出的行政处罚决定不服；

（二）对行政机关作出的侵犯其已经依法取得的自然资源的所有权或者使用权的决定不服；

（三）认为行政机关存在本法第十一条规定的未履行法定职责情形；

（四）申请政府信息公开，行政机关不予公开；

（五）法律、行政法规规定应当先向行政复议机关申请行政复议的其他情形。

对前款规定的情形，行政机关在作出行政行为时应当告知公民、法人或者其他组织先向行政复议机关申请行政复议。

部门规章及文件

1.《海事行政复议工作规定》（2024年6月7日 海督察〔2024〕56号）

第19条 有下列情形之一的，申请人应当先向海事行政复议机关申请行政复议，对行政复议决定不服的，可以再依法向人民法院提起行政诉讼：

（一）对当场作出的行政处罚不服；

（二）认为海事管理机构存在本规定第十条规定的未履行法定职责情形；

（三）申请政府信息公开，海事管理机构不予公开；

（四）法律、行政法规规定应当先向行政复议机关申请行政复议的其他情形。

对前款规定的情形，海事管理机构在作出行政行为时应当告知公民、法人或者其他组织先向海事行政复议机关申请行政复议。

2.《生态环境部行政复议办法》（2024年4月11日 生态环境部令第33号）

第17条 有下列情形之一的，申请人应当先向生态环境部申请行政复议，对行政复议决定不服的，可以再依法向人民法院提起行政诉讼：

（一）对生态环境部及其派出机构、管理的组织当场作出的行政处罚决定不服的；

（二）认为生态环境部及其派出机构、管理的组织存在行政复议法第十一条规定的未履行法定职责情形的；

（三）申请政府信息公开，生态环境部及其派出机构、管理的组织不予公开的；

（四）法律、行政法规规定应当先申请行政复议的其他情形。

对前款规定的情形，生态环境部及其派出机构、管理的组织在作出行政行为时应当告知公民、法人或者其他组织先向生态环境部申请行政复议。

3.**《海关审理行政复议案件程序规定》**（2024 年 1 月 22 日　海关总署令第 265 号）

第 11 条　有下列情形之一的，申请人应当先向海关申请行政复议，对海关行政复议决定不服的，可以再依法向人民法院提起行政诉讼：

（一）对海关当场作出的行政处罚决定不服；

（二）认为海关未履行法定职责；

（三）申请政府信息公开，海关不予公开；

（四）同海关发生纳税争议；

（五）法律、行政法规规定应当先向海关申请行政复议的其他情形。

对前款规定的情形，海关在作出行政行为时应当告知公民、法人或者其他组织先向海关行政复议机关申请行政复议。

第四节　行政复议管辖

第二十四条　县级以上地方人民政府管辖

县级以上地方各级人民政府管辖下列行政复议案件：

（一）对本级人民政府工作部门作出的行政行为不服的；

（二）对下一级人民政府作出的行政行为不服的；

（三）对本级人民政府依法设立的派出机关作出的行政行为不服的；

（四）对本级人民政府或者其工作部门管理的法律、法规、规章授权的组织作出的行政行为不服的。

除前款规定外，省、自治区、直辖市人民政府同时管辖对本机关作出的行政行为不服的行政复议案件。

省、自治区人民政府依法设立的派出机关参照设区的市级人民政府的职责权限，管辖相关行政复议案件。

对县级以上地方各级人民政府工作部门依法设立的派出机构依照法律、法规、规章规定，以派出机构的名义作出的行政行为不服的行政复议案件，由本级人民政府管辖；其中，对直辖市、设区的市人民政府工作部门按照行政区划设立的派出机构作出的行政行为不服的，也可以由其所在地的人民政府管辖。

第二十五条　国务院部门管辖

国务院部门管辖下列行政复议案件：

（一）对本部门作出的行政行为不服的；

（二）对本部门依法设立的派出机构依照法律、行政法规、部门规章规定，以派出机构的名义作出的行政行为不服的；

（三）对本部门管理的法律、行政法规、部门规章授权的组织作出的行政行为不服的。

部门规章及文件

1.**《生态环境部行政复议办法》**（2024年4月11日　生态环境部令第33号）

第43条　生态环境部依照行政复议法等法律、行政法规和国务院有关规定，加强对下级生态环境主管部门依法行政、行政复议答复与行政应诉有关工作的指导。

第45条　生态环境部应当按照国务院行政复议机构有关行政复议案件和行政应诉案件统计的要求，向国务院行政复议机构报送行政复议和行政应诉情况。

2.**《国家中医药管理局行政复议与行政应诉管理办法》**（2024年3月1日　国中医药法监发〔2024〕2号）

第3条　国家中医药管理局行政复议办公室（以下简称：行政复议办公室）为行政复议机构。行政复议办公室日常工作由政策法规与监督司具体负责，履行下列职责：

（一）审查向国家中医药管理局提出的行政复议申请是否符合法定受理条件；

（二）向有关单位和个人调查取证，查阅、复制、调取有关文件和资料，向有关人员进行询问；

（三）按照行政复议法第五十条的规定组织行政复议案件听证；

（四）组织审理行政复议案件，提出处理建议，视情况组织调解，拟订行政复议决定；

（五）处理或者转送行政复议法第十三条所列有关规范性文件的附带审查申请；

（六）承办国务院办理行政复议裁决案件中要求国家中医药管理局办理的事项；

（七）办理行政复议法第七十二条规定的行政赔偿等事项；

（八）研究行政复议工作中发现的问题，及时向有关机关或者部门提出意见和建议；

（九）组织办理行政应诉事项；

（十）做好行政复议、行政应诉案件统计和重大行政复议决定备案事项；

（十一）做好行政复议、行政诉讼相关法律法规宣传、培训等工作；

（十二）负责行政复议及行政应诉其他相关事宜。

第6条第1款 国家中医药管理局管辖对我局作出的行政行为不服的行政复议案件。

第二十六条 原级行政复议决定的救济途径

对省、自治区、直辖市人民政府依照本法第二十四条第二款的规定、国务院部门依照本法第二十五条第一项的规定作出的行政复议决定不服的，可以向人民法院提起行政诉讼；也可以向国务院申请裁决，国务院依照本法的规定作出最终裁决。

部门规章及文件

1.《国家国防科技工业局行政复议实施办法》（2024年2月28日工业和信息化部令第70号）

第24条 公民、法人或者其他组织对国家国防科工局作出的行政复议决定不服的，可以依法向人民法院提起行政诉讼，也可以依法向国务院申请裁决。

2. **《工业和信息化部行政复议实施办法》**（2024 年 2 月 26 日　工业和信息化部令第 69 号）

第 15 条　公民、法人或者其他组织对工业和信息化部行政复议决定不服的，可以依照《中华人民共和国行政诉讼法》的规定向人民法院提起行政诉讼，但是法律规定行政复议决定为最终裁决的除外。对工业和信息化部的行政行为作出的行政复议决定不服的，可以向人民法院提起行政诉讼；也可以向国务院申请裁决。

第二十七条　垂直领导行政机关等管辖

对海关、金融、外汇管理等实行垂直领导的行政机关、税务和国家安全机关的行政行为不服的，向上一级主管部门申请行政复议。

● 部门规章及文件

1. **《国家外汇管理局行政复议程序》**（2024 年 4 月 18 日　国家外汇管理局公告 2024 年第 1 号）

第 11 条　申请人对外汇局行政行为不服的，向上一级外汇局申请行政复议。

对国家外汇管理局作出的行政行为不服的，向国家外汇管理局申请行政复议；对国家外汇管理局行政复议决定不服的，可依法向人民法院提起行政诉讼，也可以向国务院申请最终裁决。

2. **《海事行政复议工作规定》**　（2024 年 6 月 7 日　海督察〔2024〕56 号）

第 20 条　对海事管理机构的行政行为不服的，应当向作出该行政行为的海事管理机构的上一级海事管理机构申请行政复议。

第 21 条　对下级海事管理机构依照法律、法规、规章规定，经上级海事管理机构批准作出的行政行为不服的，应当向批准机关的上一级海事管理机构申请行政复议。

3. **《海关审理行政复议案件程序规定》**（2024 年 1 月 22 日　海关总署令第 265 号）

第 12 条　对海关行政行为不服的，向作出该行政行为的海关的上一级海关提出行政复议申请。

对海关总署作出的行政行为不服的，向海关总署提出行政复议申请。

第二十八条　司法行政部门的管辖

对履行行政复议机构职责的地方人民政府司法行政部门的行政行为不服的，可以向本级人民政府申请行政复议，也可以向上一级司法行政部门申请行政复议。

第二十九条　行政复议与行政诉讼的选择

公民、法人或者其他组织申请行政复议，行政复议机关已经依法受理的，在行政复议期间不得向人民法院提起行政诉讼。

公民、法人或者其他组织向人民法院提起行政诉讼，人民法院已经依法受理的，不得申请行政复议。

● 部门规章及文件

《海事行政复议工作规定》（2024 年 6 月 7 日　海督察〔2024〕56 号）

第 18 条　公民、法人或者其他组织申请行政复议，海事行政复议机关已经依法受理的，在行政复议期间不得向人民法院提起行政诉讼。

公民、法人或者其他组织向人民法院提起行政诉讼，人民法院已经依法受理的，不得申请海事行政复议。

● 案例指引

宋某利诉杭州市人民政府驳回行政复议申请决定案①

裁判摘要：宋某某要求杭州市滨江区人民政府处理某街道办事处2015年强制拆除其养猪场的赔偿问题，并进而向杭州市人民政府申请行政复议。从一审法院查明的事实看，宋某某曾针对前述强制拆除行为于2018年提起过行政诉讼，生效判决确认违法后，支持其54万余元的赔偿请求。宋某某因对生效判决确定的赔偿结果不服，变相申请行政复议，违反了《中华人民共和国行政复议法》第十六条第二款②“公民、法人或者其他组织向人民法院提起行政诉讼，人民法院已经依法受理的，不得申请行政复议”之规定，故一审法院驳回起诉、二审法院予以维持并无不当。

第三章　行政复议受理

第三十条　受理条件

行政复议机关收到行政复议申请后，应当在五日内进行审查。对符合下列规定的，行政复议机关应当予以受理：

（一）有明确的申请人和符合本法规定的被申请人；

（二）申请人与被申请行政复议的行政行为有利害关系；

（三）有具体的行政复议请求和理由；

（四）在法定申请期限内提出；

（五）属于本法规定的行政复议范围；

（六）属于本机关的管辖范围；

① 本案例选自中国裁判文书网。

② 对应2023年公布的《行政复议法》第二十九条第二款。

（七）行政复议机关未受理过该申请人就同一行政行为提出的行政复议申请，并且人民法院未受理过该申请人就同一行政行为提起的行政诉讼。

对不符合前款规定的行政复议申请，行政复议机关应当在审查期限内决定不予受理并说明理由；不属于本机关管辖的，还应当在不予受理决定中告知申请人有管辖权的行政复议机关。

行政复议申请的审查期限届满，行政复议机关未作出不予受理决定的，审查期限届满之日起视为受理。

● 行政法规及文件

1. **《行政复议法实施条例》**（2007 年 5 月 29 日　国务院令第 499 号）

第 27 条　公民、法人或者其他组织认为行政机关的具体行政行为侵犯其合法权益提出行政复议申请，除不符合行政复议法和本条例规定的申请条件的，行政复议机关必须受理。

第 28 条　行政复议申请符合下列规定的，应当予以受理：

（一）有明确的申请人和符合规定的被申请人；

（二）申请人与具体行政行为有利害关系；

（三）有具体的行政复议请求和理由；

（四）在法定申请期限内提出；

（五）属于行政复议法规定的行政复议范围；

（六）属于收到行政复议申请的行政复议机构的职责范围；

（七）其他行政复议机关尚未受理同一行政复议申请，人民法院尚未受理同一主体就同一事实提起的行政诉讼。

第 30 条　申请人就同一事项向两个或者两个以上有权受理的行政机关申请行政复议的，由最先收到行政复议申请的行政机关受理；同时收到行政复议申请的，由收到行政复议申请的行政机关在 10 日内协商确定；协商不成的，由其共同上一级行政机关在10日内指定受理机关。协商确定或者指定受理机关所用时间不计入行政复议审理期限。

● 部门规章及文件

2. **《中国保险监督管理委员会行政复议办法》**（2010年1月6日 中国保险监督管理委员会令2010年第1号）

第20条 行政复议机构应当在收到申请人提交的或派出机构转呈的行政复议申请之日起五日内进行审查，对不符合行政复议法、行政复议实施条例和本办法规定的受理条件的行政复议申请，决定不予受理，并书面告知申请人。对符合行政复议法、行政复议实施条例和本办法规定的受理条件的行政复议申请，自行政复议机构收到之日起即为受理。

3. **《中国证券监督管理委员会行政复议办法》**（2010年5月4日 中国证券监督管理委员会令第67号）

第16条 对符合《行政复议法实施条例》第十八条、第二十八条的规定，属于行政复议机关受理的行政复议申请，自行政复议机构收到之日起即为受理。

行政复议机构收到行政复议申请的日期，属于申请人当面递交的，由行政复议机构经办人在申请书上注明收到日期，并且由递交人签字确认；属于直接从邮递渠道收取或者其他单位、部门转来的，由行政复议机构签收确认；属于申请人以传真方式提交的，以行政复议机构接收传真之日为准。

4. **《国家知识产权局行政复议规程》**（2024年12月30日 国家知识产权局令第82号）

第17条 国家知识产权局自收到行政复议申请书之日起五日内进行审查，根据情况分别作出如下处理：

（一）行政复议申请符合本规程第十三条规定的受理条件的，予以受理；

（二）行政复议申请不符合本规程第十三条规定的受理条件的，决定不予受理并书面告知理由；不属于国家知识产权局管辖的，在不予受理决定中告知申请人有管辖权的行政复议机关；

（三）行政复议申请材料不齐全或者表述不清楚，无法判断行政复议申请是否符合本规程第十三条所规定受理条件的，应书面通知申请人补正，补正通知应当一次性载明需要补正的事项。

对需要补正的行政复议申请，申请人应当自收到补正通知之日起十日内提交补正材料。有正当理由不能按期补正的，申请人应当在规定的补正期限内向行政复议机构提出，行政复议机关可以延长合理的补正期限。无正当理由逾期不补正的，视为申请人放弃行政复议申请，并记录在案。

行政复议申请的审查期限届满，国家知识产权局未作出不予受理决定或者发出补正通知的，审查期限届满之日起视为受理。

5. **《国家食品药品监督管理总局行政复议办法》**（2013 年 11 月 6 日　国家食品药品监督管理总局令第 2 号）

第 8 条　行政复议办公室在收到行政复议申请后 5 个工作日内，按照本办法第六条规定的条件进行审查，符合条件的，依法予以受理；不符合条件的，决定不予受理，并书面告知申请人。

已向其他有权行政机关申请行政复议或者向人民法院提起行政诉讼，该有权行政机关或者人民法院已经依法受理的，国家食品药品监督管理总局不受理其行政复议申请。

6. **《海关审理行政复议案件程序规定》**（2024 年 1 月 22 日　海关总署令第 265 号）

第 13 条　海关行政复议机关应当自收到行政复议申请之日起五日内进行审查。

对符合行政复议法规定的受理条件的，海关行政复议机关应当受理，并制发《行政复议申请受理通知书》和《行政复议答复通知书》分别送达申请人和被申请人。

对不符合受理条件的，海关行政复议机关不予受理，制发《行政复议申请不予受理决定书》，并送达申请人。

海关行政复议机关在审查期限内作出受理决定，作出受理决定之日即为受理之日。行政复议申请的审查期限届满，海关行政复议机关未作出不予受理决定的，审查期限届满之日起视为受理。

7.**《住房城乡建设行政复议办法》**（2015年9月7日　住房和城乡建设部令第25号）

第17条　行政复议机关收到行政复议申请后，应当在5日内进行审查，对不符合本办法第十八条规定的行政复议申请，决定不予受理，并书面告知申请人；对不属于本机关受理的行政复议申请，应当告知申请人向有关行政复议机关提出。

除前款规定外，行政复议申请自行政复议机构收到之日起即为受理。

第18条　行政复议机关对符合下列条件的行政复议申请，应当予以受理：

（一）有明确的申请人和符合规定的被申请人；

（二）申请人与行政行为有利害关系；

（三）有具体的行政复议请求和理由；

（四）在法定申请期限内提出；

（五）属于本办法规定的行政复议范围；

（六）属于收到行政复议申请的行政复议机构的职责范围；

（七）申请人尚未就同一事项向其他有权受理的行政复议机关提出行政复议申请，人民法院尚未就申请人同一事项立案登记的；

（八）符合法律、法规规定的其他条件。

8.**《税务行政复议规则》**（2018年6月15日　国家税务总局令第44号）

第44条　行政复议申请符合下列规定的，行政复议机关应当受理：

（一）属于本规则规定的行政复议范围。

（二）在法定申请期限内提出。

（三）有明确的申请人和符合规定的被申请人。

（四）申请人与具体行政行为有利害关系。

（五）有具体的行政复议请求和理由。

（六）符合本规则第三十三条和第三十四条规定的条件。

（七）属于收到行政复议申请的行政复议机关的职责范围。

（八）其他行政复议机关尚未受理同一行政复议申请，人民法院尚未受理同一主体就同一事实提起的行政诉讼。

案例指引

1. 黄某等诉金华市工商行政管理局工商登记行政复议案（《最高人民法院公报》2012 年第 5 期）

裁判摘要：买卖、租赁民事合同一方当事人，与合同相对方因公司设立、股权和名称改变而进行的相应工商登记一般没有法律上的利害关系，其以合同相对方存在民事侵权行为为由申请行政复议的，行政复议机关可以不予受理。

2. 天津开发区某公司诉天津市人民政府不予受理行政复议申请决定案（人民法院案例库：2023-12-3-016-014）

裁判要旨：本案中，26 号批复是滨海新区政府对新区规划管理部门就相关区域控制性详细规划修改方案的审批行为，属于行政机关内部的过程性审批行为，对天津开发区某公司的权利义务不产生影响，明显不属于行政复议和行政诉讼的受理范围。

第三十一条 申请材料补正

行政复议申请材料不齐全或者表述不清楚，无法判断行政复议申请是否符合本法第三十条第一款规定的，行政复议机关应当自收到申请之日起五日内书面通知申请人补正。补正通知应当一次性载明需要补正的事项。

申请人应当自收到补正通知之日起十日内提交补正材料。有正当理由不能按期补正的，行政复议机关可以延长合理的补正期限。无正当理由逾期不补正的，视为申请人放弃行政复议申请，并记录在案。

行政复议机关收到补正材料后，依照本法第三十条的规定处理。

部门规章及文件

1. **《国家外汇管理局行政复议程序》**（2024年4月18日　国家外汇管理局公告2024年第1号）

第13条　行政复议申请材料不齐全或者表述不清楚，无法判断行政复议申请是否符合受理条件的，行政复议机关应当自收到申请之日起五个工作日内书面通知申请人补正。补正通知应当一次性载明需要补正的事项。

申请人应当自收到补正通知之日起十个工作日内向行政复议机关提交补正材料，有正当理由不能按期补正的，行政复议机关可以延长合理的补正期限。申请人无正当理由逾期不补正的，视为申请人放弃行政复议申请，并记录在案。

行政复议机关收到补正材料后，按照本程序第十二条的规定处理。

2. **《海事行政复议工作规定》**（2024年6月7日　海督察〔2024〕56号）

第26条　行政复议申请材料不齐全或者表述不清楚，无法判断行政复议申请是否符合本规定第二十五条第二款规定的，海事行政复议机关执法督察部门应当自收到申请之日起五日内制作《补正行政复议申请通知书》（见附件6）送达申请人，通知申请人补正。补正通知应当一次性载明需要补正的事项。

申请人应当自收到补正通知之日起十日内提交补正材料。有正当理由不能按期补正的，海事行政复议机关可以延长合理的补正期限。无正当理由逾期不补正的，视为申请人放弃行政复议申请，并记录在案。

海事行政复议机关收到补正材料后，依照本规定第二十五条的规定处理。

3.《国家矿山安全监察局行政复议及行政应诉办法》（2024 年 7 月 16 日）

第 12 条 行政复议申请材料不齐全或者表述不清楚的，无法判断行政复议申请是否符合《中华人民共和国行政复议法》第三十条第一款规定的，法规科技司应当自收到该行政复议申请之日起五个工作日内一次性书面通知申请人补正。

有下列情形之一的，属于行政复议申请材料不齐全或者表述不清楚，无法判断行政复议申请是否符合《中华人民共和国行政复议法》规定的受理条件：

（一）未按规定提供申请人基本情况；

（二）无明确的被申请人；

（三）行政复议请求、事实和理由不具体、不明确；

（四）委托代理手续不全或者权限不明确；

（五）未提供证明材料或者证明材料不具体、不明确；

（六）其他行政复议申请材料不齐全或者表述不清楚的情形。

4.《生态环境部行政复议办法》（2024 年 4 月 11 日 生态环境部令第 33 号）

第 19 条 行政复议申请材料不齐全或者表述不清楚，无法判断行政复议申请是否符合本办法第十八条第一款规定的，生态环境部应当自收到申请之日起五日内书面通知申请人补正。补正通知应当一次性载明需要补正的事项。

申请人应当自收到补正通知之日起十日内提交补正材料。有正当理由不能按期补正的，生态环境部可以延长合理的补正期限。无正当理由逾期不补正的，视为申请人放弃行政复议申请，并记录在案。

生态环境部收到补正材料后，依照本办法第十八条的规定处理。

5.**《海关审理行政复议案件程序规定》**（2024年1月22日　海关总署令第265号）

第14条　行政复议申请材料不齐全或者表述不清楚的，无法判断行政复议申请是否符合受理条件，海关行政复议机关应当自收到该行政复议申请之日起五日内书面通知申请人补正。补正通知应当一次性载明需要补正的事项和期限。

申请人应当自收到补正通知之日起十日内向海关行政复议机关提交补正材料，有正当理由不能按期补正的，海关行政复议机关可以延长合理的补正期限。申请人无正当理由逾期不补正的，视为其放弃行政复议申请，并记录在案。

海关行政复议机关收到补正材料后，依照本规定第十三条[①]规定处理。

6.**《国家国防科技工业局行政复议实施办法》**（2024年2月28日　工业和信息化部令第70号）

第12条　行政复议申请材料不齐全或者表述不清楚，无法判断行政复议申请是否符合《中华人民共和国行政复议法》及其

---

① 《海关审理行政复议案件程序规定》第十三条规定："海关行政复议机关应当自收到行政复议申请之日起五日内进行审查。对符合行政复议法规定的受理条件的，海关行政复议机关应当受理，并制发《行政复议申请受理通知书》和《行政复议答复通知书》分别送达申请人和被申请人。对不符合受理条件的，海关行政复议机关不予受理，制发《行政复议申请不予受理决定书》，并送达申请人。海关行政复议机关在审查期限内作出受理决定，作出受理决定之日即为受理之日。行政复议申请的审查期限届满，海关行政复议机关未作出不予受理决定的，审查期限届满之日起视为受理。"

实施条例的，国家国防科工局应当自收到申请之日起 5 日内书面通知申请人补正。补正通知应当一次性载明需要补正的事项。

申请人应当自收到补正通知之日起 10 日内提交补正材料。有正当理由不能按期补正的，国家国防科工局可以延长合理的补正期限。无正当理由逾期不补正的，视为申请人放弃行政复议申请，并记录在案。国家国防科工局收到补正材料后，依法予以审查。

第三十二条 部分案件的复核处理

对当场作出或者依据电子技术监控设备记录的违法事实作出的行政处罚决定不服申请行政复议的，可以通过作出行政处罚决定的行政机关提交行政复议申请。

行政机关收到行政复议申请后，应当及时处理；认为需要维持行政处罚决定的，应当自收到行政复议申请之日起五日内转送行政复议机关。

● 部门规章及文件

1.《海事行政复议工作规定》（2024 年 6 月 7 日 海督察〔2024〕56 号）

第 24 条 对当场作出或者依据电子技术监控设备记录的违法事实作出的行政处罚决定不服申请行政复议的，申请人可以通过作出行政处罚决定的海事管理机构提交行政复议申请及材料。

海事管理机构收到行政复议申请后，应当及时处理；认为需要维持行政处罚决定的，应当按照本规定第二十三条有关规定，自收到行政复议申请之日起五日内转送海事行政复议机关。

作出行政处罚决定的海事管理机构转交申请的，以海事行政复议机关收到材料之日为收到申请之日。

2. **《海关审理行政复议案件程序规定》**（2024年1月22日　海关总署令第265号）

第15条　对海关当场作出的或者依据电子技术监控设备记录的违法事实作出的行政处罚决定不服申请行政复议的，可以通过作出行政处罚决定的海关提交行政复议申请。

作出行政处罚决定的海关收到行政复议申请后，应当做好记录及时处理；认为需要维持行政处罚决定的，应当自收到行政复议申请之日起五日内转送海关行政复议机关。

第三十三条　驳回复议申请

行政复议机关受理行政复议申请后，发现该行政复议申请不符合本法第三十条第一款规定的，应当决定驳回申请并说明理由。

部门规章及文件

1. **《国家外汇管理局行政复议程序》**（2024年4月18日　国家外汇管理局公告2024年第1号）

第14条　行政复议机关受理行政复议申请后，发现该行政复议申请不符合《行政复议法》第三十条第一款规定的，应当决定驳回申请并说明理由。

2. **《生态环境部行政复议办法》**（2024年4月11日　生态环境部令第33号）

第20条　生态环境部受理行政复议申请后，发现该行政复议申请不符合本办法第十八条第一款规定的，应当决定驳回申请并说明理由。

3. **《国家国防科技工业局行政复议实施办法》**（2024年2月28日　工业和信息化部令第70号）

第13条　国家国防科工局受理行政复议申请后，发现该行政复议申请不符合《中华人民共和国行政复议法》及其实施条例的，应当决定驳回申请并说明理由。

4.**《工业和信息化部行政复议实施办法》**（2024 年 2 月 26 日　工业和信息化部令第 69 号）

第 8 条　工业和信息化部受理行政复议申请后，发现该行政复议申请不符合法定受理条件的，应当决定驳回申请并说明理由。

第三十四条　复议前置后的行政诉讼

法律、行政法规规定应当先向行政复议机关申请行政复议、对行政复议决定不服再向人民法院提起行政诉讼的，行政复议机关决定不予受理、驳回申请或者受理后超过行政复议期限不作答复的，公民、法人或者其他组织可以自收到决定书之日起或者行政复议期限届满之日起十五日内，依法向人民法院提起行政诉讼。

部门规章及文件

1.**《海关审理行政复议案件程序规定》**（2024 年 1 月 22 日　海关总署令第 265 号）

第 34 条　申请人不服海关行政复议决定或者海关行政复议机关受理后超过行政复议期限不作答复的，申请人可以自收到决定书之日起或者行政复议期限届满之日起十五日内，依法向人民法院提起行政诉讼。

2.**《国家国防科技工业局行政复议实施办法》**（2024 年 2 月 28 日　工业和信息化部令第 70 号）

第 14 条　法律、行政法规规定应当先向国家国防科工局申请行政复议、对行政复议决定不服再向人民法院提起行政诉讼的，国家国防科工局决定不予受理、驳回申请或者受理后超过行政复议期限不作答复的，公民、法人或者其他组织可以自收到决定书之日起或者行政复议期限届满之日起15日内，依法向人民法院提起行政诉讼。

第三十五条 对行政复议受理的监督

公民、法人或者其他组织依法提出行政复议申请，行政复议机关无正当理由不予受理、驳回申请或者受理后超过行政复议期限不作答复的，申请人有权向上级行政机关反映，上级行政机关应当责令其纠正；必要时，上级行政复议机关可以直接受理。

● 部门规章及文件

1.《**海事行政复议工作规定**》（2024年6月7日 海督察〔2024〕56号）

第27条 公民、法人或者其他组织依法提出行政复议申请，海事行政复议机关无正当理由不予受理、驳回申请或者受理后超过行政复议期限不作答复的，申请人有权向上级海事管理机构反映，上级海事管理机构应当制作《责令受理通知书》（见附件7）责令其纠正；必要时，上级海事行政复议机关可以直接受理，并且制作《直接受理行政复议申请通知书》（见附件8），送达申请人和原海事行政复议机关。

2.《**海关审理行政复议案件程序规定**》（2024年1月22日 海关总署令第265号）

第16条 申请人依法提出行政复议申请，直属海关无正当理由不予受理、驳回申请或者受理后超过行政复议期限不作答复的，海关总署应当根据申请人的申请或者依照职权责令纠正，必要时，海关总署可以直接受理。

第四章　行政复议审理

第一节　一 般 规 定

第三十六条　审理程序及要求

行政复议机关受理行政复议申请后，依照本法适用普通程序或者简易程序进行审理。行政复议机构应当指定行政复议人员负责办理行政复议案件。

行政复议人员对办理行政复议案件过程中知悉的国家秘密、商业秘密和个人隐私，应当予以保密。

● 部门规章及文件

1.《海事行政复议工作规定》（2024年6月7日　海督察〔2024〕56号）

第28条　海事行政复议机关受理行政复议申请后，依照本规定适用普通程序或者简易程序进行审理。海事行政复议机关执法督察部门应当指定行政复议人员负责办理行政复议案件。

行政复议人员对办理行政复议案件过程中知悉的国家秘密、商业秘密和个人隐私，应当予以保密。

2.《国家矿山安全监察局行政复议及行政应诉办法》（2024年7月16日）

第15条　国家矿山安全监察局受理行政复议申请后，依照《中华人民共和国行政复议法》适用普通程序或者简易程序进行审理。法规科技司应当指定行政复议人员负责办理该行政复议案件。

3. **《生态环境部行政复议办法》**（2024 年 4 月 11 日　生态环境部令第 33 号）

第 21 条　生态环境部行政复议机构应当指定行政复议人员负责办理行政复议案件。

行政复议人员对办理行政复议案件过程中知悉的国家秘密、商业秘密和个人隐私，应当予以保密。

4. **《国家中医药管理局行政复议与行政应诉管理办法》**（2024 年 3 月 1 日　国中医药法监发〔2024〕2 号）

第 9 条　受理行政复议案件后，行政复议办公室按照行政复议法适用普通程序或者简易程序进行审理。

5. **《海关审理行政复议案件程序规定》**（2024 年 1 月 22 日　海关总署令第 265 号）

第 17 条　海关行政复议机关依照行政复议法规定适用普通程序或者简易程序审理行政复议案件。海关行政复议机构应当指定行政复议人员负责办理行政复议案件。

第三十七条　审理依据

行政复议机关依照法律、法规、规章审理行政复议案件。

行政复议机关审理民族自治地方的行政复议案件，同时依照该民族自治地方的自治条例和单行条例。

● 部门规章及文件

《海事行政复议工作规定》（2024 年 6 月 7 日　海督察〔2024〕56 号）

第 29 条　海事行政复议机关依照法律、法规、规章审理行政复议案件。

第三十八条 提级审理

上级行政复议机关根据需要，可以审理下级行政复议机关管辖的行政复议案件。

下级行政复议机关对其管辖的行政复议案件，认为需要由上级行政复议机关审理的，可以报请上级行政复议机关决定。

● 行政法规及文件

1.《国务院办公厅转发司法部关于审理政府信息公开行政复议案件若干问题指导意见的通知》（2021 年 12 月 22 日 国办函〔2021〕132 号）

第 17 条第 2 款 上级行政复议机关应当加强对下级行政复议机关政府信息公开案件审理工作的指导监督。

● 部门规章及文件

2.《海事行政复议工作规定》（2024 年 6 月 7 日 海督察〔2024〕56 号）

第 30 条 上级海事行政复议机关根据需要，可以审理下级海事行政复议机关管辖的行政复议案件。

下级海事行政复议机关对其管辖的行政复议案件，认为需要由上级海事行政复议机关审理的，可以报请上级海事行政复议机关决定。

第三十九条 复议中止

行政复议期间有下列情形之一的，行政复议中止：

（一）作为申请人的公民死亡，其近亲属尚未确定是否参加行政复议；

（二）作为申请人的公民丧失参加行政复议的行为能力，尚未确定法定代理人参加行政复议；

（三）作为申请人的公民下落不明；

（四）作为申请人的法人或者其他组织终止，尚未确定权利义务承受人；

（五）申请人、被申请人因不可抗力或者其他正当理由，不能参加行政复议；

（六）依照本法规定进行调解、和解，申请人和被申请人同意中止；

（七）行政复议案件涉及的法律适用问题需要有权机关作出解释或者确认；

（八）行政复议案件审理需要以其他案件的审理结果为依据，而其他案件尚未审结；

（九）有本法第五十六条或者第五十七条规定的情形；

（十）需要中止行政复议的其他情形。

行政复议中止的原因消除后，应当及时恢复行政复议案件的审理。

行政复议机关中止、恢复行政复议案件的审理，应当书面告知当事人。

部门规章及文件

1.《国家外汇管理局行政复议程序》（2024年4月18日　国家外汇管理局公告2024年第1号）

第17条　行政复议期间出现《行政复议法》第三十九条第一款规定的情形之一的，行政复议机关应当及时书面告知有关当事人中止行政复议；行政复议中止的原因消除后，应当及时恢复行政复议案件的审理，并书面告知有关当事人。

2. **《海事行政复议工作规定》**（2024 年 6 月 7 日 海督察〔2024〕56 号）

第 31 条 行政复议期间有下列情形之一的，行政复议中止：

（一）作为申请人的公民死亡，其近亲属尚未确定是否参加行政复议；

（二）作为申请人的公民丧失参加行政复议的行为能力，尚未确定法定代理人参加行政复议；

（三）作为申请人的公民下落不明；

（四）作为申请人的法人或者其他组织终止，尚未确定权利义务承受人；

（五）申请人、被申请人因不可抗力或者其他正当理由，不能参加行政复议；

（六）依照本规定规定进行调解、和解，申请人和被申请人同意中止；

（七）行政复议案件涉及的法律适用问题需要有权机关作出解释或者确认；

（八）行政复议案件审理需要以其他案件的审理结果为依据，而其他案件尚未审结；

（九）有本规定第四十七条或者第四十八条规定的情形；

（十）需要中止行政复议的其他情形。

行政复议中止的原因消除后，应当及时恢复行政复议案件的审理。

海事行政复议机关中止、恢复行政复议案件的审理，应当分别制作《海事行政复议中止通知书》（见附件 15）、《海事行政复议恢复通知书》（见附件 16）送达当事人。

3. **《生态环境部行政复议办法》**（2024 年 4 月 11 日 生态环境部令第 33 号）

第 25 条 行政复议期间有行政复议法第三十九条规定的中

止情形的，行政复议中止。

行政复议中止的原因消除后，应当及时恢复行政复议案件的审理。

生态环境部中止、恢复行政复议案件的审理，应当书面告知当事人。

4. **《国家中医药管理局行政复议与行政应诉管理办法》**（2024 年 3 月 1 日　国中医药法监发〔2024〕2 号）

第 17 条　行政复议办公室在对被复议行政行为进行审查时，认为其依据不合法，应当中止行政复议，并自行政复议中止之日起三日内提出审查建议，经国家中医药管理局负责人批准后，根据情况作出以下处理：

（一）该依据是由国家中医药管理局制定的，行政复议办公室书面通知依据的局机关业务主管部门就相关条款的合法性提出书面答复，有关部门应当在十日内提出书面答复；

（二）该依据是其他国家机关制定的，行政复议办公室应当转送有权处理的国家机关依法处理。

第 19 条　依法中止的行政复议案件，中止的情形消除后，行政复议办公室应当及时恢复审理，并书面通知当事人。

5. **《海关审理行政复议案件程序规定》**（2024 年 1 月 22 日　海关总署令第 265 号）

第 22 条第 1 款　行政复议期间，海关行政复议机关依据行政复议法第三十九条规定决定行政复议中止的，应当制发《行政复议中止决定书》，并送达当事人。行政复议中止原因消除后，应当及时恢复行政复议案件的审理，制发《行政复议恢复审理通知书》，并送达当事人。

6. **《工业和信息化部行政复议实施办法》**（2024 年 2 月 26 日　工业和信息化部令第 69 号）

第 12 条第 1 款　行政复议期间有法定的中止情形的，行政复议中止。行政复议中止的原因消除后，应当及时恢复行政复议案件的审理。工业和信息化部中止、恢复行政复议案件的审理，应当书面告知当事人。

第四十条 恢复审理

行政复议期间，行政复议机关无正当理由中止行政复议的，上级行政机关应当责令其恢复审理。

第四十一条 复议终止

行政复议期间有下列情形之一的，行政复议机关决定终止行政复议：

（一）申请人撤回行政复议申请，行政复议机构准予撤回；

（二）作为申请人的公民死亡，没有近亲属或者其近亲属放弃行政复议权利；

（三）作为申请人的法人或者其他组织终止，没有权利义务承受人或者其权利义务承受人放弃行政复议权利；

（四）申请人对行政拘留或者限制人身自由的行政强制措施不服申请行政复议后，因同一违法行为涉嫌犯罪，被采取刑事强制措施；

（五）依照本法第三十九条第一款第一项、第二项、第四项的规定中止行政复议满六十日，行政复议中止的原因仍未消除。

● 行政法规及文件

1. **《行政复议法实施条例》**（2007年5月29日　国务院令第499号）

第38条　申请人在行政复议决定作出前自愿撤回行政复议申请的，经行政复议机构同意，可以撤回。

申请人撤回行政复议申请的，不得再以同一事实和理由提出行政复议申请。但是，申请人能够证明撤回行政复议申请违背其真实意思表示的除外。

● 部门规章及文件

2.《**国家知识产权局行政复议规程**》（2024 年 12 月 30 日　国家知识产权局令第 82 号）

第 25 条　行政复议期间有下列情形之一的，行政复议终止：

（一）申请人撤回行政复议申请，行政复议机构准予撤回；

（二）作为申请人的公民死亡，没有近亲属或者其近亲属放弃行政复议权利；

（三）作为申请人的法人或者其他组织终止，没有权利义务承受人或者其权利义务承受人放弃行政复议权利；

（四）依照本规程第二十四条第一款第一项、第二项、第四项规定中止行政复议满六十日，行政复议中止的原因仍未消除。

国家知识产权局终止行政复议案件的审理，应当作出书面决定告知当事人。

行政复议机构准予撤回行政复议申请、国家知识产权局决定终止行政复议的，申请人不得再以同一事实和理由提出行政复议申请。但是，申请人能够证明撤回行政复议申请违背其真实意思表示的除外。

3.《**国家食品药品监督管理总局行政复议办法**》（2013 年 11 月 6 日　国家食品药品监督管理总局令第 2 号）

第 12 条　行政复议审理过程中，申请人说明理由后撤回行政复议申请的，行政复议自行终止。

4.《**海关审理行政复议案件程序规定**》（2024 年 1 月 22 日　海关总署令第 265 号）

第 31 条　当事人依照行政复议法规定达成和解的，由申请人向海关行政复议机构撤回行政复议申请。海关行政复议机构经审查准予撤回行政复议申请的，海关行政复议机关决定终止行政复议。申请人以同一事实和理由再次提出行政复议申请的，海关行政复议机关不予受理。但是，申请人能够证明撤回行政复议申请违背其真实意愿的除外。

5.《住房城乡建设行政复议办法》（2015年9月7日 住房和城乡建设部令第25号）

第28条 行政复议决定作出前，申请人可以撤回行政复议申请。

申请人撤回行政复议申请的，不得再以同一事实和理由提出行政复议申请。但是，申请人能够证明撤回行政复议申请违背其真实意思表示的除外。

6.《税务行政复议规则》（2018年6月15日 国家税务总局令第44号）

第71条 申请人在行政复议决定作出以前撤回行政复议申请的，经行政复议机构同意，可以撤回。

申请人撤回行政复议申请的，不得再以同一事实和理由提出行政复议申请。但是，申请人能够证明撤回行政复议申请违背其真实意思表示的除外。

第四十二条 复议期间行政行为不停止执行及其例外

行政复议期间行政行为不停止执行；但是有下列情形之一的，应当停止执行：

（一）被申请人认为需要停止执行；

（二）行政复议机关认为需要停止执行；

（三）申请人、第三人申请停止执行，行政复议机关认为其要求合理，决定停止执行；

（四）法律、法规、规章规定停止执行的其他情形。

● 部门规章及文件

1.《**国家外汇管理局行政复议程序**》(2024 年 4 月 18 日　国家外汇管理局公告 2024 年第 1 号)

第 19 条　行政复议期间行政行为不停止执行，但出现《行政复议法》第四十二条规定的情形之一的，应当停止执行。行政复议机关决定停止执行的，应当及时告知有关当事人。

2.《**海事行政复议工作规定**》　(2024 年 6 月 7 日　海督察〔2024〕56 号)

第 33 条　行政复议期间行政行为不停止执行；但是有下列情形之一的，应当停止执行：

(一) 被申请人认为需要停止执行；

(二) 海事行政复议机关认为需要停止执行；

(三) 申请人、第三人申请停止执行，海事行政复议机关认为其要求合理，决定停止执行；

(四) 法律、法规、规章规定停止执行的其他情形。

3.《**生态环境部行政复议办法**》(2024 年 4 月 11 日　生态环境部令第 33 号)

第 27 条　行政复议期间行政行为不停止执行；但是有行政复议法第四十二条规定情形的，应当停止执行。

4.《**海关审理行政复议案件程序规定**》(2024 年 1 月 22 日　海关总署令第 265 号)

第 22 条第 3 款　行政复议期间，海关行政行为不停止执行，但海关行政复议机关依据行政复议法第四十二条规定决定停止执行的，应当制发《行政行为停止执行决定书》，并送达当事人。

5.《**国家国防科技工业局行政复议实施办法**》(2024 年 2 月 28 日　工业和信息化部令第 70 号)

第 15 条　行政复议期间行政行为不停止执行；但是，有下列情形之一的，应当停止执行：

（一）国家国防科工局认为需要停止执行的；

（二）申请人、第三人申请停止执行，国家国防科工局认为其要求合理，决定停止执行的；

（三）法律、行政法规、部门规章规定停止执行的其他情形。

● 案例指引

某工程公司不服天津市某区住房和建设委员会行政处罚行政复议案

（司法部发布第三批贯彻实施新修订行政复议法典型案例之六）

案例要旨：新修订的行政复议法规定，行政复议期间行政行为不停止执行。但为避免继续执行行政行为可能造成的损害，最大程度保护申请人的合法权益，新修订的行政复议法规定了应当停止执行行政行为的四种情形。本案中，行政复议机构充分调查了申请人的主观过错、社会危害程度，综合研判民生保障可持续性，以及继续执行可能造成的后果等因素，充分考虑申请人提出的停止执行申请中关于监测鉴定结论、立项沿革情况等主张，正确适用停止执行机制，行政机关在行政复议期间停止执行行政处罚；并在准确定性案件事实和适用法律基础上，成功促使双方当事人达成和解，实现了争议的实质化解。本案的妥善解决，避免企业经济损失数千万元，维护了企业合法权益，为企业健康平稳发展和民生工程顺利推进提供了有力法治保障，充分彰显了行政复议促进规范公正文明执法、优化营商环境的积极作用。

第二节　行政复议证据

第四十三条　证据种类

行政复议证据包括：

（一）书证；

（二）物证；

（三）视听资料；

（四）电子数据；

（五）证人证言；

（六）当事人的陈述；

（七）鉴定意见；

（八）勘验笔录、现场笔录。

以上证据经行政复议机构审查属实，才能作为认定行政复议案件事实的根据。

● 部门规章及文件

1.《海事行政复议工作规定》（2024 年 6 月 7 日　海督察〔2024〕56 号）

第 34 条　行政复议证据包括：

（一）书证；

（二）物证；

（三）视听资料；

（四）电子数据；

（五）证人证言；

（六）当事人的陈述；

（七）鉴定意见；

（八）勘验笔录、现场笔录。

以上证据经海事行政复议机关执法督察部门审查属实，才能作为认定行政复议案件事实的根据。

2.《税务行政复议规则》（2018 年 6 月 15 日　国家税务总局令第 21 号）

第 52 条　行政复议证据包括以下类别：

（一）书证；

（二）物证；

（三）视听资料；

（四）电子数据；
（五）证人证言；
（六）当事人的陈述；
（七）鉴定意见；
（八）勘验笔录、现场笔录。

第四十四条 举证责任

被申请人对其作出的行政行为的合法性、适当性负有举证责任。

有下列情形之一的，申请人应当提供证据：

（一）认为被申请人不履行法定职责的，提供曾经要求被申请人履行法定职责的证据，但是被申请人应当依职权主动履行法定职责或者申请人因正当理由不能提供的除外；

（二）提出行政赔偿请求的，提供受行政行为侵害而造成损害的证据，但是因被申请人原因导致申请人无法举证的，由被申请人承担举证责任；

（三）法律、法规规定需要申请人提供证据的其他情形。

部门规章及文件

1. **《海事行政复议工作规定》**（2024年6月7日 海督察〔2024〕56号）

第35条 被申请人对其作出的行政行为的合法性、适当性负有举证责任。

有下列情形之一的，申请人应当提供证据：

（一）认为被申请人不履行法定职责的，提供曾经要求被申请人履行法定职责的证据，但是被申请人应当依职权主动履行法定职责或者申请人因正当理由不能提供的除外；

（二）提出行政赔偿请求的，提供受行政行为侵害而造成损害的证据，但是因被申请人原因导致申请人无法举证的，由被申请人承担举证责任；

（三）法律、法规规定需要申请人提供证据的其他情形。

2.《**生态环境部行政复议办法**》（2024年4月11日　生态环境部令第33号）

第22条　被申请人对其作出的行政行为的合法性、适当性负有举证责任。

有下列情形之一的，申请人应当提供证据：

（一）认为被申请人不履行法定职责的，提供曾经要求被申请人履行法定职责的证据，但是被申请人应当依职权主动履行法定职责或者申请人因正当理由不能提供的除外；

（二）提出行政赔偿请求的，提供受行政行为侵害而造成损害的证据，但是因被申请人原因导致申请人无法举证的，由被申请人承担举证责任；

（三）法律、法规规定需要申请人提供证据的其他情形。

第四十五条　调查取证

行政复议机关有权向有关单位和个人调查取证，查阅、复制、调取有关文件和资料，向有关人员进行询问。

调查取证时，行政复议人员不得少于两人，并应当出示行政复议工作证件。

被调查取证的单位和个人应当积极配合行政复议人员的工作，不得拒绝或者阻挠。

行政法规及文件

1.《**行政复议法实施条例**》（2007年5月29日　国务院令第499号）

第33条　行政复议机构认为必要时，可以实地调查核实证据；对重大、复杂的案件，申请人提出要求或者行政复议机构认为必要时，可以采取听证的方式审理。

第 34 条 行政复议人员向有关组织和人员调查取证时，可以查阅、复制、调取有关文件和资料，向有关人员进行询问。

调查取证时，行政复议人员不得少于 2 人，并应当向当事人或者有关人员出示证件。被调查单位和人员应当配合行政复议人员的工作，不得拒绝或者阻挠。

需要现场勘验的，现场勘验所用时间不计入行政复议审理期限。

● **部门规章及文件**

2. **《国家食品药品监督管理总局行政复议办法》**（2013 年 11 月 6 日 国家食品药品监督管理总局令第 2 号）

第 13 条 审理行政复议案件，应当认真研究案卷，对当事人提供的证据进行调查、核实，必要时可以实地调查取证或者委托地方食品药品监督管理部门调查取证。

第四十六条 被申请人收集和补充证据限制

行政复议期间，被申请人不得自行向申请人和其他有关单位或者个人收集证据；自行收集的证据不作为认定行政行为合法性、适当性的依据。

行政复议期间，申请人或者第三人提出被申请行政复议的行政行为作出时没有提出的理由或者证据的，经行政复议机构同意，被申请人可以补充证据。

● **部门规章及文件**

1. **《海事行政复议工作规定》**（2024 年 6 月 7 日 海督察〔2024〕56 号）

第 37 条 行政复议期间，被申请人不得自行向申请人和其他有关单位或者个人收集证据；自行收集的证据不作为认定行政行为合法性、适当性的依据。

行政复议期间，申请人或者第三人提出被申请行政复议的行政行为作出时没有提出的理由或者证据的，经海事行政复议机关同意，被申请人可以补充证据。

2.《国家外汇管理局行政复议程序》（2024年4月18日　国家外汇管理局公告2024年第1号）

第16条第2款和第3款　被申请人不按照《行政复议法》的规定提出书面答复、提交作出行政行为的证据、依据和其他有关材料的，视为该行政行为没有证据、依据，行政复议机关决定撤销、部分撤销该行政行为，确认该行政行为违法、无效或者决定被申请人在一定期限内履行，但是行政行为涉及第三人合法权益，第三人提供证据的除外。

行政复议期间，被申请人不得自行向申请人和其他有关单位或者个人收集证据，自行收集的证据不作为认定行政行为合法性、适当性的依据。但申请人或者第三人提出被申请行政复议的行政行为作出时没有提出的理由或者证据的，经行政复议机构同意，被申请人可以补充证据。

3.《应急管理部行政复议和行政应诉工作办法》（2024年4月4日　应急管理部令第15号）

第25条　行政复议期间，被申请人不得自行向申请人和其他有关单位或者个人收集证据；自行收集的证据不作为认定行政行为合法性、适当性的依据。

行政复议期间，申请人或者第三人提出被申请行政复议的行政行为作出时没有提出的理由或者证据的，经行政复议机构同意，被申请人可以补充证据。

4.《国家发展和改革委员会行政复议实施办法》（2023年12月27日　国家发展和改革委员会令第6号）

第29条　行政复议期间，被申请人不得自行向申请人和其他有关单位或者个人收集证据；自行收集的证据不作为认定行政行为合法性、适当性的依据。

行政复议期间，申请人或者第三人提出被申请行政复议的行政行为作出时没有提出的理由或者证据的，经行政复议机构同意，被申请人可以补充证据。

第四十七条 申请人等查阅、复制权利

行政复议期间，申请人、第三人及其委托代理人可以按照规定查阅、复制被申请人提出的书面答复、作出行政行为的证据、依据和其他有关材料，除涉及国家秘密、商业秘密、个人隐私或者可能危及国家安全、公共安全、社会稳定的情形外，行政复议机构应当同意。

● 部门规章及文件

1. **《国家外汇管理局行政复议程序》**（2024年4月18日 国家外汇管理局公告2024年第1号）

第20条第1款 行政复议期间，申请人、第三人或者其代理人依法申请查阅、复制被申请人提出的书面答复、作出行政行为的证据、依据和其他有关材料，行政复议机构经审查认为不涉及国家秘密、商业秘密、个人隐私且不存在可能危及国家安全、公共安全、社会稳定的情形的，应当同意查阅、复制申请，并安排阅卷场所。

2. **《海事行政复议工作规定》**（2024年6月7日 海督察〔2024〕56号）

第36条 海事行政复议机关有权向有关单位和个人调查取证，查阅、复制、调取有关文件和资料，向有关人员进行询问。

被调查取证的单位和个人应当积极配合行政复议人员的工作，不得拒绝或者阻挠。

调查取证时，行政复议人员不得少于两人，并制作《海事行

政复议调查笔录》（见附件9）。

第38条 行政复议期间，申请人、第三人及其委托代理人可以查阅、复制被申请人提出的书面答复、作出行政行为的证据、依据和其他有关材料，除涉及国家秘密、商业秘密、个人隐私或者可能危及国家安全、公共安全、社会稳定的情形外，海事行政复议机关执法督察部门应当同意。

申请人、第三人及其委托代理人要求查阅、复制相关材料的，海事行政复议机关执法督察部门应当查验其身份证明文件。查阅过程中，应当有行政复议人员在场。

附件9

海事行政复议调查笔录

案由：＿＿＿＿＿＿＿＿＿＿＿＿

调查时间：＿＿＿＿＿＿＿＿＿＿

调查地点：＿＿＿＿＿＿＿＿＿＿

调查人：＿＿＿＿＿＿　记录人：＿＿＿＿＿

被调查人：＿＿＿＿＿　年龄：＿＿＿＿＿＿

性别：＿＿＿＿＿＿＿　电话号码：＿＿＿＿

工作单位：＿＿＿＿＿＿＿＿＿＿

住址：＿＿＿＿＿＿＿＿＿＿＿＿

问：＿＿＿＿＿＿＿＿＿＿＿＿＿＿＿＿＿＿＿＿＿＿＿＿＿＿＿＿＿＿

＿＿＿＿＿＿＿＿＿＿＿＿＿＿＿＿＿＿＿＿＿＿＿＿＿＿＿＿＿＿＿＿＿＿

＿＿＿＿＿＿＿＿＿＿＿＿＿＿＿＿＿＿＿＿＿＿＿＿＿＿＿＿＿＿＿＿＿＿

＿＿＿＿＿＿＿＿＿＿＿＿＿＿＿＿＿＿＿＿＿＿＿＿＿＿＿＿＿＿＿＿＿＿

3.《生态环境部行政复议办法》（2024年4月11日　生态环境部令第33号）

第34条 行政复议期间，申请人、第三人及其委托代理人可以按照规定查阅、复制被申请人提出的书面答复、作出行政行为的证据、依据和其他有关材料，除涉及国家秘密、商业秘密、个人隐私或者可能危及国家安全、公共安全、社会稳定的情形外，生态环境部行政复议机构应当同意。

4.**《海关审理行政复议案件程序规定》**（2024 年 1 月 22 日　海关总署令第 265 号）

第 50 条　海关行政复议机关应当为申请人、第三人及其委托代理人查阅、复制行政复议有关材料提供便利，应当设立专门的行政复议接待室或者案卷查阅室，配备相应的监控设备。

申请人、第三人及其委托代理人不得涂改、毁损、拆换或者增添查阅、复制的材料。

5**《国家国防科技工业局行政复议实施办法》**（2024 年 2 月 28 日　工业和信息化部令第 70 号）

第 16 条　行政复议期间，申请人、第三人及其委托代理人依照规定查阅、复制有关材料的，除涉及国家秘密、商业秘密、个人隐私或者可能危及国家安全、公共安全、社会稳定的情形外，国家国防科工局行政复议机构应当同意。

6.**《工业和信息化部行政复议实施办法》**（2024 年 2 月 26 日　工业和信息化部令第 69 号）

第 11 条　行政复议期间，申请人、第三人及其委托代理人需要查阅、复制被申请人提出的书面答复、作出行政行为的证据、依据和其他有关材料的，应当按照工业和信息化部行政复议机构规定的格式，向行政复议机构提出书面申请，并提供居民身份证或者其他有效证件复印件，委托代理人申请的，还应当提交授权委托书及代理人居民身份证或者其他有效证件复印件。

行政复议机构根据实际情况告知申请人、第三人及其委托代理人查阅、复制的时间和地点。申请人、第三人及其委托代理人未按照告知的时间和地点查阅、复制的，视为放弃，因不可抗力或者有正当理由的除外。查阅、复制不得有毁损、篡改、隐匿等改变材料原有状态的行为。

第三节　普通程序

第四十八条　被申请人书面答复

行政复议机构应当自行政复议申请受理之日起七日内，将行政复议申请书副本或者行政复议申请笔录复印件发送被申请人。被申请人应当自收到行政复议申请书副本或者行政复议申请笔录复印件之日起十日内，提出书面答复，并提交作出行政行为的证据、依据和其他有关材料。

部门规章及文件

1. **《农业部行政复议工作规定》**（2010 年 12 月 22 日　农政发〔2010〕5 号）

第 14 条　行政复议机构应当自行政复议申请受理之日起 7 日内，将行政复议申请书副本或者行政复议申请笔录复印件发送被申请人。被申请人是省级农业部门的，发送给省级农业部门；被申请人是农业部的，发送给实施该具体行政行为的农业部业务机构。

省级农业部门或农业部业务机构应当自收到申请书副本或者行政复议申请笔录复印件之日起 10 日内提出书面答复，并提交当初作出具体行政行为的证据、依据和其他有关材料。

书面答复应当载明下列事项：

（一）作出具体行政行为的事实依据和有关证据；

（二）作出具体行政行为的法律依据；

（三）对申请人行政复议请求的意见和理由。

2. **《国家知识产权局行政复议规程》**（2024 年 12 月 30 日　国家知识产权局令第 82 号）

第 20 条　适用普通程序审理的行政复议案件，行政复议机构应当自受理行政复议申请之日起七日内，将行政复议申请书副本或者行政复议申请笔录复印件发送有关部门单位。有关部门单位应当自收到行政复议申请书副本或者行政复议申请笔录复印件之日起十日内，提出书面答复，并提交作出行政行为的证据、依据和其他有关材料。

适用简易程序审理的行政复议案件，行政复议机构应当自受理行政复议申请之日起三日内，将行政复议申请书副本或者行政复议申请笔录复印件发送有关部门单位。有关部门单位应当自收到行政复议申请书副本或者行政复议申请笔录复印件之日起五日内，提出书面答复，并提交作出行政行为的证据、依据和其他有关材料。

3. **《国家食品药品监督管理总局行政复议办法》**（2013 年 11 月 6 日　国家食品药品监督管理总局令第 2 号）

第 9 条　行政复议办公室应当自行政复议申请受理之日起 7 个工作日内将行政复议答复通知书、行政复议申请书副本或者口头申请笔录复印件发送被申请人。被申请人应当在接到答复通知之日起 10 日内提交答复意见及有关证据材料。答复意见应当包括当初作出具体行政行为的事实根据和法律依据。

被申请人是国家食品药品监督管理总局的，由有关司局或者机构依前款提交答复意见。

4. **《海关审理行政复议案件程序规定》**（2024 年 1 月 22 日　海关总署令第 265 号）

第 18 条　海关行政复议机构应当自受理行政复议申请之日起七日内，将行政复议申请书副本或者行政复议申请笔录复印件以及申请人提交的证据、其他有关材料的副本发送被申请人。被申请人应当自收到行政复议申请书副本或者行政复议申请笔录复印件之日起十日内，提出书面答复。

第 19 条　被申请人作出行政行为的承办机构或者部门组织行政复议答复，经本级法规部门复核后向海关行政复议机构提交《行政复议答复书》，并提交作出行政行为的证据、依据和其他有关材料。但是，海关总署本级行政复议案件的《行政复议答复书》无需法规部门复核。

《行政复议答复书》应当载明下列内容：

（一）被申请人名称、地址、法定代表人姓名及职务；

（二）被申请人作出行政行为的事实、证据、理由及法律依据；

（三）对申请人的行政复议请求、事实、理由全面进行答辩和举证；

（四）处理建议；

（五）作出答复的日期。

被申请人提交的《行政复议答复书》应当加盖被申请人印章，提交的有关证据、依据和其他有关材料应当按照规定装订成卷。

5.**《住房城乡建设行政复议办法》**（2015年9月7日　住房和城乡建设部令第25号）

第20条　行政复议机关应当自行政复议申请受理之日起7日内，向被申请人发出答复通知书，并将行政复议申请书副本或者行政复议申请笔录复印件发送被申请人。被申请人应当自收到答复通知书之日起10日内，提出书面答复。

● 案例指引

山东某贝文化传媒有限公司高唐分公司诉高唐县市场监督管理局、高唐县人民政府行政处罚及行政复议案（人民法院案例库：2023-12-3-016-001）

裁判要旨：法院生效裁判认为，高唐县人民政府在收到原告的复议申请后，经立案受理、提出行政复议答复通知书、行政复议答复书、办案审批等程序后在法定期限内作出复议决定，并对当事人进行了送达，并无不当。原告请求撤销涉案复议决定书的主张，不予支持，应予驳回。

第四十九条 听取意见程序

适用普通程序审理的行政复议案件，行政复议机构应当当面或者通过互联网、电话等方式听取当事人的意见，并将听取的意见记录在案。因当事人原因不能听取意见的，可以书面审理。

部门规章及文件

1. **《行政复议普通程序听取意见办法》**（2024 年 4 月 3 日　司规〔2024〕1 号）

第 1 条　为规范行政复议普通程序听取意见工作，进一步提高行政复议工作质效，更好保护公民、法人、其他组织的合法权益，根据《中华人民共和国行政复议法》，制定本办法。

第 2 条　本办法所称听取意见，是指行政复议机构适用普通程序办理行政复议案件时，当面或者通过互联网、电话等方式听取当事人的意见，并将听取的意见记录在案，查明案件事实的审理过程。

第 3 条　行政复议人员应当结合被申请人提交的答复书和证据材料，主要就案件事实和证据听取申请人意见。

行政复议人员在听取意见时，根据案件实际情况和实质性化解行政争议的要求，询问申请人的调解意愿。

第 4 条　下列事项作为听取申请人意见的重点内容：

（一）与申请人本人行为有关的签字、录音录像、证人证言、执法笔录等证据是否真实；

（二）行政行为对申请人涉案的资格资质、权利义务、行为能力等情况的认定是否准确；

（三）行政行为对申请人人身权、财产权、受教育权等合法权益造成的具体损害；

（四）行政行为作出过程中，申请人的知情、陈述、申辩、听证等程序性权利是否得到保障；

（五）申请人在申请书等材料中所述，与被申请人证据材料反映的案件事实有矛盾的部分；

（六）行政复议机构认为其他应当听取意见的。

申请人在申请书等材料中已对上述事项充分、完整陈述意见的，行政复议人员可以询问申请人有无其他补充意见。

第5条 行政复议人员听取申请人意见时，应当表明身份，主动说明案由和听取意见的法律依据。听取意见应当耐心、细致，用语文明、规范，并客观、如实记录申请人的意见。当面或者通过视频方式听取意见时，还应当出示行政复议人员工作证件。同步录音、录像的，应当告知申请人相关情况。

第6条 在申请人未查阅、复制相关证据材料的情况下听取意见时，行政复议人员应当先对相关证据材料的名称、主要内容和证明目的进行描述。

申请人要求查阅、复制相关证据材料后再陈述意见的，行政复议机构应当依法安排申请人进行查阅、复制。申请人查阅、复制相关证据材料时，应当当面询问其意见。

第7条 当面听取申请人意见的，行政复议人员不得少于两人。当面听取意见应当形成书面记录，必要时同步录音、录像。

前款规定的听取意见记录，应当记载听取意见的对象、方式、时间、地点、意见主要内容，经申请人核对无误后签字确认，并由行政复议人员签字。申请人拒绝签字的，行政复议人员应当注明。

第8条 通过电话、即时通讯的音视频工具听取申请人意见的，应当进行同步录音、录像，并形成书面记录。通过电子邮箱、即时通讯的文字工具听取申请人意见的，应当截屏存档，并形成书面记录。

前款规定的听取意见记录，应当记载听取意见的对象、方式、时间、通话号码或者互联网地址、意见主要内容、音像或者截屏等留证材料目录，并由行政复议人员签字。

第 9 条　当面或者通过互联网、电话等方式听取申请人意见时，申请人表示事后提供书面意见的，应当明确提供书面意见的具体期限。

第 10 条　申请人未提供互联网、电话等联系方式的，行政复议人员可以通过被申请人或者申请人所在地的行政复议机构与申请人联系，请其提供有效联系方式。

第 11 条　申请人陈述意见时，对法律或者事实有明显误解，或者所陈述的意见与案件审查明显无关时，行政复议人员可以释法明理，进行必要的引导。

第 12 条　同一行政复议案件申请人人数众多的，可以根据查明案件事实的需要，听取申请人代表或者部分申请人的意见。

第 13 条　第三人意见的听取，参照听取申请人意见的规定办理。

第三人的利益诉求与申请人有冲突的，可以就双方各自提出的案件事实和证据，听取对方意见。

第 14 条　听取被申请人的意见，依法通过通知其提交书面答复和证据材料的方式进行。

第 15 条　下列情形属于因当事人原因不能听取意见的情形：

（一）听取当事人意见时被拒绝的；

（二）当事人提供的电话、即时通讯的音视频联系方式在三个以上不同工作日均无法接通，或者提供的电子邮箱、即时通讯的文字联系方式在五个工作日内均未应答的；

（三）当事人未提供互联网、电话等联系方式，行政复议机构无法取得联系的；

（四）当事人表示事后提供书面意见，逾期未提供的；

（五）其他因当事人原因不能听取意见的。

上述情形应当留存相关证据并记录在案，由两名以上行政复议人员签字确认。

第16条 行政复议机关应当综合考虑所听取的当事人意见，对案件证据材料进行审查，认定案件事实。

第17条 听取意见记录及录音、录像、截屏等留证材料应当附卷存档备查。

第18条 适用简易程序审理的案件，可以参照本办法的规定听取当事人意见。

第19条 听取意见记录的示范文本由司法部另行制定。

第20条 本办法自发布之日起施行。

2. **《国家外汇管理局行政复议程序》**（2024年4月18日 国家外汇管理局公告2024年第1号）

第21条 适用普通程序审理行政复议案件，行政复议机构应当当面或者通过互联网、电话等方式听取当事人意见，并将听取的意见记录在案；因当事人原因不能听取意见的，可以书面审理；行政复议机关可以指派行政复议人员依法调查取证，查阅、复制、调取有关文件和资料，或者向有关人员进行询问。

3. **《海事行政复议工作规定》** （2024年6月7日 海督察〔2024〕56号）

第40条 适用普通程序审理的行政复议案件，海事行政复议机关执法督察部门应当当面或者通过互联网、电话等方式听取当事人的意见，并将听取的意见记录在案。因当事人原因不能听取意见的，可以书面审理。

4. **《生态环境部行政复议办法》**（2024年4月11日 生态环境部令第33号）

第29条 适用普通程序审理的行政复议案件，生态环境部行政复议机构应当当面或者通过互联网、电话等方式听取当事人的意见，并将听取的意见记录在案。因当事人原因不能听取意见的，可以书面审理。

5.**《国家中医药管理局行政复议与行政应诉管理办法》**（2024年3月1日　国中医药法监发〔2024〕2号）

第14条第1款　适用普通程序审理的行政复议案件，行政复议办公室应当当面或者通过互联网、电话等方式听取当事人的意见，并将听取的意见记录在案。因当事人原因不能听取意见的，可以书面审理。

6.**《海关审理行政复议案件程序规定》**（2024年1月22日　海关总署令第265号）

第23条　海关审理行政复议案件听取当事人意见应当采取当面或者互联网、电话等方式，并将听取的意见记录在案，由两名以上行政复议人员签字。因当事人原因不能听取意见的，可以书面审理，并将该情况记录在案，由两名以上行政复议人员签字。

7.**《国家国防科技工业局行政复议实施办法》**（2024年2月28日　工业和信息化部令第70号）

第17条第1款　适用普通程序审理的行政复议案件，国家国防科工局行政复议机构应当当面或者通过互联网、电话等方式听取当事人的意见，并将听取的意见记录在案。因当事人原因不能听取意见的，可以书面审理。

● 案例指引

唐某不服广东省某市卫生健康委员会投诉举报处理答复行政复议案（司法部发布第三批贯彻实施新修订行政复议法典型案例之一）

案例要旨：新修订的行政复议法对行政复议审理程序进行了创新设置，明确普通程序案件均要听取当事人意见，重大疑难复杂案件应当组织听证。行政复议机构通过听取意见和听证进一步查清案件事实，全面把握案情，有利于提升行政复议办案质量；同时提高案件审理的透明度，为双方当事人提供面对面陈述理由、沟通意见的机会，有利于双方消除隔阂，达成谅解。

第五十条 听证情形和人员组成

审理重大、疑难、复杂的行政复议案件，行政复议机构应当组织听证。

行政复议机构认为有必要听证，或者申请人请求听证的，行政复议机构可以组织听证。

听证由一名行政复议人员任主持人，两名以上行政复议人员任听证员，一名记录员制作听证笔录。

部门规章及文件

1.《行政复议普通程序听证办法》（2024 年 4 月 3 日　司规〔2024〕1 号）

第 1 条　为规范行政复议普通程序听证工作，进一步提高行政复议工作质效，更好保护公民、法人、其他组织的合法权益，根据《中华人民共和国行政复议法》，制定本办法。

第 2 条　本办法所称行政复议听证，是指行政复议机构适用普通程序办理行政复议案件时，组织涉案人员通过陈述、申辩、举证、质证等形式，查明案件事实的审理过程。

本办法所称当事人，是指行政复议案件的申请人、被申请人、第三人。当事人及其代理人、参加听证活动的证人、鉴定人、勘验人、翻译人员为听证参加人。

第 3 条　审理下列重大、疑难、复杂的行政复议案件，行政复议机构应当组织听证：

（一）涉及国家利益、重大社会公共利益的；

（二）涉及群体性纠纷或者社会关注度较高的；

（三）涉及新业态、新领域、新类型行政争议，案情复杂的；

（四）被申请人定案证据疑点较多，当事人对案件主要事实分歧较大的；

（五）法律关系复杂的；

（六）其他重大、疑难、复杂案件。

申请人提出听证申请，行政复议机构认为有必要的，可以组织听证。

第5条 申请人、第三人委托代理人参加听证的，应当在听证开始前提交授权委托书。

申请人、第三人人数众多且未推选代表人的，行政复议机构可以视情况要求其推选代表人参加听证。代表人参加听证的，应当在听证开始前提交代表人推选材料。申请人、第三人推选不出代表人的，行政复议机构可以在申请人、第三人中指定代表人。

被申请人的负责人应当参加听证。不能参加的，应当说明理由，并委托相应的工作人员参加听证，在听证开始前提交授权委托书。

第7条 行政复议机构应当指定一名行政复议人员任主持人，两名以上行政复议人员任听证员，一名记录员制作听证笔录。

当事人认为主持人、听证员、记录员与案件有直接利害关系要求回避的，由行政复议机构决定。

第8条 听证室正中设听证主持人和听证员席位。主持人席位前方设申请人、被申请人及代理人席位，分两侧相对而坐。第三人的席位，根据其利益诉求和当事人人数情况，设置在申请人或者被申请人一侧。证人、鉴定人、勘验人位置设置在主持人席位正前方。

第9条 听证开始前，主持人、听证员应当核实当事人身份，核实代理人身份及授权委托书、授权事项范围，核实证人、鉴定人、勘验人、翻译人员的身份。

第10条　核实听证参加人身份后，主持人应当宣布以下听证纪律：

（一）听证参加人在主持人的主持下发言、提问；

（二）未经主持人允许，听证参加人不得提前退席；

（三）未经主持人允许，不得录音、录像或者摄影；

（四）不得大声喧哗，不得鼓掌、哄闹或者进行其他妨碍听证秩序的活动。

第11条　主持人宣布听证开始，按照下列程序实施听证：

（一）主持人说明案由和听证参加人；

（二）申请人陈述行政复议申请的主要事实、理由，明确行政复议请求，并可以举证；

（三）被申请人陈述行政复议答复要点并举证；

（四）第三人参加听证的，由第三人陈述自己观点，并可以举证；

（五）证人、鉴定人、勘验人参加听证活动的，由其进行相关陈述，回答主持人、听证员和经主持人同意的当事人的提问；

（六）各方质证；

（七）各方围绕主持人归纳的案件焦点问题陈述意见、进行申辩；

（八）主持人、听证员对需要查明的问题向听证参加人询问；

（九）主持人询问当事人有无补充意见。

主持人可以根据案件审理的具体情况，对前款规定的流程顺序进行适当调整。

证人、鉴定人、勘验人仅在需要其进行相关陈述、回答提问、核对听证笔录环节参与听证活动。

第12条　前条规定的程序结束后，主持人可以询问当事人是否同意现场调解。当事人同意的，主持人进行现场调解。

第13条　有下列情形之一的，听证主持人可以决定中止听证：

（一）当事人有正当理由不能及时到场的；

（二）经核实听证参加人身份有误，不能当场解决并影响案件审理的；

（三）听证过程中发现需要通知新的参加人到场，或者有新的事实需要调查核实，不能当场完成的；

（四）其他影响听证正常进行，不能当场解决的。

中止听证后，恢复听证的时间、地点和拟听证事项等由行政复议机构决定并通知当事人。

中止听证不影响行政复议审理期限的计算。确需停止行政复议审理期限计算的，应当依照《中华人民共和国行政复议法》第三十九条的规定，决定中止行政复议。

第14条 记录员应当将行政复议听证的全部活动记入听证笔录。行政复议机构认为有必要的，可以对听证情况进行全过程录音、录像。

本办法第十一条、第十二条规定的程序结束后，由主持人宣布听证结束，并组织听证参加人对听证笔录确认无误后签字。听证参加人认为笔录有差错的，可以要求更正。听证参加人拒绝签字的，由听证主持人在笔录中注明。

第15条 对于违反听证纪律、扰乱听证秩序的听证参加人，主持人有权劝阻和警告。

听证参加人无正当理由且未经许可中途退出听证，行政复议机构进行缺席听证。相关情况应当记入听证笔录。

第16条 同时符合下列各项条件的，行政复议机构可以采取线上视频方式举行听证：

（一）各方当事人均同意采取线上视频方式举行听证；

（二）案件不涉及国家秘密、商业秘密、个人隐私或者可能危及国家安全、公共安全、社会稳定的情形；

（三）听证参加人具备参与在线听证的技术条件和能力，包括具备上传和接收证据材料、进行线上电子签名确认等技术条件；

（四）不需要证人现场作证和鉴定人、勘验人现场发表意见；

（五）不存在必须通过现场核对相关证据材料才能够查清案件事实的情形。

第 17 条 线上视频方式举行听证，按照本办法规定的相关程序进行。主持人、听证员应当加强在线身份核实，并强化说明引导，维护当事人合法权益和听证秩序，确保线上听证顺利进行。

第 18 条 现场听证的案件，符合本办法第十六条第二项至第五项规定的，证人、鉴定人、勘验人可以通过线上视频方式作证或者发表意见。

符合前款规定条件，部分当事人可以通过线上视频方式参加听证。但是，其他当事人有合理理由提出异议的除外。

第 19 条 行政复议听证不得向当事人收取任何费用。

经过听证的行政复议案件，行政复议机关应当根据听证笔录、审查认定的事实和证据，依法作出行政复议决定。

第 20 条 本办法自发布之日起施行。

2.《国家外汇管理局行政复议程序》（2024 年 4 月 18 日 国家外汇管理局公告 2024 年第 1 号）

第 22 条 对于重大、疑难、复杂的行政复议案件，行政复议机构应当组织听证；对于其他案件，行政复议机构认为有必要听证的或者申请人请求听证的，可以组织听证。行政复议机构应当在举行听证的五个工作日前将听证的时间、地点和拟听证事项书面通知当事人。申请人无正当理由拒不参加听证的，视为放弃听证权利。

被申请人的负责人应当参加听证，不能参加的，应当说明理由并委托相应的工作人员参加听证。

3.《海事行政复议工作规定》（2024 年 6 月 7 日 海督察〔2024〕56 号）

第 41 条 行政行为有下列情形之一的，海事行政复议机关执法督察部门审理行政复议案件时，应当组织听证：

（一）对自然人罚款与没收违法所得数额合计超过三万元，对法人或者其他组织罚款与没收违法所得数额合计超过二十万元；

（二）吊销许可证件；

（三）没收船舶；

（四）认定事实和证据争议较大，适用的法律、法规和规章有较大异议，违法行为较恶劣或者危害较大；

（五）其他重大、疑难、复杂的情形。

海事行政复议机关执法督察部门认为有必要听证，或者申请人请求听证的，行政复议机关执法督察部门可以组织听证。

4.《生态环境部行政复议办法》（2024 年 4 月 11 日 生态环境部令第 33 号）

第 30 条 审理重大、疑难、复杂的行政复议案件，生态环境部行政复议机构应当组织听证。

生态环境部行政复议机构认为有必要听证，或者申请人请求听证的，生态环境部行政复议机构可以组织听证。

听证由一名行政复议人员任主持人，两名以上行政复议人员任听证员，一名记录员制作听证笔录。

5.《国家中医药管理局行政复议与行政应诉管理办法》（2024 年 3 月 1 日 国中医药法监发〔2024〕2 号）

第 15 条 行政复议办公室按照行政复议法举行听证或者需要实地调查的，局机关有关部门应当配合，并派人参加。

6.《国家国防科技工业局行政复议实施办法》（2024 年 2 月 28 日 工业和信息化部令第 70 号）

第 18 条 审理重大、疑难、复杂的行政复议案件，国家国防科工局行政复议机构应当组织听证。

国家国防科工局行政复议机构认为有必要听证，或者申请人请求听证的，国家国防科工局行政复议机构可以组织听证。

听证由国家国防科工局行政复议机构有关负责人任主持人，两名以上行政复议人员任听证员，一名记录员制作听证笔录。

第五十一条 听证程序和要求

行政复议机构组织听证的，应当于举行听证的五日前将听证的时间、地点和拟听证事项书面通知当事人。

申请人无正当理由拒不参加听证的，视为放弃听证权利。

被申请人的负责人应当参加听证。不能参加的，应当说明理由并委托相应的工作人员参加听证。

● 部门规章及文件

1. **《行政复议普通程序听证办法》**（2024 年 4 月 3 日 司规〔2024〕1 号）

第 4 条 行政复议机构应当在举行听证的 5 个工作日前将听证时间、地点和拟听证事项等以听证通知书的方式通知当事人。

行政复议机构举行听证前决定变更听证时间、地点的，应当及时告知当事人，并说明理由。

第 5 条 申请人、第三人委托代理人参加听证的，应当在听证开始前提交授权委托书。

申请人、第三人人数众多且未推选代表人的，行政复议机构可以视情况要求其推选代表人参加听证。代表人参加听证的，应当在听证开始前提交代表人推选材料。申请人、第三人推选不出代表人的，行政复议机构可以在申请人、第三人中指定代表人。

被申请人的负责人应当参加听证。不能参加的，应当说明理由，并委托相应的工作人员参加听证，在听证开始前提交授权委托书。

第6条　接到听证通知书后，申请人、第三人不能按时参加听证的，应当及时告知行政复议机构并说明理由。

当事人无正当理由拒不参加听证的，行政复议机构进行缺席听证。

2.《国家外汇管理局行政复议程序》（2024年4月18日　国家外汇管理局公告2024年第1号）

第22条　对于重大、疑难、复杂的行政复议案件，行政复议机构应当组织听证；对于其他案件，行政复议机构认为有必要听证的或者申请人请求听证的，可以组织听证。行政复议机构应当在举行听证的五个工作日前将听证的时间、地点和拟听证事项书面通知当事人。申请人无正当理由拒不参加听证的，视为放弃听证权利。

被申请人的负责人应当参加听证，不能参加的，应当说明理由并委托相应的工作人员参加听证。

3.《海事行政复议工作规定》（2024年6月7日　海督察〔2024〕56号）

第42条　海事行政复议机关执法督察部门组织听证的，应当于举行听证的五日前将听证的时间、地点和拟听证事项书面通知当事人。

听证由一名行政复议人员任主持人，两名以上行政复议人员任听证员，一名记录员制作听证笔录。听证应当保障当事人平等的知情、陈述、质证和辩论的权利。

申请人无正当理由拒不参加听证的，视为放弃听证权利。

被申请人的负责人应当参加听证。不能参加的，应当说明理由并委托相应的工作人员参加听证。

4.《国家矿山安全监察局行政复议及行政应诉办法》（2024年7月16日）

第17条　依照行政复议法应当组织听证的案件，按照下列程序进行：

（一）法规科技司应当将听证的时间、地点、拟听证事项和具体要求等提前五个工作日通知有关当事人；

（二）行政复议听证人员为不少于三人的单数，由法规科技司确定，并指定一名行政复议人员任主持人，两名以上行政复议人员任听证员，一名记录员制作听证笔录。当事人认为主持人、听证员、记录员与案件有直接利害关系要求回避的，由法规科技司决定是否回避；

（三）举行听证时，被申请人应当提供书面答复及相关证据、依据等材料，证明其行政行为的合法性、适当性，申请人、第三人可以提出证据进行申辩和质证，相关业务司应当派员（处级及以上）参加；

（四）听证应当制作笔录，听证笔录应当经听证参加人确认无误后签字或者盖章。

5.《**海关审理行政复议案件程序规定**》（2024 年 1 月 22 日 海关总署令第 265 号）

第 24 条 海关行政复议机构决定举行听证的，应当于举行听证的五日前制发《行政复议听证通知书》，将举行听证的时间、地点和拟听证事项等通知当事人。

被申请人的负责人应当参加听证。不能参加的，应当说明理由并委托相应的工作人员参加听证。

6.《**国家国防科技工业局行政复议实施办法**》（2024 年 2 月 28 日 工业和信息化部令第 70 号）

第 19 条 国家国防科工局行政复议机构组织听证的，应当于举行听证的 5 日前将听证的时间、地点和拟听证事项书面通知当事人。

申请人无正当理由拒不参加听证的，视为放弃听证权利。

国家国防科工局的负责人应当参加听证。不能参加的，应当说明理由并委托相应的工作人员参加听证。

第五十二条　行政复议委员会组成和职责

县级以上各级人民政府应当建立相关政府部门、专家、学者等参与的行政复议委员会，为办理行政复议案件提供咨询意见，并就行政复议工作中的重大事项和共性问题研究提出意见。行政复议委员会的组成和开展工作的具体办法，由国务院行政复议机构制定。

审理行政复议案件涉及下列情形之一的，行政复议机构应当提请行政复议委员会提出咨询意见：

（一）案情重大、疑难、复杂；

（二）专业性、技术性较强；

（三）本法第二十四条第二款规定的行政复议案件；

（四）行政复议机构认为有必要。

行政复议机构应当记录行政复议委员会的咨询意见。

● 部门规章及文件

1.《海事行政复议工作规定》（2024年6月7日　海督察〔2024〕56号）

第43条　交通运输部海事局、直属海事局可以建立相关业务部门、专家、学者等参与的行政复议委员会，为办理海事行政复议案件提供咨询意见，并就海事行政复议工作中的重大事项和共性问题研究提出意见。

审理行政复议案件涉及下列情形之一的，行政复议机关执法督察部门应当提请行政复议委员会提出咨询意见：

（一）案情重大、疑难、复杂；

（二）专业性、技术性较强；

（三）行政复议机关执法督察部门认为有必要。

行政复议机关执法督察部门应当记录行政复议委员会的咨询

意见。

2.《国家矿山安全监察局行政复议及行政应诉办法》（2024年7月16日）

第21条 法规科技司对被申请人作出的行政行为进行审查，提出初步处理意见，送有关业务司或者单位征求意见后，草拟行政复议决定，报经局领导批准，作出行政复议决定，加盖国家矿山安全监察局印章后送达申请人。

经过听证的行政复议案件或者社会影响大、对处理意见有重大分歧的行政复议案件，应当经国家矿山安全监察局局务会议集体研究讨论。

第四节 简易程序

第五十三条 简易程序适用情形

行政复议机关审理下列行政复议案件，认为事实清楚、权利义务关系明确、争议不大的，可以适用简易程序：

（一）被申请行政复议的行政行为是当场作出；

（二）被申请行政复议的行政行为是警告或者通报批评；

（三）案件涉及款额三千元以下；

（四）属于政府信息公开案件。

除前款规定以外的行政复议案件，当事人各方同意适用简易程序的，可以适用简易程序。

部门规章及文件

1.《海事行政复议工作规定》（2024年6月7日 海督察〔2024〕56号）

第44条 海事行政复议机关审理下列行政复议案件，认为事实清楚、权利义务关系明确、争议不大的，可以适用简易程序：

（一）被申请行政复议的行政行为是当场作出；

（二）被申请行政复议的行政行为是警告或者通报批评；

（三）案件涉及款额三千元以下；

（四）属于政府信息公开案件。

除前款规定以外的行政复议案件，当事人各方同意适用简易程序的，可以适用简易程序。

2. **《生态环境部行政复议办法》**（2024 年 4 月 11 日　生态环境部令第 33 号）

第 31 条　生态环境部审理下列复议案件，认为事实清楚、权利义务关系明确、争议不大的，可以适用简易程序：

（一）被申请行政复议的行政行为是当场作出；

（二）被申请行政复议的行政行为是警告或者通报批评；

（三）案件涉及款额三千元以下；

（四）属于政府信息公开案件。

除前款规定以外的行政复议案件，当事人各方同意适用简易程序的，可以适用简易程序。

第五十四条　简易程序的具体要求

适用简易程序审理的行政复议案件，行政复议机构应当自受理行政复议申请之日起三日内，将行政复议申请书副本或者行政复议申请笔录复印件发送被申请人。被申请人应当自收到行政复议申请书副本或者行政复议申请笔录复印件之日起五日内，提出书面答复，并提交作出行政行为的证据、依据和其他有关材料。

适用简易程序审理的行政复议案件，可以书面审理。

● 部门规章及文件

1. **《国家外汇管理局行政复议程序》**（2024 年 4 月 18 日　国家外汇管理局公告 2024 年第 1 号）

第 23 条第 1 款和第 2 款　行政复议机关依照《行政复议法》规定适用简易程序审理的行政复议案件，可以书面审理。

行政复议机构应当自受理行政复议申请之日起三个工作日内，将行政复议申请书副本或者行政复议申请笔录复印件，以及申请人提交的证据、其他材料复印件发送被申请人，被申请人应当自收到之日起五个工作日内，提出书面答复，并提交作出行政行为的证据、依据和其他有关材料。

2. **《海事行政复议工作规定》**　（2024 年 6 月 7 日　海督察〔2024〕56 号）

第 45 条　适用简易程序审理的行政复议案件，海事行政复议机关执法督察部门应当自受理行政复议申请之日起三日内，制作《海事行政复议答复通知书》（见附件 10）并注明适用简易程序，连同《海事行政复议申请书》副本或者《口头申请行政复议笔录》复印件送达被申请人。被申请人应当自收到前款通知之日起五日内向海事行政复议机关执法督察部门提交《海事行政复议答复书》（见附件 11），并提交作出行政行为的证据、依据和其他有关材料。

适用简易程序审理的行政复议案件，可以书面审理。

3. **《国家矿山安全监察局行政复议及行政应诉办法》**（2024 年 7 月 16 日）

第 18 条　适用简易程序审理的案件，法规科技司应当自受理行政复议申请之日起三个工作日内，制作《提出答复通知书》，连同行政复议申请书副本或者行政复议申请笔录复印件发送被申请人。

被申请人应当自收到《提出答复通知书》之日起五个工作日

内提出书面答复，并提交当初作出行政行为的证据、依据和其他有关材料。

适用简易程序审理的行政复议案件，法规科技司可以指定一名行政复议工作人员书面审理。

4. **《生态环境部行政复议办法》**（2024 年 4 月 11 日　生态环境部令第 33 号）

第 32 条第 1 款和第 2 款　适用简易程序审理的行政复议案件，生态环境部行政复议机构应当自受理行政复议申请之日起三日内，将行政复议申请书副本或者行政复议申请笔录复印件发送被申请人。被申请人应当自收到行政复议申请书副本或者行政复议申请笔录复印件之日起五日内，提出书面答复，并提交作出行政行为的证据、依据和其他有关材料。

适用简易程序审理的行政复议案件，可以书面审理。

5. **《国家中医药管理局行政复议与行政应诉管理办法》**（2024 年 3 月 1 日　国中医药法监发〔2024〕2 号）

第 11 条　适用简易程序审理的行政复议案件，行政复议办公室应当自受理行政复议申请之日起三日内，将行政复议申请书副本或者行政复议申请笔录复印件发送局机关有关部门。局机关有关部门应当自收到行政复议申请书副本或者行政复议申请笔录复印件之日起五日内，提出书面答复，并提交作出行政行为的证据、依据和其他有关材料。

第 14 条第 2 款　适用简易程序审理的行政复议案件，可以书面审理。

6. **《海关审理行政复议案件程序规定》**（2024 年 1 月 22 日　海关总署令第 265 号）

第 25 条第 1 款和第 2 款　海关行政复议机关依照行政复议法规定适用简易程序审理的行政复议案件，可以书面审理。

海关行政复议机构应当自受理行政复议申请之日起三日内，

将行政复议申请书副本或者行政复议申请笔录复印件发送被申请人。被申请人应当自收到行政复议申请书副本或者行政复议申请笔录复印件之日起五日内，提出书面答复，并提交作出行政行为的证据、依据和其他有关材料。

7. **《国家国防科技工业局行政复议实施办法》**（2024年2月28日　工业和信息化部令第70号）

第17条第2款　适用简易程序审理的行政复议案件，可以书面审理。

第五十五条　简易程序向普通程序转换

适用简易程序审理的行政复议案件，行政复议机构认为不宜适用简易程序的，经行政复议机构的负责人批准，可以转为普通程序审理。

部门规章及文件

1. **《国家外汇管理局行政复议程序》**（2024年4月18日　国家外汇管理局公告2024年第1号）

第23条第3款　审理中认为不宜适用简易程序的，经行政复议机构的负责人批准，可以转为普通程序审理。

2. **《海事行政复议工作规定》**（2024年6月7日　海督察〔2024〕56号）

第46条　适用简易程序审理的行政复议案件，行政复议机关执法督察部门认为不宜适用简易程序的，经行政复议机关执法督察部门负责人批准，可以转为普通程序审理。

3. **《生态环境部行政复议办法》**（2024年4月11日　生态环境部令第33号）

第32条第3款　适用简易程序审理的行政复议案件，生态环境部行政复议机构认为不宜适用简易程序的，经生态环境部行政复议机构的负责人批准，可以转为普通程序审理。

4.《国家中医药管理局行政复议与行政应诉管理办法》（2024 年 3 月 1 日 国中医药法监发〔2024〕2 号）

第 14 条第 3 款 适用简易程序审理的行政复议案件，行政复议办公室认为不宜适用简易程序的，经行政复议办公室的负责人批准，可以转为普通程序审理。

5.《海关审理行政复议案件程序规定》（2024 年 1 月 22 日 海关总署令第 265 号）

第 25 条第 3 款 海关行政复议机构认为不宜适用简易程序的，经海关行政复议机构的负责人批准，可以转为普通程序审理，制发《简易程序转普通程序审理告知书》，并送达当事人。

第五节 行政复议附带审查

第五十六条 规范性文件审查处理

申请人依照本法第十三条的规定提出对有关规范性文件的附带审查申请，行政复议机关有权处理的，应当在三十日内依法处理；无权处理的，应当在七日内转送有权处理的行政机关依法处理。

部门规章及文件

1.《海事行政复议工作规定》（2024 年 6 月 7 日 海督察〔2024〕56 号）

第 47 条 申请人依照本规定第十二条的规定提出对有关规范性文件附带审查申请，海事行政复议机关有权处理的，应当在三十日内依法处理；无权处理的，应当在七日内制作《规范性文件转送处理函（一）》（见附件 14），按照法定程序转送有权处理的行政机关依法处理。

2.《**生态环境部行政复议办法**》(2024 年 4 月 11 日　生态环境部令第 33 号)

第 33 条　申请人依照行政复议法第十三条的规定提出对有关规范性文件的附带审查申请的，或者生态环境部对被申请人作出的行政行为进行审查时，认为其依据不合法的，生态环境部依据行政复议法第五十六条、第五十七条、第五十八条、第五十九条、第六十条的规定进行处理。

3.《**国家中医药管理局行政复议与行政应诉管理办法**》(2024 年 3 月 1 日　国中医药法监发〔2024〕2 号)

第 16 条　行政复议申请人提出对有关规范性文件的附带审查申请，行政复议办公室应当中止行政复议，并自行政复议中止之日起三日内根据情况作出以下处理：

(一) 该规范性文件是由国家中医药管理局制定的，行政复议办公室书面通知规范性文件的局机关业务主管部门就相关条款的合法性提出书面答复，有关部门应当在十日内提出书面答复；

(二) 该规范性文件是其他行政机关制定的，行政复议办公室应当转送有权处理的行政机关依法处理。

4.《**海关审理行政复议案件程序规定**》(2024 年 1 月 22 日　海关总署令第 265 号)

第 27 条第 1 款　海关行政复议机关对规范性文件进行附带审查，无权处理的，应当在七日内转送有权处理的上级海关或者其他有权处理的国家机关依法处理。

第五十七条　行政行为依据审查处理

行政复议机关在对被申请人作出的行政行为进行审查时，认为其依据不合法，本机关有权处理的，应当在三十日内依法处理；无权处理的，应当在七日内转送有权处理的国家机关依法处理。

部门规章及文件

1.《国家外汇管理局行政复议程序》（2024 年 4 月 18 日　国家外汇管理局公告 2024 年第 1 号）

第 24 条　行政复议机关对有关规范性文件进行附带审查，或者对行政行为依据进行审查，有权处理的，应当在三十日内依法处理，行政复议机构应当自行政复议中止之日起三个工作日内，书面通知该规范性文件或者依据的制定部门，制定部门应当自收到书面通知之日起十个工作日内就相关条款的合法性进行审查并书面答复；无权处理的，应当在七个工作日内转送有权处理的外汇局或者其他有权处理的国家机关依法处理，接受转送的外汇局应当进行审查，并自收到转送之日起六十日内书面回复处理意见。

2.《海事行政复议工作规定》（2024 年 6 月 7 日　海督察〔2024〕56 号）

第 7 条　海事行政复议机关有关业务部门应当配合执法督察部门办理与本部门主管业务有关的行政复议案件，并提出处理建议；海事行政复议机关有关部门收到行政复议申请，或者来信来访中涉及行政复议申请内容的，应当及时转送执法督察部门。

第 48 条　海事行政复议机关在对被申请人作出的行政行为审查时，认为其依据不合法，本机关有权处理的，应当在三十日内依法处理；无权处理的，应当在七日内制作《规范性文件转送处理函（二）》（见附件 17），按照法定程序转送有权处理的国家机关依法处理。

3.《生态环境部行政复议办法》（2024 年 4 月 11 日　生态环境部令第 33 号）

第 33 条　申请人依照行政复议法第十三条的规定提出对有关规范性文件的附带审查申请的，或者生态环境部对被申请人作出的行政行为进行审查时，认为其依据不合法的，生态环境部依据行政复议法第五十六条、第五十七条、第五十八条、第五十九条、第六十条的规定进行处理。

4.《**国家中医药管理局行政复议与行政应诉管理办法**》（2024 年 3 月 1 日　国中医药法监发〔2024〕2 号）

第 17 条　行政复议办公室在对被复议行政行为进行审查时，认为其依据不合法，应当中止行政复议，并自行政复议中止之日起三日内提出审查建议，经国家中医药管理局负责人批准后，根据情况作出以下处理：

（一）该依据是由国家中医药管理局制定的，行政复议办公室书面通知依据的局机关业务主管部门就相关条款的合法性提出书面答复，有关部门应当在十日内提出书面答复；

（二）该依据是其他国家机关制定的，行政复议办公室应当转送有权处理的国家机关依法处理。

第五十八条　附带审查处理程序

行政复议机关依照本法第五十六条、第五十七条的规定有权处理有关规范性文件或者依据的，行政复议机构应当自行政复议中止之日起三日内，书面通知规范性文件或者依据的制定机关就相关条款的合法性提出书面答复。制定机关应当自收到书面通知之日起十日内提交书面答复及相关材料。

行政复议机构认为必要时，可以要求规范性文件或者依据的制定机关当面说明理由，制定机关应当配合。

部门规章及文件

1.《**国家外汇管理局行政复议程序**》（2024 年 4 月 18 日　国家外汇管理局公告 2024 年第 1 号）

第 24 条　行政复议机关对有关规范性文件进行附带审查，或者对行政行为依据进行审查，有权处理的，应当在三十日内依法处理，行政复议机构应当自行政复议中止之日起三个工作日内，书面通知该规范性文件或者依据的制定部门，制定部门应当自收到书面通知之日起十个工作日内就相关条款的合法性进行审查并书面答复；无权处理的，应当在七个工作日内转送有权处理的外汇局或者其他有权处理的国家机关依法处理，接受转送的外汇局应当进行审查，并自收到转送之日起六十日内书面回复处理意见。

2. **《海事行政复议工作规定》**（2024 年 6 月 7 日　海督察〔2024〕56 号）

第 49 条　海事行政复议机关依照本规定第四十七条、第四十八条的规定有权处理有关规范性文件或者依据的，海事行政复议机关执法督察部门应当自行政复议中止之日起三日内，书面通知制定规范性文件或者依据的海事管理机构就相关条款的合法性提出书面答复。制定规范性文件或者依据的海事管理机构应当自收到书面通知之日起十日内提交书面答复及相关材料。

海事行政复议机关执法督察部门认为必要时，可以要求制定规范性文件或者依据的海事管理机构当面说明理由，制定规范性文件或者依据的海事管理机构应当配合。

3. **《生态环境部行政复议办法》**（2024 年 4 月 11 日　生态环境部令第 33 号）

第 33 条　申请人依照行政复议法第十三条的规定提出对有关规范性文件的附带审查申请的，或者生态环境部对被申请人作出的行政行为进行审查时，认为其依据不合法的，生态环境部依据行政复议法第五十六条、第五十七条、第五十八条、第五十九条、第六十条的规定进行处理。

4. **《国家中医药管理局行政复议与行政应诉管理办法》**（2024 年 3 月 1 日　国中医药法监发〔2024〕2 号）

第 16 条　行政复议申请人提出对有关规范性文件的附带审查申请，行政复议办公室应当中止行政复议，并自行政复议中止之日起三日内根据情况作出以下处理：

（一）该规范性文件是由国家中医药管理局制定的，行政复议办公室书面通知规范性文件的局机关业务主管部门就相关条款的合法性提出书面答复，有关部门应当在十日内提出书面答复；

（二）该规范性文件是其他行政机关制定的，行政复议办公室应当转送有权处理的行政机关依法处理。

第17条 行政复议办公室在对被复议行政行为进行审查时，认为其依据不合法，应当中止行政复议，并自行政复议中止之日起三日内提出审查建议，经国家中医药管理局负责人批准后，根据情况作出以下处理：

（一）该依据是由国家中医药管理局制定的，行政复议办公室书面通知依据的局机关业务主管部门就相关条款的合法性提出书面答复，有关部门应当在十日内提出书面答复；

（二）该依据是其他国家机关制定的，行政复议办公室应当转送有权处理的国家机关依法处理。

5. **《海关审理行政复议案件程序规定》**（2024年1月22日 海关总署令第265号）

第26条 海关行政复议机关对规范性文件进行附带审查，有权处理的，应当在三十日内依照下列程序处理：

（一）海关行政复议机构应当自行政复议中止之日起三日内书面通知该规范性文件的业务主管部门；

（二）业务主管部门应当自收到书面通知之日起十日内就该规范性文件的合法性、有效性等向海关行政复议机构提出审查意见。

第五十九条 附带审查处理结果

行政复议机关依照本法第五十六条、第五十七条的规定有权处理有关规范性文件或者依据，认为相关条款合法的，在行政复议决定书中一并告知；认为相关条款超越权限或者违反上位法的，决定停止该条款的执行，并责令制定机关予以纠正。

部门规章及文件

1. **《海事行政复议工作规定》**（2024 年 6 月 7 日　海督察〔2024〕56 号）

第 50 条　海事行政复议机关依照本规定第四十七条、第四十八条的规定有权处理有关规范性文件或者依据，认为相关条款合法的，在行政复议决定书中一并告知；认为相关条款超越权限或者违反上位法的，决定停止该条款的执行，并责令制定规范性文件或者依据的海事管理机构予以纠正。

2. **《生态环境部行政复议办法》**（2024 年 4 月 11 日　生态环境部令第 33 号）

第 33 条　申请人依照行政复议法第十三条的规定提出对有关规范性文件的附带审查申请的，或者生态环境部对被申请人作出的行政行为进行审查时，认为其依据不合法的，生态环境部依据行政复议法第五十六条、第五十七条、第五十八条、第五十九条、第六十条的规定进行处理。

3. **《海关审理行政复议案件程序规定》**（2024 年 1 月 22 日　海关总署令第 265 号）

第 29 条第 3 款　海关行政复议机关对规范性文件进行附带审查的，应当将审查结果在行政复议决定书中一并告知。

第六十条　接受转送机关的职责

依照本法第五十六条、第五十七条的规定接受转送的行政机关、国家机关应当自收到转送之日起六十日内，将处理意见回复转送的行政复议机关。

● 部门规章及文件

1.《海事行政复议工作规定》 （2024 年 6 月 7 日　海督察〔2024〕56 号）

第 51 条　依照本规定第四十七条、第四十八条的规定接受转送的海事管理机构应当自收到转送之日起六十日内，将处理意见回复转送的行政复议机关。

2.《生态环境部行政复议办法》（2024 年 4 月 11 日　生态环境部令第 33 号）

第 33 条　申请人依照行政复议法第十三条的规定提出对有关规范性文件的附带审查申请的，或者生态环境部对被申请人作出的行政行为进行审查时，认为其依据不合法的，生态环境部依据行政复议法第五十六条、第五十七条、第五十八条、第五十九条、第六十条的规定进行处理。

3.《国家中医药管理局行政复议与行政应诉管理办法》（2024 年 3 月 1 日　国中医药法监发〔2024〕2 号）

第 18 条　国家中医药管理局接到其他行政复议机关按照行政复议法第五十六条、第五十七条的规定转送的有关规范性文件或者依据的审查材料后，行政复议办公室应当于五日内将有关材料转送规范性文件或者依据的局机关业务主管部门。有关部门应当于十日内将处理意见回复行政复议办公室。

4.《海关审理行政复议案件程序规定》（2024 年 1 月 22 日　海关总署令第 265 号）

第 27 条第 2 款　接受转送的上级海关业务主管部门应当就该规范性文件的合法性、有效性等提出审查意见，自收到转送文件之日起六十日内将处理意见以上级海关名义回复转送的下级海关。

第五章　行政复议决定

第六十一条　行政复议决定程序

行政复议机关依照本法审理行政复议案件，由行政复议机构对行政行为进行审查，提出意见，经行政复议机关的负责人同意或者集体讨论通过后，以行政复议机关的名义作出行政复议决定。

经过听证的行政复议案件，行政复议机关应当根据听证笔录、审查认定的事实和证据，依照本法作出行政复议决定。

提请行政复议委员会提出咨询意见的行政复议案件，行政复议机关应当将咨询意见作为作出行政复议决定的重要参考依据。

● 部门规章及文件

《行政复议普通程序听证办法》（2024 年 4 月 3 日　司规〔2024〕1 号）

第 14 条　记录员应当将行政复议听证的全部活动记入听证笔录。行政复议机构认为有必要的，可以对听证情况进行全过程录音、录像。

本办法第十一条、第十二条规定的程序结束后，由主持人宣布听证结束，并组织听证参加人对听证笔录确认无误后签字。听证参加人认为笔录有差错的，可以要求更正。听证参加人拒绝签字的，由听证主持人在笔录中注明。

第 19 条第 2 款　经过听证的行政复议案件，行政复议机关应当根据听证笔录、审查认定的事实和证据，依法作出行政复议决定。

第六十二条 行政复议审理期限

适用普通程序审理的行政复议案件，行政复议机关应当自受理申请之日起六十日内作出行政复议决定；但是法律规定的行政复议期限少于六十日的除外。情况复杂，不能在规定期限内作出行政复议决定的，经行政复议机构的负责人批准，可以适当延长，并书面告知当事人；但是延长期限最多不得超过三十日。

适用简易程序审理的行政复议案件，行政复议机关应当自受理申请之日起三十日内作出行政复议决定。

● 部门规章及文件

1.《国家外汇管理局行政复议程序》（2024 年 4 月 18 日 国家外汇管理局公告 2024 年第 1 号）

第 25 条 适用普通程序审理的行政复议案件，行政复议机关应当自受理申请之日起六十日内作出行政复议决定。情况复杂，不能在规定期限内作出行政复议决定的，经行政复议机构负责人批准，可以适当延长，并书面告知当事人，延长期限最多不得超过三十日。

适用简易程序审理的行政复议案件，行政复议机关应当自受理申请之日起三十日内作出行政复议决定。

2.《海事行政复议工作规定》（2024 年 6 月 7 日 海督察〔2024〕56 号）

第 53 条 适用普通程序审理的行政复议案件，海事行政复议机关应当自受理申请之日起六十日内作出行政复议决定；但是法律规定的行政复议期限少于六十日的除外。有下列情形之一，不能在规定期限内作出海事行政复议决定的，经海事行政复议机关的负责人批准，可以适当延长，并书面告知当事人，但是延长期限最多不得超过三十日：

（一）行政复议案件案情重大、复杂、疑难的；

（二）决定举行行政复议听证的；

（三）有第三人参加行政复议的；

（四）申请人、第三人提出新的事实或者证据需进一步调查的。

海事行政复议机关延长复议期限的，应当制作《行政复议延期审查通知书》（见附件 20），载明延期的主要理由及期限，送达当事人。

适用简易程序审理的行政复议案件，海事行政复议机关应当自受理申请之日起三十日内作出行政复议决定。

3. **《生态环境部行政复议办法》**（2024 年 4 月 11 日　生态环境部令第 33 号）

第 39 条　适用普通程序审理的行政复议案件，生态环境部应当自受理申请之日起六十日内作出行政复议决定；但是法律规定的行政复议期限少于六十日的除外。情况复杂，不能在规定期限内作出行政复议决定的，经生态环境部行政复议机构的负责人批准，可以适当延长，并书面告知当事人；但是延长期限最多不得超过三十日。

适用简易程序审理的行政复议案件，生态环境部应当自受理申请之日起三十日内作出行政复议决定。

4. **《海关审理行政复议案件程序规定》**（2024 年 1 月 22 日　海关总署令第 265 号）

第 28 条　适用普通程序审理的行政复议案件，海关行政复议机关应当自受理申请之日起六十日内作出行政复议决定。有下列情形之一的，经海关行政复议机构负责人批准，可以适当延长，但是延长期限最多不得超过三十日：

（一）决定举行行政复议听证；

（二）申请人书面申请延长期限；

（三）有第三人参加行政复议；

（四）申请人、第三人提出新的事实或者证据需要进一步调查；

（五）影响行政复议案件审理的其他情况。

海关行政复议机构延长行政复议期限，应当制发《延长行政复议审查期限通知书》，并送达当事人。

适用简易程序审理的行政复议案件，海关行政复议机关应当自受理申请之日起三十日内作出行政复议决定。

5. 《国家国防科技工业局行政复议实施办法》（2024 年 2 月 28 日工业和信息化部令第 70 号）

第 21 条 适用普通程序审理的行政复议案件，国家国防科工局应当自受理申请之日起 60 日内作出行政复议决定；但是法律规定行政复议期限少于 60 日的除外。情况复杂，不能在规定期限内作出行政复议决定的，经国家国防科工局主要负责人批准，可以适当延长，并书面告知当事人；但是延长期限最多不得超过 30 日。

延长行政复议期限的，应当制作决定延期通知书，并送达申请人、第三人。

适用简易程序审理的行政复议案件，国家国防科工局应当自受理申请之日起 30 日内作出行政复议决定。

● 案例指引

徐某某与贵州省某县政府辞退决定行政复议检察监督案（最高检发布“加强行政检察监督 促进行政争议实质性化解”典型案例①之二）

案例要旨：检察机关在办案中对超过复议期限、法院没有实体

① 参见中华人民共和国最高人民检察院网站，https：//www. spp. gov. cn/spp/xwfbh/wsfbh/202102/t20210223_ 509722. shtml，最后访问时间：2025 年 10 月 28 日。以下不再标注。

审理的案件，应当综合采取调查核实、释法说理等方式，促进行政争议实质性化解。本案中，检察长带头办案，经调查核实查明相关单位未发放辞退费，徐某某被辞退前有22年工龄未办理养老保险等事实，依法向行政机关提出检察建议，维护徐某某合法权益，同时释法说理，引导徐某某提出合理诉求，促成持续12年的行政争议得到解决，赢得人民群众和行政机关共同认可。

第六十三条 变更行政行为

行政行为有下列情形之一的，行政复议机关决定变更该行政行为：

（一）事实清楚，证据确凿，适用依据正确，程序合法，但是内容不适当；

（二）事实清楚，证据确凿，程序合法，但是未正确适用依据；

（三）事实不清、证据不足，经行政复议机关查清事实和证据。

行政复议机关不得作出对申请人更为不利的变更决定，但是第三人提出相反请求的除外。

● 部门规章及文件

1. **《国家外汇管理局行政复议程序》**（2024年4月18日　国家外汇管理局公告2024年第1号）

第26条第1款　行政复议机关应当按照《行政复议法》的规定作出驳回行政复议申请决定以及变更行政行为、撤销或者部分撤销行政行为、确认行政行为违法、决定在一定期限内履行法定职责、确认行政行为无效、维持行政行为、驳回行政复议请求等行政复议决定。

2.《海事行政复议工作规定》（2024 年 6 月 7 日 海督察〔2024〕56 号）

第 55 条 行政行为有下列情形之一的，海事行政复议机关决定变更该行政行为：

（一）事实清楚，证据确凿，适用依据正确，程序合法，但是内容不适当；

（二）事实清楚，证据确凿，程序合法，但是未正确适用依据；

（三）事实不清、证据不足，经行政复议机关查清事实和证据。

海事行政复议机关不得作出对申请人更为不利的变更决定，但是第三人提出相反请求的除外。

3.《海关审理行政复议案件程序规定》（2024 年 1 月 22 日 海关总署令第 265 号）

第 29 条第 1 款 海关行政复议机关依照行政复议法规定作出驳回复议申请、变更、撤销或者部分撤销、确认违法、决定履行法定职责、确认无效、维持、驳回复议请求等行政复议决定。

4.《国家国防科技工业局行政复议实施办法》（2024 年 2 月 28 日 工业和信息化部令第 70 号）

第 20 条 国家国防科工局审理行政复议案件，由行政复议机构对行政行为进行审查，依照《中华人民共和国行政复议法》第六十三条至第七十二条提出审查意见，经国家国防科工局负责人同意或者集体讨论通过后，依法作出行政复议决定。

案例指引

王某某诉上饶市广丰区人民政府改变原行政行为的行政复议决定案（人民法院案例库：2024-12-3-016-004）

裁判要旨：法院生效裁判认为，区政府既已认定廖某某殴打王某某的原因是，王某某作为专管员在 2020 年 6 月的工作管理行为致廖某某工资被扣怀恨在心所致，但在没有证据证明王某某与廖某某存在其他私人恩怨的情况下，区政府仅以廖某某的暴力侵害没有于2020年6月当场发生而是发生在2020年11月2日为由，主张王某某被殴打受伤系因私人恩怨，不属于因履行工作职责受到暴力伤害，进而认为王某某的受伤因不符合《工伤保险条例》第十四条第三项的规定不能认定为工伤，缺乏事实和法律依据。

第六十四条　撤销或者部分撤销、责令重作行政行为

行政行为有下列情形之一的，行政复议机关决定撤销或者部分撤销该行政行为，并可以责令被申请人在一定期限内重新作出行政行为：

（一）主要事实不清、证据不足；

（二）违反法定程序；

（三）适用的依据不合法；

（四）超越职权或者滥用职权。

行政复议机关责令被申请人重新作出行政行为的，被申请人不得以同一事实和理由作出与被申请行政复议的行政行为相同或者基本相同的行政行为，但是行政复议机关以违反法定程序为由决定撤销或者部分撤销的除外。

● 部门规章及文件

1.《国家外汇管理局行政复议程序》（2024年4月18日　国家外汇管理局公告2024年第1号）

第26条第1款　行政复议机关应当按照《行政复议法》的规定作出驳回行政复议申请决定以及变更行政行为、撤销或者部分撤销行政行为、确认行政行为违法、决定在一定期限内履行法定职责、确认行政行为无效、维持行政行为、驳回行政复议请求等行政复议决定。

2. **《海事行政复议工作规定》** （2024 年 6 月 7 日 海督察〔2024〕56 号）

第 56 条 行政行为有下列情形之一的，海事行政复议机关决定撤销或者部分撤销该行政行为，并可以责令被申请人在一定期限内重新作出行政行为：

（一）主要事实不清、证据不足；

（二）违反法定程序；

（三）适用的依据不合法；

（四）超越职权或者滥用职权。

海事行政复议机关责令被申请人重新作出行政行为的，被申请人不得以同一事实和理由作出与被申请行政复议的行政行为相同或者基本相同的行政行为，但是海事行政复议机关以违反法定程序为由决定撤销或者部分撤销的除外。

3. **《海关审理行政复议案件程序规定》**（2024 年 1 月 22 日 海关总署令第 265 号）

第 29 条第 1 款和第 2 款 海关行政复议机关依照行政复议法规定作出驳回复议申请、变更、撤销或者部分撤销、确认违法、决定履行法定职责、确认无效、维持、驳回复议请求等行政复议决定。

海关行政复议机关决定撤销或者部分撤销行政行为并责令被申请人重新作出行政行为的，被申请人应当在法律、行政法规、海关规章及规范性文件规定的期限内重新作出；法律、行政法规、海关规章及规范性文件未规定期限的，重新作出行政行为的期限为六十日。

● 案例指引

蔡某诉万宁市人民政府行政复议案（人民法院案例库：2023-12-3-016-016）

裁判要旨：法院生效裁判认为，万宁市执法局依据《劳动保障监察条例》第二十六条规定，针对海南某商品调剂公司的违法行为，作出 952 号《处罚决定》，责令该公司限期向蔡某等 37 名农民工全额支付拖欠的劳动报酬、加倍支付赔偿金，并处以罚款，认定事实清楚，适用法律正确。海南某商品调剂公司虽然将案涉工程发包给了蔡某，由蔡某组织其他 36 名农民工与其一同实际施工完成案涉工程建设，但因蔡某不具备用工主体资格，故无论海南某商品调剂公司是否与蔡某等 37 名农民工之间形成了劳动关系，均不影响海南某商品调剂公司作为案涉工程总承包单位应担负的清偿农民工工资的责任。因海南某商品调剂公司未及时履行其法定职责且拒不改正，故万宁市执法局依法对其作出行政处罚，具有事实根据和法律依据。万宁市政府作出 29 号《复议决定》，错误撤销了万宁市执法局作出的 952 号《处罚决定》，其理由不能成立。一审判决依法予以纠正，撤销万宁市政府作出的 29 号《复议决定》，并恢复万宁市执法局作出的 952 号《处罚决定》的法律效力，并无不当。

第六十五条 确认行政行为违法

行政行为有下列情形之一的，行政复议机关不撤销该行政行为，但是确认该行政行为违法：

（一）依法应予撤销，但是撤销会给国家利益、社会公共利益造成重大损害；

（二）程序轻微违法，但是对申请人权利不产生实际影响。

行政行为有下列情形之一，不需要撤销或者责令履行的，行政复议机关确认该行政行为违法：

（一）行政行为违法，但是不具有可撤销内容；

（二）被申请人改变原违法行政行为，申请人仍要求撤销或者确认该行政行为违法；

（三）被申请人不履行或者拖延履行法定职责，责令履行没有意义。

● 部门规章及文件

《海事行政复议工作规定》（2024 年 6 月 7 日　海督察〔2024〕56 号）

第 57 条　行政行为有下列情形之一的，海事行政复议机关不撤销该行政行为，但是确认该行政行为违法：

（一）依法应予撤销，但是撤销会给国家利益、社会公共利益造成重大损害；

（二）程序轻微违法，但是对申请人权利不产生实际影响。

行政行为有下列情形之一，不需要撤销或者责令履行的，海事行政复议机关确认该行政行为违法：

（一）行政行为违法，但是不具有可撤销内容；

（二）被申请人改变原违法行政行为，申请人仍要求撤销或者确认该行政行为违法；

（三）被申请人不履行或者拖延履行法定职责，责令履行没有意义。

第六十六条　限期履行法定职责

被申请人不履行法定职责的，行政复议机关决定被申请人在一定期限内履行。

● 部门规章及文件

《海事行政复议工作规定》（2024 年 6 月 7 日　海督察〔2024〕56 号）

第 58 条　被申请人不履行法定职责的，海事行政复议机关决定被申请人在一定期限内履行。

第六十七条 确认行政行为无效

行政行为有实施主体不具有行政主体资格或者没有依据等重大且明显违法情形，申请人申请确认行政行为无效的，行政复议机关确认该行政行为无效。

部门规章及文件

1. **《国家外汇管理局行政复议程序》**（2024年4月18日 国家外汇管理局公告2024年第1号）

第26条第1款 行政复议机关应当按照《行政复议法》的规定作出驳回行政复议申请决定以及变更行政行为、撤销或者部分撤销行政行为、确认行政行为违法、决定在一定期限内履行法定职责、确认行政行为无效、维持行政行为、驳回行政复议请求等行政复议决定。

2. **《海事行政复议工作规定》**（2024年6月7日 海督察〔2024〕56号）

第59条 行政行为有实施主体不具有行政主体资格或者没有依据等重大且明显违法情形，申请人申请确认行政行为无效的，海事行政复议机关确认该行政行为无效。

3. **《海关审理行政复议案件程序规定》**（2024年1月22日 海关总署令第265号）

第29条第1款 海关行政复议机关依照行政复议法规定作出驳回复议申请、变更、撤销或者部分撤销、确认违法、决定履行法定职责、确认无效、维持、驳回复议请求等行政复议决定。

第六十八条 维持行政行为

行政行为认定事实清楚，证据确凿，适用依据正确，程序合法，内容适当的，行政复议机关决定维持该行政行为。

部门规章及文件

1.《**国家外汇管理局行政复议程序**》(2024 年 4 月 18 日　国家外汇管理局公告 2024 年第 1 号)

第 26 条第 1 款　行政复议机关应当按照《行政复议法》的规定作出驳回行政复议申请决定以及变更行政行为、撤销或者部分撤销行政行为、确认行政行为违法、决定在一定期限内履行法定职责、确认行政行为无效、维持行政行为、驳回行政复议请求等行政复议决定。

2.《**海事行政复议工作规定**》　(2024 年 6 月 7 日　海督察〔2024〕56 号)

第 60 条　行政行为认定事实清楚，证据确凿，适用依据正确，程序合法，内容适当的，海事行政复议机关决定维持该行政行为。

3.《**海关审理行政复议案件程序规定**》(2024 年 1 月 22 日　海关总署令第 265 号)

第 29 条第 1 款　海关行政复议机关依照行政复议法规定作出驳回复议申请、变更、撤销或者部分撤销、确认违法、决定履行法定职责、确认无效、维持、驳回复议请求等行政复议决定。

4.《**国家国防科技工业局行政复议实施办法**》(2024 年 2 月 28 日　工业和信息化部令第 70 号)

第 40 条　国家国防科工局审理行政复议案件，由行政复议机构对行政行为进行审查，依照《中华人民共和国行政复议法》第六十三条至第七十二条提出审查意见，经国家国防科工局负责人同意或者集体讨论通过后，依法作出行政复议决定。

案例指引

1. 张某甲、张某乙工伤保险资格认定及行政复议案①

裁判要旨：一审法院认为，市政府在受理张某甲、张某乙的复议申请后，经过审查后，认为人社局作出师市伤不认字〔2023〕051号《不予工伤认定决定书》认定事实清楚、证据确凿，适用法律正确，程序合法，在法定期限内依据《中华人民共和国行政复议法》第二十八条②第一款第（一）项之规定，作出石政复字〔2023〕74号《行政复议决定书》，维持人社局作出师市伤不认字〔2023〕051号《不予工伤认定决定书》。该复议决定认定事实清楚，适用法律正确，符合法定程序。二审法院认为，一审判决认定事实清楚，适用法律正确，应予维持。

2. 某国际有限公司、湖北某高速公路有限公司诉湖北省荆州市人民政府、湖北省人民政府解除特许权协议及行政复议一案（最高人民法院发布第二批行政协议诉讼典型案例③之五）

案例要旨：政府通过BOT协议引进社会资本参与高速公路建设，是新时代中国特色社会主义市场经济不断发展的必然产物，也是发挥政府职能，充分释放社会资本潜力，更好地实现行政管理和公共服务目标的有效方式。因此，BOT协议的性质通常为行政协议，由此引发的相关争议，依法应由行政诉讼予以受理。另外，本案中湖北省政府作出维持复议决定，表明复议机关亦可以依法受理行政协议争议。

---

① 本案例选自中国裁判文书网。

② 对应2023年公布的《行政复议法》第六十八条。

③ 参见中华人民共和国最高人民法院网站，https：//www.court.gov.cn/zixun/xiangqing/355511.html，最后访问时间：2025年10月28日。

3. 李某诉上海市静安区人民政府、上海市人民政府房屋征收补偿决定及行政复议决定一案①

裁判要旨：李某于2015年4月3日向上海市人民政府提出行政复议。上海市政府受理后，经审查作出行政复议决定，维持静安区政府所作征收补偿决定。李某仍不服，遂提起本案诉讼。本案经过一审、二审，李某仍不服，提出再审申请。最高人民法院认为，静安房管局因与李某在征收补偿方案确定的签约期限内达不成补偿协议，报请静安区政府作出补偿决定。静安区政府受理后，核实相关材料，组织召开调解会，并在调解未成的情况下，在法定期限内作出被诉房屋征收补偿决定，程序合法。静安区政府依据租用公房凭证记载的居住面积乘以相应系数计算被征收房屋建筑面积，结合房屋评估单价等确定货币补偿金额及补贴款等，并以上海市土地储备中心安排的用于征收地块安置的房源安置给李某户，未侵犯李某户的合法利益，安置方案并无不当。

第六十九条 驳回复议请求

行政复议机关受理申请人认为被申请人不履行法定职责的行政复议申请后，发现被申请人没有相应法定职责或者在受理前已经履行法定职责的，决定驳回申请人的行政复议请求。

部门规章及文件

《海事行政复议工作规定》（2024年6月7日　海督察〔2024〕56号）

第61条　有下列情形之一的，海事行政复议机关决定驳回行政复议申请：

① 参见中华人民共和国最高人民法院网站，https://www.court.gov.cn/zixun/xiangqing/47862.html，最后访问时间：2025年10月28日。

（一）海事行政复议机关受理申请人认为被申请人不履行法定职责的行政复议申请后，发现被申请人没有相应法定职责或者在受理前已经履行法定职责；

（二）海事行政复议机关受理行政复议申请后，发现该行政复议申请不符合本规定第二十五条第二款规定。

上级海事管理机构认为海事行政复议机关驳回行政复议申请的理由不成立的，应当责令受理。海事行政复议机关审理行政复议申请期限的计算应当扣除因驳回耽误的时间。

第七十条 被申请人不提交书面答复等情形的处理

被申请人不按照本法第四十八条、第五十四条的规定提出书面答复、提交作出行政行为的证据、依据和其他有关材料的，视为该行政行为没有证据、依据，行政复议机关决定撤销、部分撤销该行政行为，确认该行政行为违法、无效或者决定被申请人在一定期限内履行，但是行政行为涉及第三人合法权益，第三人提供证据的除外。

部门规章及文件

1.《国家外汇管理局行政复议程序》（2024年4月18日 国家外汇管理局公告2024年第1号）

第16条第2款和第3款 被申请人不按照《行政复议法》的规定提出书面答复、提交作出行政行为的证据、依据和其他有关材料的，视为该行政行为没有证据、依据，行政复议机关决定撤销、部分撤销该行政行为，确认该行政行为违法、无效或者决定被申请人在一定期限内履行，但是行政行为涉及第三人合法权益，第三人提供证据的除外。

行政复议期间，被申请人不得自行向申请人和其他有关单位或者个人收集证据，自行收集的证据不作为认定行政行为合法性、适当性的依据。但申请人或者第三人提出被申请行政复议的行政行为作出时没有提出的理由或者证据的，经行政复议机构同意，被申请人可以补充证据。

2. **《海事行政复议工作规定》**（2024 年 6 月 7 日　海督察〔2024〕56 号）

第 62 条　被申请人不按照本规定第三十九条、第四十五条的规定提出书面答复、提交作出行政行为的证据、依据和其他有关材料的，视为该行政行为没有证据、依据，海事行政复议机关决定撤销、部分撤销该行政行为，确认该行政行为违法、无效或者决定被申请人在一定期限内履行，但是行政行为涉及第三人合法权益，第三人提供证据的除外。

3. **《生态环境部行政复议办法》**（2024 年 4 月 11 日　生态环境部令第 33 号）

第 38 条　被申请人不按照本办法第二十八条、第三十二条的规定提出书面答复、提交作出行政行为的证据、依据和其他有关材料的，视为该行政行为没有证据、依据，生态环境部决定撤销、部分撤销该行政行为，确认该行政行为违法、无效或者决定被申请人在一定期限内履行，但是行政行为涉及第三人合法权益，第三人提供证据的除外。

第七十一条　行政协议案件处理

被申请人不依法订立、不依法履行、未按照约定履行或者违法变更、解除行政协议的，行政复议机关决定被申请人承担依法订立、继续履行、采取补救措施或者赔偿损失等责任。

被申请人变更、解除行政协议合法，但是未依法给予补偿或者补偿不合理的，行政复议机关决定被申请人依法给予合理补偿。

● 部门规章及文件

《国家国防科技工业局行政复议实施办法》（2024 年 2 月 28 日 工业和信息化部令第 70 号）

第 20 条　国家国防科工局审理行政复议案件，由行政复议机构对行政行为进行审查，依照《中华人民共和国行政复议法》第六十三条至第七十二条提出审查意见，经国家国防科工局负责人同意或者集体讨论通过后，依法作出行政复议决定。

第七十二条　行政复议期间赔偿请求的处理

申请人在申请行政复议时一并提出行政赔偿请求，行政复议机关对依照《中华人民共和国国家赔偿法》的有关规定应当不予赔偿的，在作出行政复议决定时，应当同时决定驳回行政赔偿请求；对符合《中华人民共和国国家赔偿法》的有关规定应当给予赔偿的，在决定撤销或者部分撤销、变更行政行为或者确认行政行为违法、无效时，应当同时决定被申请人依法给予赔偿；确认行政行为违法的，还可以同时责令被申请人采取补救措施。

申请人在申请行政复议时没有提出行政赔偿请求的，行政复议机关在依法决定撤销或者部分撤销、变更罚款，撤销或者部分撤销违法集资、没收财物、征收征用、摊派费用以及对财产的查封、扣押、冻结等行政行为时，应当同时责令被申请人返还财产，解除对财产的查封、扣押、冻结措施，或者赔偿相应的价款。

● 部门规章及文件

《海事行政复议工作规定》（2024 年 6 月 7 日　海督察〔2024〕56 号）

第 63 条　申请人在申请行政复议时一并提出行政赔偿请求，

海事行政复议机关对依照《中华人民共和国国家赔偿法》的有关规定应当不予赔偿的，在作出行政复议决定时，应当同时决定驳回行政赔偿请求；对符合《中华人民共和国国家赔偿法》的有关规定应当给予赔偿的，在决定撤销或者部分撤销、变更行政行为或者确认行政行为违法、无效时，应当同时决定被申请人依法给予赔偿；确认行政行为违法的，还可以同时责令被申请人采取补救措施。

申请人在申请行政复议时没有提出行政赔偿请求的，海事行政复议机关在依法决定撤销或者部分撤销、变更罚款，撤销或者部分撤销没收财物、征收征用、摊派费用以及对财产的查封、扣押等行政行为时，应当同时责令被申请人返还财产，解除对财产的查封、扣押措施，或者赔偿相应的价款。

● 案例指引

某家庭农场不服山东省某市辖区人民政府行政补偿决定行政复议案（司法部发布第三批贯彻实施新修订行政复议法典型案例之二）

案例要旨：国家赔偿是国家机关及其工作人员在行使职权的过程中侵犯公民、法人或者其他组织的合法权益并造成损害，由国家承担赔偿责任的制度。新修订的行政复议法将国家赔偿中的行政赔偿列入行政复议范围，行政复议机关应认真审查，依法予以受理审理。同时，行政补偿也涉及合法权益保护，相关争议应当纳入行政复议范围。本案中，行政复议机构经审查认为申请人提出的国家赔偿申请实质为行政补偿申请，定性准确。近年来，各地野生动植物保护工作成效显著，野生动物“肇事”事件时有发生，如何对野生动物造成的损害进行及时认定、准确评估和合理补偿成为一项必须面对的课题。本案中，因被申请人未对野生动物造成的财产损害、责任划分等进行全面调查核实，行政复议机关以案涉行政补偿决定认定事实不清、证据不足为由，依法决定予以撤销并责令被申请人重新作出补偿决定，通过行政复议程序监督当地政府及时、合理履行野生动物保护行政补偿职责，为同类争议的解决提供了经验借鉴。

第七十三条 行政复议调解处理

当事人经调解达成协议的，行政复议机关应当制作行政复议调解书，经各方当事人签字或者签章，并加盖行政复议机关印章，即具有法律效力。

调解未达成协议或者调解书生效前一方反悔的，行政复议机关应当依法审查或者及时作出行政复议决定。

部门规章及文件

1.《国家外汇管理局行政复议程序》（2024年4月18日 国家外汇管理局公告2024年第1号）

第28条 行政复议机关办理行政复议案件依法进行调解，当事人经调解达成协议的，行政复议机关应当制作行政复议调解书，经各方当事人签字或者签章，并加盖行政复议机关印章，即具有法律效力。

调解未达成协议或者调解书生效前一方反悔的，行政复议机关应当依法审查或者及时作出行政复议决定。

2.《海事行政复议工作规定》（2024年6月7日 海督察〔2024〕56号）

第5条 海事行政复议机关办理行政复议案件，可以进行调解。

调解应当遵循合法、自愿的原则，不得损害国家利益、社会公共利益和他人合法权益，不得违反法律、法规的强制性规定。

第64条 海事行政复议机关进行调解应当符合下列要求：

（一）在查明案件事实的基础上进行；

（二）遵循合法、自愿、公正、合理原则；

（三）充分尊重申请人和被申请人的意愿；

（四）调解结果应当符合有关法律、法规的规定，不得损害国家利益、社会公共利益或者他人合法权益。

当事人经调解达成协议的，海事行政复议机关应当制作《海事行政复议调解书》（见附件 19）。调解书应当载明行政复议请求、事实、理由和调解结果，经各方当事人签字或者签章，并加盖海事行政复议机关印章，即具有法律效力。

调解未达成协议或者调解书生效前一方反悔的，海事行政复议机关应当依法审查或者及时作出行政复议决定。

3. **《国家矿山安全监察局行政复议及行政应诉办法》**（2024 年 7 月 16 日）

第 20 条 国家矿山安全监察局办理行政复议案件，可以依法进行调解。

法规科技司负责组织申请人、被申请人进行调解，相关业务司派员参加。调解应当记录调解情况，将调解工作记录、调解协议书等材料立卷归档。

当事人经调解达成协议的，由法规科技司制作行政复议调解书，送有关业务司或者单位征求意见，报经局领导审核同意，加盖国家矿山安全监察局印章，经各方当事人签字或者签章后，具有法律效力。调解未达成协议或者调解书生效前一方反悔的，法规科技司应当依法审查或者及时按照相关程序作出行政复议决定。

4. **《生态环境部行政复议办法》**（2024 年 4 月 11 日　生态环境部令第 33 号）

第 36 条 当事人经调解达成协议的，生态环境部应当制作行政复议调解书，经各方当事人签字或者签章，并加盖生态环境部印章，即具有法律效力。

调解未达成协议或者调解书生效前一方反悔的，生态环境部应当依法审查或者及时作出行政复议决定。

5.**《国家中医药管理局行政复议与行政应诉管理办法》**（2024 年 3 月 1 日　国中医药法监发〔2024〕2 号）

第 20 条　按照合法、自愿的原则，行政复议办公室可以组织对行政复议案件进行调解。调解不得损害国家利益、社会公共利益和他人合法权益，不得违反法律、法规的强制性规定。

6.**《海关审理行政复议案件程序规定》**（2024 年 1 月 22 日　海关总署令第 265 号）

第 30 条　海关行政复议机关依照行政复议法规定进行调解，当事人经调解达成协议的，海关行政复议机关应当制发《行政复议调解书》。调解未达成协议或者调解书生效前一方反悔的，海关行政复议机关应当依法审查或者及时作出行政复议决定。

7.**《关于进一步加强行政复议调解工作推动行政争议实质性化解的指导意见》**（2024 年 4 月 3 日　司规〔2024〕1 号）

加强行政复议调解工作对于推动行政争议实质性化解，深化行政争议源头治理，充分发挥行政复议公正高效、便民为民的制度优势和化解行政争议的主渠道作用具有重要意义。新修订的《中华人民共和国行政复议法》高度重视调解工作，强化调解在行政复议中的运用，完善了行政复议调解制度，对行政复议调解工作提出了更高要求。为贯彻落实新修订的行政复议法，切实加强行政复议调解工作，现提出如下意见。

一、总体要求

坚持以习近平新时代中国特色社会主义思想为指导，全面贯彻落实党的二十大精神，深入学习贯彻习近平法治思想，自觉践行以人民为中心的发展理念，坚持和发展新时代“枫桥经验”，贯彻落实新修订的行政复议法，坚持依法能动复议，进一步拓宽行政复议调解范围，加大行政复议调解工作力度，健全行政复议调解工作机制，全面提升行政复议调解能力，不断提高调解结案比重，充分发挥调解在矛盾纠纷预防化解中的基础性作用，推动行政争议化解在基层、化解在初始阶段、化解在行政程序中，切实维护人民群众的合法权益，为落实全面依法治国方略、推进法治政府建设、维护社会安全稳定发挥更大作用。要坚持依法自愿。开展行政复议调解工作应当充分尊重当事人意愿，不得损害国家利益、社会公共利益和他人合法权益，不得违反法律、法规的强制性规定。要坚持应调尽调。切实贯彻调解优先的工作理念，在案件办理全流程、各环节有针对性地加强调解工作，积极引导和促进当事人通过调解方式达成共识，及时化解行政纠纷。要坚持务实高效。坚持问题导向、结果导向，全面了解申请人的争议由来和实质诉求，找准矛盾症结，采取因势利导、便捷灵活的方式方法解决行政争议，防止程序空转。要坚持统筹协调。协调整合各部门行政资源参与调解，增强与司法机关等共同推进行政争议源头治理合力，加强与人民调解、专业调解等调解机制的有机对接，形成程序衔接、优势互补、协同配合的行政争议化解机制。

二、全面强化行政复议调解和行政争议源头治理工作

（一）实现调解工作对各类行政复议案件全覆盖。认真做好涉行使行政裁量权行政行为的调解工作，综合研判事实、性质、情节、法律要求和本地区经济社会发展状况等因素，在当地行政裁量权基准明确的范围内提出或者指导形成调解和解方案；尚未制定行政裁量权基准的，要加强类案对比，调解和解方案与类别、性质、情节相同或者相近事项的处理结果要保持基本一致。能动开展羁束性行政行为调解工作，对应予维持但申请人确有合理需求的，要指导申请人通过合法方式满足法定条件，并可在法律允许范围内为申请人提供便利。加大“一揽子”调解力度，对行政争议的产生与其他行政行为密切相关，适合由行政复议机构一并调解的，组织各方进行调解，真正做到一并调解、案结事

了。增强调解工作针对性，对行政行为存在违法或不当问题的，要推动被申请人主动采取自我纠错或者补救措施；对仅因申请人存在误解或者不满情绪引发争议的，要做好解释说明和情绪疏导工作。

（二）将调解工作贯穿到行政复议办理全过程。积极引导当事人在案件受理环节参加受理前调解，通过被申请人自查自纠、向申请人释法明理等工作，申请人同意撤回行政复议申请的，不再处理该申请并按规定记录、存档。高度重视行政复议案件审理环节的调解工作，案件承办人要充分利用听证会、听取意见、调解会等开展诉求沟通、法理辨析、情绪疏导，提出或者指导形成调解和解方案，积极促使各方意见达成一致。对于当事人有明显调解意愿但期限不足的，行政复议机构可以运用行政复议中止制度，经当事人同意后中止计算相关期限，及时开展和完成调解工作。要避免久调不决，在任一方当事人提出恢复审理请求，或者行政复议机构评估认为难以达成一致意见的，及时终止调解，依法作出行政复议决定。

（三）加大行政复议调解书的履行力度。盯紧行政复议调解的“最后一公里”，对行政复议调解书明确的履行内容，行政复议机构应当鼓励当事人在制发行政复议调解书时履行；即时履行确有困难的，引导当事人在合理期限内履行。行政复议调解书对原行政行为进行变更的，原行政行为不再执行。行政复议机构要建立行政复议调解书履行情况跟踪回访制度，加强对被申请人履行情况的监督。对被申请人不履行或者无正当理由拖延履行行政复议调解书的，制发责令限期履行通知书，并运用约谈、通报批评等监督手段，督促被申请人履行。对调解过程中发现的违法或不当行政行为，即使调撤结案，也应当通过制发行政复议意见书等方式，督促相关行政机关予以纠正。

（四）加强重点领域行政争议的调解工作。行政复议机构要对本地区、本系统行政争议总体情况定期梳理，针对行政争议数量较多、案结事了率较低的房屋及土地征收、行政处罚、工伤认定等重点领域，加强调查研究，在找准问题根源的基础上，分类施策，促进行政争议实质性化解。加强涉企行政复议案件调解工作，推动被申请人提升涉企执法水平，依法平等保护各类市场主体，为企业健康发展营造公平、稳定、可预期的良好环境。积极邀请工商联、商会、优秀企业家参与行政复议调解，增强涉企行政复议调解工作的实效性。

（五）强化行政争议源头治理。行政复议机构要强化源头治理观念，增强前端化解能力，做深做实“抓前端、治未病”。注重在调解过程中了解社情民意，充分研判行政执法不规范、行政管理不科学的问题和类型化矛盾成因，通过推动行政执法机关改进和完善行政执法行为，有效预防各类行政争议的发生。主动与人民法院、人民检察院和有关行政机关等单位建立沟通交流和共同研判机制，结合当地实际，选取土地管理、生态环境保护、食品药品安全、教育、社会保障、安全生产、税收等关系群众切身利益的重点领域，每年度至少开展 1 次行政争议源头治理专题交流研判活动。

三、建立健全行政复议调解工作机制

（六）建立行政复议调解工作台账。行政复议机构要完整记载每件行政复议案件征询申请人调解意愿情况、调解工作开展情况、调解书履行情况、调解未成功原因分析情况等。除行政复议申请不符合受理条件、案件本身难以进行调解等情况外，征询申请人调解意愿率要逐步达到 100%。要定期统计分析各案件承办人、本单位和下一级行政复议机构调解开展率、调解结案率、调解书履行率等数据信息，将相关数据作为分析、研究、改进行政复议调解和实质性化解工作的重要依据。

（七）优化行政复议调解工作平台。充分依托行政复议接待窗口、基层司法所、公共法律服务中心等，开展行政复议调解工作。行政复议机构要主动担当作为，有效发挥各类行政争议化解中心的平台作用，通过在政务中心服务大厅、矛盾纠纷多元化解机构、信访中心等场所增设窗口、设置智能终端、张贴宣传图解等方式，引导更多行政争议通过行政复议渠道化解，以行政复议调解和解方式结案，并积极与行政诉讼调解进行信息对接，实现信息数据和调解经验共享，有条件的地方可以探索承接人民法院委托移交的行政争议调解工作。

（八）健全第三方力量参与行政复议调解机制。积极引入第三方力量参与行政复议调解，增强行政复议调解工作合力。建立行政复议调解专家库，根据案件需要抽调专家库中相关领域的专家作为调解员，与行政复议案件承办人共同调解。与当地群众日常生活密切相关的案件，可以邀请争议发生地的人大代表、政协委员、基层群众自治组织成员等作为调解员共同参与行政复议调解。对于案件涉及的民事纠纷，可以引导当事人通过人民调解组织、专业调解组织等多元纠纷化解力量先行调解。探索建立经询问当事人同意后，将有关民事纠纷移交人民调解组织、专业调解组织等多元纠纷化解力量进行调解的对接机制。

（九）完善行政复议调解工作统筹协调机制。对于涉及面广、利益关系复杂、影响力大、社会关注度高的行政复议案件，行政复议机构要提请行政复议机关组织被申请人和相关政府部门共同参与调解，整合行政资源，推动实质性化解。重大、疑难、复杂行政复议案件的调解，要提交行政复议委员会咨询论证。行政复议调解可能涉及标的数额较大幅度改变的，要求被申请人依照内部决策程序提出方案，确保调解和解方案合法合规。相关行政复议案件调解工作情况，要及时报送行政复议机关负责人。对于本地区多发的涉及跨部门行政职权的案件，要逐步形成常态化调解统筹协调机制。

四、加强行政复议调解工作保障

（十）加强组织领导。各级司法行政机关要积极争取党委、政府的重视支持，逐步将行政复议调解工作纳入法治政府建设有关考核指标体系，推动行政争议实质性化解。加强和规范行政复议调解工作管理，切实转变观念，形成注重运用调解方式推进复议工作的良好氛围，克服不愿调、不会调、不善调等问题。要协调相关部门统筹安排行政复议调解工作所需设施装备和经费预算，把行政复议调解工作纳入政府购买行政复议与应诉服务内容。

（十一）重视能力建设。加强对参与调解的行政复议人员和第三方人员的专业知识、调解技能、职业道德等方面的培训，加快建设高水平的行政复议调解队伍。要树立精品意识，积极培育一批成绩突出、群众认可的行政复议调解工作室或者调解员，不断创新调解工作方法、工作模式，提高行政复议调解工作能力。

（十二）加大宣传力度。行政复议机构要及时总结、宣传开展行政复议调解工作的先进经验、先进事迹、先进人物，充分发挥示范引领作用。要通过政府网站、新闻发布会、报刊、电视、网络和新媒体等方式，全方位宣传行政复议调解工作优势特点和生动案例，引导更多当事人通过行政复议调解方式实质解决行政争议，推动提升行政复议工作的群众满意度。

● 案例指引

某新能源公司不服浙江省某市生态环境局行政处罚行政复议案

（司法部发布第三批贯彻实施新修订行政复议法典型案例之三）

案例要旨：行政复议机关在合法、自愿前提下，可以对各类行政争议开展调解，实现定分止争。新修订的行政复议法强化了调解在行政复议办案过程中的运用，规定行政复议调解书具有与行政复议决定书相同的法律效力，当事人不履行的应当承担相应的法律责任。本案中，行政复议机关准确把握新修订行政复议法的立法精神，在厘清案件事实和法律适用的基础上，组织双方当事人就案涉争议磋商协调、释法明理，最终达成调解协议并制作行政复议调解书，对处罚金额作出调整变更，既保障了申请人企业的合法权益，助力优化法治化营商环境，又解决了行政处罚过罚不当的问题，取得了解决纠纷、修复生态环境、优化法治化营商环境一举三得的效果。

第七十四条 行政复议和解处理

当事人在行政复议决定作出前可以自愿达成和解，和解内容不得损害国家利益、社会公共利益和他人合法权益，不得违反法律、法规的强制性规定。

当事人达成和解后，由申请人向行政复议机构撤回行政复议申请。行政复议机构准予撤回行政复议申请、行政复议机关决定终止行政复议的，申请人不得再以同一事实和理由提出行政复议申请。但是，申请人能够证明撤回行政复议申请违背其真实意愿的除外。

● 部门规章及文件

1. **《国家外汇管理局行政复议程序》**（2024 年 4 月 18 日　国家外汇管理局公告 2024 年第 1 号）

第 29 条　当事人在行政复议决定作出前依法自愿达成和解、申请人向行政复议机构撤回行政复议申请，行政复议机构经审查准予撤回行政复议申请、行政复议机关决定终止行政复议的，申请人不得再以同一事实和理由提出行政复议申请，但是申请人能够证明撤回行政复议申请违背其真实意愿的除外。

2. **《海事行政复议工作规定》**（2024 年 6 月 7 日　海督察〔2024〕56 号）

第 65 条　公民、法人或者其他组织对海事管理机构行使法律、法规规定的自由裁量权作出的行政行为不服申请行政复议，当事人在行政复议决定作出前自愿达成和解的，由申请人向海事行政复议机关执法督察部门撤回行政复议申请，并提交行政复议和解协议书。和解协议可以参考建议样式（见附件 18），也可自行准备，但应当载明行政复议请求、事实、理由和达成和解的结果，并且由申请人和被申请人签字或者盖章。和解内容不损害国家利益、社会公共利益和他人合法权益，不违反法律、法规的强制性规定的，海事行政复议机关执法督察部门应当准予撤回行政复议申请，并在《行政复议终止通知书》中载明和解的内容。

当事人达成和解、终止行政复议的，申请人不得再以同一事实和理由提出行政复议申请。但是，申请人能够证明撤回行政复议申请违背其真实意愿的除外。

3. **《生态环境部行政复议办法》**（2024 年 4 月 11 日　生态环境部令第 33 号）

第 35 条　当事人在行政复议决定作出前可以自愿达成和解，和解内容不得损害国家利益、社会公共利益和他人合法权益，不得违反法律、法规的强制性规定。

当事人达成和解后，由申请人向生态环境部行政复议机构撤回行政复议申请。生态环境部行政复议机构准予撤回行政复议申请、生态环境部决定终止行政复议的，申请人不得再以同一事实和理由提出行政复议申请。但是，申请人能够证明撤回行政复议申请违背其真实意愿的除外。

4. **《海关审理行政复议案件程序规定》**（2024 年 1 月 22 日　海关总署令第 265 号）

第 31 条　当事人依照行政复议法规定达成和解的，由申请人向海关行政复议机构撤回行政复议申请。海关行政复议机构经审查准予撤回行政复议申请的，海关行政复议机关决定终止行政复议。申请人以同一事实和理由再次提出行政复议申请的，海关行政复议机关不予受理。但是，申请人能够证明撤回行政复议申请违背其真实意愿的除外。

第七十五条 行政复议决定书

> 行政复议机关作出行政复议决定，应当制作行政复议决定书，并加盖行政复议机关印章。
>
> 行政复议决定书一经送达，即发生法律效力。

● 部门规章及文件

1.《国家外汇管理局行政复议程序》（2024 年 4 月 18 日 国家外汇管理局公告 2024 年第 1 号）

第 27 条 行政复议机关作出行政复议决定，应当制作行政复议决定书。行政复议决定书应当载明下列内容：

（一）行政复议申请人、被申请人的具体情况，个人应当注明姓名、性别、年龄、住址、工作单位，单位应当注明名称、地址、法定代表人，委托代理人代为行政复议或者第三人参加行政复议的，还应当载明代理人或第三人的具体情况；

（二）行政复议申请的事实和理由；

（三）行政复议机关调查的情况；

（四）行政复议决定及其法律依据；

（五）告知当事人行政诉讼权利及期限。

依照《行政复议法》有权处理有关规范性文件或者依据的，应当将审查结果在行政复议决定书中一并告知。

行政复议决定书应当加盖行政复议机关印章，一经送达，即发生法律效力。

2.《海事行政复议工作规定》（2024 年 6 月 7 日 海督察〔2024〕56 号）

第 66 条 海事行政复议机关作出海事行政复议决定，应当制作《海事行政复议决定书》（见附件 21）或者《驳回行政复议申请决定书》（见附件 22），加盖海事行政复议机关印章，分别送达申请人、被申请人、第三人；海事行政复议决定书一经送达即发生法律效力。

海事行政复议机关向当事人送达《海事行政复议决定书》及其他海事行政复议文书（除邮寄、互联网通道、公告送达外）应当使用《送达回证》（见附件23），受送达人应当在送达回证上注明收到日期，并签名或者盖章。

第71条 海事行政复议机关可以使用行政复议专用章。“海事行政复议专用章”由海事行政复议机关执法督察部门保管并使用。行政复议专用章用于办理各类行政复议事项，与行政复议机关印章具有同等效力。

3. **《国家矿山安全监察局行政复议及行政应诉办法》**（2024年7月16日）

第7条 下列行政复议和行政应诉文书应当加盖国家矿山安全监察局印章：

（一）不予受理行政复议申请决定书；

（二）停止执行行政行为通知书；

（三）规范性文件审查转送函；

（四）同意撤回行政复议申请通知书；

（五）行政复议中止通知书；

（六）行政复议终止决定书；

（七）行政复议决定书；

（八）诉讼代理人授权委托书；

（九）行政诉讼答辩状；

（十）其他应当加盖国家矿山安全监察局印章的文书。

本条前款规定以外的其他行政复议和行政应诉文书，可以加盖法规科技司印章。

4. **《国家中医药管理局行政复议与行政应诉管理办法》**（2024年3月1日　国中医药法监发〔2024〕2号）

第22条第1款 行政复议办公室根据审理情况，按照行政复议法向国家中医药管理局负责人提出具体行政复议决定建议，行政复议决定由国家中医药管理局负责人签发，加盖国家中医药管理局印章并依法送达。

5. **《海关审理行政复议案件程序规定》**（2024 年 1 月 22 日　海关总署令第 265 号）

第 29 条第 3 款　海关行政复议机关对规范性文件进行附带审查的，应当将审查结果在行政复议决定书中一并告知。

第 32 条　海关行政复议机构提出案件处理意见，经行政复议机关的负责人同意或者集体讨论通过后，作出行政复议决定，应当制发《行政复议决定书》，并送达当事人。

《行政复议决定书》应当载明下列内容：

（一）申请人、被申请人、第三人基本情况；

（二）申请人申请行政复议的请求、事实和理由；

（三）被申请人答复的事实、理由和依据；

（四）第三人提出的意见；

（五）行政复议查明的事实和相应的证据；

（六）行政复议决定的具体内容、理由和依据；

（七）不服行政复议决定向人民法院起诉的期限和具体管辖法院；

（八）作出行政复议决定的日期。

《行政复议决定书》应当加盖海关行政复议机关的印章。

第 35 条　海关行政复议机关可以使用行政复议专用章。在海关行政复议活动中，海关行政复议专用章和海关行政复议机关的印章具有同等法律效力。

6. **《国家国防科技工业局行政复议实施办法》**（2024 年 2 月 28 日　工业和信息化部令第 70 号）

第 23 条　国家国防科工局作出行政复议决定，应当制作行政复议决定书，并加盖国家国防科工局印章。

国家国防科工局行政复议机构应当在法定期限内将行政复议决定书送达申请人、第三人。行政复议决定书一经送达，即发生法律效力。

国家国防科工局根据被申请行政复议的行政行为的公开情况，依照国家有关规定将行政复议决定书向社会公开。

7. **《工业和信息化部行政复议实施办法》**（2024年2月26日　工业和信息化部令第69号）

第14条　工业和信息化部作出行政复议决定，应当制作行政复议决定书，并加盖印章，送达申请人、被申请人、第三人。行政复议决定书一经送达，即发生法律效力。

● 案例指引

1. **刘某诉广东省英德市人民政府行政复议案**（最高人民法院指导案例191号）

裁判摘要： 梁某某妻子刘某向广东省英德市人力资源和社会保障局（以下简称英德市人社局）申请工伤认定。英德市人社局作出《关于梁某某视同工亡认定决定书》（以下简称《视同工亡认定书》），认定梁某某是在工作时间和工作岗位，突发疾病在四十八小时之内经抢救无效死亡，符合《工伤保险条例》第十五条第一款第一项规定的情形，视同因工死亡。建安公司不服，向广东省英德市人民政府（以下简称英德市政府）申请行政复议。英德市政府作出《行政复议决定书》，以英德市人社局作出的《视同工亡认定书》认定事实不清，证据不足，适用依据错误，程序违法为由，予以撤销。刘某不服，提起诉讼，请求撤销《行政复议决定书》，恢复《视同工亡认定书》的效力。最高人民法院认为，建安公司应作为承担工伤保险责任的单位。作为具备用工主体资格的承包单位，既然享有承包单位的权利，也应当履行承包单位的义务。在工伤保险责任承担方面，建安公司与梁某某之间虽未直接签订转包合同，但其允许梁某某利用其资质并挂靠施工，参照原劳动和社会保障部《关于确立劳动关系有关事项的通知》（劳社部发〔2005〕12号）第四条、《人力资源和社会保障部关于执行〈工伤保险条例〉若干问题的意见》（人社部发〔2013〕34号，以下简称《人社部工伤保险条例意见》）第七点规定以及《最高人民法院关于审理工伤保险行政案件若干问题的规定》（以下简称《工伤保险行政案件规定》）第三条第一款第四项、第五项规定精神，可由建安公司作为承担工伤保险责任的单位。

2. 吴某与河北省某市人社局、省人社厅工伤认定及行政复议抗诉案（最高检发布"加强行政检察监督 促进行政争议实质性化解"典型案例之五）

案例要旨：吴某在河北某建筑工程公司承建的某大楼工程拆除三楼模板时摔下受伤。吴某向某市人社局申请工伤认定，某市人社局以其与建筑公司没有劳动关系的有效证明为由，作出《工伤认定申请不予受理决定书》，吴某向河北省人社厅申请行政复议，河北省人社厅作出《行政复议决定书》，维持某市人社局的不予受理决定书。后吴某向某区法院提起行政诉讼，请求撤销某市人社局《工伤认定不予受理决定书》和河北省人社厅作出的《行政复议决定书》。2017年2月，某区法院判决支持吴某的诉讼请求。某市人社局不服一审判决，提起上诉，某市中级法院撤销一审判决。吴某不服二审判决，向河北省高级法院申请再审。2018年6月，河北省高级法院裁定驳回吴某的再审申请。2020年3月，河北省人民检察院向河北省高级法院提出抗诉。根据工伤认定的相关法律规定，当用工单位存在违法转包、分包等情形时，不应以是否存在劳动关系为前提认定工伤。本案中，检察机关在办案中坚持司法为民宗旨，准确认定"不以是否存在劳动关系为前提认定工伤"的特殊情形，通过抗诉监督法院纠正错误行政判决，保障了当事人的合法权益，维护了司法公信力。

第七十六条 行政复议意见书

行政复议机关在办理行政复议案件过程中，发现被申请人或者其他下级行政机关的有关行政行为违法或者不当的，可以向其制发行政复议意见书。有关机关应当自收到行政复议意见书之日起六十日内，将纠正相关违法或者不当行政行为的情况报送行政复议机关。

● 部门规章及文件

1. **《国家外汇管理局行政复议程序》**（2024 年 4 月 18 日　国家外汇管理局公告 2024 年第 1 号）

第 30 条　行政复议机关在办理行政复议案件过程中，发现被申请人或者其他下级外汇局的有关行政行为违法或者不当的，可以向其制发行政复议意见书。有关机关应当自收到意见书之日起六十日内，将纠正相关违法或者不当行政行为的情况报送行政复议机关。

2. **《海事行政复议工作规定》**（2024 年 6 月 7 日　海督察〔2024〕56 号）

第 67 条　海事行政复议机关在办理行政复议案件过程中，发现被申请人或者其他下级海事管理机构的有关行政行为违法或者不当的，可以向其制发行政复议意见书。有关海事管理机构应当自收到行政复议意见书之日起六十日内，将纠正相关违法或者不当行政行为的情况报送海事行政复议机关。

3. **《生态环境部行政复议办法》**（2024 年 4 月 11 日　生态环境部令第 33 号）

第 40 条　生态环境部在办理行政复议案件过程中，发现被申请人或者其他下级行政机关的有关行政行为违法或者不当的，可以向其制发行政复议意见书。有关机关应当自收到行政复议意见见书之日起六十日内，将纠正相关违法或者不当行政行为的情况报送生态环境部。

4. **《海关审理行政复议案件程序规定》**（2024年1月22日　海关总署令第265号）

第33条　海关行政复议机关在行政复议期间发现被申请人的行政行为违法、不当的，可以制发《行政复议意见书》，对被申请人纠正执法行为、改进执法工作提出具体意见。

被申请人应当自收到《行政复议意见书》之日起六十日内将纠正相关违法、不当行政行为的情况报告海关行政复议机关。

海关行政复议机构在行政复议期间发现海关行政执法中存在制度性、系统性风险的，可以制发《风险提示函》，提醒相关业务主管部门或者下级海关关注执法风险、加强业务管理；或者制发《行政复议建议书》，向相关业务主管部门提出改进执法的建议。

5. **《工业和信息化部行政复议实施办法》**（2024年2月26日　工业和信息化部令第69号）

第16条　工业和信息化部在办理行政复议案件过程中，发现被申请人或者其他下级行政机关的有关行政行为违法或者不当的，可以向其制发行政复议意见书。行政复议意见书应当载明行政行为存在的问题、认定事实、判断依据以及整改意见等，并加盖印章。

● 案例指引

某动力机械公司不服重庆市某生态环境保护综合行政执法队行政处罚行政复议案（司法部发布第三批贯彻实施新修订行政复议法典型案例之五）

案例要旨：新修订的行政复议法进一步强化行政复议监督行政行为的功能，规定了行政复议意见书制度。依照法律规定，行政复议机关通过制发行政复议意见书，既可以纠正与案件相关的违法或不当行政行为，又可以纠正行政复议案件中反映出的执法共性问题，且行政复议意见书与行政复议决定书具有同等法律效力，行政机关不履行的应当承担法律责任。本案中，行政复议机关在企业撤回行政复议申请的情况下，依法积极履行监督行政行为职责，通过行政复议意见书纠正不当行政行为，同时对行政复议办案中发现的共性问题提出完善裁量基准和改进执法的建议，强化了行政复议监督的“后半篇文章”，实现“办理一案、规范一片、治理一行”的效果，对于从源头上预防和解决行政争议、促进依法行政具有重要实践意义。

第七十七条 复议文书的履行及不履行的后果

被申请人应当履行行政复议决定书、调解书、意见书。

被申请人不履行或者无正当理由拖延履行行政复议决定书、调解书、意见书的，行政复议机关或者有关上级行政机关应当责令其限期履行，并可以约谈被申请人的有关负责人或者予以通报批评。

部门规章及文件

1. **《国家外汇管理局行政复议程序》**（2024年4月18日　国家外汇管理局公告2024年第1号）

第31条　被申请人应当履行行政复议决定书、调解书、意见书。

被申请人不履行或者无正当理由拖延履行行政复议决定书、调解书、意见书的，行政复议机关或者上级外汇局应当责令其限期履行，并可以约谈被申请人的有关负责人或者予以通报批评。

2. **《海事行政复议工作规定》**（2024年6月7日　海督察〔2024〕56号）

第68条　被申请人应当履行行政复议决定书、调解书、意见书。

被申请人不履行或者无正当理由拖延履行行政复议决定书、调解书、意见书的，海事行政复议机关或者有关上级海事管理机构应当责令其限期履行，制作《责令履行海事行政复议决定通知书》（见附件 24）送达被申请人，抄送申请人和第三人，并可以约谈被申请人的有关负责人或者予以通报批评。

被申请人收到《责令履行海事行政复议决定通知书》后，应当在规定期限内履行行政复议决定，并将履行情况报送海事行政复议机关。

3. **《国家矿山安全监察局行政复议及行政应诉办法》**（2024 年 7 月 16 日）

第 22 条 国家矿山安全监察局省级局不履行或者无正当理由拖延履行行政复议决定书、调解书、意见书的，国家矿山安全监察局可以约谈被申请人的有关负责人或者予以通报批评。

国家矿山安全监察局省级局的相关负责人被约谈或者通报批评后，应当将纠正相关违法或者不当行政行为的情况及时报送国家矿山安全监察局。

4. **《生态环境部行政复议办法》**（2024 年 4 月 11 日 生态环境部令第 33 号）

第 41 条 被申请人不履行或者无正当理由拖延履行行政复议决定书、调解书、意见书的，生态环境部应当责令其限期履行，并可以约谈被申请人的有关负责人或者予以通报批评。

5. **《国家中医药管理局行政复议与行政应诉管理办法》**（2024 年 3 月 1 日 国中医药法监发〔2024〕2 号）

第 30 条 局机关有关部门不履行或者无正当理由拖延履行行政复议决定的，由行政复议办公室提出处理意见，经国家中医药管理局负责人批准后，责令局机关有关部门限期履行。

局机关有关部门应当及时将履行情况报送行政复议办公室。

6.《工业和信息化部行政复议实施办法》（2024 年 2 月 26 日　工业和信息化部令第 69 号）

第 18 条　被申请人应当在期限内履行行政复议决定书、调解书、意见书，并将履行情况报送工业和信息化部行政复议机构。

第七十八条　行政复议决定书、调解书的强制执行

申请人、第三人逾期不起诉又不履行行政复议决定书、调解书的，或者不履行最终裁决的行政复议决定的，按照下列规定分别处理：

（一）维持行政行为的行政复议决定书，由作出行政行为的行政机关依法强制执行，或者申请人民法院强制执行；

（二）变更行政行为的行政复议决定书，由行政复议机关依法强制执行，或者申请人民法院强制执行；

（三）行政复议调解书，由行政复议机关依法强制执行，或者申请人民法院强制执行。

● 部门规章及文件

1.《国家外汇管理局行政复议程序》（2024 年 4 月 18 日　国家外汇管理局公告 2024 年第 1 号）

第 32 条　对于申请人、第三人逾期不起诉又不履行行政复议决定书、调解书的，按照下列规定分别处理：

（一）维持行政行为的行政复议决定书，由作出行政行为的外汇局依法申请人民法院强制执行；

（二）变更行政行为的行政复议决定书，由行政复议机关依法申请人民法院强制执行；

（三）行政复议调解书，由行政复议机关依法申请人民法院强制执行。

2.《海事行政复议工作规定》（2024 年 6 月 7 日 海督察〔2024〕56 号）

第 69 条 申请人、第三人逾期不起诉又不履行行政复议决定书、调解书的，按照下列规定分别处理：

（一）维持行政行为的行政复议决定书，由作出行政行为的海事管理机构依法强制执行，或者申请人民法院强制执行；

（二）变更行政行为的行政复议决定书，由海事行政复议机关依法强制执行，或者申请人民法院强制执行；

（三）行政复议调解书，由海事行政复议机关依法强制执行，或者申请人民法院强制执行。

3.《生态环境部行政复议办法》（2024 年 4 月 11 日 生态环境部令第 33 号）

第 42 条 申请人、第三人逾期不起诉又不履行行政复议决定书、调解书的，按照下列规定分别处理：

（一）维持行政行为的行政复议决定书，由作出行政行为的生态环境部及其派出机构、管理的组织依法强制执行，或者申请人民法院强制执行；

（二）变更行政行为的行政复议决定书，由生态环境部依法强制执行，或者申请人民法院强制执行；

（三）行政复议调解书，由生态环境部依法强制执行，或者申请人民法院强制执行。

4.《国家国防科技工业局行政复议实施办法》（2024 年 2 月 28 日 工业和信息化部令第 70 号）

第 25 条 对国家国防科工局作出的维持、变更行政行为的行政复议决定，申请人、第三人逾期不起诉又不履行的，由国家国防科工局依法强制执行或者申请人民法院强制执行。

第七十九条　行政复议决定书公开和文书抄告

行政复议机关根据被申请行政复议的行政行为的公开情况，按照国家有关规定将行政复议决定书向社会公开。

县级以上地方各级人民政府办理以本级人民政府工作部门为被申请人的行政复议案件，应当将发生法律效力的行政复议决定书、意见书同时抄告被申请人的上一级主管部门。

● **部门规章及文件**

《海事行政复议工作规定》（2024 年 6 月 7 日　海督察〔2024〕56 号）

第 70 条　海事行政复议机关根据被申请行政复议的行政行为的公开情况，按照国家有关规定将行政复议决定书向社会公开。

第六章　法 律 责 任

第八十条　行政复议机关不依法履职的法律责任

行政复议机关不依照本法规定履行行政复议职责，对负有责任的领导人员和直接责任人员依法给予警告、记过、记大过的处分；经有权监督的机关督促仍不改正或者造成严重后果的，依法给予降级、撤职、开除的处分。

● **法　律**

1. **《公务员法》**（2018 年 12 月 29 日）

第 59 条　公务员应当遵纪守法，不得有下列行为：

（一）散布有损宪法权威、中国共产党和国家声誉的言论，组织或者参加旨在反对宪法、中国共产党领导和国家的集会、游行、示威等活动；

（二）组织或者参加非法组织，组织或者参加罢工；

（三）挑拨、破坏民族关系，参加民族分裂活动或者组织、利用宗教活动破坏民族团结和社会稳定；

（四）不担当，不作为，玩忽职守，贻误工作；

（五）拒绝执行上级依法作出的决定和命令；

（六）对批评、申诉、控告、检举进行压制或者打击报复；

（七）弄虚作假，误导、欺骗领导和公众；

（八）贪污贿赂，利用职务之便为自己或者他人谋取私利；

（九）违反财经纪律，浪费国家资财；

（十）滥用职权，侵害公民、法人或者其他组织的合法权益；

（十一）泄露国家秘密或者工作秘密；

（十二）在对外交往中损害国家荣誉和利益；

（十三）参与或者支持色情、吸毒、赌博、迷信等活动；

（十四）违反职业道德、社会公德和家庭美德；

（十五）违反有关规定参与禁止的网络传播行为或者网络活动；

（十六）违反有关规定从事或者参与营利性活动，在企业或者其他营利性组织中兼任职务；

（十七）旷工或者因公外出、请假期满无正当理由逾期不归；

（十八）违纪违法的其他行为。

第60条 公务员执行公务时，认为上级的决定或者命令有错误的，可以向上级提出改正或者撤销该决定或者命令的意见；上级不改变该决定或者命令，或者要求立即执行的，公务员应当执行该决定或者命令，执行的后果由上级负责，公务员不承担责任；但是，公务员执行明显违法的决定或者命令的，应当依法承担相应的责任。

第61条 公务员因违纪违法应当承担纪律责任的，依照本法给予处分或者由监察机关依法给予政务处分；违纪违法行为情节轻微，经批评教育后改正的，可以免予处分。

对同一违纪违法行为，监察机关已经作出政务处分决定的，公务员所在机关不再给予处分。

第 62 条 处分分为：警告、记过、记大过、降级、撤职、开除。

第 63 条 对公务员的处分，应当事实清楚、证据确凿、定性准确、处理恰当、程序合法、手续完备。

公务员违纪违法的，应当由处分决定机关决定对公务员违纪违法的情况进行调查，并将调查认定的事实以及拟给予处分的依据告知公务员本人。公务员有权进行陈述和申辩；处分决定机关不得因公务员申辩而加重处分。

处分决定机关认为对公务员应当给予处分的，应当在规定的期限内，按照管理权限和规定的程序作出处分决定。处分决定应当以书面形式通知公务员本人。

第 64 条 公务员在受处分期间不得晋升职务、职级和级别，其中受记过、记大过、降级、撤职处分的，不得晋升工资档次。

受处分的期间为：警告，六个月；记过，十二个月；记大过，十八个月；降级、撤职，二十四个月。

受撤职处分的，按照规定降低级别。

第 65 条 公务员受开除以外的处分，在受处分期间有悔改表现，并且没有再发生违纪违法行为的，处分期满后自动解除。

解除处分后，晋升工资档次、级别和职务、职级不再受原处分的影响。但是，解除降级、撤职处分的，不视为恢复原级别、原职务、原职级。

2. **《公职人员政务处分法》**（2020 年 6 月 20 日）

第 2 条 本法适用于监察机关对违法的公职人员给予政务处分的活动。

本法第二章、第三章适用于公职人员任免机关、单位对违法的公职人员给予处分。处分的程序、申诉等适用其他法律、行政法规、国务院部门规章和国家有关规定。

本法所称公职人员，是指《中华人民共和国监察法》第十五条规定的人员。

第3条 监察机关应当按照管理权限，加强对公职人员的监督，依法给予违法的公职人员政务处分。

公职人员任免机关、单位应当按照管理权限，加强对公职人员的教育、管理、监督，依法给予违法的公职人员处分。

监察机关发现公职人员任免机关、单位应当给予处分而未给予，或者给予的处分违法、不当的，应当及时提出监察建议。

第4条 给予公职人员政务处分，坚持党管干部原则，集体讨论决定；坚持法律面前一律平等，以事实为根据，以法律为准绳，给予的政务处分与违法行为的性质、情节、危害程度相当；坚持惩戒与教育相结合，宽严相济。

● 行政法规及文件

3. **《行政复议法实施条例》**（2007年5月29日　国务院令第499号）

第64条 行政复议机关或者行政复议机构不履行行政复议法和本条例规定的行政复议职责，经有权监督的行政机关督促仍不改正的，对直接负责的主管人员和其他直接责任人员依法给予警告、记过、记大过的处分；造成严重后果的，依法给予降级、撤职、开除的处分。

第八十一条　行政复议机关工作人员的法律责任

行政复议机关工作人员在行政复议活动中，徇私舞弊或者有其他渎职、失职行为的，依法给予警告、记过、记大过的处分；情节严重的，依法给予降级、撤职、开除的处分；构成犯罪的，依法追究刑事责任。

法　律

1. 《刑法》（2023 年 12 月 29 日）

第 397 条　国家机关工作人员滥用职权或者玩忽职守，致使公共财产、国家和人民利益遭受重大损失的，处三年以下有期徒刑或者拘役；情节特别严重的，处三年以上七年以下有期徒刑。本法另有规定的，依照规定。

国家机关工作人员徇私舞弊，犯前款罪的，处五年以下有期徒刑或者拘役；情节特别严重的，处五年以上十年以下有期徒刑。本法另有规定的，依照规定。

部门规章及文件

2. **《国家中医药管理局行政复议与行政应诉管理办法》**（2024 年 3 月 1 日　国中医药法监发〔2024〕2 号）

第 32 条　国家中医药管理局可以按照行政复议法第八十条至第八十三条的规定对负有责任的领导人员和直接责任人员给予批评，直至行政处分。

3. **《国家发展和改革委员会行政复议实施办法》**（2023 年 12 月 27 日　国家发展和改革委员会令第 6 号）

第 50 条第 1 款　行政复议机关不依法履行行政复议职责，对有关责任人员依法给予政务处分。行政复议机关工作人员在行政复议活动中，徇私舞弊或者有其他渎职、失职行为的，依法给予政务处分，构成犯罪的，依法追究刑事责任。

第八十二条　被申请人不书面答复等行为的法律责任

被申请人违反本法规定，不提出书面答复或者不提交作出行政行为的证据、依据和其他有关材料，或者阻挠、变相阻挠公民、法人或者其他组织依法申请行政复议的，对负有责任的领导人员和直接责任人员依法给予警告、记过、记大过的处分；进行报复陷害的，依法给予降级、撤职、开除的处分；构成犯罪的，依法追究刑事责任。

部门规章及文件

《国家发展和改革委员会行政复议实施办法》（2023年12月27日国家发展和改革委员会令第6号）

第50条第2款 被申请人违反行政复议法律法规规定，不提出书面答复或者不提交作出行政行为的证据、依据和其他有关材料，或者阻挠、变相阻挠公民、法人或者其他组织依法申请行政复议，进行报复陷害的，或者不履行或者无正当理由拖延履行行政复议决定书、调解书、意见书的，对有关责任人员依法给予政务处分，构成犯罪的，依法追究刑事责任。

第八十三条 被申请人不履行有关文书的法律责任

被申请人不履行或者无正当理由拖延履行行政复议决定书、调解书、意见书的，对负有责任的领导人员和直接责任人员依法给予警告、记过、记大过的处分；经责令履行仍拒不履行的，依法给予降级、撤职、开除的处分。

部门规章及文件

《国家中医药管理局行政复议与行政应诉管理办法》（2024年3月1日 国中医药法监发〔2024〕2号）

第32条 国家中医药管理局可以按照行政复议法第八十条至第八十三条的规定对负有责任的领导人员和直接责任人员给予批评，直至行政处分。

第八十四条 拒绝、阻挠调查取证等行为的法律责任

拒绝、阻挠行政复议人员调查取证，故意扰乱行政复议工作秩序的，依法给予处分、治安管理处罚；构成犯罪的，依法追究刑事责任。

● 部门规章及文件

《国家发展和改革委员会行政复议实施办法》（2023年12月27日国家发展和改革委员会令第6号）

第28条 国家发展改革委审理行政复议案件，有权指派行政复议人员依法向有关单位和个人调查取证，查阅、复制、调取有关文件和资料，向有关人员进行询问。被调查取证的单位和个人应当积极配合行政复议人员的工作，不得拒绝或者阻挠。

第50条第3款 拒绝、阻挠行政复议人员调查取证，故意扰乱行政复议工作秩序的，依法给予处分、治安管理处罚；构成犯罪的，依法追究刑事责任。

第八十五条 违法事实材料移送

行政机关及其工作人员违反本法规定的，行政复议机关可以向监察机关或者公职人员任免机关、单位移送有关人员违法的事实材料，接受移送的监察机关或者公职人员任免机关、单位应当依法处理。

● 部门规章及文件

《应急管理部行政复议和行政应诉工作办法》（2024年4月4日应急管理部令第15号）

第44条第1款 行政机关及其工作人员违反《中华人民共和国行政复议法》规定的，应急管理部可以向监察机关或者公职

人员任免机关、单位移送有关人员违法的事实材料，接受移送的监察机关或者公职人员任免机关、单位应当依法处理。

第八十六条　职务违法犯罪线索移送

行政复议机关在办理行政复议案件过程中，发现公职人员涉嫌贪污贿赂、失职渎职等职务违法或者职务犯罪的问题线索，应当依照有关规定移送监察机关，由监察机关依法调查处置。

● 部门规章及文件

《应急管理部行政复议和行政应诉工作办法》（2024 年 4 月 4 日　应急管理部令第 15 号）

第 44 条第 2 款　应急管理部在办理行政复议案件过程中，发现公职人员涉嫌贪污贿赂、失职渎职等职务违法或者职务犯罪的问题线索，应当依照有关规定移送监察机关，由监察机关依法调查处置。

第七章　附　　则

第八十七条　受理申请不收费

行政复议机关受理行政复议申请，不得向申请人收取任何费用。

● 部门规章及文件

1. **《国家外汇管理局行政复议程序》**（2024 年 4 月 18 日　国家外汇管理局公告 2024 年第 1 号）

第 33 条　行政复议机关受理行政复议申请，不得向申请人收取任何费用。

2. **《海事行政复议工作规定》**（2024 年 6 月 7 日　海督察〔2024〕56 号）

第 8 条第 2 款　海事行政复议机关受理行政复议申请，不得向申请人收取任何费用。

3. **《国家中医药管理局行政复议与行政应诉管理办法》**（2024 年 3 月 1 日　国中医药法监发〔2024〕2 号）

第 33 条　国家中医药管理局行政复议和行政应诉工作经费由国家中医药管理局专项列支，不得向当事人收取任何费用。

4. **《国家国防科技工业局行政复议实施办法》**（2024 年 2 月 28 日　工业和信息化部令第 70 号）

第 26 条　国家国防科工局受理行政复议申请，不得向申请人收取任何费用。

行政复议活动所需经费，依照《中华人民共和国行政复议法》相关规定执行。

5. **《工业和信息化部行政复议实施办法》**（2024 年 2 月 26 日　工业和信息化部令第 69 号）

第 24 条　工业和信息化部受理行政复议申请，不得向申请人收取任何费用。行政复议所需经费，列入工业和信息化部行政经费予以保障。

第八十八条　期间计算和文书送达

行政复议期间的计算和行政复议文书的送达，本法没有规定的，依照《中华人民共和国民事诉讼法》关于期间、送达的规定执行。

本法关于行政复议期间有关“三日”、“五日”、“七日”、“十日”的规定是指工作日，不含法定休假日。

部门规章及文件

1. **《海事行政复议工作规定》**（2024 年 6 月 7 日 海督察〔2024〕56 号）

第 72 条 海事行政复议期间的计算和行政复议文书的送达，本规定没有明确的，依照《中华人民共和国民事诉讼法》关于期间、送达的规定执行。

本规定关于行政复议期间有关“三日”、“五日”、“七日”、“十日”的规定是指工作日，不含法定休假日。

2. **《生态环境部行政复议办法》**（2024 年 4 月 11 日 生态环境部令第 33 号）

第 46 条 本办法关于行政复议期间有关“三日”、“五日”、“七日”、“十日”的规定是指工作日，不含法定休假日。

期间开始之日，不计算在内。期间届满的最后一日是节假日的，以节假日后的第一日为期间届满的日期。期间不包括在途时间，行政复议文书在期满前交邮的，不算过期。

3. **《国家中医药管理局行政复议与行政应诉管理办法》**（2024 年 3 月 1 日 国中医药法监发〔2024〕2 号）

第 26 条第 1 款 局机关有关部门应当自收到行政起诉状副本之日起五日内拟出答辩状，并将作出行政行为的证据、依据和其他材料一并送行政复议办公室。本款所称的“五日”指自然日。

第 34 条 本办法有关“三日”、“五日”、“七日”、“十日”的规定是指工作日，不含节假日，本办法另有规定的除外。

4. **《国家国防科技工业局行政复议实施办法》**（2024 年 2 月 28 日 工业和信息化部令第 70 号）

第 28 条 行政复议期间的计算和行政复议文书的送达，依照《中华人民共和国行政复议法》、《中华人民共和国民事诉讼法》相关规定执行。

本办法关于行政复议期间有关“5日”、“10日”的规定是指工作日，不含法定休假日。

5.《**工业和信息化部行政复议实施办法**》（2024年2月26日　工业和信息化部令第69号）

第25条　行政复议期间的计算和行政复议文书的送达，依照《中华人民共和国行政复议法》、《中华人民共和国民事诉讼法》相关规定执行。

本办法关于行政复议期间有关“3日”、“5日”、“7日”、“10日”的规定是指工作日，不含法定休假日。

第八十九条　适用范围补充规定

外国人、无国籍人、外国组织在中华人民共和国境内申请行政复议，适用本法。

● 部门规章及文件

1.《**国家国防科技工业局行政复议实施办法**》（2024年2月28日　工业和信息化部令第70号）

第29条　外国人、无国籍人、外国组织在中华人民共和国境内向国家国防科工局申请行政复议，适用本办法。

2.《**工业和信息化部行政复议实施办法**》（2024年2月26日　工业和信息化部令第69号）

第26条　外国人、无国籍人、外国组织在中华人民共和国境内向工业和信息化部提出行政复议申请，适用本办法。

第九十条　施行日期

本法自2024年1月1日起施行。

中华人民共和国行政诉讼法

（1989 年 4 月 4 日第七届全国人民代表大会第二次会议通过　根据 2014 年 11 月 1 日第十二届全国人民代表大会常务委员会第十一次会议《关于修改〈中华人民共和国行政诉讼法〉的决定》第一次修正　根据 2017 年 6 月 27 日第十二届全国人民代表大会常务委员会第二十八次会议《关于修改〈中华人民共和国民事诉讼法〉和〈中华人民共和国行政诉讼法〉的决定》第二次修正）

目　　录

第一章　总　　则
第二章　受案范围
第三章　管　　辖
第四章　诉讼参加人
第五章　证　　据
第六章　起诉和受理
第七章　审理和判决
　第一节　一般规定
　第二节　第一审普通程序
　第三节　简易程序
　第四节　第二审程序
　第五节　审判监督程序
第八章　执　　行
第九章　涉外行政诉讼
第十章　附　　则

第一章　总　　则

第一条　立法目的

为保证人民法院公正、及时审理行政案件，解决行政争议，保护公民、法人和其他组织的合法权益，监督行政机关依法行使职权，根据宪法，制定本法。

● 宪　法

1.《宪法》（2018 年 3 月 11 日）

第 3 条　中华人民共和国的国家机构实行民主集中制的原则。

全国人民代表大会和地方各级人民代表大会都由民主选举产生，对人民负责，受人民监督。

国家行政机关、监察机关、审判机关、检察机关都由人民代表大会产生，对它负责，受它监督。

中央和地方的国家机构职权的划分，遵循在中央的统一领导下，充分发挥地方的主动性、积极性的原则。

第 5 条　中华人民共和国实行依法治国，建设社会主义法治国家。

国家维护社会主义法制的统一和尊严。

一切法律、行政法规和地方性法规都不得同宪法相抵触。

一切国家机关和武装力量、各政党和各社会团体、各企业事业组织都必须遵守宪法和法律。一切违反宪法和法律的行为，必须予以追究。

任何组织或者个人都不得有超越宪法和法律的特权。

第 27 条　一切国家机关实行精简的原则，实行工作责任制，实行工作人员的培训和考核制度，不断提高工作质量和工作效率，反对官僚主义。

一切国家机关和国家工作人员必须依靠人民的支持，经常保持同人民的密切联系，倾听人民的意见和建议，接受人民的监督，努力为人民服务。

国家工作人员就职时应当依照法律规定公开进行宪法宣誓。

答记者问

2.《最高人民检察院第七检察厅负责人就“加强行政检察监督促进行政争议实质性化解”专项活动答记者问》（2020 年 3 月 8 日）

问：为什么最高检要在全国检察机关部署开展“加强行政检察监督促进行政争议实质性化解”专项活动？

答：最高检在全国检察机关部署开展这次专项活动，主要是为了贯彻落实党的十九届四中全会精神，深入践行以人民为中心的思想，深化和巩固“不忘初心、牢记使命”主题教育活动成果，通过加强行政检察监督，集中解决一批群众反映强烈的行政争议。通过检察机关履行职责，使行政争议得到实质性化解，才能避免行政诉讼“程序空转”，切实维护人民群众合法权益，维护社会和谐稳定，助推国家治理体系和治理能力现代化。具体来说，主要有以下几方面考虑：

第一，通过开展专项活动，推动行政争议实质性化解，着力解决群众的操心事、烦心事、揪心事，深化和巩固“不忘初心、牢记使命”主题教育活动成果。当前司法实践中，行政诉讼案结事不了、行政争议化解难的问题比较普遍，导致当事人不断上访，严重影响群众的获得感与社会和谐稳定。此次专项活动，就是要落实“守初心、担使命，找差距、抓落实”总要求，解难题、办实事、求极致、葆本色，以化解行政争议为“牛鼻子”，加大行政检察监督力度，集中解决一批人民群众反映强烈的行政争议，切实维护人民群众的合法权益，增强人民群众的获得感。

第二，通过开展专项活动，推动解决行政诉讼“程序空转”突出问题，落实行政诉讼“解决行政争议”的任务。从检察机关办理行政诉讼监督案件情况看，大量案件反复纠缠于法院是否应当受理、立案的争执当中，经过一审、二审、再审，有的还要再发回重审，几年甚至十几年未进入实体审理程序，行政诉讼“程序空转”问题比较严重。这些案件大大增加了当事人的诉讼成本，也消耗了大量的司法资源。本次专项活动，就是要推动治理“程序空转”问题，促进实质性解决行政争议，助推国家治理体系和治理能力现代化。

第三，通过开展专项活动，强化基层行政检察工作，进一步做实行政检察，促进“四大检察”全面协调充分发展。在最高检党组和张军检察长的高度重视下，行政检察有了一定发展，但目前仍然是弱项和短板。尤其是基层行政检察，虽然离百姓最近，但工作开展不理想，在促进行政争议实质性化解方面没有发挥应有作用。这次专项活动，就是要引起地方检察院包括基层检察院对行政检察工作的重视，通过推动行政争议解决，用实实在在的办案成效，提高行政检察的影响力和社会知晓度、认可度。

问： 行政争议实质性化解具有较强的专业性和政策性，请问检察机关开展这项工作应当注意和把握哪些原则？

答： 检察机关将实质性化解行政争议作为新时期的重点工作，确实是一项新的挑战。要做好这项工作，就要坚持以习近平总书记全面依法治国新理念新思想新战略为指导，践行最高检党组提出的一系列检察监督新理念，遵循行政诉讼监督的规律。重点注意和把握以下原则：

第一，坚持以人民为中心。适应新时代人民群众对民主、法治、公平、正义、安全、环境的新需求，始终把解决人民群众的操心事、烦心事、揪心事放在心中最高位置，重点瞄准当事人没有有效的救济途径、合理诉求得不到重视和满足等问题，依法履行行政检察监督职责，促进行政争议的实质性化解，为人民群众提供优质高效的行政检察产品，保障人民群众的合法权益。

第二，坚持法治思维和法治方式。要严格按照法律规定履行监督职责、化解行政争议，坚持程序公正和实体公正并重。加强调查核实，在查清事实、辨明是非的基础上，努力实现案结事了。坚持监督与支持、监督与保护相统一，支持合法的行政裁判和行政决定，维护司法公正和司法权威，维护国家利益和社会公共利益，保护公民、法人和其他组织的合法权益，保障国家法律的统一正确实施。同时，要防止以牺牲法律权威和公共利益为代价满足当事人的不合理诉求。

……

第五，坚持压实责任与协同联动相结合。按照司法责任制要求和“属地管理、分级负责”“谁主管、谁负责”原则，压实化解行政争议的办案责任。被诉行政机关的同级检察院要积极发挥主动性，充分发挥调查、走访和协调作用；上级检察院要运用好交办、督办、参与调处、协调上级部门等多种方式；各级检察院的办案与争议化解任务都要责任到人，落实检察长、检察官包案制度。

● 案例指引

河北朱某诉某市某区民政局婚姻登记检察监督案（全国检察机关行政诉讼监督典型案例①之六）

案例要旨：行政诉讼法将“解决行政争议”新增为行政诉讼的目的和任务，也是人民检察院行政诉讼监督的目的和任务。程序空转是当前行政诉讼活动存在的突出问题。对于当事人不服人民法院

① 参见中华人民共和国最高人民检察院网站，https：//www. spp. gov. cn/xwfbh/dxal/202108/t20210825_ 527675. shtml，最后访问时间：2025 年 10 月 28 日。以下不再标注。

不予立案或者驳回起诉的生效行政裁定的申请监督案件，人民检察院经审查认为法院生效裁定并无不当，但被诉行政行为可能存在违法情形，侵害公民、法人或者其他组织合法权益的，人民检察院可以通过召开听证会、制发检察建议等方式，督促行政机关自行纠正错误，有效解决程序空转的突出问题。某市人民检察院通过召开听证会、听证员居中评议，促使某区民政局认识到其未准确把握生效民事判决实际已确认朱某与张某婚姻关系解除的事实，不予办理再婚登记存在不当之处，并自行纠正错误，从而使历时 4 年之久的再婚登记争议得到化解，实现案结事了政和。

第二条 诉权

公民、法人或者其他组织认为行政机关和行政机关工作人员的行政行为侵犯其合法权益，有权依照本法向人民法院提起诉讼。

前款所称行政行为，包括法律、法规、规章授权的组织作出的行政行为。

● 法 律

1.《行政许可法》（2019 年 4 月 23 日）

第 38 条 申请人的申请符合法定条件、标准的，行政机关应当依法作出准予行政许可的书面决定。

行政机关依法作出不予行政许可的书面决定的，应当说明理由，并告知申请人享有依法申请行政复议或者提起行政诉讼的权利。

第 53 条 实施本法第十二条第二项所列事项的行政许可的，行政机关应当通过招标、拍卖等公平竞争的方式作出决定。但是，法律、行政法规另有规定的，依照其规定。

行政机关通过招标、拍卖等方式作出行政许可决定的具体程序，依照有关法律、行政法规的规定。

行政机关按照招标、拍卖程序确定中标人、买受人后，应当作出准予行政许可的决定，并依法向中标人、买受人颁发行政许可证件。

行政机关违反本条规定，不采用招标、拍卖方式，或者违反招标、拍卖程序，损害申请人合法权益的，申请人可以依法申请行政复议或者提起行政诉讼。

2. **《行政处罚法》**（2021 年 1 月 22 日）

第 7 条 公民、法人或者其他组织对行政机关所给予的行政处罚，享有陈述权、申辩权；对行政处罚不服的，有权依法申请行政复议或者提起行政诉讼。

公民、法人或者其他组织因行政机关违法给予行政处罚受到损害的，有权依法提出赔偿要求。

3. **《行政强制法》**（2011 年 6 月 30 日）

第 8 条 公民、法人或者其他组织对行政机关实施行政强制，享有陈述权、申辩权；有权依法申请行政复议或者提起行政诉讼；因行政机关违法实施行政强制受到损害的，有权依法要求赔偿。

公民、法人或者其他组织因人民法院在强制执行中有违法行为或者扩大强制执行范围受到损害的，有权依法要求赔偿。

4. **《国家赔偿法》**（2012 年 10 月 26 日）

第 9 条 赔偿义务机关有本法第三条、第四条规定情形之一的，应当给予赔偿。

赔偿请求人要求赔偿，应当先向赔偿义务机关提出，也可以在申请行政复议或者提起行政诉讼时一并提出。

司法解释及文件

5. **《最高人民法院印发〈关于依法保护行政诉讼当事人诉权的意见〉的通知》**（2009 年 11 月 9 日 法发〔2009〕54 号）

行政诉讼法施行以来，人民法院依法受理和审理了大量行政案件，有效化解了行政争议，维护了人民群众合法权益，促进了行政机关依法行政，行政审判的特殊职能作用日益彰显。但是，行政诉讼“告状难”现象依然存在，已经成为人民群众反映强烈的突出问题之一。为不断满足人民群众日益增长的司法需求，切实解决行政诉讼有案不收、有诉不理的问题，现就进一步重视和加强行政案件受理，依法保护当事人诉讼权利，切实解决行政诉讼“告状难”问题，提出如下意见：

一、切实提高对行政案件受理工作重要性的认识

行政诉讼制度是保障最广大人民群众利益最有效、最直接的法律制度之一，是新形势下解决人民内部矛盾的一种有效方式，是维护社会和谐稳定的重要手段。行政诉讼受理渠道是否畅通，是这一优良司法制度能否有效发挥功能和作用的前提。诉权保障不力，公民的合法权益就难以有效救济，人民群众日益增长的司法需求就不可能得到满足。随着社会利益格局日益多元化和复杂化，特别是受国际金融危机的影响，行政纠纷日益增多，日趋复杂多样化，有的还呈现出突发性、群体性、极端性的特点。只有畅通行政诉讼渠道，才能引导人民群众以理性合法的方式表达利益诉求，最大限度地减少社会不和谐因素，增进人民群众与政府之间的理解与信任。诉讼渠道不畅，必然导致上访增多，非理性行为加剧，必将严重影响社会和谐稳定，削弱人民法院行政审判“为大局服务，为人民司法”的职能作用。各级人民法院必须充分理解司法权源于人民、属于人民、服务人民、受人民监督的根本属性，从贯彻落实党的十七届四中全会精神和实现司法的人民性的高度，充分认识行政案件受理工作的重要性，认真抓好行政案件受理工作，切实解决行政诉讼“告状难”问题。

二、不得随意限缩受案范围、违法增设受理条件

行政诉讼法和相关司法解释根据我国国情和现阶段的法治发展程度，设计了符合实际的行政案件受案范围，这是人民法

院受理行政诉讼案件的法定依据。各级人民法院要全面准确理解和适用，不得以任何借口随意限制受案范围。凡是行政诉讼法明确规定的可诉性事项，不得擅自加以排除；行政诉讼法没有明确规定但有单行法律、法规授权的，也要严格遵循；法律和司法解释没有明确排除的具体行政行为，应当属于人民法院行政诉讼受案范围。不仅要保护公民、法人和其他组织的人身权和财产权，也要顺应权利保障的需要，依法保护法律、法规规定可以提起诉讼的与人身权、财产权密切相关的其他经济、社会权利。要坚决清除限制行政诉讼受理的各种“土政策”，严禁以服务地方中心工作、应对金融危机等为借口，拒绝受理某类依法应当受理的行政案件。要准确理解、严格执行行政诉讼法和相关司法解释关于起诉条件、诉讼主体资格、起诉期限的规定，不得在法律规定之外另行规定限制当事人起诉的其他条件。要正确处理起诉权和胜诉权的关系，不能以当事人的诉讼请求明显不成立而限制或者剥夺当事人的诉讼权利。要正确处理诉前协调和立案审理的关系，既要充分发挥诉前协调的作用，又不能使之成为妨碍当事人行使诉权的附加条件。要全面正确审查起诉期限，对不属于起诉人自身原因超过起诉期限的，应当根据案件具体情况依法提供有效救济。

三、依法积极受理新类型行政案件

随着形势的发展和法治的进步，行政行为的方式不断丰富，行政管理的领域不断拓展，人民群众的司法需求不断增长，行政争议的特点不断变化。各级人民法院要深入了解各阶层人民群众的生活现状和思想动向，了解人民群众对行政审判工作的期待，依法受理由此引发的各种新类型案件，积极回应人民群众的现实司法需求。要依法积极受理行政给付、行政监管、行政允诺、行政不作为等新类型案件；依法积极受理教育、劳动、医疗、社会保障等事关民生的案件；依法积极受理政府信息公开等涉及公民其他社会权利的案件；积极探讨研究公益诉讼案件的受理条件和裁判方式。对新类型案件拿不准的，应当在法定期间先予立案，必要时请示上级人民法院，不得随意作出不予受理决定。

四、完善工作机制，改进工作作风

行政案件立案专业性较强。各级人民法院的立案庭和行政庭要在行政案件受理环节加强协调、沟通与配合。要严格执行行政诉讼法和司法解释有关受理案件的程序制度，对于当事人的起诉要在法定期限内立案或者作出裁定；不能决定是否受理的，应当先予受理，经审查确实不符合法定立案条件的，裁定驳回起诉。要认真执行《关于行政案件管辖若干问题的规定》，对于起诉人向上一级人民法院起诉的，上一级人民法院应当依法及时作出处理，符合受理条件的，督促有管辖权的人民法院立案受理，也可以直接立案后由自己审理或者指定辖区其他人民法院审理。要改进工作作风，强化便民措施，简化立案环节，丰富立案方式，方便群众诉讼。对于情况紧急且涉及人民群众切身利益或公共利益符合立案条件的案件，要及时立案，尽快审理。要大力推行诉讼引导和指导、权利告知、风险提示等措施，由于起诉人法律知识不足导致起诉状内容欠缺、错列被告等情形的，应当给予必要的指导和释明，不得未经指导和释明即以起诉不符合条件为由予以驳回。要增强司法公开和透明，对依法不予受理或驳回起诉的，必须依法出具法律文书，并在法律文书中给出令人信服的理由。

五、加强对行政案件受理工作的监督

上级人民法院要通过审理上诉和申诉案件、受理举报、案件评查、专项检查、通报排名等各种措施，进一步加强对下级人民法院行政案件立案受理工作的指导和监督，切实防止因当事人告状无门而引发到处上访、激化社会矛盾的事件发生。要健全完善行政审判绩效考核办法，加大因违法不受理案件导致申诉信访的考核权重。要严格执行《人民法院审判人员违法审判责任追究办法（试行）》的规定，对于违反法律规定，擅自对应当受理的案件不予受理，或者因违法失职造成严重后果的责任人员，要依法依纪严肃处理。要坚决抵制非法干预行政案件受理的各种违法行为，彻底废除各种违法限制行政案件受理的“土政策”。对于干预、阻碍人民法院受理行政案件造成恶劣影响的，应当及时向当地党委、纪检监察机关和上级人民法院反映，上级人民法院要协助党委和纪检监察机关作出严肃处理。

六、努力营造行政案件立案受理的良好外部环境

要通过典型案例、普法宣传、诉讼指导等多种途径，加大行政诉讼法的宣传力度，提高当事人参与行政诉讼的能力和水平，引导人民群众通过理性合法的方式主张权利；要切实提高行政案件的办案质量，千方百计降低诉讼成本，缩短诉讼周期，加大执行力度，增强行政审判的公信力；要进一步改进工作作风，增强服务意识，提高服务水平，为人民群众提供更加便捷的救济；要采取强有力的法律保护手段，严厉查处打击报复当事人的行为，使人民群众敢于运用法律手段维护自己的合法权益。要建议政府和有关部门正确理解和评价行政诉讼败诉现象，修改和完善相关考评制度，防止和消除由此产生的负面影响。要更加主动自觉地争取党委的领导和人大的监督，取得政府机关及社会各界的支持。通过不懈努力，使行政案件受理难、审理难、执行难问题得到根本解决，使行政诉讼制度在保护合法权益，促进依法行政，化解行政争议，维护和谐稳定中发挥更加积极的作用。

第三条 行政机关负责人出庭应诉

人民法院应当保障公民、法人和其他组织的起诉权利，对应当受理的行政案件依法受理。

行政机关及其工作人员不得干预、阻碍人民法院受理行政案件。

被诉行政机关负责人应当出庭应诉。不能出庭的，应当委托行政机关相应的工作人员出庭。

司法解释及文件

1.《最高人民法院关于适用〈中华人民共和国行政诉讼法〉的解释》（2018 年 2 月 6 日　法释〔2018〕1 号）

第 128 条　行政诉讼法第三条第三款规定的行政机关负责人，包括行政机关的正职、副职负责人以及其他参与分管的负责人。

行政机关负责人出庭应诉的，可以另行委托一至二名诉讼代理人。行政机关负责人不能出庭的，应当委托行政机关相应的工作人员出庭，不得仅委托律师出庭。

第 129 条　涉及重大公共利益、社会高度关注或者可能引发群体性事件等案件以及人民法院书面建议行政机关负责人出庭的案件，被诉行政机关负责人应当出庭。

被诉行政机关负责人出庭应诉的，应当在当事人及其诉讼代理人基本情况、案件由来部分予以列明。

行政机关负责人有正当理由不能出庭应诉的，应当向人民法院提交情况说明，并加盖行政机关印章或者由该机关主要负责人签字认可。

行政机关拒绝说明理由的，不发生阻止案件审理的效果，人民法院可以向监察机关、上一级行政机关提出司法建议。

第 130 条　行政诉讼法第三条第三款规定的“行政机关相应的工作人员”，包括该行政机关具有国家行政编制身份的工作人员以及其他依法履行公职的人员。

被诉行政行为是地方人民政府作出的，地方人民政府法制工作机构的工作人员，以及被诉行政行为具体承办机关工作人员，可以视为被诉人民政府相应的工作人员。

第131条 行政机关负责人出庭应诉的，应当向人民法院提交能够证明该行政机关负责人职务的材料。

行政机关委托相应的工作人员出庭应诉的，应当向人民法院提交加盖行政机关印章的授权委托书，并载明工作人员的姓名、职务和代理权限。

第132条 行政机关负责人和行政机关相应的工作人员均不出庭，仅委托律师出庭的或者人民法院书面建议行政机关负责人出庭应诉，行政机关负责人不出庭应诉的，人民法院应当记录在案和在裁判文书中载明，并可以建议有关机关依法作出处理。

2. **《最高人民法院关于行政机关负责人出庭应诉若干问题的规定》**（2020年6月22日 法释〔2020〕3号）

为进一步规范行政机关负责人出庭应诉活动，根据《中华人民共和国行政诉讼法》等法律规定，结合人民法院行政审判工作实际，制定本规定。

第1条 行政诉讼法第三条第三款规定的被诉行政机关负责人应当出庭应诉，是指被诉行政机关负责人依法应当在第一审、第二审、再审等诉讼程序中出庭参加诉讼，行使诉讼权利，履行诉讼义务。

法律、法规、规章授权独立行使行政职权的行政机关内设机构、派出机构或者其他组织的负责人出庭应诉，适用本规定。

应当追加为被告而原告不同意追加，人民法院通知以第三人身份参加诉讼的行政机关，其负责人出庭应诉活动参照前款规定。

第2条 行政诉讼法第三条第三款规定的被诉行政机关负责人，包括行政机关的正职、副职负责人、参与分管被诉行政行为实施工作的副职级别的负责人以及其他参与分管的负责人。

被诉行政机关委托的组织或者下级行政机关的负责人，不能作为被诉行政机关负责人出庭。

第3条 有共同被告的行政案件，可以由共同被告协商确定行政机关负责人出庭应诉；也可以由人民法院确定。

第4条 对于涉及食品药品安全、生态环境和资源保护、公共卫生安全等重大公共利益，社会高度关注或者可能引发群体性事件等的案件，人民法院应当通知行政机关负责人出庭应诉。

有下列情形之一，需要行政机关负责人出庭的，人民法院可以通知行政机关负责人出庭应诉：

（一）被诉行政行为涉及公民、法人或者其他组织重大人身、财产权益的；

（二）行政公益诉讼；

（三）被诉行政机关的上级机关规范性文件要求行政机关负责人出庭应诉的；

（四）人民法院认为需要通知行政机关负责人出庭应诉的其他情形。

第5条 人民法院在向行政机关送达的权利义务告知书中，应当一并告知行政机关负责人出庭应诉的法定义务及相关法律后果等事项。

人民法院通知行政机关负责人出庭的，应当在开庭三日前送达出庭通知书，并告知行政机关负责人不出庭可能承担的不利法律后果。

行政机关在庭审前申请更换出庭应诉负责人且不影响正常开庭的，人民法院应当准许。

第6条 行政机关负责人出庭应诉的，应当于开庭前向人民法院提交出庭应诉负责人的身份证明。身份证明应当载明该负责人的姓名、职务等基本信息，并加盖行政机关印章。

人民法院应当对出庭应诉负责人的身份证明进行审查，经审查认为不符合条件，可以补正的，应当告知行政机关予以补正；不能补正或者补正可能影响正常开庭的，视为行政机关负责人未出庭应诉。

第7条 对于同一审级需要多次开庭的同一案件，行政机关负责人到庭参加一次庭审的，一般可以认定其已经履行出庭应诉义务，但人民法院通知行政机关负责人再次出庭的除外。

行政机关负责人在一个审理程序中出庭应诉，不免除其在其他审理程序出庭应诉的义务。

第8条 有下列情形之一的，属于行政诉讼法第三条第三款规定的行政机关负责人不能出庭的情形：

（一）不可抗力；

（二）意外事件；

（三）需要履行他人不能代替的公务；

（四）无法出庭的其他正当事由。

第9条 行政机关负责人有正当理由不能出庭的，应当提交相关证明材料，并加盖行政机关印章或者由该机关主要负责人签字认可。

人民法院应当对行政机关负责人不能出庭的理由以及证明材料进行审查。

行政机关负责人有正当理由不能出庭，行政机关申请延期开庭审理的，人民法院可以准许；人民法院也可以依职权决定延期开庭审理。

第10条 行政诉讼法第三条第三款规定的相应的工作人员，是指被诉行政机关中具体行使行政职权的工作人员。

行政机关委托行使行政职权的组织或者下级行政机关的工作人员，可以视为行政机关相应的工作人员。

人民法院应当参照本规定第六条第二款的规定，对行政机关相应的工作人员的身份证明进行审查。

第 11 条　诉讼参与人参加诉讼活动，应当依法行使诉讼权利，履行诉讼义务，遵守法庭规则，自觉维护诉讼秩序。

行政机关负责人或者行政机关委托的相应工作人员在庭审过程中应当就案件情况进行陈述、答辩、提交证据、辩论、发表最后意见，对所依据的规范性文件进行解释说明。

行政机关负责人出庭应诉的，应当就实质性解决行政争议发表意见。

诉讼参与人和其他人以侮辱、谩骂、威胁等方式扰乱法庭秩序的，人民法院应当制止，并根据行政诉讼法第五十九条规定进行处理。

第 12 条　有下列情形之一的，人民法院应当向监察机关、被诉行政机关的上一级行政机关提出司法建议：

（一）行政机关负责人未出庭应诉，且未说明理由或者理由不成立的；

（二）行政机关有正当理由申请延期开庭审理，人民法院准许后再次开庭审理时行政机关负责人仍未能出庭应诉，且无正当理由的；

（三）行政机关负责人和行政机关相应的工作人员均不出庭应诉的；

（四）行政机关负责人未经法庭许可中途退庭的；

（五）人民法院在庭审中要求行政机关负责人就有关问题进行解释或者说明，行政机关负责人拒绝解释或者说明，导致庭审无法进行的。

有前款情形之一的，人民法院应当记录在案并在裁判文书中载明。

第 13 条　当事人对行政机关具有本规定第十二条第一款情形提出异议的，人民法院可以在庭审笔录中载明，不影响案件的正常审理。

原告以行政机关具有本规定第十二条第一款情形为由拒不到庭、未经法庭许可中途退庭的，人民法院可以按照撤诉处理。

原告以行政机关具有本规定第十二条第一款情形为由在庭审中明确拒绝陈述或者以其他方式拒绝陈述，导致庭审无法进行，经法庭释明法律后果后仍不陈述意见的，人民法院可以视为放弃陈述权利，由其承担相应的法律后果。

第 14 条　人民法院可以通过适当形式将行政机关负责人出庭应诉情况向社会公开。

人民法院可以定期将辖区内行政机关负责人出庭应诉情况进行统计、分析、评价，向同级人民代表大会常务委员会报告，向同级人民政府进行通报。

第 15 条　本规定自 2020 年 7 月 1 日起施行。

第四条 独立行使审判权

人民法院依法对行政案件独立行使审判权，不受行政机关、社会团体和个人的干涉。

人民法院设行政审判庭，审理行政案件。

第五条 以事实为根据，以法律为准绳原则

人民法院审理行政案件，以事实为根据，以法律为准绳。

● 司法解释及文件

《最高人民法院关于印发〈关于审理行政案件适用法律规范问题的座谈会纪要〉的通知》（2004 年 5 月 18 日　法〔2004〕96 号）

行政审判涉及的法律规范层级和门类较多，《立法法》施行以后有关法律适用规则亦发生了很大变化，在法律适用中经常遇到如何识别法律依据、解决法律规范冲突等各种疑难问题。这些问题能否妥当地加以解决，直接影响行政审判的公正和效率。而

且，随着我国法治水平的提高和适应加入世贸组织的需要，行政审判在解决法律规范冲突、维护法制统一中的作用越来越突出。为准确适用法律规范，确保行政案件的公正审理，维护国家法制的统一和尊严，促进依法行政，最高人民法院行政审判庭曾就审理行政案件适用法律规范的突出问题进行专题调研，并征求有关部门意见。2003 年 10 月，最高人民法院在上海召开全国法院行政审判工作座谈会期间，就审理行政案件适用法律规范问题进行了专题座谈。与会人员在总结审判经验的基础上，根据立法法、行政诉讼法及其他有关法律规定，对一些带有普遍性的问题形成了共识。现将有关内容纪要如下：

一、关于行政案件的审判依据

根据《行政诉讼法》和《立法法》有关规定，人民法院审理行政案件，依据法律、行政法规、地方性法规、自治条例和单行条例，参照规章。在参照规章时，应当对规章的规定是否合法有效进行判断，对于合法有效的规章应当适用。根据立法法、行政法规制定程序条例和规章制定程序条例关于法律、行政法规和规章的解释的规定，全国人大常委会的法律解释，国务院或者国务院授权的部门公布的行政法规解释，人民法院作为审理行政案件的法律依据；规章制定机关作出的与规章具有同等效力的规章解释，人民法院审理行政案件时参照适用。

……现行有效的行政法规有以下三种类型：一是国务院制定并公布的行政法规；二是立法法施行以前，按照当时有效的行政法规制定程序，经国务院批准、由国务院部门公布的行政法规。但在立法法施行以后，经国务院批准、由国务院部门公布的规范性文件，不再属于行政法规；三是在清理行政法规时由国务院确认的其他行政法规。

行政审判实践中，经常涉及有关部门为指导法律执行或者实施行政措施而作出的具体应用解释和制定的其他规范性文件，主要是：国务院部门以及省、市、自治区和较大的市的人民政府或其主管部门对于具体应用法律、法规或规章作出的解释；县级以上人民政府及其主管部门制定发布的具有普遍约束力的决定、命令或其他规范性文件。行政机关往往将这些具体应用解释和其他规范性文件作为具体行政行为的直接依据。这些具体应用解释和规范性文件不是正式的法律渊源，对人民法院不具有法律规范意义上的约束力。但是，人民法院经审查认为被诉具体行政行为依据的具体应用解释和其他规范性文件合法、有效并合理、适当的，在认定被诉具体行政行为合法性时应承认其效力；人民法院可以在裁判理由中对具体应用解释和其他规范性文件是否合法、有效、合理或适当进行评述。

二、关于法律规范冲突的适用规则

调整同一对象的两个或者两个以上的法律规范因规定不同的法律后果而产生冲突的，一般情况下应当按照《立法法》规定的上位法优于下位法、后法优于前法以及特别法优于一般法等法律适用规则，判断和选择所应适用的法律规范。冲突规范所涉及的事项比较重大、有关机关对是否存在冲突有不同意见、应当优先适用的法律规范的合法有效性尚有疑问或者按照法律适用规则不能确定如何适用时，依据《立法法》规定的程序逐级送请有权机关裁决。

（一）下位法不符合上位法的判断和适用

下位法的规定不符合上位法的，人民法院原则上应当适用上位法。当前许多具体行政行为是依据下位法作出的，并未援引和适用上位法。在这种情况下，为维护法制统一，人民法院审查具体行政行为的合法性时，应当对下位法是否符合上位法一并进行判断。经判断下位法与上位法相抵触的，应当依据上位法认定被诉具体行政行为的合法性。从审判实践看，下位法不符合上位法的常见情形有：下位法缩小上位法规定的权利主体范围，或者违反上位法立法目的扩大上位法规定的权利主体范围；下位法限制或者剥夺上位法规定的权利，或者违反上位法立法目的扩大上位法规定的权利范围；下位法扩大行政主体或其职权范围；下位法延长上位法规定的履行法定职责期限；下位法以参照、准用等方式扩大或者限缩上位法规定的义务或者义务主体的范围、性质或者条件；下位法增设或者限缩违反上位法规定的适用条件；下位法扩大或者限缩上位法规定的给予行政处罚的行为、种类和幅度的范围；下位法改变上位法已规定的违法行为的性质；下位法超出上位法规定的强制措施的适用范围、种类和方式，以及增设或者限缩其适用条件；法规、规章或者其他规范文件设定不符合行政许可法规定的行政许可，或者增设违反上位法的行政许可条件；其他相抵触的情形。

法律、行政法规或者地方性法规修改后，其实施性规定未被明文废止的，人民法院在适用时应当区分下列情形：实施性规定与修改后的法律、行政法规或者地方性法规相抵触的，不予适用；因法律、行政法规或者地方性法规的修改，相应的实施性规定丧失依据而不能单独施行的，不予适用；实施性规定与修改后的法律、行政法规或者地方性法规不相抵触的，可以适用。

（二）特别规定与一般规定的适用关系

同一法律、行政法规、地方性法规、自治条例和单行条例、规章内的不同条文对相同事项有一般规定和特别规定的，优先适用特别规定。

法律之间、行政法规之间或者地方性法规之间对同一事项的新的一般规定与旧的特别规定不一致的，人民法院原则上应按照下列情形适用：新的一般规定允许旧的特别规定继续适用的，适用旧的特别规定；新的一般规定废止旧的特别规定的，适用新的一般规定。不能确定新的一般规定是否允许旧的规定继续适用的，人民法院应当中止行政案件的审理，属于法律的，逐级上报最高人民法院送请全国人民代表大会常务委员会裁决；属于行政法规的，逐级上报最高人民法院送请国务院裁决；属于地方性法规的，由高级人民法院送请制定机关裁决。

（三）地方性法规与部门规章冲突的选择适用

地方性法规与部门规章之间对同一事项的规定不一致的，人民法院一般可以按照下列情形适用：（1）法律或者行政法规授权部门规章作出实施性规定的，其规定优先适用；（2）尚未制定法律、行政法规的，部门规章对于国务院决定、命令授权的事项，或者对于中央宏观调控的事项、需要全国统一的市场活动规则及对外贸易和外商投资等需要全国统一规定的事项作出的规定，应当优先适用；（3）地方性法规根据法律或者行政法规的授权，根据本行政区域的实际情况作出的具体规定，应当优先适用；（4）地方政府规章对属于地方性事务的事项作出的规定，应当优先适用；（5）尚未制定法律、行政法规的，地方性法规根据本行政区域的具体情况，对需要全国统一规定以外的事项作出的规定，应当优先适用；（6）能够直接适用的其他情形。不能确定如何适用的，应当中止行政案件的审理，逐级上报最高人民法院按照立法法第八十六条第一款第（二）项的规定送请有权机关处理。

（四）规章冲突的选择适用

部门规章与地方政府规章之间对相同事项的规定不一致的，人民法院一般可以按照下列情形适用：（1）法律或者行政法规授权部门规章作出实施性规定的，其规定优先适用；（2）尚未制定法律、行政法规的，部门规章对于国务院决定、命令授权的事项，或者对属于中央宏观调控的事项、需要全国统一的市场活动规则及对外贸易和外商投资等事项作出的规定，应当优先适用；（3）地方政府规章根据法律或者行政法规的授权，根据本行政区域的实际情况作出的具体规定，应当优先适用；（4）地方政府规章对属于本行政区域的具体行政管理事项作出的规定，应当优先适用；（5）能够直接适用的其他情形。不能确定如何适用的，应当中止行政案件的审理，逐级上报最高人民法院送请国务院裁决。

国务院部门之间制定的规章对同一事项的规定不一致的，人民法院一般可以按照下列情形选择适用：（1）适用与上位法不相抵触的部门规章规定；（2）与上位法均不抵触的，优先适用根据专属职权制定的规章规定；（3）两个以上的国务院部门就涉及其职权范围的事项联合制定的规章规定，优先于其中一个部门单独作出的规定；（4）能够选择适用的其他情形。不能确定如何适用的，应当中止行政案件的审理，逐级上报最高人民法院送请国务院裁决。

国务院部门或者省、市、自治区人民政府制定的其他规范性文件对相同事项的规定不一致的，参照上列精神处理。

三、关于新旧法律规范的适用规则

根据行政审判中的普遍认识和做法，行政相对人的行为发生在新法施行以前，具体行政行为作出在新法施行以后，人民法院审查具体行政行为的合法性时，实体问题适用旧法规定，程序问题适用新法规定，但下列情形除外：（一）法律、法规或规章另有规定的；（二）适用新法对保护行政相对人的合法权益更为有利的；（三）按照具体行政行为的性质应当适用新法的实体规定的。

关于法律规范具体应用解释问题

在裁判案件中解释法律规范，是人民法院适用法律的重要组成部分。人民法院对于所适用的法律规范，一般按照其通常语义进行解释；有专业上的特殊涵义的，该涵义优先；语义不清楚或者有歧义的，可以根据上下文和立法宗旨、目的和原则等确定其涵义。

法律规范在列举其适用的典型事项后，又以“等”、“其他”等词语进行表述的，属于不完全列举的例示性规定。以“等”、“其他”等概括性用语表示的事项，均为明文列举的事项以外的事项，且其所概括的情形应为与列举事项类似的事项。

人民法院在解释和适用法律时，应当妥善处理法律效果与社会效果的关系，既要严格适用法律规定和维护法律规定的严肃性，确保法律适用的确定性、统一性和连续性，又要注意与时俱进，注意办案的社会效果，避免刻板僵化地理解和适用法律条文，在法律适用中维护国家利益和社会公共利益。

第六条 合法性审查原则

人民法院审理行政案件，对行政行为是否合法进行审查。

司法解释及文件

1.《最高人民法院关于审理国际贸易行政案件若干问题的规定》（2002年8月27日 法释〔2002〕27号）

第6条 人民法院审理国际贸易行政案件，应当依照行政诉讼法，并根据案件具体情况，从以下方面对被诉具体行政行为进行合法性审查：

（一）主要证据是否确实、充分；

（二）适用法律、法规是否正确；

（三）是否违反法定程序；

（四）是否超越职权；

（五）是否滥用职权；

（六）行政处罚是否显失公正；

（七）是否不履行或者拖延履行法定职责。

2.《最高人民法院关于审理反倾销行政案件应用法律若干问题的规定》（2002年11月21日 法释〔2002〕35号）

第6条 人民法院依照行政诉讼法及其他有关反倾销的法律、行政法规，参照国务院部门规章，对被诉反倾销行政行为的事实问题和法律问题，进行合法性审查。

3.《最高人民法院关于审理反补贴行政案件应用法律若干问题的规定》(2002年11月21日 法释〔2002〕36号)

第6条 人民法院依照行政诉讼法及其他有关反补贴的法律、行政法规，参照国务院部门规章，对被诉反补贴行政行为的事实问题和法律问题，进行合法性审查。

4.《最高人民法院关于审理行政协议案件若干问题的规定》(2019年11月27日 法释〔2019〕17号)

第11条 人民法院审理行政协议案件，应当对被告订立、履行、变更、解除行政协议的行为是否具有法定职权、是否滥用职权、适用法律法规是否正确、是否遵守法定程序、是否明显不当、是否履行相应法定职责进行合法性审查。

原告认为被告未依法或者未按照约定履行行政协议的，人民法院应当针对其诉讼请求，对被告是否具有相应义务或者履行相应义务等进行审查。

第七条 合议、回避、公开审判和两审终审原则

人民法院审理行政案件，依法实行合议、回避、公开审判和两审终审制度。

● 司法解释及文件

《最高人民法院关于适用〈中华人民共和国行政诉讼法〉的解释》(2018年2月6日 法释〔2018〕1号)

第74条 当事人申请回避，应当说明理由，在案件开始审理时提出；回避事由在案件开始审理后知道的，应当在法庭辩论终结前提出。

被申请回避的人员，在人民法院作出是否回避的决定前，应当暂停参与本案的工作，但案件需要采取紧急措施的除外。

对当事人提出的回避申请，人民法院应当在三日内以口头或

者书面形式作出决定。对当事人提出的明显不属于法定回避事由的申请，法庭可以依法当庭驳回。

申请人对驳回回避申请决定不服的，可以向作出决定的人民法院申请复议一次。复议期间，被申请回避的人员不停止参与本案的工作。对申请人的复议申请，人民法院应当在三日内作出复议决定，并通知复议申请人。

第 75 条　在一个审判程序中参与过本案审判工作的审判人员，不得再参与该案其他程序的审判。

发回重审的案件，在一审法院作出裁判后又进入第二审程序的，原第二审程序中合议庭组成人员不受前款规定的限制。

第八条　法律地位平等原则

当事人在行政诉讼中的法律地位平等。

● 宪　法

1.《宪法》（2018 年 3 月 11 日）

第 33 条第 2 款　中华人民共和国公民在法律面前一律平等。

● 法　律

2.《民事诉讼法》（2023 年 9 月 1 日）

第 8 条　民事诉讼当事人有平等的诉讼权利。人民法院审理民事案件，应当保障和便利当事人行使诉讼权利，对当事人在适用法律上一律平等。

3.《刑事诉讼法》（2018 年 10 月 26 日）

第 6 条　人民法院、人民检察院和公安机关进行刑事诉讼，必须依靠群众，必须以事实为根据，以法律为准绳。对于一切公民，在适用法律上一律平等，在法律面前，不允许有任何特权。

案例指引

辽阳县某铁矿诉辽阳市人力资源和社会保障局及第三人印某工伤保险资格认定案[①]

裁判摘要：上诉人辽阳县某铁矿上诉称，一审判决遗漏当事人。一审时被上诉人的法定代表人并未出庭参与诉讼，而是委派两名工作人员作为诉讼代理人全程参与庭审。一审判决却只列胡洋一人，似乎宣示着被上诉人的法定代表人可以随意拒绝出庭，其委托的诉讼代理人可以随意地有选择性出现在一审判决书上面，这违背行政诉讼法第八条“当事人在行政诉讼中的法律地位平等”原则，属于漏列当事人。本院认为，上诉人仅提交两份证人证言，上诉人提交的证据不足以证明其主张。故上诉人的上诉请求与理由，缺乏事实及证据，本院不予支持。一审法院认定事实清楚、适用法律正确、审判程序合法，应予维持。

第九条 本民族语言文字原则

各民族公民都有用本民族语言、文字进行行政诉讼的权利。

在少数民族聚居或者多民族共同居住的地区，人民法院应当用当地民族通用的语言、文字进行审理和发布法律文书。

人民法院应当对不通晓当地民族通用的语言、文字的诉讼参与人提供翻译。

宪 法

1. **《宪法》**（2018 年 3 月 11 日）

第 4 条第 4 款 各民族都有使用和发展自己的语言文字的自由，都有保持或者改革自己的风俗习惯的自由。

---

① 本案例选自中国裁判文书网。

第121条　民族自治地方的自治机关在执行职务的时候，依照本民族自治地方自治条例的规定，使用当地通用的一种或者几种语言文字。

第139条　各民族公民都有用本民族语言文字进行诉讼的权利。人民法院和人民检察院对于不通晓当地通用的语言文字的诉讼参与人，应当为他们翻译。

在少数民族聚居或者多民族共同居住的地区，应当用当地通用的语言进行审理；起诉书、判决书、布告和其他文书应当根据实际需要使用当地通用的一种或者几种文字。

● 法　律

2. **《民事诉讼法》**（2023年9月1日）

第11条　各民族公民都有用本民族语言、文字进行民事诉讼的权利。

在少数民族聚居或者多民族共同居住的地区，人民法院应当用当地民族通用的语言、文字进行审理和发布法律文书。

人民法院应当对不通晓当地民族通用的语言、文字的诉讼参与人提供翻译。

3. **《刑事诉讼法》**（2018年10月26日）

第9条　各民族公民都有用本民族语言文字进行诉讼的权利。人民法院、人民检察院和公安机关对于不通晓当地通用的语言文字的诉讼参与人，应当为他们翻译。

在少数民族聚居或者多民族杂居的地区，应当用当地通用的语言进行审讯，用当地通用的文字发布判决书、布告和其他文件。

4. **《国家通用语言文字法》**（2000年10月31日）

第8条第1款　各民族都有使用和发展自己的语言文字的自由。

第十条 辩论原则

当事人在行政诉讼中有权进行辩论。

法　律

1. 《民事诉讼法》（2023 年 9 月 1 日）

第 12 条　人民法院审理民事案件时，当事人有权进行辩论。

2. 《刑事诉讼法》（2018 年 10 月 26 日）

第 198 条　法庭审理过程中，对与定罪、量刑有关的事实、证据都应当进行调查、辩论。

经审判长许可，公诉人、当事人和辩护人、诉讼代理人可以对证据和案件情况发表意见并且可以互相辩论。

审判长在宣布辩论终结后，被告人有最后陈述的权利。

案例指引

1. 蔡某等 13 人诉某自然资源和规划局不履行行政处理职责案①

裁判摘要：蔡某等 13 人不服一审裁定，向本院上诉称，一审法院审理程序违法。一审法院未开庭审理，违反《中华人民共和国行政诉讼法》第四十五条的规定，且一审法院未依法询问上诉人蔡某等 13 人，未给予上诉人辩论的权利，违反《中华人民共和国行政诉讼法》第十条的规定。本院认为，根据《最高人民法院关于适用〈中华人民共和国行政诉讼法〉的解释》第六十九条第三款规定，对不符合法定起诉条件的，人民法院经过调查、阅卷或者询问当事人，认为不需要开庭审理的，可以迳行裁定驳回起诉。故上诉人蔡某等 13 人主张一审未开庭审理，程序违法，不能成立。

① 本案例选自中国裁判文书网。

2. 贵州刘某祥、邓某珍诉某县人民政府森林、林木所有权登记检察监督案（全国检察机关行政诉讼监督典型案例之八）

案例要旨：2020 年 4 月 2 日，某市人民检察院在申请人刘某祥二人所在乡镇召开听证会。围绕刘某祥二人作为原告是否适格、是否超过起诉期限的议题，历经当事人陈述与申辩、质证辩论、最后陈述、听证评议等环节。

刘某祥二人出示了新证据“通知书”，以证明其有权享有争议地林权。另一方当事人某县人民政府工作人员对新证据发表意见，检察官、听证员进行了提问。三位听证员从不同角度进行分析，形成一致评议意见：该“通知书”无公章，且内容不能证明其是村集体的意见，不应采信；在法院审理中刘某祥二人没有提交证据证明其对争议林地实施了使用、管理、收益的事实；案涉林权证颁证时间为 2007 年，被诉行政机关在法院审理时提交了公示表和说明等证据，足以证明在颁证过程中已进行过公示，刘某祥二人应当知道该颁证行为的具体内容，但直到 2018 年 1 月才提起诉讼，超过了法定起诉期限。

某市人民检察院将听证员评议意见作为重要参考，经综合考量，认定刘某祥二人的申请监督理由不成立，作出《不支持监督申请决定书》，并在送达时继续释法说理，阐明检察机关不支持监督申请的理由和依据，刘某祥二人表示息诉服判。

第十一条 法律监督原则

人民检察院有权对行政诉讼实行法律监督。

法 律

1. **《人民检察院组织法》**（2018 年 10 月 26 日）

第 2 条 人民检察院是国家的法律监督机关。

人民检察院通过行使检察权，追诉犯罪，维护国家安全和社会秩序，维护个人和组织的合法权益，维护国家利益和社会公共利益，保障法律正确实施，维护社会公平正义，维护国家法制统一、尊严和权威，保障中国特色社会主义建设的顺利进行。

第20条 人民检察院行使下列职权：

（一）依照法律规定对有关刑事案件行使侦查权；

（二）对刑事案件进行审查，批准或者决定是否逮捕犯罪嫌疑人；

（三）对刑事案件进行审查，决定是否提起公诉，对决定提起公诉的案件支持公诉；

（四）依照法律规定提起公益诉讼；

（五）对诉讼活动实行法律监督；

（六）对判决、裁定等生效法律文书的执行工作实行法律监督；

（七）对监狱、看守所的执法活动实行法律监督；

（八）法律规定的其他职权。

第21条 人民检察院行使本法第二十条规定的法律监督职权，可以进行调查核实，并依法提出抗诉、纠正意见、检察建议。有关单位应当予以配合，并及时将采纳纠正意见、检察建议的情况书面回复人民检察院。

抗诉、纠正意见、检察建议的适用范围及其程序，依照法律有关规定。

● 司法解释及文件

2.《最高人民法院、最高人民检察院关于印发〈关于对民事审判活动与行政诉讼实行法律监督的若干意见（试行）〉的通知》

（2011年3月10日　高检会〔2011〕1号）

第1条 为了完善检察机关对民事审判活动、行政诉讼实行法律监督的范围和程序，维护司法公正，根据宪法和法律，结合司法实践，制定本意见。

第3条 人民检察院对于已经发生法律效力的判决、裁定、调解，有下列情形之一的，可以向当事人或者案外人调查核实：

（一）可能损害国家利益、社会公共利益的；

（二）民事诉讼的当事人或者行政诉讼的原告、第三人在原审中因客观原因不能自行收集证据，书面申请人民法院调查收集，人民法院应当调查收集而未调查收集的；

（三）民事审判、行政诉讼活动违反法定程序，可能影响案件正确判决、裁定的。

第4条 当事人在一审判决、裁定生效前向人民检察院申请抗诉的，人民检察院应当告知其依照法律规定提出上诉。当事人对可以上诉的一审判决、裁定在发生法律效力后提出申诉的，应当说明未提出上诉的理由；没有正当理由的，不予受理。

第5条 最高人民检察院对各级人民法院已经发生法律效力的民事判决、裁定，上级人民检察院对下级人民法院已经发生法律效力的民事判决、裁定，经过立案审查，发现有《中华人民共和国民事诉讼法》第一百七十九条规定情形之一，符合抗诉条件的，应当依照《中华人民共和国民事诉讼法》第一百八十七条之规定，向同级人民法院提出抗诉。

人民检察院发现人民法院已经发生法律效力的行政判决和不予受理、驳回起诉、管辖权异议等行政裁定，有《中华人民共和国行政诉讼法》第六十四条规定情形的，应当提出抗诉。

第6条 人民检察院发现人民法院已经发生法律效力的民事调解、行政赔偿调解损害国家利益、社会公共利益的，应当提出抗诉。

第7条 地方各级人民检察院对符合本意见第五条、第六条规定情形的判决、裁定、调解，经检察委员会决定，可以向同级人民法院提出再审检察建议。

人民法院收到再审检察建议后，应当在三个月内进行审查并将审查结果书面回复人民检察院。人民法院认为需要再审的，应当通知当事人。人民检察院认为人民法院不予再审的决定不当的，应当提请上级人民检察院提出抗诉。

第8条　人民法院裁定驳回再审申请后，当事人又向人民检察院申诉的，人民检察院对驳回再审申请的裁定不应当提出抗诉。人民检察院经审查认为原生效判决、裁定、调解符合抗诉条件的，应当提出抗诉。人民法院经审理查明，抗诉事由与被驳回的当事人申请再审事由实质相同的，可以判决维持原判。

第9条　人民法院的审判活动有本意见第五条、第六条以外违反法律规定情形，不适用再审程序的，人民检察院应当向人民法院提出检察建议。

当事人认为人民法院的审判活动存在前款规定情形，经提出异议人民法院未予纠正，向人民检察院申诉的，人民检察院应当受理。

第10条　人民检察院提出检察建议的，人民法院应当在一个月内作出处理并将处理情况书面回复人民检察院。

人民检察院对人民法院的回复意见有异议的，可以通过上一级人民检察院向上一级人民法院提出。上一级人民法院认为人民检察院的意见正确的，应当监督下级人民法院及时纠正。

第11条　人民检察院办理行政申诉案件，发现行政机关有违反法律规定、可能影响人民法院公正审理的行为，应当向行政机关提出检察建议，并将相关情况告知人民法院。

第12条　人民检察院办理民事、行政申诉案件，经审查认为人民法院的审判活动合法、裁判正确的，应当及时将审查结果告知相关当事人并说明理由，做好服判息诉工作。

人民检察院办理民事申诉、行政赔偿诉讼申诉案件，当事人双方有和解意愿、符合和解条件的，可以建议当事人自行和解。

第13条 人民法院审理抗诉案件，应当通知人民检察院派员出席法庭。

检察人员出席再审法庭的任务是：

（一）宣读抗诉书；

（二）对人民检察院依职权调查收集的、包括有利于和不利于申诉人的证据予以出示，并对当事人提出的问题予以说明。

检察人员发现庭审活动违法的，应当待庭审结束或者休庭之后，向检察长报告，以人民检察院的名义提出检察建议。

第14条 人民检察院办理民事、行政诉讼监督案件，应当依法履行法律监督职责，严格遵守办案规则以及相关检察纪律规范，不得谋取任何私利，不得滥用监督权力。

第15条 人民法院发现检察监督行为违反法律或者检察纪律的，可以向人民检察院提出书面建议，人民检察院应当在一个月内将处理结果书面回复人民法院；人民法院对于人民检察院的回复意见有异议的，可以通过上一级人民法院向上一级人民检察院提出。上一级人民检察院认为人民法院建议正确的，应当要求下级人民检察院及时纠正。

第16条 人民检察院和人民法院应当建立相应的沟通协调机制，及时解决实践中出现的相关问题。

● 案例指引

1. 某材料公司诉重庆市某区安监局、市安监局行政处罚及行政复议检察监督案（最高人民检察院检例第116号）

裁判摘要：人民检察院办理行政诉讼监督案件，应当在履行法律监督职责中开展行政争议实质性化解工作，促进案结事了。人民检察院化解行政争议应当注重释法说理，有效回应当事人诉求，解心结、释法结。

2. 陈某诉江苏省某市某区人民政府强制拆迁及行政赔偿检察监督案（最高人民检察院检例第 117 号）

裁判摘要：人民检察院办理未经人民法院实体审理的行政赔偿监督案件，依据行政委托关系确定行政机关为赔偿责任主体的，可以促使双方当事人在法定补偿和赔偿标准幅度内达成和解。对于疑难复杂行政争议，应当充分发挥检察一体化优势，凝聚化解行政争议合力。

3. 山东省某包装公司及魏某安全生产违法行政非诉执行检察监督案（最高人民检察院检例第 119 号）

裁判摘要：人民检察院办理当事人申请监督并提出合法正当诉求的行政非诉执行监督案件，可以立足法律监督职能开展行政争议实质性化解工作。人民检察院通过监督人民法院非诉执行活动，审查行政行为是否合法，发现人民法院执行活动违反法律规定，行政机关违法行使职权或者不行使职权的，应当提出检察建议。

4. 湖南省某市人民检察院对市人民法院行政诉讼执行活动检察监督案（最高人民检察院检例第 147 号）

裁判摘要：人民检察院对人民法院行政诉讼执行活动实行法律监督，应当对执行立案、采取执行措施、执行结案全过程进行监督，促进行政裁判确定的内容得以依法及时实现。发现人民法院行政诉讼执行活动存在同类违法问题的，可以就纠正同类问题向人民法院提出检察建议，并持续跟踪督促落实，促进依法执行。人民法院跨行政区域集中管辖的行政案件，原则上由受理案件法院所在地同级对应的人民检察院管辖并履行相应的法律监督职责。

5. 糜某诉浙江省某市住房和城乡建设局、某市人民政府信息公开及行政复议检察监督案（最高人民检察院检例第 149 号）

裁判摘要：人民检察院办理因对送达日期存在争议引发的行政诉讼监督案件，发现法律文书送达不规范、影响当事人依法主张权利等普遍性问题，在监督纠正个案的同时，督促人民法院规范送达程序，促使邮政机构加强管理，确保有效送达。

6. **肖某等 3 人与河北省某市住建局行政裁判执行监督案**（最高人民检察院发布 2022 年度十大行政检察典型案例①之二）

案例要旨：某市住建局怠于履行判决内容，肖某等 3 人向管辖地某区检察院申请执行监督。为应对法院一审行政诉讼案件跨行政区域集中管辖现状，全市检察机关构建行政检察跨区域协作机制，争议地某市检察院协助管辖地某区检察院办理生效裁判执行监督案件。在上级检察院的指导下，某区检察院和某市检察院相互配合开展工作。某区检察院约谈肖某等人了解情况和诉求；某市检察院对接某市住建局，听取意见、查阅档案、实地走访，围绕诉求展开调查，确认某市住建局具备履行判决的客观条件和能力。在充分沟通的前提下，检察机关组织召开协调会，督促某市住建局迅速立案，已履行判决义务。肖某等 3 人对处理结果给予充分认可，主动撤回执行监督申请，行政争议得到实质性化解。

7. **广东省某市交通运输局申请执行违法运营行政处罚决定监督案**（最高人民检察院发布 2022 年度十大行政检察典型案例之十）

案例要旨：基于已查清事实，甲区检察院认为，市交通运输局行政处罚决定认定违法主体错误，依法应当撤销。2021 年 12 月 9 日，甲区检察院向甲区法院发出检察建议书，要求对本案行政非诉执行审查裁定的错误依法予以纠正。2022 年 5 月 5 日，甲区法院撤销准予执行裁定。甲区检察院继续跟进该案，督促市交通运输局撤销对何某的行政处罚，而改为对王某的违法行为作出行政处罚。王某已交纳全部罚款。乙区法院终结强制执行程序，解除对何某账户的查封和限制高消费措施，将其从失信人员名单中删除。

---

① 参见中华人民共和国最高人民检察院网站，https：//www.spp.gov.cn//xwfbh/dxal/202302/t20230219_ 602690.shtml，最后访问时间：2025 年 10 月 28 日。以下不再标注。

8. 山西翟某胜申请执行行政处理判决检察监督案（全国检察机关行政诉讼监督典型案例之四）

案例要旨：本案中，翟某胜于2019年12月21日向乙县人民法院申请强制执行，乙县人民法院收到申请执行书后，未在规定时间内作出是否受理立案裁定并通知申请执行人翟某胜，违反前述法律规定。2020年4月26日，乙县人民检察院向乙县人民法院发出检察建议，建议该法院尽快对执行立案中存在的上述问题进行调查核实，并予以纠正。2020年5月1日，乙县人民法院回复称，在执行立案过程中确实存在检察建议所提出的问题，对检察建议予以采纳，已向申请执行人送达了立案裁定书。5月19日，乙县人民法院向甲县公安局交通警察大队发出执行通知书。5月20日，甲县公安局交通警察大队作出撤销《办理注销最高/实习准驾车型业务告知书》的决定。

9. 湖南某市执法局申请执行罚款决定检察监督案（全国检察机关行政诉讼监督典型案例之五）

案例要旨：某区人民检察院认为，因某市执法局〔2018〕×号《行政处罚决定书》明显缺乏事实依据和法律依据，区人民法院裁定准予执行确有错误，于2020年5月29日向某区人民法院发出检察建议，建议撤销准予执行裁定。同时，向某市执法局发出检察建议，建议纠正错误的行政处罚决定。某区人民法院采纳检察建议，于2020年7月2日作出（2020）湘×行监1号行政裁定书，撤销该院（2019）湘×行审178号行政裁定书，不准予执行〔2018〕×号《行政处罚决定书》。某市执法局采纳检察建议，撤销了〔2018〕×号《行政处罚决定书》。

10. 浙江王某诉某市人社局甲区人社局工伤认定及行政复议检察监督案（全国检察机关行政诉讼监督典型案例之七）

案例要旨：乙区人民检察院经审查认为，王某在工作时受伤，在扣除其申请劳动关系仲裁的时间后，2017年11月18日系王某提起工伤认定申请的最后一日，但王某于2017年12月5日才向甲区人社局申请工伤认定，显然超过了法定期限。法院判决和行政机关不予受理决定并无不当，故作出不支持监督申请决定。

鉴于王某要求享受工伤保险待遇的诉求具有正当性，乙区人民检察院积极做好实质性化解行政争议工作。一方面向王某阐明行政决定及法院判决的合法性，其对法律的误解是申请工伤认定超过期限并无法获得工伤赔偿的根本原因。另一方面，多次与绣品公司协调，指出绣品公司未为职工缴纳社会保险、未与职工签订劳动合同违反相关法律规定，在生产过程中未尽安全管理及保障义务、未主动向社会保险行政部门申请工伤认定也存在过错，说服绣品公司同意给予王某一定的补偿。双方最终于2019年9月9日达成和解协议：绣品公司自愿补偿王某1.5万元，王某同意不再就劳动合同及工伤赔偿纠纷向绣品公司主张权利。

11. 陕西某国土资源分局申请执行退还土地、拆除建筑物、罚款决定检察监督案（全国检察机关行政诉讼监督典型案例之九）

案例要旨：某区人民检察院审查认为，某区人民法院对行政非诉执行案件“裁执分离”模式的理解和适用均是错误的。“裁执分离”模式仅适用于申请执行国有土地上房屋征收补偿决定案件等特定行政非诉执行案件，本案不属于前述特定案件，某区人民法院（2017）陕×行审3号行政裁定书亦未裁定由行政机关执行行政处罚，因此，本案不能适用“裁执分离”模式，行政审判庭在作出准予执行裁定后应依照相关规定移交该院执行局执行，某区人民法院要求某国土资源分局到法院立案庭办理立案执行手续，于法无据。

鉴于某区人民法院对检察建议的处理错误，某区人民检察院提请上级人民检察院跟进监督。某市人民检察院发现本市各区县均存在此类问题，遂决定就该问题进行统筹协调，建立相应机制，推动问题根本解决。

第二章　受案范围

第十二条　行政诉讼受案范围

人民法院受理公民、法人或者其他组织提起的下列诉讼：

（一）对行政拘留、暂扣或者吊销许可证和执照、责令停产停业、没收违法所得、没收非法财物、罚款、警告等行政处罚不服的；

（二）对限制人身自由或者对财产的查封、扣押、冻结等行政强制措施和行政强制执行不服的；

（三）申请行政许可，行政机关拒绝或者在法定期限内不予答复，或者对行政机关作出的有关行政许可的其他决定不服的；

（四）对行政机关作出的关于确认土地、矿藏、水流、森林、山岭、草原、荒地、滩涂、海域等自然资源的所有权或者使用权的决定不服的；

（五）对征收、征用决定及其补偿决定不服的；

（六）申请行政机关履行保护人身权、财产权等合法权益的法定职责，行政机关拒绝履行或者不予答复的；

（七）认为行政机关侵犯其经营自主权或者农村土地承包经营权、农村土地经营权的；

（八）认为行政机关滥用行政权力排除或者限制竞争的；

（九）认为行政机关违法集资、摊派费用或者违法要求履行其他义务的；

（十）认为行政机关没有依法支付抚恤金、最低生活保障待遇或者社会保险待遇的；

（十一）认为行政机关不依法履行、未按照约定履行或者违法变更、解除政府特许经营协议、土地房屋征收补偿协议等协议的；

（十二）认为行政机关侵犯其他人身权、财产权等合法权益的。

除前款规定外，人民法院受理法律、法规规定可以提起诉讼的其他行政案件。

行政法规及文件

1.《政府信息公开条例》（2019 年 4 月 3 日　国务院令第 711 号）

第 51 条　公民、法人或者其他组织认为行政机关在政府信息公开工作中侵犯其合法权益的，可以向上一级行政机关或者政府信息公开工作主管部门投诉、举报，也可以依法申请行政复议或者提起行政诉讼。

司法解释及文件

2.《最高人民法院关于审理行政赔偿案件若干问题的规定》（2022 年 3 月 20 日　法释〔2022〕10 号）

第 2 条　依据行政诉讼法第一条、第十二条第一款第十二项和国家赔偿法第二条规定，公民、法人或者其他组织认为行政机关及其工作人员违法行使行政职权对其劳动权、相邻权等合法权益造成人身、财产损害的，可以依法提起行政赔偿诉讼。

第 3 条　赔偿请求人不服赔偿义务机关下列行为的，可以依法提起行政赔偿诉讼：

（一）确定赔偿方式、项目、数额的行政赔偿决定；

（二）不予赔偿决定；

（三）逾期不作出赔偿决定；

（四）其他有关行政赔偿的行为。

第 4 条 法律规定由行政机关最终裁决的行政行为被确认违法后，赔偿请求人可以单独提起行政赔偿诉讼。

3.《最高人民法院关于审理国际贸易行政案件若干问题的规定》（2002 年 8 月 27 日 法释〔2002〕27 号）

第 1 条 下列案件属于本规定所称国际贸易行政案件：

（一）有关国际货物贸易的行政案件；

（二）有关国际服务贸易的行政案件；

（三）与国际贸易有关的知识产权行政案件；

（四）其他国际贸易行政案件。

第 2 条 人民法院行政审判庭依法审理国际贸易行政案件。

第 3 条 自然人、法人或者其他组织认为中华人民共和国具有国家行政职权的机关和组织及其工作人员（以下统称行政机关）有关国际贸易的具体行政行为侵犯其合法权益的，可以依照行政诉讼法以及其他有关法律、法规的规定，向人民法院提起行政诉讼。

第 4 条 当事人的行为发生在新法生效之前，行政机关在新法生效之后对该行为作出行政处理决定的，当事人可以依照新法的规定提起行政诉讼。

4.《最高人民法院关于审理反倾销行政案件应用法律若干问题的规定》（2002 年 11 月 21 日 法释〔2002〕35 号）

第 1 条 人民法院依法受理对下列反倾销行政行为提起的行政诉讼：

（一）有关倾销及倾销幅度、损害及损害程度的终裁决定；

（二）有关是否征收反倾销税的决定以及追溯征收、退税、对新出口经营者征税的决定；

（三）有关保留、修改或者取消反倾销税以及价格承诺的复审决定；

（四）依照法律、行政法规规定可以起诉的其他反倾销行政行为。

5.《最高人民法院关于审理政府信息公开行政案件若干问题的规定》（2011年7月29日　法释〔2011〕17号）

第1条　公民、法人或者其他组织认为下列政府信息公开工作中的具体行政行为侵犯其合法权益，依法提起行政诉讼的，人民法院应当受理：

（一）向行政机关申请获取政府信息，行政机关拒绝提供或者逾期不予答复的；

（二）认为行政机关提供的政府信息不符合其在申请中要求的内容或者法律、法规规定的适当形式的；

（三）认为行政机关主动公开或者依他人申请公开政府信息侵犯其商业秘密、个人隐私的；

（四）认为行政机关提供的与其自身相关的政府信息记录不准确，要求该行政机关予以更正，该行政机关拒绝更正、逾期不予答复或者不予转送有权机关处理的；

（五）认为行政机关在政府信息公开工作中的其他具体行政行为侵犯其合法权益的。

公民、法人或者其他组织认为政府信息公开行政行为侵犯其合法权益造成损害的，可以一并或单独提起行政赔偿诉讼。

6.《最高人民法院关于适用〈中华人民共和国行政诉讼法〉的解释》（2018年2月6日　法释〔2018〕1号）

第53条　人民法院对符合起诉条件的案件应当立案，依法保障当事人行使诉讼权利。

对当事人依法提起的诉讼，人民法院应当根据行政诉讼法第五十一条的规定接收起诉状。能够判断符合起诉条件的，应当当场登记立案；当场不能判断是否符合起诉条件的，应当在接收起诉状后七日内决定是否立案；七日内仍不能作出判断的，应当先予立案。

案例指引

1. 云南省剑川县人民检察院诉剑川县森林公安局怠于履行法定职责环境行政公益诉讼案（最高人民法院指导案例 137 号）

裁判摘要：环境行政公益诉讼中，人民法院应当以相对人的违法行为是否得到有效制止，行政机关是否充分、及时、有效采取法定监管措施，以及国家利益或者社会公共利益是否得到有效保护，作为审查行政机关是否履行法定职责的标准。

2. 魏某、陈某诉来安县人民政府收回土地使用权批复案（最高人民法院指导案例 22 号）

裁判摘要：地方人民政府对其所属行政管理部门的请示作出的批复，一般属于内部行政行为，不可对此提起诉讼。但行政管理部门直接将该批复付诸实施并对行政相对人的权利义务产生了实际影响，行政相对人对该批复不服提起诉讼的，人民法院应当依法受理。

3. 周某诉南京市溧水区民政局、南京市民政局不履行行政登记职责及行政复议案（人民法院案例库：2024-12-3-016-008）

裁判要旨：数字政府建设背景下，婚姻登记机关具有对公民婚姻登记信息进行归集、整合、共享的法定职责。（2020）苏 0191 民初 3138 号案件中，周某与案外人余某某解除婚姻关系。审理中，溧水区民政局也认可，江开区法院已将该案件信息共享至溧水区民政局。（2020）苏 0191 民初 3138 号案件结果反映的内容是周某婚姻信息的一部分，如果不补充该部分婚姻信息，会导致周某的个人信息不完整。婚姻信息是个人信息的重要内容，在办理个人相关事务时，该信息为必须，如该信息不完整，会在一定程度上影响周某个人权益的实现。故溧水区民政局在接到周某的申请后，应及时对周某的婚姻登记信息采取更正措施，其对周某的申请未予处理，构成了不履行法定职责。南京市民政局作出的复议决定对溧水区民政局不履行法定职责的行为未予纠正，依法应予撤销。

4. **北海市某海洋科技有限公司诉北海市海洋与渔业局行政处罚案**（最高人民法院指导案例 178 号）

裁判要旨： Y 公司与某海洋科技有限公司均在案涉海域进行了一定的围海、填海活动，但二者的违法行为具有可分性和独立性，并非共同违法行为。首先，Y 公司与某海洋科技有限公司既无共同违法的意思联络，亦非共同实施违法行为。从时间上分析，Y 公司系于 2013 年 7 月至 9 月间雇请他人抽取海沙填到涉案海域，形成沙堆。而某海洋科技有限公司系于 2016 年 5 月 12 日通过签订转让协议的方式取得 Y 公司在原合同中的权利，并于 2016 年 7 月至 9 月期间对涉案海域进行场地平整，建设临时码头，形成陆域。二者进行围海、填海活动的时间间隔较远，相互独立，并无彼此配合的情形。其次，Y 公司与某海洋科技有限公司的违法性质不同。Y 公司仅是抽取海沙填入涉案海域，形成沙堆，其行为违法程度较轻。而某海洋科技有限公司已对涉案海域进行了围堰和场地平整，并建设临时码头，形成了陆域，其行为违法情节更严重，性质更为恶劣。再次，Y 公司与某海洋科技有限公司的行为所造成的损害后果不同。Y 公司的行为尚未完全改变涉案海域的海洋环境，而某海洋科技有限公司对涉案海域进行围堰及场地平整，设立临时码头，形成了陆域，其行为已完全改变了涉案海域的海洋生态环境，构成了非法围海、填海，损害后果更为严重。海洋渔业局认定某海洋科技有限公司与 Y 公司的违法行为相互独立并分别立案查处，有事实及法律依据，并无不当。某海洋科技有限公司主张海洋渔业局存在选择性执法，以及 Y 公司应当与其共同承担责任的抗辩意见不能成立。

5. **海南某船务有限公司诉某市渔政支队行政处罚案**（最高人民法院指导案例 177 号）

案例要旨： 砗磲是一种主要生活在热带海域的珍贵贝类，在我国及世界范围内均为重点保护的水生野生动物。砗磲全部 9 个种均为《濒危野生动植物种国际贸易公约》附录二物种，其中的大砗磲

（又名库氏砗磲）为国家一级保护动物。2014 年 8 月 21 日，海南省公安边防总队海警某支队在某海域开展巡逻管控过程中，发现原告海南某船务有限公司（以下简称某公司）所属的“椰××××”号船违法装载大量砗磲贝壳，遂将其查获，并将该案交由某市综合执法局先行查处。后因该案属于被告某市渔政支队的职权范围，某市综合执法局将该案转交被告具体办理。经查实，原告未持有《水生野生动物特许运输许可证》，涉案船舶共装载砗磲贝壳 250 吨，经专业机构鉴定和评估，该 250 吨砗磲贝壳中 98% 为大砗磲，属国家一级保护动物，2% 为砗蠔（属于砗磲科），属《濒危野生动植物种国际贸易公约》附录二物种，涉案砗磲贝壳总价值为 373500 元。据此，被告作出琼某渔政罚字〔2018〕××号行政处罚决定书，以原告的“椰××××”号船未持有《水生野生动物特许运输许可证》擅自运输砗磲贝壳的行为违反《中华人民共和国野生动物保护法》等法律规定，对原告处以没收砗磲贝壳 250 吨及按照实物价值 3 倍罚款人民币 11×××××元的行政处罚。原告不服，向海口海事法院提起行政诉讼，请求撤销该行政处罚决定。

6. 陈某诉成都市成华区环境保护局环境行政处罚案（最高人民法院指导案例 138 号）

案例要旨：陈某系个体工商户某街道办某加工厂业主，自 2011 年 3 月开始加工生产钢化玻璃。2012 年 11 月 2 日，成都市成华区环境保护局（以下简称成华区环保局）在某加工厂位于成都市成华区保和街道办事处一组×××号的厂房检查时，发现该厂涉嫌私自设置暗管偷排污水。成华区环保局经立案调查后，依照相关法定程序，于 2012 年 12 月 11 日作出成华环保罚字〔2012〕××××号行政处罚决定，认定陈某的行为违反《中华人民共和国水污染防治法》第二十二条第二款规定，遂根据水污染防治法第七十五条第二款规定，作出责令立即拆除暗管，并处罚款 10 万元的处罚决定。陈某不服，遂诉至法院，请求撤销该处罚决定。

7. **上海某建材开发有限公司诉上海市金山区环境保护局环境行政处罚案**（最高人民法院指导案例139号）

裁判要旨：企业事业单位和其他生产经营者堆放、处理固体废物产生的臭气浓度超过大气污染物排放标准，环境保护主管部门适用处罚较重的《中华人民共和国大气污染防治法》对其进行处罚，企业事业单位和其他生产经营者主张应当适用《中华人民共和国固体废物污染环境防治法》对其进行处罚的，人民法院不予支持。

8. **萍乡市某房地产开发有限公司诉萍乡市国土资源局不履行行政协议案**（最高人民法院指导案例76号）

裁判要旨：法院生效裁判认为，行政协议是行政机关为实现公共利益或者行政管理目标，在法定职责范围内与公民、法人或者其他组织协商订立的具有行政法上权利义务内容的协议，本案行政协议即是市国土局代表国家与某公司签订的国有土地使用权出让合同。行政协议强调诚实信用、平等自愿，一经签订，各方当事人必须严格遵守，行政机关无正当理由不得在约定之外附加另一方当事人义务或单方变更解除。本案中，TG××××3号地块出让时对外公布的土地用途是“开发用地为商住综合用地，冷藏车间维持现状”，出让合同中约定为“出让宗地的用途为商住综合用地，冷藏车间维持现状”。但市国土局与某公司就该约定的理解产生分歧，而萍乡市规划局对原萍乡市肉类联合加工厂复函确认TG××××3号国有土地使用权面积23173.3平方米（含冷藏车间）的用地性质是商住综合用地。萍乡市规划局的解释与挂牌出让公告明确的用地性质一致，且该解释是萍乡市规划局在职权范围内作出的，符合法律规定和实际情况，有助于树立诚信政府形象，并无重大明显的违法情形，具有法律效力，并对市国土局关于土地使用性质的判断产生约束力。因此，对市国土局提出的冷藏车间占地为工业用地的主张不予支持。某公司要求市国土局对“萍国用×××43×××号”土地证（土地使用权面积8359.1平方米）地类更正为商住综合用地，具有正当理由，市国土局应予以更正。某公司作为土地受让方按约支付了全部价款，市国土局要求某公司如若变更土地用途则应补交土地出让金，缺乏事实依据和法律依据，且有违诚实信用原则。

9. 内蒙古某房地产开发有限责任公司诉呼和浩特市人民防空办公室人防行政征收案（最高人民法院指导案例21号）

裁判要旨：法院生效裁判认为，国务院《关于解决城市低收入家庭住房困难的若干意见》第十六条规定“廉租住房和经济适用住房建设、棚户区改造、旧住宅区整治一律免收城市基础设施配套费等各种行政事业性收费和政府性基金”。建设部等七部委《经济适用住房管理办法》第八条规定“经济适用住房建设项目免收城市基础设施配套费等各种行政事业性收费和政府性基金”。上述关于经济适用住房等保障性住房建设项目免收各种行政事业性收费的规定，虽然没有明确其调整对象，但从立法本意来看，其指向的对象应是合法建设行为。人民防空法第二十二条规定“城市新建民用建筑，按照国家有关规定修建战时可用于防空的地下室”。《人民防空工程建设管理规定》第四十八条规定“按照规定应当修建防空地下室的民用建筑，因地质、地形等原因不宜修建的，或者规定应建面积小于民用建筑地面首层建筑面积的，经人民防空主管部门批准，可以不修建，但必须按照应修建防空地下室面积所需造价缴纳易地建设费，由人民防空主管部门就近易地修建”。即只有在法律法规规定不宜修建防空地下室的情况下，经济适用住房等保障性住房建设项目才可以不修建防空地下室，并适用免除缴纳防空地下室易地建设费的有关规定。免缴防空地下室易地建设费有关规定适用的对象不应包括违法建设行为，否则就会造成违法成本小于守法成本的情形，违反立法目的，不利于维护国防安全和人民群众的根本利益。某房地产公司对依法应当修建的防空地下室没有修建，属于不履行法定义务的违法行为，不能适用免缴防空地下室易地建设费的有关优惠规定。

10. **张某诉天津市人力资源和社会保障局、天津市社会保险基金管理中心行政不作为案**（最高人民法院发布人民法院关于行政不作为十大案例①之一）

案例要旨：基于行政管理复杂性和法律规定不明确，在职权界线不清晰的情况下，行政机关之间应当主动沟通联系，共同协调解决，不能互相推诿，甚至和老百姓“捉迷藏”。社会保险待遇涉及千家万户，关乎个人生老病死，无论是社保机关还是经办机构都必须积极履责，方为责任政府应有之义。

11. **张某诉濮阳市国土资源局行政不作为案**（最高人民法院发布人民法院关于行政不作为十大案例之二）

案例要旨：通过行政审判职能的发挥，督促土地管理部门及时处理群众举报，切实履行查处违法占地相关法定职责，以回应群众关切、保障土地资源的合法利用。土地资源稀缺、人多地少的现状决定了我国必须实行最严格的土地管理制度，但长期以来土地资源浪费严重，违法违规用地层出不穷，既有土地管理保护不力的原因，也有人民群众难以有效参与保护的因素。公众参与，是及时发现和纠正土地违法行为的重要渠道，也是确保最严格的土地管理制度得以实施的有效手段。依法受理并及时查处人民群众对违法用地行为的举报，是土地管理部门的权力更是义务。《土地违法案件查处办法》第十三条规定了“土地管理部门对上级交办、其他部门移送和群众举报的土地违法案件，应当受理。”第十六条又对受理后的立案查处等程序作出明确规定。经了解，市国土局不仅在本案中对张某的申请未依法履行职责，对另外九人的申请也存在同样问题而被法院判决败诉。本案的裁决对确保最严格的土地管理制度的正确实施和公众参与具有积极意义。

① 参见中华人民共和国最高人民法院网站，https：//www.court.gov.cn/zixun/xiangqing/13066.html，最后访问时间：2025 年 10 月 28 日。以下不再标注。

12. **彭某诉深圳市南山区规划土地监察大队行政不作为案**（最高人民法院发布人民法院关于行政不作为十大案例之三）

裁判摘要：深圳市南山区人民法院一审认为，区监察大队作为区规划土地监察机构，具有对本行政区域内违法用地和违法建筑行为进行调查取证、认定，依法实施行政处罚以及强制执行的职责。在依法作出限期拆除违法建筑的行政决定后，当事人在法定期限内不申请行政复议或者提起行政诉讼的，应当依照《中华人民共和国行政强制法》《深圳经济特区规划土地监察条例》等法律、法规规定的强制执行程序作出处理。至于有权机关须在何期限内作出强制执行的决定并依法实施强制拆除，法律法规并无明确规定，但应在合理期限内履行其法定职责。本案中，被告作出限期依法拆除的行政决定后，在行政相对人未申请行政复议亦未提起行政诉讼、且拒不履行的情况下，至开庭审理之日止，在长达一年多的时间里，其仅作出催告而未对案件作进一步处理，且未提供证据证明有相关合法、合理的事由，其行为显然不当，已构成怠于履行法定职责，应予纠正。鉴于作出强制执行决定和实施强制拆除属于行政机关的行政职权，且实施行政强制拆除具有严格的法定程序，故不宜直接责令区监察大队强制拆除违法建筑，遂判决区监察大队于判决生效之日起三个月内对南山区某小区 A 座 901 房的违法建设问题依法继续作出处理。彭某及区监察大队均不服一审判决，提起上诉。深圳市中级人民法院二审以相同理由判决驳回上诉、维持原判。

13. **钟某诉北京市工商行政管理局通州分局行政不作为案**（最高人民法院发布人民法院关于行政不作为十大案例之四）

裁判摘要：北京市通州区人民法院一审认为，依据国务院食品安全办、国家工商总局、国家质检总局、国家食品药品监管总局的食安办（2013）13 号《关于进一步做好机构改革期间食品和化妆品监管工作的通知》《北京市人民政府办公厅关于印发北京市食品药品监督管理局主要职责内设机构和人员编制规定的通知》等文件规定，目前北京市流通环节的食品安全监管职责由北京市食品药品监督管理局承担，故被告通州工商分局已无职责对流通环节的食品安全进行监管，且其在接到原告钟某举报时应能够确定该案件的主管机关。《工商行政管理机关行政处罚程序规定》第十五条规定，工商行政管理机关发现所查处的案件属于其他行政机关管辖的，应当依法移送其他有关机关。本案中当被告认为原告所举报事项不属其管辖时，应当移送至有关主管机关，故判决被告在十五个工作日内就原告举报事项履行移送职责，驳回原告其他诉讼请求。通州工商分局不服，提出上诉，北京市第三中级人民法院二审以相同理由判决驳回上诉、维持原判。

14. **王某诉寿光市人民政府行政不作为案**（最高人民法院发布人民法院关于行政不作为十大案例之五）

案例要旨：以裁判方式明确了行政机关不仅应当及时履责，还应当全面履责，并要依法实现履责的目的。本案中市政府从形式上已责令褚庄村村委会公布有关村委信息，似乎已经履行了法定职责；但是，由于该《责令公布村务通知书》既未明确具体内容，更未明确具体期限或者合理期限，实际上构成未全面履行法定职责，造成原告等村民对村务的知情权和监督权迟迟得不到落实。因此，人民法院判决其限期责令褚庄村村委会限期公开村务信息，能够更好地促进村务公开，切实维护广大村民知情的权利。

15. **沈某、蔡某诉南通市公安局开发区分局行政不作为案**（最高人民法院发布人民法院关于行政不作为十大案例之六）

案例要旨：通过行政审判职能的发挥，对公安机关在治安管理领域的履责要求作出规范，有利于治安纠纷的及时化解。《治安管理处罚法》明确规定了公安机关办理治安案件的期限。根据公安部《公关机关办理行政案件程序规定》的相关规定，对于因民间纠纷引起的殴打他人等违反治安管理行为，情节较轻的，可以调解处理，调解案件的办案期限从调解未达成协议或者调解达成协议不履行之日起开始计算，但调解不能成为公安机关不及时履行职责的借口。本案中，在沈某已经明确表示不同意调解的情况下，公安机关就应在三十日内依法作出处罚决定。对超过三十日办案期限的，应提供证据证明经过上一级公安机关批准延长。而被告明显违反相关规定。当然，被告也认识到未及时履行职责的违法性，在原告起诉后一周内就作出处罚决定，体现了对法律的尊重和勇于纠错的诚意，并得到了原告谅解。在现代法治国家，一个明显违反法定期限的行政行为，即使实体内容完全合法，也会因为姗姗来迟而被贴上违法的标签。

16. 兰州某驾驶员培训服务有限公司诉兰州市城关区城市管理行政执法局行政不作为案（最高人民法院发布人民法院关于行政不作为十大案例之七）

案例要旨：行政诉讼的目的在于化解行政纠纷，在当事人提起诉讼后，有时通过法院审理，行政机关在诉讼期间意识到自身问题而主动纠正，在不损害国家利益和社会公共利益的前提下，当事人主动申请撤诉并经过法院准许，同样可以达到案结事了人和的审判效果。行政不作为案件往往是因行政机关及其工作人员存在“懒政”“惰政”等主观因素或某些客观原因而引发，相比其他类型的行政案件，法律关系较为明确，案件审理难度相对较低，只要行政机关依法履责，当事人之间的症结往往易于化解。实践中，不少案件是原告在向行政机关多次反映、投诉无果后，才选择通过诉讼方式寻求救济，一旦起诉，常常在诉讼期间就使纠纷得以快速解决。这从一个侧面凸显了行政审判这一外部监督机制的重大影响力。法院在查清事实、分清是非的基础上，通过向被告释明法律规定和法律后果，以和解方式化解纠纷，可以使原告诉求在短时间内实现，既解决问题，又不伤“和气”。

17. 赵某诉凤阳县某镇人民政府行政不作为案（最高人民法院发布人民法院关于行政不作为十大案例之八）

裁判摘要：凤阳县人民法院一审认为，凤阳县人民政府制定的《方案》，对农村危房改造的申报程序及审核方法等都作出了明确规定。乡镇人民政府在接到村民委员会的申报材料后，应当组织人员上门进行现场核查，经核查符合条件的由乡镇人民政府签署审核意见，报县农村危房改造领导小组审批；不符合条件的，将材料退回所在村民委员会并说明原因，且审查结果在村务公开栏公示七天。该方案同时规定，凤阳县危房改造确定的检查验收时间为 2012 年 12 月 11 日至 12 月 31 日。原告赵某依照规定提交了危房改造申请，但被告镇政府在接到其申请材料后未能按照《方案》规定的程序和方式履行其审核职责，其行为构成行政不作为。本案审理期间，被告对原告危房改造申请进行了补充核查，认为其不符合危房改造补贴条件，并将不符合条件的理由书面告知了某村村民委员会及一审法院。法院已将核查结果告知原告，但原告不愿意撤回起诉。故一审法院判决确认被告不履行危房改造申请审核职责行为违法。一审宣判后，双方当事人均未上诉。

18. **艾某诉沈阳市卫生和计划生育委员会行政不作为案**（最高人民法院发布人民法院关于行政不作为十大案例之九）

裁判摘要：沈阳市中级人民法院二审认为，根据相关证据及市卫计委的庭审陈述，可以认定艾某提出过举报且市卫计委已口头答复，故原审认定艾某没有提出过申请系认定事实不清。根据《医疗机构管理条例》第五条第二款、《外科手术分级制度管理》第五条第二款的规定，艾某申请的事项属于市卫计委的职权范围。市卫计委对艾某举报事项已进行了调查，并作出了相关事实的认定，但针对该部分事实没有向法院提交相应的证据，应认定其证据不足；且根据其现有的调查事实，市卫计委亦应当按照相关法律规定予以处理，而不需要艾某针对如何处理违法行为再次提出申请，故市卫计委存在不履行职责的情形，判决撤销一审判决，责令市卫计委对艾某的举报申请重新作出具体行政行为。

19. **张某等五人诉天水市公安局麦积分局行政不作为赔偿案**（最高人民法院发布人民法院关于行政不作为十大案例之十）

案例要旨：明确了公安机关因未及时出警而应承担的相应责任，并通过调解方式妥善化解争议。有权必有责，用权受监督，失职要问责，侵权要赔偿，是把权力关进制度笼子的基本要求。《人民警察法》

明确规定，人民警察的任务是维护国家安全，维护社会治安秩序，保护公民人身安全、人身自由和合法财产，保护公共财产，预防、制止和惩治违法犯罪活动。因此，不仅违法实施行政处罚、行政强制等侵权行为可能承担赔偿责任，因不依法履行职责、不及时救助群众，造成人身、财产损害的，同样可能承担赔偿责任。本案中，被害人刘某的不幸死亡系因他人犯罪所导致，但公安机关也存在违法拖延出警、未及时履行保护公民人身安全的义务，应当承担相应的赔偿责任。同时，行政诉讼法规定了行政赔偿案件可以调解，本案二审法院在查明事实、分清责任的基础上，主持达成调解协议并制作了行政赔偿调解书，既维护了法律的权威，也有利于切实保障当事人的合法权益。

第十三条 受案范围的排除

人民法院不受理公民、法人或者其他组织对下列事项提起的诉讼：

（一）国防、外交等国家行为；

（二）行政法规、规章或者行政机关制定、发布的具有普遍约束力的决定、命令；

（三）行政机关对行政机关工作人员的奖惩、任免等决定；

（四）法律规定由行政机关最终裁决的行政行为。

司法解释及文件

1.《最高人民法院关于适用〈中华人民共和国行政诉讼法〉的解释》（2018年2月6日　法释〔2018〕1号）

第1条　公民、法人或者其他组织对行政机关及其工作人员的行政行为不服，依法提起诉讼的，属于人民法院行政诉讼的受案范围。

下列行为不属于人民法院行政诉讼的受案范围：

（一）公安、国家安全等机关依照刑事诉讼法的明确授权实施的行为；

（二）调解行为以及法律规定的仲裁行为；

（三）行政指导行为；

（四）驳回当事人对行政行为提起申诉的重复处理行为；

（五）行政机关作出的不产生外部法律效力的行为；

（六）行政机关为作出行政行为而实施的准备、论证、研究、层报、咨询等过程性行为；

（七）行政机关根据人民法院的生效裁判、协助执行通知书作出的执行行为，但行政机关扩大执行范围或者采取违法方式实施的除外；

（八）上级行政机关基于内部层级监督关系对下级行政机关作出的听取报告、执法检查、督促履责等行为；

（九）行政机关针对信访事项作出的登记、受理、交办、转送、复查、复核意见等行为；

（十）对公民、法人或者其他组织权利义务不产生实际影响的行为。

第2条 行政诉讼法第十三条第一项规定的“国家行为”，是指国务院、中央军事委员会、国防部、外交部等根据宪法和法律的授权，以国家的名义实施的有关国防和外交事务的行为，以及经宪法和法律授权的国家机关宣布紧急状态等行为。

行政诉讼法第十三条第二项规定的“具有普遍约束力的决定、命令”，是指行政机关针对不特定对象发布的能反复适用的规范性文件。

行政诉讼法第十三条第三项规定的“对行政机关工作人员的奖惩、任免等决定”，是指行政机关作出的涉及行政机关工作人员公务员权利义务的决定。

行政诉讼法第十三条第四项规定的“法律规定由行政机关最终裁决的行政行为”中的“法律”，是指全国人民代表大会及其常务委员会制定、通过的规范性文件。

2.《最高人民法院关于审理行政赔偿案件若干问题的规定》（2022 年 3 月 20 日　法释〔2022〕10 号）

第 5 条　公民、法人或者其他组织认为国防、外交等国家行为或者行政机关制定发布行政法规、规章或者具有普遍约束力的决定、命令侵犯其合法权益造成损害，向人民法院提起行政赔偿诉讼的，不属于人民法院行政赔偿诉讼的受案范围。

3.《最高人民法院关于审理涉及农村集体土地行政案件若干问题的规定》（2011 年 8 月 7 日　法释〔2011〕20 号）

第 2 条　土地登记机构根据人民法院生效裁判文书、协助执行通知书或者仲裁机构的法律文书办理的土地权属登记行为，土地权利人不服提起诉讼的，人民法院不予受理，但土地权利人认为登记内容与有关文书内容不一致的除外。

4.《最高人民法院关于审理行政协议案件若干问题的规定》（2019 年 11 月 27 日　法释〔2019〕17 号）

第 3 条　因行政机关订立的下列协议提起诉讼的，不属于人民法院行政诉讼的受案范围：

（一）行政机关之间因公务协助等事由而订立的协议；

（二）行政机关与其工作人员订立的劳动人事协议。

● 案例指引

王某诉乐山市人力资源和社会保障局工伤认定案（最高人民法院指导案例 69 号）

裁判要旨：本案被告在第三人申请认定工伤时已经提交了相关《道路交通事故证明》的情况下，仍然作出《中止通知》，并且一直到原告起诉之日，被告仍以工伤认定处于中止中为由，拒绝恢复对王某甲死亡是否属于工伤的认定程序。由此可见，虽然被告作出《中止通知》是工伤认定中的一种程序性行为，但该行为将导致原告的合法权益长期，乃至永久得不到依法救济，直接影响了原告的合法权益，对其权利义务产生实质影响，并且原告也无法通过对相关实体性行政行为提起诉讼以获得救济。因此，被告作出《中止通知》，属于可诉行政行为，人民法院应当依法受理。

第三章　管　　辖

第十四条　基层人民法院管辖的第一审行政案件

基层人民法院管辖第一审行政案件。

● 法　律

1.**《民事诉讼法》**（2023年9月1日）

第18条　基层人民法院管辖第一审民事案件，但本法另有规定的除外。

2.**《刑事诉讼法》**（2018年10月26日）

第20条　基层人民法院管辖第一审普通刑事案件，但是依照本法由上级人民法院管辖的除外。

● 地方性法规及文件

3.**《黑龙江省五大连池世界地质公园保护条例》**（2018年4月26日　黑龙江省第十三届人民代表大会常务委员会公告第1号）

第39条　在地质公园范围内发生的涉及资源保护、规划管理的重大、复杂的一审行政诉讼案件，执行《中华人民共和国行政诉讼法》第十四条的有关规定。

● 案例指引

袁某诉重庆市南岸区人民政府、重庆市人民政府政府信息公开及复议案①

裁判摘要：本案中，原告起诉的重庆市南岸区人民政府办公室作

① 本案例选自中国裁判文书网。

出的《政府信息公开申请答复书》（南岸府办依复〔2024〕14号），加盖重庆市南岸区人民政府办公室公章，系重庆市南岸区人民政府办公室以自己名义作出的政府信息公开行为，故本案应以重庆市南岸区人民政府办公室为被告。另重庆市人民政府作出渝府复〔2024〕1031号《行政复议决定书》，复议决定维持了该《政府信息公开申请答复书》。根据《最高人民法院关于适用〈中华人民共和国行政诉讼法〉的解释》第一百三十四条第三款规定："复议机关作共同被告的案件，以作出原行政行为的行政机关确定案件的级别管辖。"本案原行政行为的作出机关为重庆市南岸区人民政府办公室，应与作出复议维持决定的重庆市人民政府为共同被告，并由重庆市南岸区人民政府办公室所在地的基层人民法院为本案的管辖法院，即本案应由重庆市南岸区人民政府办公室所在地的基层人民法院为管辖法院，即重庆市南岸区人民法院管辖。依据《中华人民共和国行政诉讼法》第十四条、第二十二条、《最高人民法院关于适用〈中华人民共和国行政诉讼法〉的解释》第一百零一条第一款第（六）项之规定，裁定如下：本案移送重庆市南岸区人民法院管辖。本案不收取案件受理费。

第十五条　中级人民法院管辖的第一审行政案件

中级人民法院管辖下列第一审行政案件：

（一）对国务院部门或者县级以上地方人民政府所作的行政行为提起诉讼的案件；

（二）海关处理的案件；

（三）本辖区内重大、复杂的案件；

（四）其他法律规定由中级人民法院管辖的案件。

司法解释及文件

1.《最高人民法院关于适用〈中华人民共和国行政诉讼法〉的解释》（2018年2月6日　法释〔2018〕1号）

第5条　有下列情形之一的，属于行政诉讼法第十五条第三项规定的“本辖区内重大、复杂的案件”：

（一）社会影响重大的共同诉讼案件；

（二）涉外或者涉及香港特别行政区、澳门特别行政区、台湾地区的案件；

（三）其他重大、复杂案件。

第6条 当事人以案件重大复杂为由，认为有管辖权的基层人民法院不宜行使管辖权或者根据行政诉讼法第五十二条的规定，向中级人民法院起诉，中级人民法院应当根据不同情况在七日内分别作出以下处理：

（一）决定自行审理；

（二）指定本辖区其他基层人民法院管辖；

（三）书面告知当事人向有管辖权的基层人民法院起诉。

第7条 基层人民法院对其管辖的第一审行政案件，认为需要由中级人民法院审理或者指定管辖的，可以报请中级人民法院决定。中级人民法院应当根据不同情况在七日内分别作出以下处理：

（一）决定自行审理；

（二）指定本辖区其他基层人民法院管辖；

（三）决定由报请的人民法院审理。

2.《最高人民法院关于审理国际贸易行政案件若干问题的规定》（2002年8月27日　法释〔2002〕27号）

第5条 第一审国际贸易行政案件由具有管辖权的中级以上人民法院管辖。

3.《最高人民法院关于第一审知识产权民事、行政案件管辖的若干规定》（2022年4月20日　法释〔2022〕13号）

为进一步完善知识产权案件管辖制度，合理定位四级法院审判职能，根据《中华人民共和国民事诉讼法》《中华人民共和国行政诉讼法》等法律规定，结合知识产权审判实践，制定本规定。

第1条　发明专利、实用新型专利、植物新品种、集成电路布图设计、技术秘密、计算机软件的权属、侵权纠纷以及垄断纠纷第一审民事、行政案件由知识产权法院，省、自治区、直辖市人民政府所在地的中级人民法院和最高人民法院确定的中级人民法院管辖。

法律对知识产权法院的管辖有规定的，依照其规定。

第2条　外观设计专利的权属、侵权纠纷以及涉驰名商标认定第一审民事、行政案件由知识产权法院和中级人民法院管辖；经最高人民法院批准，也可以由基层人民法院管辖，但外观设计专利行政案件除外。

本规定第一条及本条第一款规定之外的第一审知识产权案件诉讼标的额在最高人民法院确定的数额以上的，以及涉及国务院部门、县级以上地方人民政府或者海关行政行为的，由中级人民法院管辖。

法律对知识产权法院的管辖有规定的，依照其规定。

● 案例指引

某外贸公司诉某海关海关估价行政纠纷案（《最高人民法院公报》2006年第5期）

裁判摘要：我国行政诉讼有级别管辖之分，中级人民法院对特定案件的一审具有初审权，其中对海关处理的案件即是如此。

第十六条　高级人民法院管辖的第一审行政案件

高级人民法院管辖本辖区内重大、复杂的第一审行政案件。

● 司法解释及文件

1.《最高人民法院关于审理反倾销行政案件应用法律若干问题的规定》（2002年11月21日　法释〔2002〕35号）

第5条　第一审反倾销行政案件由下列人民法院管辖：

（一）被告所在地高级人民法院指定的中级人民法院；

（二）被告所在地高级人民法院。

2.《最高人民法院关于审理反补贴行政案件应用法律若干问题的规定》（2002年11月21日　法释〔2002〕36号）

第5条　第一审反补贴行政案件由下列人民法院管辖：

（一）被告所在地高级人民法院指定的中级人民法院；

（二）被告所在地高级人民法院。

● 案例指引

某村某社诉重庆市人民政府林权争议复议决定案（《最高人民法院公报》2000年第6期）

裁判摘要：高级人民法院管辖的是本辖区内重大、复杂的第一审行政案件，对于是否"重大、复杂"由高级人民法院结合案情、涉及面、影响等多项因素判断。本案即属于在重庆市的重大、复杂案件，依级别管辖原则由重庆市高级人民法院管辖。

第十七条　最高人民法院管辖的第一审行政案件

最高人民法院管辖全国范围内重大、复杂的第一审行政案件。

● 宪　法

1.《宪法》（2018年3月11日）

第132条　最高人民法院是最高审判机关。

最高人民法院监督地方各级人民法院和专门人民法院的审判工作，上级人民法院监督下级人民法院的审判工作。

● 法　律

2.《民事诉讼法》（2023年9月1日）

第21条　最高人民法院管辖下列第一审民事案件：

（一）在全国有重大影响的案件；

（二）认为应当由本院审理的案件。

3.《刑事诉讼法》（2018年10月26日）

第23条 最高人民法院管辖的第一审刑事案件，是全国性的重大刑事案件。

第十八条 一般地域管辖和法院跨行政区域管辖

行政案件由最初作出行政行为的行政机关所在地人民法院管辖。经复议的案件，也可以由复议机关所在地人民法院管辖。

经最高人民法院批准，高级人民法院可以根据审判工作的实际情况，确定若干人民法院跨行政区域管辖行政案件。

司法解释及文件

《最高人民法院关于国有资产产权管理行政案件管辖问题的解释》

（2001年2月16日　法释〔2001〕6号）

为了正确适用《中华人民共和国行政诉讼法》第十七条、第十九条的规定，现对国有资产产权管理行政案件的管辖问题作出如下解释：

当事人因国有资产产权界定行为提起行政诉讼的，应当根据不同情况确定管辖法院。产权界定行为直接针对不动产作出的，由不动产所在地人民法院管辖。产权界定行为针对包含不动产在内的整体产权作出的，由最初作出产权界定的行政机关所在地人民法院管辖；经过复议的案件，复议机关改变原产权界定行为的，也可以由复议机关所在地人民法院管辖。

第十九条 限制人身自由行政案件的管辖

对限制人身自由的行政强制措施不服提起的诉讼，由被告所在地或者原告所在地人民法院管辖。

● 司法解释及文件

《最高人民法院关于适用〈中华人民共和国行政诉讼法〉的解释》（2018 年 2 月 6 日　法释〔2018〕1 号）

第 8 条　行政诉讼法第十九条规定的“原告所在地”，包括原告的户籍所在地、经常居住地和被限制人身自由地。

对行政机关基于同一事实，既采取限制公民人身自由的行政强制措施，又采取其他行政强制措施或者行政处罚不服的，由被告所在地或者原告所在地的人民法院管辖。

第二十条　不动产行政案件的管辖

因不动产提起的行政诉讼，由不动产所在地人民法院管辖。

● 司法解释及文件

1. **《最高人民法院关于国有资产产权管理行政案件管辖问题的解释》**（2001 年 2 月 16 日　法释〔2001〕6 号）

为了正确适用《中华人民共和国行政诉讼法》第十七条、第十九条的规定，现对国有资产产权管理行政案件的管辖问题作出如下解释：

当事人因国有资产产权界定行为提起行政诉讼的，应当根据不同情况确定管辖法院。产权界定行为直接针对不动产作出的，由不动产所在地人民法院管辖。产权界定行为针对包含不动产在内的整体产权作出的，由最初作出产权界定的行政机关所在地人民法院管辖；经过复议的案件，复议机关改变原产权界定行为的，也可以由复议机关所在地人民法院管辖。

2. **《最高人民法院关于办理申请人民法院强制执行国有土地上房屋征收补偿决定案件若干问题的规定》**（2012 年 3 月 26 日　法释〔2012〕4 号）

第 1 条　申请人民法院强制执行征收补偿决定案件，由房屋所在地基层人民法院管辖，高级人民法院可以根据本地实际情况决定管辖法院。

第二十一条 选择管辖

两个以上人民法院都有管辖权的案件，原告可以选择其中一个人民法院提起诉讼。原告向两个以上有管辖权的人民法院提起诉讼的，由最先立案的人民法院管辖。

第二十二条 移送管辖

人民法院发现受理的案件不属于本院管辖的，应当移送有管辖权的人民法院，受移送的人民法院应当受理。受移送的人民法院认为受移送的案件按照规定不属于本院管辖的，应当报请上级人民法院指定管辖，不得再自行移送。

● **司法解释及文件**

《最高人民法院关于适用〈中华人民共和国行政诉讼法〉的解释》
（2018年2月6日　法释〔2018〕1号）

第10条　人民法院受理案件后，被告提出管辖异议的，应当在收到起诉状副本之日起十五日内提出。

对当事人提出的管辖异议，人民法院应当进行审查。异议成立的，裁定将案件移送有管辖权的人民法院；异议不成立的，裁定驳回。

人民法院对管辖异议审查后确定有管辖权的，不因当事人增加或者变更诉讼请求等改变管辖，但违反级别管辖、专属管辖规定的除外。

● 案例指引

夏某诉徐州市建设局行政证明案（《最高人民法院公报》2006年第9期）

裁判摘要：移送管辖是指某一人民法院受理原告起诉后，发现自己对该行政案件没有管辖权时，将该案件移送到自己认为有管辖权的法院，但受移送的人民法院即使在认为自己没有管辖权时也不能再自行移送，此时必须报他们的共同上级人民法院指定管辖。本案中，云龙区人民法院即是认为本院没有管辖权而将此案移送徐州市泉山区人民法院，最终由泉山区人民法院对本案进行了一审。

第二十三条 指定管辖

有管辖权的人民法院由于特殊原因不能行使管辖权的，由上级人民法院指定管辖。

人民法院对管辖权发生争议，由争议双方协商解决。协商不成的，报它们的共同上级人民法院指定管辖。

● 司法解释及文件

《最高人民法院关于对与证券交易所监管职能相关的诉讼案件管辖与受理问题的规定》（2020年12月29日　法释〔2020〕20号）

为正确及时地管辖、受理与证券交易所监管职能相关的诉讼案件，特作出以下规定：

一、根据《中华人民共和国民事诉讼法》第三十七条和《中华人民共和国行政诉讼法》第二十三条的有关规定，指定上海证券交易所和深圳证券交易所所在地的中级人民法院分别管辖以上海证券交易所和深圳证券交易所为被告或第三人的与证券交易所监管职能相关的第一审民事和行政案件。

二、与证券交易所监管职能相关的诉讼案件包括：

（一）证券交易所根据《中华人民共和国公司法》《中华人

民共和国证券法》《中华人民共和国证券投资基金法》《证券交易所管理办法》等法律、法规、规章的规定，对证券发行人及其相关人员、证券交易所会员及其相关人员、证券上市和交易活动做出处理决定引发的诉讼；

（二）证券交易所根据国务院证券监督管理机构的依法授权，对证券发行人及其相关人员、证券交易所会员及其相关人员、证券上市和交易活动做出处理决定引发的诉讼；

（三）证券交易所根据其章程、业务规则、业务合同的规定，对证券发行人及其相关人员、证券交易所会员及其相关人员、证券上市和交易活动做出处理决定引发的诉讼；

（四）证券交易所在履行监管职能过程中引发的其他诉讼。

三、投资者对证券交易所履行监管职责过程中对证券发行人及其相关人员、证券交易所会员及其相关人员、证券上市和交易活动做出的不直接涉及投资者利益的行为提起的诉讼，人民法院不予受理。

本规定自发布之日起施行。

第二十四条 管辖权转移

上级人民法院有权审理下级人民法院管辖的第一审行政案件。

下级人民法院对其管辖的第一审行政案件，认为需要由上级人民法院审理或者指定管辖的，可以报请上级人民法院决定。

● 法　律

1.《民事诉讼法》（2023 年 9 月 1 日）

第 39 条　上级人民法院有权审理下级人民法院管辖的第一审民事案件；确有必要将本院管辖的第一审民事案件交下级人民法院审理的，应当报请其上级人民法院批准。

下级人民法院对它所管辖的第一审民事案件，认为需要由上级人民法院审理的，可以报请上级人民法院审理。

2.《刑事诉讼法》（2018 年 10 月 26 日）

第 24 条 上级人民法院在必要的时候，可以审判下级人民法院管辖的第一审刑事案件；下级人民法院认为案情重大、复杂需要由上级人民法院审判的第一审刑事案件，可以请求移送上一级人民法院审判。

第 27 条 上级人民法院可以指定下级人民法院审判管辖不明的案件，也可以指定下级人民法院将案件移送其他人民法院审判。

司法解释及文件

3.《最高人民法院印发〈关于加强和规范案件提级管辖和再审提审工作的指导意见〉的通知》（2023 年 7 月 28 日 法发〔2023〕13 号）

第 2 条 本意见所称“提级管辖”，是指根据《中华人民共和国刑事诉讼法》第二十四条、《中华人民共和国民事诉讼法》第三十九条、《中华人民共和国行政诉讼法》第二十四条的规定，下级人民法院将所管辖的第一审案件转移至上级人民法院审理，包括上级人民法院依下级人民法院报请提级管辖、上级人民法院依职权提级管辖。

第 10 条 上级人民法院作出的提级管辖法律文书，应当载明以下内容：

（一）案件基本信息；

（二）本院决定提级管辖的理由和分析意见。

上级人民法院不同意提级管辖的，应当在相关法律文书中载明理由和分析意见。

第 11 条 上级人民法院决定提级管辖的，应当在作出法律文书后五日内，将法律文书送原受诉人民法院。原受诉人民法院收到提级管辖的法律文书后，应当在五日内送达当事人，并在十日内将案卷材料移送上级人民法院。上级人民法院应当在收到案卷材料后五日内立案。对检察机关提起公诉的案件，上级人民法院决定提级管辖的，应当书面通知同级人民检察院，原受诉人民法院应当将案卷材料退回同级人民检察院，并书面通知当事人。

上级人民法院决定不予提级管辖的，应当在作出法律文书后五日内，将法律文书送原受诉人民法院并退回相关案卷材料。案件由原受诉人民法院继续审理。

第12条 上级人民法院决定提级管辖的案件，应当依法组成合议庭适用第一审普通程序审理。

原受诉人民法院已经依法完成的送达、保全、鉴定等程序性工作，上级人民法院可以不再重复开展。

第14条 按照本意见提级管辖的案件，审理期限自上级人民法院立案之日起重新计算。

下级人民法院向上级人民法院报送提级管辖请示的期间和上级人民法院审查处理期间，均不计入案件审理期限。

对依报请不同意提级管辖的案件，自原受诉人民法院收到相关法律文书之日起恢复案件审限计算。

● 案例指引

龙某诉北流市政府、北流市应急管理局安全生产行政处罚纠纷案①

裁判摘要：关于本院对原告不服23号处罚决定提起诉讼是否有管辖权的问题，23号处罚决定的作出机关是北流市安监局，如原告单独提起对23号处罚决定的诉讼，一审管辖法院应为北流市人民法院，但原告在本案诉讼中，由于其与有相关联性122号批复提起了

① 本案例选自中国裁判文书网。

诉讼，本院作为北流市人民法院的上级人民法院已经对本案一并进行了立案，尽管122号批复不具有可诉性，但根据《中华人民共和国行政诉讼法》第二十四条第一款关于“上级人民法院有权审理下级人民法院管辖的第一审行政案件”的规定，鉴于本案已经开庭审理，从减少当事人讼累角度出发，故本院不再将本案交由下级法院管辖，直接审理裁判并不违法。

第四章　诉讼参加人

第二十五条　原告资格

行政行为的相对人以及其他与行政行为有利害关系的公民、法人或者其他组织，有权提起诉讼。

有权提起诉讼的公民死亡，其近亲属可以提起诉讼。

有权提起诉讼的法人或者其他组织终止，承受其权利的法人或者其他组织可以提起诉讼。

人民检察院在履行职责中发现生态环境和资源保护、食品药品安全、国有财产保护、国有土地使用权出让等领域负有监督管理职责的行政机关违法行使职权或者不作为，致使国家利益或者社会公共利益受到侵害的，应当向行政机关提出检察建议，督促其依法履行职责。行政机关不依法履行职责的，人民检察院依法向人民法院提起诉讼。

司法解释及文件

1.《最高人民法院关于适用〈中华人民共和国行政诉讼法〉的解释》（2018年2月6日　法释〔2018〕1号）

第12条　有下列情形之一的，属于行政诉讼法第二十五条第一款规定的“与行政行为有利害关系”：

（一）被诉的行政行为涉及其相邻权或者公平竞争权的；

（二）在行政复议等行政程序中被追加为第三人的；

（三）要求行政机关依法追究加害人法律责任的；

（四）撤销或者变更行政行为涉及其合法权益的；

（五）为维护自身合法权益向行政机关投诉，具有处理投诉职责的行政机关作出或者未作出处理的；

（六）其他与行政行为有利害关系的情形。

第 13 条　债权人以行政机关对债务人所作的行政行为损害债权实现为由提起行政诉讼的，人民法院应当告知其就民事争议提起民事诉讼，但行政机关作出行政行为时依法应予保护或者应予考虑的除外。

第 14 条　行政诉讼法第二十五条第二款规定的“近亲属”，包括配偶、父母、子女、兄弟姐妹、祖父母、外祖父母、孙子女、外孙子女和其他具有扶养、赡养关系的亲属。

公民因被限制人身自由而不能提起诉讼的，其近亲属可以依其口头或者书面委托以该公民的名义提起诉讼。近亲属起诉时无法与被限制人身自由的公民取得联系，近亲属可以先行起诉，并在诉讼中补充提交委托证明。

第 15 条　合伙企业向人民法院提起诉讼的，应当以核准登记的字号为原告。未依法登记领取营业执照的个人合伙的全体合伙人为共同原告；全体合伙人可以推选代表人，被推选的代表人，应当由全体合伙人出具推选书。

个体工商户向人民法院提起诉讼的，以营业执照上登记的经营者为原告。有字号的，以营业执照上登记的字号为原告，并应当注明该字号经营者的基本信息。

第 16 条　股份制企业的股东大会、股东会、董事会等认为行政机关作出的行政行为侵犯企业经营自主权的，可以企业名义提起诉讼。

联营企业、中外合资或者合作企业的联营、合资、合作各方，认为联营、合资、合作企业权益或者自己一方合法权益受行政行为侵害的，可以自己的名义提起诉讼。

非国有企业被行政机关注销、撤销、合并、强令兼并、出售、分立或者改变企业隶属关系的，该企业或者其法定代表人可以提起诉讼。

第17条 事业单位、社会团体、基金会、社会服务机构等非营利法人的出资人、设立人认为行政行为损害法人合法权益的，可以自己的名义提起诉讼。

第18条 业主委员会对于行政机关作出的涉及业主共有利益的行政行为，可以自己的名义提起诉讼。

业主委员会不起诉的，专有部分占建筑物总面积过半数或者占总户数过半数的业主可以提起诉讼。

2.《最高人民法院关于审理反倾销行政案件应用法律若干问题的规定》（2002年11月21日 法释〔2002〕35号）

第2条 与反倾销行政行为具有法律上利害关系的个人或者组织为利害关系人，可以依照行政诉讼法及其他有关法律、行政法规的规定，向人民法院提起行政诉讼。

前款所称利害关系人，是指向国务院主管部门提出反倾销调查书面申请的申请人，有关出口经营者和进口经营者及其他具有法律上利害关系的自然人、法人或者其他组织。

3.《最高人民法院关于审理反补贴行政案件应用法律若干问题的规定》（2002年11月21日 法释〔2002〕36号）

第2条 与反补贴行政行为具有法律上利害关系的个人或者组织为利害关系人，可以依照行政诉讼法及其他有关法律、行政法规的规定，向人民法院提起行政诉讼。

前款所称利害关系人，是指向国务院主管机关提出反补贴调查书面申请的申请人，有关出口经营者和进口经营者及其他具有法律上利害关系的自然人、法人或者其他组织。

4.《最高人民法院关于审理涉及农村集体土地行政案件若干问题的规定》（2011年8月7日　法释〔2011〕20号）

第3条　村民委员会或者农村集体经济组织对涉及农村集体土地的行政行为不起诉的，过半数的村民可以以集体经济组织名义提起诉讼。

农村集体经济组织成员全部转为城镇居民后，对涉及农村集体土地的行政行为不服的，过半数的原集体经济组织成员可以提起诉讼。

第4条　土地使用权人或者实际使用人对行政机关作出涉及其使用或实际使用的集体土地的行政行为不服的，可以以自己的名义提起诉讼。

● 案例指引

1. 支某兰诉山东省某市自然资源和规划局宅基地使用权登记诉讼监督案（最高人民检察院检例第207号）

案例要旨：非本集体经济组织成员基于房屋继承提起的宅基地登记行政诉讼，人民法院以起诉人与被诉宅基地登记行为不存在利害关系为由裁定驳回起诉的，人民检察院应当依法进行监督。诉权是公民、法人或者其他组织依法享有的寻求司法救济的权利。《中华人民共和国行政诉讼法》规定，行政行为的相对人以及其他与行政行为有利害关系的公民、法人或者其他组织，有权提起诉讼。“外嫁女”继承农村宅基地上的房屋，根据房地一体原则，在房屋自然存续期间，可以占用宅基地并办理确权登记，成为宅基地的权利人。行政机关仅向本集体经济组织成员颁发土地使用证，侵犯了“外嫁女”合法权益。人民法院以“外嫁女”与被诉宅基地登记行为不存在利害关系为由驳回起诉的，人民检察院应当依法进行监督，有效保护诉权的同时，通过实体审理纠正错误登记行为，保障“外嫁女”等非本集体经济组织成员因继承房屋而享有的宅基地使用权。

2. **吉林省白山市人民检察院诉白山市江源区卫生和计划生育局、白山市江源区中医院环境公益诉讼案**（最高人民法院指导案例136号）

裁判要旨：法院生效裁判认为，根据国务院《医疗机构管理条例》第五条及第四十条的规定，白山市江源区卫生和计划生育局对辖区内医疗机构具有监督管理的法定职责。《吉林省医疗机构审批管理办法（试行）》第四十四条规定，医疗机构申请校验时应提交校验申请、执业登记项目变更情况、接受整改情况、环评合格报告等材料。白山市江源区卫生和计划生育局在白山市江源区中医院未提交环评合格报告的情况下，对其《医疗机构职业许可证》校验为合格，违反上述规定，该校验行为违法。白山市江源区中医院违法排放医疗污水，导致周边地下水及土壤存在重大污染风险。白山市江源区卫生和计划生育局作为卫生行政主管部门，未及时制止，其怠于履行监管职责的行为违法。白山市江源区中医院通过渗井、渗坑违法排放医疗污水，且污水处理设施建设完工及环评验收需要一定的时间，故白山市江源区卫生和计划生育局应当继续履行监管职责，督促白山市江源区中医院污水处理工程及时完工，达到环评要求并投入使用，符合《吉林省医疗机构审批管理办法（试行）》第四十四条规定的校验医疗机构执业许可证的条件。

3. **罗某诉吉安市物价局物价行政处理案**（最高人民法院指导案例77号）

裁判要旨：举报人就其自身合法权益受侵害向行政机关进行举报的，与行政机关的举报处理行为具有法律上的利害关系，具备行政诉讼原告主体资格。

法院生效裁判认为，根据《行政诉讼法》第二条、第二十四条第一款及《行政诉讼法解释》第十二条规定，举报人就举报处理行为提起行政诉讼，必须与该行为具有法律上的利害关系。本案中，罗某虽然要求吉安市物价局“依法查处并没收所有电信用户首次办理手机卡被收取的卡费”，但仍是基于认为吉安电信公司收取卡费行为侵害其自身合法权益，向吉安市物价局进行举报，并持有收取费用的发票作为证据。因此，罗某与举报处理行为具有法律上的利害关系，具有行政诉讼原告主体资格，依法可以提起行政诉讼。

4. 陕西省宝鸡市环境保护局凤翔分局不全面履职案（最高人民检察院检例第49号）

裁判摘要：行政机关在履行环境保护监管职责时，虽有履职行为，但未依法全面运用行政监管手段制止违法行为，检察机关经诉前程序仍未实现督促行政机关依法全面履职目的的，应当向人民法院提起行政公益诉讼。

5. 北京市海淀区人民检察院督促落实未成年人禁烟保护案（最高人民检察院检例第88号）

裁判摘要：未成年人合法权益受到侵犯涉及公共利益的，人民检察院应当提起公益诉讼予以司法保护。校园周边存在向未成年人出售烟草制品等违法行为时，检察机关可以采取提出检察建议的方式，督促相关行政部门依法履职，加强校园周边环境整治，推进未成年人权益保护。

6. 黑龙江省检察机关督促治理二次供水安全公益诉讼案（最高人民检察院检例第89号）

裁判摘要：检察机关办理涉及重大民生的公益诉讼案件，如果其他地方存在类似问题时，应当在依法办理的同时，向上级人民检察院报告。对于较大区域内存在公共利益受损情形且涉及多个行政部门监管职责的问题，可以由上级人民检察院向人民政府提出检察建议，促使其统筹各部门协同整改。

7. 江苏省睢宁县人民检察院督促处置危险废物行政公益诉讼案（最高人民检察院检例第112号）

裁判摘要：对犯罪行为造成的持续污染，检察机关可综合运用刑事检察和公益诉讼检察职能，对损害国家利益和社会公共利益的情形进行全方位监督。公安机关调查取证完成后，犯罪嫌疑人无力处置污染物，行政机关又不履行代处置义务的，检察机关应当督促其依法履职。

8. 河南省人民检察院郑州铁路运输分院督促整治违建塘坝危害高铁运营安全行政公益诉讼案（最高人民检察院检例第 113 号）

裁判摘要：对于高铁运营安全存在的重大安全隐患，行政机关未依法履职的，检察机关可以开展行政公益诉讼。对于跨行政区划的公益诉讼案件，可以指定铁路运输检察机关管辖。涉及多级、多地人民政府及其职能部门职责的，对具有统筹协调职责的上级人民政府发出检察建议。

9. 福建省福清市人民检察院督促消除幼儿园安全隐患行政公益诉讼案（最高人民检察院检例第 143 号）

裁判摘要：教育服务场所存在安全隐患，但行政监管不到位，侵犯未成年人合法权益的，检察机关可以开展行政公益诉讼，督促行政机关依法充分履职。检察机关在办理未成年人保护公益诉讼案件中，可以综合运用不同类型检察建议，推动未成年人权益保护的源头治理和综合治理。检察机关在督促行政机关依法全面履职过程中，应当推动行政机关选择最有利于保护未成年人合法权益的履职方式。

10. 贵州省沿河土家族自治县人民检察院督促履行食品安全监管职责行政公益诉讼案（最高人民检察院检例第 144 号）

裁判摘要：检察机关在履职中可以通过多种渠道发现未成年人保护公益诉讼案件线索。消除校园周边食品安全隐患，规范校园周边秩序，是未成年人保护公益诉讼检察的重点领域。对于易发多发易反弹的未成年人保护顽疾问题，检察机关应当在诉前检察建议发出后持续跟进监督，对于行政机关未能依法全面、充分履职的，应依法提起诉讼，将公益保护落到实处。

11. 江苏省溧阳市人民检察院督促整治网吧违规接纳未成年人行政公益诉讼案（最高人民检察院检例第 145 号）

裁判摘要：不适宜未成年人活动场所违规接纳未成年人进入，

损害未成年人身心健康，易滋生违法犯罪，侵犯社会公共利益。检察机关应当依法履行公益诉讼职责，推动行政机关落实监管措施。充分发挥未成年人检察工作社会支持体系作用，促进社会综合治理，形成未成年人保护合力。

12. 吉林省检察机关督促履行环境保护监管职责行政公益诉讼案（最高人民检察院检例第162号）

裁判摘要：《中华人民共和国行政诉讼法》第二十五条第四款中的“监督管理职责”，不仅包括行政机关对违法行为的行政处罚职责，也包括行政机关为避免公益损害持续或扩大，依据法律、法规、规章等规定，运用公共权力、使用公共资金等对受损公益进行恢复等综合性治理职责。上级检察机关对于确有错误的生效公益诉讼裁判，应当依法提出抗诉。

13. 山西省检察机关督促整治浑源矿企非法开采行政公益诉讼案（最高人民检察院检例第163号）

裁判摘要：检察机关办理重大公益损害案件，要积极争取党委领导和政府支持。在多层级多个行政机关都负有监管职责的情况下，要统筹发挥一体化办案机制作用，根据同级监督原则，由不同层级检察机关督促相应行政机关依法履行职责。办案过程中，可以综合运用诉前检察建议和社会治理检察建议等相应监督办案方式，推动形成检察监督与行政层级监督合力，促进问题解决。

第二十六条 被告资格

公民、法人或者其他组织直接向人民法院提起诉讼的，作出行政行为的行政机关是被告。

经复议的案件，复议机关决定维持原行政行为的，作出原行政行为的行政机关和复议机关是共同被告；复议机关改变原行政行为的，复议机关是被告。

复议机关在法定期限内未作出复议决定，公民、法人或者其他组织起诉原行政行为的，作出原行政行为的行政机关是被告；起诉复议机关不作为的，复议机关是被告。

两个以上行政机关作出同一行政行为的，共同作出行政行为的行政机关是共同被告。

行政机关委托的组织所作的行政行为，委托的行政机关是被告。

行政机关被撤销或者职权变更的，继续行使其职权的行政机关是被告。

● 司法解释及文件

1.《最高人民法院关于适用〈中华人民共和国行政诉讼法〉的解释》（2018年2月6日　法释〔2018〕1号）

第19条　当事人不服经上级行政机关批准的行政行为，向人民法院提起诉讼的，以在对外发生法律效力的文书上署名的机关为被告。

第20条　行政机关组建并赋予行政管理职能但不具有独立承担法律责任能力的机构，以自己的名义作出行政行为，当事人不服提起诉讼的，应当以组建该机构的行政机关为被告。

法律、法规或者规章授权行使行政职权的行政机关内设机构、派出机构或者其他组织，超出法定授权范围实施行政行为，当事人不服提起诉讼的，应当以实施该行为的机构或者组织为被告。

没有法律、法规或者规章规定，行政机关授权其内设机构、派出机构或者其他组织行使行政职权的，属于行政诉讼法第二十六条规定的委托。当事人不服提起诉讼的，应当以该行政机关为被告。

第21条　当事人对由国务院、省级人民政府批准设立的开发区管理机构作出的行政行为不服提起诉讼的，以该开发区管理机构为被告；对由国务院、省级人民政府批准设立的开发区管理机构所属职能部门作出的行政行为不服提起诉讼的，以其职能部门为被告；对其他开发区管理机构所属职能部门作出的行政行为不服提起诉讼的，以开发区管理机构为被告；开发区管理机构没有行政主体资格的，以设立该机构的地方人民政府为被告。

第 23 条　行政机关被撤销或者职权变更，没有继续行使其职权的行政机关的，以其所属的人民政府为被告；实行垂直领导的，以垂直领导的上一级行政机关为被告。

第 24 条　当事人对村民委员会或者居民委员会依据法律、法规、规章的授权履行行政管理职责的行为不服提起诉讼的，以村民委员会或者居民委员会为被告。

当事人对村民委员会、居民委员会受行政机关委托作出的行为不服提起诉讼的，以委托的行政机关为被告。

当事人对高等学校等事业单位以及律师协会、注册会计师协会等行业协会依据法律、法规、规章的授权实施的行政行为不服提起诉讼的，以该事业单位、行业协会为被告。

当事人对高等学校等事业单位以及律师协会、注册会计师协会等行业协会受行政机关委托作出的行为不服提起诉讼的，以委托的行政机关为被告。

第 25 条　市、县级人民政府确定的房屋征收部门组织实施房屋征收与补偿工作过程中作出行政行为，被征收人不服提起诉讼的，以房屋征收部门为被告。

征收实施单位受房屋征收部门委托，在委托范围内从事的行为，被征收人不服提起诉讼的，应当以房屋征收部门为被告。

第 26 条　原告所起诉的被告不适格，人民法院应当告知原告变更被告；原告不同意变更的，裁定驳回起诉。

应当追加被告而原告不同意追加的，人民法院应当通知其以第三人的身份参加诉讼，但行政复议机关作共同被告的除外。

第134条 复议机关决定维持原行政行为的，作出原行政行为的行政机关和复议机关是共同被告。原告只起诉作出原行政行为的行政机关或者复议机关的，人民法院应当告知原告追加被告。原告不同意追加的，人民法院应当将另一机关列为共同被告。

行政复议决定既有维持原行政行为内容，又有改变原行政行为内容或者不予受理申请内容的，作出原行政行为的行政机关和复议机关为共同被告。

复议机关作共同被告的案件，以作出原行政行为的行政机关确定案件的级别管辖。

2. **《最高人民法院关于审理反倾销行政案件应用法律若干问题的规定》**（2002年11月21日　法释〔2002〕35号）

第3条 反倾销行政案件的被告，应当是作出相应被诉反倾销行政行为的国务院主管部门。

3. **《最高人民法院关于审理反补贴行政案件应用法律若干问题的规定》**（2002年11月21日　法释〔2002〕36号）

第3条 反补贴行政案件的被告，应当是作出相应被诉反补贴行政行为的国务院主管部门。

4. **《最高人民法院关于审理涉及农村集体土地行政案件若干问题的规定》**（2011年8月7日　法释〔2011〕20号）

第5条 土地权利人认为土地储备机构作出的行为侵犯其依法享有的农村集体土地所有权或使用权的，向人民法院提起诉讼的，应当以土地储备机构所隶属的土地管理部门为被告。

第6条 土地权利人认为乡级以上人民政府作出的土地确权决定侵犯其依法享有的农村集体土地所有权或者使用权，经复议后向人民法院提起诉讼的，人民法院应当依法受理。

法律、法规规定应当先申请行政复议的土地行政案件，复议机关作出不受理复议申请的决定或者以不符合受理条件为由驳回复议申请，复议申请人不服的，应当以复议机关为被告向人民法院提起诉讼。

5.《最高人民法院关于正确确定县级以上地方人民政府行政诉讼被告资格若干问题的规定》（2021年3月25日　法释〔2021〕5号）

为准确适用《中华人民共和国行政诉讼法》，依法正确确定县级以上地方人民政府的行政诉讼被告资格，结合人民法院行政审判工作实际，制定本解释。

第1条　法律、法规、规章规定属于县级以上地方人民政府职能部门的行政职权，县级以上地方人民政府通过听取报告、召开会议、组织研究、下发文件等方式进行指导，公民、法人或者其他组织不服县级以上地方人民政府的指导行为提起诉讼的，人民法院应当释明，告知其以具体实施行政行为的职能部门为被告。

第2条　县级以上地方人民政府根据城乡规划法的规定，责成有关职能部门对违法建筑实施强制拆除，公民、法人或者其他组织不服强制拆除行为提起诉讼，人民法院应当根据行政诉讼法第二十六条第一款的规定，以作出强制拆除决定的行政机关为被告；没有强制拆除决定书的，以具体实施强制拆除行为的职能部门为被告。

第3条　公民、法人或者其他组织对集体土地征收中强制拆除房屋等行为不服提起诉讼的，除有证据证明系县级以上地方人民政府具体实施外，人民法院应当根据行政诉讼法第二十六条第一款的规定，以作出强制拆除决定的行政机关为被告；没有强制拆除决定书的，以具体实施强制拆除等行为的行政机关为被告。

县级以上地方人民政府已经作出国有土地上房屋征收与补偿决定，公民、法人或者其他组织不服具体实施房屋征收与补偿工作中的强制拆除房屋等行为提起诉讼的，人民法院应当根据行政诉讼法第二十六条第一款的规定，以作出强制拆除决定的行政机关为被告；没有强制拆除决定书的，以县级以上地方人民政府确定的房屋征收部门为被告。

第4条　公民、法人或者其他组织向县级以上地方人民政府申请履行法定职责或者给付义务，法律、法规、规章规定该职责或者义务属于下级人民政府或者相应职能部门的行政职权，县级以上地方人民政府已经转送下级人民政府或者相应职能部门处理并告知申请人，申请人起诉要求履行法定职责或者给付义务的，以下级人民政府或者相应职能部门为被告。

第5条　县级以上地方人民政府确定的不动产登记机构或者其他实际履行该职责的职能部门按照《不动产登记暂行条例》的规定办理不动产登记，公民、法人或者其他组织不服提起诉讼的，以不动产登记机构或者实际履行该职责的职能部门为被告。

公民、法人或者其他组织对《不动产登记暂行条例》实施之前由县级以上地方人民政府作出的不动产登记行为不服提起诉讼的，以继续行使其职权的不动产登记机构或者实际履行该职责的职能部门为被告。

第6条　县级以上地方人民政府根据《中华人民共和国政府信息公开条例》的规定，指定具体机构负责政府信息公开日常工作，公民、法人或者其他组织对该指定机构以自己名义所作的政府信息公开行为不服提起诉讼的，以该指定机构为被告。

第7条　被诉行政行为不是县级以上地方人民政府作出，公民、法人或者其他组织以县级以上地方人民政府作为被告的，人民法院应当予以指导和释明，告知其向有管辖权的人民法院起诉；公民、法人或者其他组织经人民法院释明仍不变更的，人民法院可以裁定不予立案，也可以将案件移送有管辖权的人民法院。

第8条　本解释自2021年4月1日起施行。本解释施行后，最高人民法院此前作出的相关司法解释与本解释相抵触的，以本解释为准。

6.《最高人民法院关于审理行政赔偿案件若干问题的规定》（2022年3月20日 法释〔2022〕10号）

第8条 两个以上行政机关共同实施侵权行政行为造成损害的，共同侵权行政机关为共同被告。赔偿请求人坚持对其中一个或者几个侵权机关提起行政赔偿诉讼，以被起诉的机关为被告，未被起诉的机关追加为第三人。

第9条 原行政行为造成赔偿请求人损害，复议决定加重损害的，复议机关与原行政行为机关为共同被告。赔偿请求人坚持对作出原行政行为机关或者复议机关提起行政赔偿诉讼，以被起诉的机关为被告，未被起诉的机关追加为第三人。

第10条 行政机关依据行政诉讼法第九十七条的规定申请人民法院强制执行其行政行为，因据以强制执行的行政行为违法而发生行政赔偿诉讼的，申请强制执行的行政机关为被告。

● 案例指引

1. **田某诉北京科技大学拒绝颁发毕业证、学位证案**（最高人民法院指导案例第38号）

裁判摘要：（1）高等学校对受教育者因违反校规、校纪而拒绝颁发学历证书、学位证书，受教育者不服的，可以依法提起行政诉讼。（2）高等学校依据违背国家法律、行政法规或规章的校规、校纪，对受教育者作出退学处理等决定的，人民法院不予支持。（3）高等学校对因违反校规、校纪的受教育者作出影响其基本权利的决定时，应当允许其申辩并在决定作出后及时送达，否则视为违反法定程序。

2. **何某诉某大学履行法定职责案**（《最高人民法院公报》2012年第2期）

裁判摘要：根据有关行政法规、规章及民办高校办学相关政策、规范性文件的规定，大学作为独立学院的挂名高校，具有授予独立学院符合条件毕业生学士学位的法定职责、学生以独立学院无根据未授予学士学位为由起诉的，大学应为适格被告。因独立学院作出具有终局性的初审行为，对学生的利益有直接利害关系，亦应作为被告。学生坚持起诉大学，而不起诉独立学院的，法院应将独立学院列为第三人。

第二十七条 共同诉讼

当事人一方或者双方为二人以上，因同一行政行为发生的行政案件，或者因同类行政行为发生的行政案件、人民法院认为可以合并审理并经当事人同意的，为共同诉讼。

● 司法解释及文件

《最高人民法院关于适用〈中华人民共和国行政诉讼法〉的解释》

（2018 年 2 月 6 日 法释〔2018〕1 号）

第 27 条 必须共同进行诉讼的当事人没有参加诉讼的，人民法院应当依法通知其参加；当事人也可以向人民法院申请参加。

人民法院应当对当事人提出的申请进行审查，申请理由不成立的，裁定驳回；申请理由成立的，书面通知其参加诉讼。

前款所称的必须共同进行诉讼，是指按照行政诉讼法第二十七条的规定，当事人一方或者双方为两人以上，因同一行政行为发生行政争议，人民法院必须合并审理的诉讼。

第 28 条 人民法院追加共同诉讼的当事人时，应当通知其他当事人。应当追加的原告，已明确表示放弃实体权利的，可不予追加；既不愿意参加诉讼，又不放弃实体权利的，应追加为第三人，其不参加诉讼，不能阻碍人民法院对案件的审理和裁判。

第 73 条 根据行政诉讼法第二十七条的规定，有下列情形之一的，人民法院可以决定合并审理：

（一）两个以上行政机关分别对同一事实作出行政行为，公民、法人或者其他组织不服向同一人民法院起诉的；

（二）行政机关就同一事实对若干公民、法人或者其他组织分别作出行政行为，公民、法人或者其他组织不服分别向同一人民法院起诉的；

（三）在诉讼过程中，被告对原告作出新的行政行为，原告不服向同一人民法院起诉的；

（四）人民法院认为可以合并审理的其他情形。

● 案例指引

宣某等 18 人诉衢州市国土资源局收回土地使用权案（《最高人民法院公报》2004 年第 4 期）

裁判摘要：从案情来看，18 名原告之间的权利义务是各自独立的，其中一人的诉讼行为，无须得到其他人的承认，对其他人也不发生法律效力。因此，如果不合并审理的话，本案也可以分解为 18 个独立的诉讼。但为了简化诉讼程序，节省诉讼时间和费用，并避免人民法院在同一或同类案件上作出相互矛盾的判决，本案可按普通共同诉讼将 18 名原告的诉讼请求合并审理。

第二十八条 代表人诉讼

当事人一方人数众多的共同诉讼，可以由当事人推选代表人进行诉讼。代表人的诉讼行为对其所代表的当事人发生效力，但代表人变更、放弃诉讼请求或者承认对方当事人的诉讼请求，应当经被代表的当事人同意。

● 司法解释及文件

《最高人民法院关于适用〈中华人民共和国行政诉讼法〉的解释》（2018 年 2 月 6 日 法释〔2018〕1 号）

第 29 条 行政诉讼法第二十八条规定的“人数众多”，一般指十人以上。

根据行政诉讼法第二十八条的规定，当事人一方人数众多的，由当事人推选代表人。当事人推选不出的，可以由人民法院在起诉的当事人中指定代表人。

行政诉讼法第二十八条规定的代表人为二至五人。代表人可以委托一至二人作为诉讼代理人。

第二十九条　诉讼第三人

公民、法人或者其他组织同被诉行政行为有利害关系但没有提起诉讼，或者同案件处理结果有利害关系的，可以作为第三人申请参加诉讼，或者由人民法院通知参加诉讼。

人民法院判决第三人承担义务或者减损第三人权益的，第三人有权依法提起上诉。

司法解释及文件

1.《最高人民法院关于适用〈中华人民共和国行政诉讼法〉的解释》（2018年2月6日　法释〔2018〕1号）

第30条　行政机关的同一行政行为涉及两个以上利害关系人，其中一部分利害关系人对行政行为不服提起诉讼，人民法院应当通知没有起诉的其他利害关系人作为第三人参加诉讼。

与行政案件处理结果有利害关系的第三人，可以申请参加诉讼，或者由人民法院通知其参加诉讼。人民法院判决其承担义务或者减损其权益的第三人，有权提出上诉或者申请再审。

行政诉讼法第二十九条规定的第三人，因不能归责于本人的事由未参加诉讼，但有证据证明发生法律效力的判决、裁定、调解书损害其合法权益的，可以依照行政诉讼法第九十条的规定，自知道或者应当知道其合法权益受到损害之日起六个月内，向上一级人民法院申请再审。

2.《最高人民法院关于审理反倾销行政案件应用法律若干问题的规定》(2002年11月21日　法释〔2002〕35号)

第4条　与被诉反倾销行政行为具有法律上利害关系的其他国务院主管部门，可以作为第三人参加诉讼。

3.《最高人民法院关于审理反补贴行政案件应用法律若干问题的规定》(2002年11月21日　法释〔2002〕36号)

第4条　与被诉反补贴行政行为具有法律上利害关系的其他国务院主管部门，可以作为第三人参加诉讼。

● 案例指引

1. 迈某·乔丹与某局商标评审委员会、某乔丹公司"乔丹"商标争议行政纠纷案(最高人民法院指导案例113号)

案例要旨：再审申请人迈某·乔丹与被申请人某局商标评审委员会、一审第三人某乔丹公司商标争议行政纠纷案中，涉及乔丹公司的第6××××××号"乔丹"商标(即涉案商标)，核定使用在国际分类第28类的体育活动器械、游泳池(娱乐用)、旱冰鞋、圣诞树装饰品(灯饰和糖果除外)。再审申请人主张该商标含有其英文姓名的中文译名"乔丹"，属于2001年修正的商标法第三十一条规定的"损害他人现有的在先权利"的情形，故向商标评审委员会提出撤销申请。

2. 孙某诉天津新技术产业园区劳动人事局工伤认定案(最高人民法院指导案例40号)

裁判摘要：第三人中力公司述称，因本公司实行末位淘汰制，孙某事发前已被淘汰。但因其原从事本公司的销售工作，还有收回剩余货款的义务，所以才偶尔回公司打电话。事发时，孙某已不属于本公司职工，也不是在本公司工作场所范围内摔伤，不符合认定工伤的条件。法院生效裁判认为，各方当事人对园区劳动局依法具有本案行政执法主体资格和法定职权，其作出被诉工伤认定决定符合法定程序，以及孙某是在工作时间内摔伤。

第三十条　法定代理人

没有诉讼行为能力的公民，由其法定代理人代为诉讼。法定代理人互相推诿代理责任的，由人民法院指定其中一人代为诉讼。

法　律

1.《民法典》（2020 年 5 月 28 日）

第 23 条　无民事行为能力人、限制民事行为能力人的监护人是其法定代理人。

第 163 条第 2 款　委托代理人按照被代理人的委托行使代理权。法定代理人依照法律的规定行使代理权。

第 190 条　无民事行为能力人或者限制民事行为能力人对其法定代理人的请求权的诉讼时效期间，自该法定代理终止之日起计算。

2.《民事诉讼法》（2023 年 9 月 1 日）

第 60 条　无诉讼行为能力人由他的监护人作为法定代理人代为诉讼。法定代理人之间互相推诿代理责任的，由人民法院指定其中一人代为诉讼。

案例指引

刘某诉某县自然资源和规划局、第三人孙某集体土地所有权登记案①

裁判摘要：本院认为，《中华人民共和国行政诉讼法》第三十条规定："没有诉讼行为能力的公民，由其法定代理人代为诉讼……"。《中华人民共和国民法典》第二十三条规定："无民事行为能力人、限制民事行为能力人的监护人是其法定代理人。"本案中，2023 年 9

① 本案例选自中国裁判文书网。

月15日某县法院作出（2023）皖1623民特6号民事判决，宣告刘某成为限制民事行为能力人，并指定赵甲、刘甲、刘乙、刘丙、刘丁、刘戊为刘某的共同监护人；根据上述法律文书，上诉人刘某不具有完全的诉讼行为能力，依法应由其法定代理人代为诉讼。

第三十一条 委托代理人

当事人、法定代理人，可以委托一至二人作为诉讼代理人。

下列人员可以被委托为诉讼代理人：

（一）律师、基层法律服务工作者；

（二）当事人的近亲属或者工作人员；

（三）当事人所在社区、单位以及有关社会团体推荐的公民。

司法解释及文件

《最高人民法院关于适用〈中华人民共和国行政诉讼法〉的解释》

（2018年2月6日　法释〔2018〕1号）

第31条　当事人委托诉讼代理人，应当向人民法院提交由委托人签名或者盖章的授权委托书。委托书应当载明委托事项和具体权限。公民在特殊情况下无法书面委托的，也可以由他人代书，并由自己捺印等方式确认，人民法院应当核实并记录在卷；被诉行政机关或者其他有义务协助的机关拒绝人民法院向被限制人身自由的公民核实的，视为委托成立。当事人解除或者变更委托的，应当书面报告人民法院。

第32条　依照行政诉讼法第三十一条第二款第二项规定，与当事人有合法劳动人事关系的职工，可以当事人工作人员的名义作为诉讼代理人。以当事人的工作人员身份参加诉讼活动，应当提交以下证据之一加以证明：

（一）缴纳社会保险记录凭证；

（二）领取工资凭证；

（三）其他能够证明其为当事人工作人员身份的证据。

第33条 根据行政诉讼法第三十一条第二款第三项规定，有关社会团体推荐公民担任诉讼代理人的，应当符合下列条件：

（一）社会团体属于依法登记设立或者依法免予登记设立的非营利性法人组织；

（二）被代理人属于该社会团体的成员，或者当事人一方住所地位于该社会团体的活动地域；

（三）代理事务属于该社会团体章程载明的业务范围；

（四）被推荐的公民是该社会团体的负责人或者与该社会团体有合法劳动人事关系的工作人员。

专利代理人经中华全国专利代理人协会推荐，可以在专利行政案件中担任诉讼代理人。

第三十二条 当事人及诉讼代理人权利

代理诉讼的律师，有权按照规定查阅、复制本案有关材料，有权向有关组织和公民调查，收集与本案有关的证据。对涉及国家秘密、商业秘密和个人隐私的材料，应当依照法律规定保密。

当事人和其他诉讼代理人有权按照规定查阅、复制本案庭审材料，但涉及国家秘密、商业秘密和个人隐私的内容除外。

● 法 律

1.《民事诉讼法》（2023年9月1日）

第52条第2款 当事人可以查阅本案有关材料，并可以复制本案有关材料和法律文书。查阅、复制本案有关材料的范围和办法由最高人民法院规定。

第64条 代理诉讼的律师和其他诉讼代理人有权调查收集证

据，可以查阅本案有关材料。查阅本案有关材料的范围和办法由最高人民法院规定。

2.《刑事诉讼法》（2018 年 10 月 26 日）

第 40 条　辩护律师自人民检察院对案件审查起诉之日起，可以查阅、摘抄、复制本案的案卷材料。其他辩护人经人民法院、人民检察院许可，也可以查阅、摘抄、复制上述材料。

请示答复

3.《司法部对十三届全国人大四次会议第 5444 号建议的答复》（2021 年 11 月 19 日）

您提出的关于统一制定民事、行政诉讼中实行律师调查令规范的建议收悉，现答复如下：

律师是民事、行政诉讼活动的重要参与者，在化解民商事法律纠纷和行政争议、维护良好生产生活秩序，推进依法行政方面发挥着重要作用。调查取证权是律师执业的基本权利，是当事人权利的延伸。保障律师调查取证权不仅是律师依法履行职责，发挥职能作用的基础和前提，更关系当事人合法权益的维护。目前，各地司法实践中推行的律师调查令制度是保障律师调查取证权的积极探索。律师调查令是指为更好地查明案件事实，人民法院签发给当事人诉讼代理律师向有关单位和个人搜集证据的法律文件。该项制度不仅有利于增强当事人的证据调查能力，保障律师依法履职，落实法律赋予的律师调查取证权，还有利于助力案件法律事实建构，提高审判执行效率，节约司法资源，提升司法公信力。

我国现行民事诉讼法、行政诉讼法、律师法对律师调查令没有直接规定，但也为探索律师调查令制度留下了一定的制度空间。民事诉讼法第四十九条规定："当事人有权委托代理人，提出回避申请，收集、提供证据，进行辩论，请求调解，提起上诉，申请执行。当事人可以查阅本案有关材料，并可以复制本案有关材料和法律文书。查阅、复制本案有关材料的范围和办法由最高人民法院规定。”第六十一条规定：“代理诉讼的律师和其他诉讼代理人有权调查收集证据。”行政诉讼法第三十二条规定：“代理诉讼的律师，有权按照规定查阅、复制本案有关材料，有权向有关组织和公民调查，收集与本案有关的证据。对涉及国家秘密、商业秘密和个人隐私的材料，应当依照法律规定保密。”律师法第三十五条规定“律师自行调查取证的，凭律师执业证书和律师事务所证明，可以向有关单位或者个人调查与承办法律事务有关的情况。”

实践中，律师调查取证经常遇到一些阻碍，影响其依法正常履责。律师调查取证难已成为长期困扰律师执业的“三难”之一，需要积极采取措施加以解决。近年来，司法部高度重视，会同最高人民法院积极推动完善律师调查取证制度。在民事诉讼领域，据不完全统计，北京、天津等近 20 个省（市）已经探索开展了民事诉讼律师调查令制度，由人民法院单独或者会同司法行政机关等部门出台规范性文件，授权人民法院签发民事诉讼律师调查令，律师持调查令可依法向有关部门申请调查取证。从行政诉讼领域来看，已有地方法院开始在行政诉讼中进行律师调查令相关探索。如陕西省洛南县人民法院于 2017 年 11 月 9 日签发该院首份行政案件律师调查令，山东省青岛市中级人民法院于 2018 年 3 月 20 日正式发布《关于在审判执行案件中施行律师调查令的若干规定（试行）》，在青岛两级法院全面实行律师调查令制度。总体上看，律师调查令覆盖范围不断扩大，适用律师调查令的案件逐年增多，律师调查令制度在保障律师调查取证权中发挥着重要作用。

与此同时，在推行律师调查令实践中也遇到了一些问题。目前，在行政诉讼领域中，律师调查令的适用还显得十分薄弱。各地对律师调查令的探索主要集中于民事诉讼领域。在该领域，律师调查令的推行也存在一定的困难，主要表现在三个方面：一是各地做法不一致。有的只是原则性规定，有的作了具体规定，有的没有规定；有的叫律师调查令，有的叫委托调查令；有的限于诉讼阶段，有的限于执行阶段，有的涵盖诉讼、执行阶段；等等。二是异地适用效果不佳，集中表现为异地取证的效力难以被认可。三是仍有许多适用问题需要进一步探索，如哪些证据类型、哪些对象适于通过律师调查令调取，如何确保实现律师调查令的约束力等等。

您提出的制定全国范围内统一适用的律师调查令规范，明确适用范围、程序事项、惩戒机制等内容，并在行政诉讼中参照民事诉讼实行律师调查令的建议，对于进一步规范和完善律师调查令制度具有重要参考价值。下一步，我们将会同最高人民法院对您的建议进行认真研究，适时就律师调查令开展深入调研，并加强与立法部门沟通协调，积极推进形成统一完善的律师调查令规范制度，切实保障律师调查取证权，助力法院审判质效提升，共同促进司法公正。

第五章　证　　据

第三十三条　证据种类

证据包括：

（一）书证；

（二）物证；

（三）视听资料；

（四）电子数据；

（五）证人证言；

（六）当事人的陈述；

（七）鉴定意见；

（八）勘验笔录、现场笔录。

以上证据经法庭审查属实，才能作为认定案件事实的根据。

司法解释及文件

1.《最高人民法院关于适用〈中华人民共和国行政诉讼法〉的解释》（2018 年 2 月 6 日　法释〔2018〕1 号）

第 39 条　当事人申请调查收集证据，但该证据与待证事实无关联、对证明待证事实无意义或者其他无调查收集必要的，人民法院不予准许。

第 42 条　能够反映案件真实情况、与待证事实相关联、来源和形式符合法律规定的证据，应当作为认定案件事实的根据。

2.《最高人民法院关于行政诉讼证据若干问题的规定》（2002 年 7 月 24 日　法发〔2002〕21 号）

第 10 条　根据行政诉讼法第三十一条第一款第（一）项的规定，当事人向人民法院提供书证的，应当符合下列要求：

（一）提供书证的原件，原本、正本和副本均属于书证的原件。提供原件确有困难的，可以提供与原件核对无误的复印件、照片、节录本；

（二）提供由有关部门保管的书证原件的复制件、影印件或者抄录件的，应当注明出处，经该部门核对无异后加盖其印章；

（三）提供报表、图纸、会计账册、专业技术资料、科技文献等书证的，应当附有说明材料；

（四）被告提供的被诉具体行政行为所依据的询问、陈述、谈话类笔录，应当有行政执法人员、被询问人、陈述人、谈话人签名或者盖章。

法律、法规、司法解释和规章对书证的制作形式另有规定的，从其规定。

第 11 条　根据行政诉讼法第三十一条第一款第（二）项的规定，当事人向人民法院提供物证的，应当符合下列要求：

（一）提供原物。提供原物确有困难的，可以提供与原物核对无误的复制件或者证明该物证的照片、录像等其他证据；

（二）原物为数量较多的种类物的，提供其中的一部分。

第12条　根据行政诉讼法第三十一条第一款第（三）项的规定，当事人向人民法院提供计算机数据或者录音、录像等视听资料的，应当符合下列要求：

（一）提供有关资料的原始载体。提供原始载体确有困难的，可以提供复制件；

（二）注明制作方法、制作时间、制作人和证明对象等；

（三）声音资料应当附有该声音内容的文字记录。

第13条　根据行政诉讼法第三十一条第一款第（四）项的规定，当事人向人民法院提供证人证言的，应当符合下列要求：

（一）写明证人的姓名、年龄、性别、职业、住址等基本情况；

（二）有证人的签名，不能签名的，应当以盖章等方式证明；

（三）注明出具日期；

（四）附有居民身份证复印件等证明证人身份的文件。

第14条　根据行政诉讼法第三十一条第一款第（六）项的规定，被告向人民法院提供的在行政程序中采用的鉴定结论，应当载明委托人和委托鉴定的事项、向鉴定部门提交的相关材料、鉴定的依据和使用的科学技术手段、鉴定部门和鉴定人鉴定资格的说明，并应有鉴定人的签名和鉴定部门的盖章。通过分析获得的鉴定结论，应当说明分析过程。

第15条　根据行政诉讼法第三十一条第一款第（七）项的规定，被告向人民法院提供的现场笔录，应当载明时间、地点和事件等内容，并由执法人员和当事人签名。当事人拒绝签名或者不能签名的，应当注明原因。有其他人在现场的，可由其他人签名。

法律、法规和规章对现场笔录的制作形式另有规定的，从其规定。

第16条　当事人向人民法院提供的在中华人民共和国领域

外形成的证据，应当说明来源，经所在国公证机关证明，并经中华人民共和国驻该国使领馆认证，或者履行中华人民共和国与证据所在国订立的有关条约中规定的证明手续。

当事人提供的在中华人民共和国香港特别行政区、澳门特别行政区和台湾地区内形成的证据，应当具有按照有关规定办理的证明手续。

第 17 条　当事人向人民法院提供外文书证或者外国语视听资料的，应当附有由具有翻译资质的机构翻译的或者其他翻译准确的中文译本，由翻译机构盖章或者翻译人员签名。

第 18 条　证据涉及国家秘密、商业秘密或者个人隐私的，提供人应当作出明确标注，并向法庭说明，法庭予以审查确认。

第 19 条　当事人应当对其提交的证据材料分类编号，对证据材料的来源、证明对象和内容作简要说明，签名或者盖章，注明提交日期。

第 20 条　人民法院收到当事人提交的证据材料，应当出具收据，注明证据的名称、份数、页数、件数、种类等以及收到的时间，由经办人员签名或者盖章。

第 21 条　对于案情比较复杂或者证据数量较多的案件，人民法院可以组织当事人在开庭前向对方出示或者交换证据，并将交换证据的情况记录在卷。

第 33 条　人民法院可以依当事人申请或者依职权勘验现场。

勘验现场时，勘验人必须出示人民法院的证件，并邀请当地基层组织或者当事人所在单位派人参加。当事人或其成年亲属应当到场，拒不到场的，不影响勘验的进行，但应当在勘验笔录中说明情况。

第 34 条　审判人员应当制作勘验笔录，记载勘验的时间、地点、勘验人、在场人、勘验的经过和结果，由勘验人、当事人、在场人签名。

勘验现场时绘制的现场图，应当注明绘制的时间、方位、绘制人姓名和身份等内容。

当事人对勘验结论有异议的，可以在举证期限内申请重新勘验，是否准许由人民法院决定。

四、证据的对质辨认和核实

第 35 条　证据应当在法庭上出示，并经庭审质证。未经庭审质证的证据，不能作为定案的依据。

当事人在庭前证据交换过程中没有争议并记录在卷的证据，经审判人员在庭审中说明后，可以作为认定案件事实的依据。

第 36 条　经合法传唤，因被告无正当理由拒不到庭而需要依法缺席判决的，被告提供的证据不能作为定案的依据，但当事人在庭前交换证据中没有争议的证据除外。

第 37 条　涉及国家秘密、商业秘密和个人隐私或者法律规定的其他应当保密的证据，不得在开庭时公开质证。

第 38 条　当事人申请人民法院调取的证据，由申请调取证据的当事人在庭审中出示，并由当事人质证。

人民法院依职权调取的证据，由法庭出示，并可就调取该证据的情况进行说明，听取当事人意见。

第 39 条　当事人应当围绕证据的关联性、合法性和真实性，针对证据有无证明效力以及证明效力大小，进行质证。

经法庭准许，当事人及其代理人可以就证据问题相互发问，也可以向证人、鉴定人或者勘验人发问。

当事人及其代理人相互发问，或者向证人、鉴定人、勘验人发问时，发问的内容应当与案件事实有关联，不得采用引诱、威胁、侮辱等语言或者方式。

第 40 条　对书证、物证和视听资料进行质证时，当事人应当出示证据的原件或者原物。但有下列情况之一的除外：

（一）出示原件或者原物确有困难并经法庭准许可以出示复

制件或者复制品；

（二）原件或者原物已不存在，可以出示证明复制件、复制品与原件、原物一致的其他证据。

视听资料应当当庭播放或者显示，并由当事人进行质证。

第 41 条　凡是知道案件事实的人，都有出庭作证的义务。有下列情形之一的，经人民法院准许，当事人可以提交书面证言：

（一）当事人在行政程序或者庭前证据交换中对证人证言无异议的；

（二）证人因年迈体弱或者行动不便无法出庭的；

（三）证人因路途遥远、交通不便无法出庭的；

（四）证人因自然灾害等不可抗力或者其他意外事件无法出庭的；

（五）证人因其他特殊原因确实无法出庭的。

第 42 条　不能正确表达意志的人不能作证。

根据当事人申请，人民法院可以就证人能否正确表达意志进行审查或者交由有关部门鉴定。必要时，人民法院也可以依职权交由有关部门鉴定。

第 43 条　当事人申请证人出庭作证的，应当在举证期限届满前提出，并经人民法院许可。人民法院准许证人出庭作证的，应当在开庭审理前通知证人出庭作证。

当事人在庭审过程中要求证人出庭作证的，法庭可以根据审理案件的具体情况，决定是否准许以及是否延期审理。

第 44 条　有下列情形之一，原告或者第三人可以要求相关行政执法人员作为证人出庭作证：

（一）对现场笔录的合法性或者真实性有异议的；

（二）对扣押财产的品种或者数量有异议的；

（三）对检验的物品取样或者保管有异议的；

（四）对行政执法人员的身份的合法性有异议的；

（五）需要出庭作证的其他情形。

第45条　证人出庭作证时，应当出示证明其身份的证件。法庭应当告知其诚实作证的法律义务和作伪证的法律责任。

出庭作证的证人不得旁听案件的审理。法庭询问证人时，其他证人不得在场，但组织证人对质的除外。

第46条　证人应当陈述其亲历的具体事实。证人根据其经历所作的判断、推测或者评论，不能作为定案的依据。

第47条　当事人要求鉴定人出庭接受询问的，鉴定人应当出庭。鉴定人因正当事由不能出庭的，经法庭准许，可以不出庭，由当事人对其书面鉴定结论进行质证。

鉴定人不能出庭的正当事由，参照本规定第四十一条的规定。

对于出庭接受询问的鉴定人，法庭应当核实其身份、与当事人及案件的关系，并告知鉴定人如实说明鉴定情况的法律义务和故意作虚假说明的法律责任。

第48条　对被诉具体行政行为涉及的专门性问题，当事人可以向法庭申请由专业人员出庭进行说明，法庭也可以通知专业人员出庭说明。必要时，法庭可以组织专业人员进行对质。

当事人对出庭的专业人员是否具备相应专业知识、学历、资历等专业资格等有异议的，可以进行询问。由法庭决定其是否可以作为专业人员出庭。

专业人员可以对鉴定人进行询问。

第49条　法庭在质证过程中，对与案件没有关联的证据材料，应予排除并说明理由。

法庭在质证过程中，准许当事人补充证据的，对补充的证据仍应进行质证。

法庭对经过庭审质证的证据，除确有必要外，一般不再进行质证。

第 50 条　在第二审程序中，对当事人依法提供的新的证据，法庭应当进行质证；当事人对第一审认定的证据仍有争议的，法庭也应当进行质证。

第 51 条　按照审判监督程序审理的案件，对当事人依法提供的新的证据，法庭应当进行质证；因原判决、裁定认定事实的证据不足而提起再审所涉及的主要证据，法庭也应当进行质证。

第 52 条　本规定第五十条和第五十一条中的“新的证据”是指以下证据：

（一）在一审程序中应当准予延期提供而未获准许的证据；

（二）当事人在一审程序中依法申请调取而未获准许或者未取得，人民法院在第二审程序中调取的证据；

（三）原告或者第三人提供的在举证期限届满后发现的证据。

五、证据的审核认定

第 53 条　人民法院裁判行政案件，应当以证据证明的案件事实为依据。

第 54 条　法庭应当对经过庭审质证的证据和无需质证的证据进行逐一审查和对全部证据综合审查，遵循法官职业道德，运用逻辑推理和生活经验，进行全面、客观和公正地分析判断，确定证据材料与案件事实之间的证明关系，排除不具有关联性的证据材料，准确认定案件事实。

第 55 条　法庭应当根据案件的具体情况，从以下方面审查证据的合法性：

（一）证据是否符合法定形式；

（二）证据的取得是否符合法律、法规、司法解释和规章的要求；

（三）是否有影响证据效力的其他违法情形。

第 56 条　法庭应当根据案件的具体情况，从以下方面审查证据的真实性：

（一）证据形成的原因；

（二）发现证据时的客观环境；

（三）证据是否为原件、原物，复制件、复制品与原件、原物是否相符；

（四）提供证据的人或者证人与当事人是否具有利害关系；

（五）影响证据真实性的其他因素。

第 57 条　下列证据材料不能作为定案依据：

（一）严重违反法定程序收集的证据材料；

（二）以偷拍、偷录、窃听等手段获取侵害他人合法权益的证据材料；

（三）以利诱、欺诈、胁迫、暴力等不正当手段获取的证据材料；

（四）当事人无正当事由超出举证期限提供的证据材料；

（五）在中华人民共和国领域以外或者在中华人民共和国香港特别行政区、澳门特别行政区和台湾地区形成的未办理法定证明手续的证据材料；

（六）当事人无正当理由拒不提供原件、原物，又无其他证据印证，且对方当事人不予认可的证据的复制件或者复制品；

（七）被当事人或者他人进行技术处理而无法辨明真伪的证据材料；

（八）不能正确表达意志的证人提供的证言；

（九）不具备合法性和真实性的其他证据材料。

第 58 条　以违反法律禁止性规定或者侵犯他人合法权益的方法取得的证据，不能作为认定案件事实的依据。

第 59 条　被告在行政程序中依照法定程序要求原告提供证据，原告依法应当提供而拒不提供，在诉讼程序中提供的证据，人民法院一般不予采纳。

第 60 条　下列证据不能作为认定被诉具体行政行为合法的

依据：

（一）被告及其诉讼代理人在作出具体行政行为后或者在诉讼程序中自行收集的证据；

（二）被告在行政程序中非法剥夺公民、法人或者其他组织依法享有的陈述、申辩或者听证权利所采用的证据；

（三）原告或者第三人在诉讼程序中提供的、被告在行政程序中未作为具体行政行为依据的证据。

第61条　复议机关在复议程序中收集和补充的证据，或者作出原具体行政行为的行政机关在复议程序中未向复议机关提交的证据，不能作为人民法院认定原具体行政行为合法的依据。

第62条　对被告在行政程序中采纳的鉴定结论，原告或者第三人提出证据证明有下列情形之一的，人民法院不予采纳：

（一）鉴定人不具备鉴定资格；

（二）鉴定程序严重违法；

（三）鉴定结论错误、不明确或者内容不完整。

第63条　证明同一事实的数个证据，其证明效力一般可以按照下列情形分别认定：

（一）国家机关以及其他职能部门依职权制作的公文文书优于其他书证；

（二）鉴定结论、现场笔录、勘验笔录、档案材料以及经过公证或者登记的书证优于其他书证、视听资料和证人证言；

（三）原件、原物优于复制件、复制品；

（四）法定鉴定部门的鉴定结论优于其他鉴定部门的鉴定结论；

（五）法庭主持勘验所制作的勘验笔录优于其他部门主持勘验所制作的勘验笔录；

（六）原始证据优于传来证据；

（七）其他证人证言优于与当事人有亲属关系或者其他密切

关系的证人提供的对该当事人有利的证言；

（八）出庭作证的证人证言优于未出庭作证的证人证言；

（九）数个种类不同、内容一致的证据优于一个孤立的证据。

第64条　以有形载体固定或者显示的电子数据交换、电子邮件以及其他数据资料，其制作情况和真实性经对方当事人确认，或者以公证等其他有效方式予以证明的，与原件具有同等的证明效力。

第65条　在庭审中一方当事人或者其代理人在代理权限范围内对另一方当事人陈述的案件事实明确表示认可的，人民法院可以对该事实予以认定。但有相反证据足以推翻的除外。

第66条　在行政赔偿诉讼中，人民法院主持调解时当事人为达成调解协议而对案件事实的认可，不得在其后的诉讼中作为对其不利的证据。

第67条　在不受外力影响的情况下，一方当事人提供的证据，对方当事人明确表示认可的，可以认定该证据的证明效力；对方当事人予以否认，但不能提供充分的证据进行反驳的，可以综合全案情况审查认定该证据的证明效力。

第68条　下列事实法庭可以直接认定：

（一）众所周知的事实；

（二）自然规律及定理；

（三）按照法律规定推定的事实；

（四）已经依法证明的事实；

（五）根据日常生活经验法则推定的事实。

前款（一）、（三）、（四）、（五）项，当事人有相反证据足以推翻的除外。

第69条　原告确有证据证明被告持有的证据对原告有利，被告无正当事由拒不提供的，可以推定原告的主张成立。

第70条　生效的人民法院裁判文书或者仲裁机构裁决文书

确认的事实，可以作为定案依据。但是如果发现裁判文书或者裁决文书认定的事实有重大问题的，应当中止诉讼，通过法定程序予以纠正后恢复诉讼。

第 71 条　下列证据不能单独作为定案依据：

（一）未成年人所作的与其年龄和智力状况不相适应的证言；

（二）与一方当事人有亲属关系或者其他密切关系的证人所作的对该当事人有利的证言，或者与一方当事人有不利关系的证人所作的对该当事人不利的证言；

（三）应当出庭作证而无正当理由不出庭作证的证人证言；

（四）难以识别是否经过修改的视听资料；

（五）无法与原件、原物核对的复制件或者复制品；

（六）经一方当事人或者他人改动，对方当事人不予认可的证据材料；

（七）其他不能单独作为定案依据的证据材料。

第 72 条　庭审中经过质证的证据，能够当庭认定的，应当当庭认定；不能当庭认定的，应当在合议庭合议时认定。

人民法院应当在裁判文书中阐明证据是否采纳的理由。

第 73 条　法庭发现当庭认定的证据有误，可以按照下列方式纠正：

（一）庭审结束前发现错误的，应当重新进行认定；

（二）庭审结束后宣判前发现错误的，在裁判文书中予以更正并说明理由，也可以再次开庭予以认定；

（三）有新的证据材料可能推翻已认定的证据的，应当再次开庭予以认定。

第三十四条　被告举证责任

被告对作出的行政行为负有举证责任，应当提供作出该行政行为的证据和所依据的规范性文件。

被告不提供或者无正当理由逾期提供证据，视为没有相应证据。但是，被诉行政行为涉及第三人合法权益，第三人提供证据的除外。

司法解释及文件

1.《最高人民法院关于适用〈中华人民共和国行政诉讼法〉的解释》(2018年2月6日　法释〔2018〕1号)

第46条　原告或者第三人确有证据证明被告持有的证据对原告或者第三人有利的，可以在开庭审理前书面申请人民法院责令行政机关提交。

申请理由成立的，人民法院应当责令行政机关提交，因提交证据所产生的费用，由申请人预付。行政机关无正当理由拒不提交的，人民法院可以推定原告或者第三人基于该证据主张的事实成立。

持有证据的当事人以妨碍对方当事人使用为目的，毁灭有关证据或者实施其他致使证据不能使用行为的，人民法院可以推定对方当事人基于该证据主张的事实成立，并可依照行政诉讼法第五十九条规定处理。

2.《最高人民法院关于行政诉讼证据若干问题的规定》(2002年7月24日　法发〔2002〕21号)

第60条　下列证据不能作为认定被诉具体行政行为合法的依据：

(一) 被告及其诉讼代理人在作出具体行政行为后或者在诉讼程序中自行收集的证据；

(二) 被告在行政程序中非法剥夺公民、法人或者其他组织依法享有的陈述、申辩或者听证权利所采用的证据；

(三) 原告或者第三人在诉讼程序中提供的、被告在行政程序中未作为具体行政行为依据的证据。

第61条 复议机关在复议程序中收集和补充的证据，或者作出原具体行政行为的行政机关在复议程序中未向复议机关提交的证据，不能作为人民法院认定原具体行政行为合法的依据。

3.《最高人民法院关于审理反倾销行政案件应用法律若干问题的规定》（2002年11月21日 法释〔2002〕35号）

第8条 原告对其主张的事实有责任提供证据。经人民法院依照法定程序审查，原告提供的证据具有关联性、合法性和真实性的，可以作为定案的根据。

被告在反倾销行政调查程序中依照法定程序要求原告提供证据，原告无正当理由拒不提供、不如实提供或者以其他方式严重妨碍调查，而在诉讼程序中提供的证据，人民法院不予采纳。

第9条 在反倾销行政调查程序中，利害关系人无正当理由拒不提供证据、不如实提供证据或者以其他方式严重妨碍调查的，国务院主管部门根据能够获得的证据得出的事实结论，可以认定为证据充分。

4.《最高人民法院关于审理反补贴行政案件应用法律若干问题的规定》（2002年11月21日 法释〔2002〕36号）

第8条 原告对其主张的事实有责任提供证据。经人民法院依照法定程序审查，原告提供的证据具有关联性、合法性和真实性的，可以作为定案的根据。

被告在反补贴行政调查程序中依照法定程序要求原告提供证据，原告无正当理由拒不提供、不如实提供或者以其他方式严重妨碍调查，而在诉讼程序中提供的证据，人民法院不予采纳。

第9条 在反补贴行政调查程序中，利害关系人无正当理由拒不提供证据、不如实提供证据或者以其他方式严重妨碍调查的，国务院主管部门根据能够获得的证据得出的事实结论，可以认定为证据充分。

5.《最高人民法院印发〈关于审理证券行政处罚案件证据若干问题的座谈会纪要〉的通知》（2011 年 7 月 13 日　法〔2011〕225 号）

一、关于证券行政处罚案件的举证问题

会议认为，监管机构根据行政诉讼法第三十二条、最高人民法院《关于行政诉讼证据若干问题的规定》第一条的规定，对作出的被诉行政处罚决定承担举证责任。人民法院在审理证券行政处罚案件时，也应当考虑到部分类型的证券违法行为的特殊性，由监管机构承担主要违法事实的证明责任，通过推定的方式适当向原告、第三人转移部分特定事实的证明责任。

监管机构在听证程序中书面明确告知行政相对人享有提供排除其涉嫌违法行为证据的权利，行政相对人能够提供但无正当理由拒不提供，后又在诉讼中提供的，人民法院一般不予采纳。行政处罚相对人在行政程序中未提供但有正当理由，在诉讼中依照最高人民法院《关于行政诉讼证据若干问题的规定》提供的证据，人民法院应当采纳。

监管机构除依法向人民法院提供据以作出被诉行政处罚决定的证据和依据外，还应当提交原告、第三人在行政程序中提供的证据材料。

● 案例指引

赵某诉内蒙古自治区某旗退役军人事务局给付烈士子女定期生活补助诉讼监督案（最高人民检察院检例第 208 号）

案例要旨：某旗人民检察院审查认为，根据民政部、财政部《通知》和内蒙古自治区民政厅、财政厅《意见》规定，负责烈士子女定期生活补助发放工作的行政机关应当严格掌握政策，执行落实好政策，深入细致地做好调查摸底工作。旗退役军人事务局未能提供证据证明其与相关部门进行过统一调查、政策宣传等工作。行政机关履职不到位，原审判决认定旗退役军人事务局答复意见符合法律规定的主要证据不足。《中华人民共和国行政诉讼法》第三十四条第一款规定，“被告对作出的行政行为负有举证责任，应当提供作出该行政行为的证据和所依据的规范性文件”；第三十七条规定，“原告可以提供证明行政行为违法的证据。原告提供的证据不成立的，不免除被告的举证责任”。本案中，旗退役军人事务局始终未能提供漏报补报人员在文件实施后、个人申报前不能享受生活补助的法律和政策依据，亦不能提供证据证明其做了调查摸底工作。原审判决将举证责任分配给赵某一方，举证责任分配错误，属于适用法律错误。2022 年 9 月，某旗人民检察院经检察委员会决定，向某旗人民法院提出再审检察建议。

第三十五条　行政机关收集证据的限制

在诉讼过程中，被告及其诉讼代理人不得自行向原告、第三人和证人收集证据。

● 司法解释及文件

1.《最高人民法院关于适用〈中华人民共和国行政诉讼法〉的解释》（2018 年 2 月 6 日　法释〔2018〕1 号）

第 45 条　被告有证据证明其在行政程序中依照法定程序要求原告或者第三人提供证据，原告或者第三人依法应当提供而没有提供，在诉讼程序中提供的证据，人民法院一般不予采纳。

2.《最高人民法院关于行政诉讼证据若干问题的规定》（2002 年 7 月 24 日　法发〔2002〕21 号）

第 3 条　根据行政诉讼法第三十三条的规定，在诉讼过程中，被告及其诉讼代理人不得自行向原告和证人收集证据。

第 60 条　下列证据不能作为认定被诉具体行政行为合法的依据：

（一）被告及其诉讼代理人在作出具体行政行为后或者在诉讼程序中自行收集的证据；

（二）被告在行政程序中非法剥夺公民、法人或者其他组织依法享有的陈述、申辩或者听证权利所采用的证据；

（三）原告或者第三人在诉讼程序中提供的、被告在行政程序中未作为具体行政行为依据的证据。

第三十六条 被告延期提供证据和补充证据

被告在作出行政行为时已经收集了证据，但因不可抗力等正当事由不能提供的，经人民法院准许，可以延期提供。

原告或者第三人提出了其在行政处理程序中没有提出的理由或者证据的，经人民法院准许，被告可以补充证据。

● 司法解释及文件

《最高人民法院关于适用〈中华人民共和国行政诉讼法〉的解释》

（2018年2月6日 法释〔2018〕1号）

第34条 根据行政诉讼法第三十六条第一款的规定，被告申请延期提供证据的，应当在收到起诉状副本之日起十五日内以书面方式向人民法院提出。人民法院准许延期提供的，被告应当在正当事由消除后十五日内提供证据。逾期提供的，视为被诉行政行为没有相应的证据。

第35条 原告或者第三人应当在开庭审理前或者人民法院指定的交换证据清单之日提供证据。因正当事由申请延期提供证据的，经人民法院准许，可以在法庭调查中提供。逾期提供证据的，人民法院应当责令其说明理由；拒不说明理由或者理由不成立的，视为放弃举证权利。

原告或者第三人在第一审程序中无正当事由未提供而在第二审程序中提供的证据，人民法院不予接纳。

第36条 当事人申请延长举证期限，应当在举证期限届满前向人民法院提出书面申请。

申请理由成立的，人民法院应当准许，适当延长举证期限，并通知其他当事人。申请理由不成立的，人民法院不予准许，并通知申请人。

第三十七条 原告可以提供证据

原告可以提供证明行政行为违法的证据。原告提供的证据不成立的，不免除被告的举证责任。

法 律

1.《行政复议法》（2023年9月1日）

第44条 被申请人对其作出的行政行为的合法性、适当性负有举证责任。

有下列情形之一的，申请人应当提供证据：

（一）认为被申请人不履行法定职责的，提供曾经要求被申请人履行法定职责的证据，但是被申请人应当依职权主动履行法定职责或者申请人因正当理由不能提供的除外；

（二）提出行政赔偿请求的，提供受行政行为侵害而造成损害的证据，但是因被申请人原因导致申请人无法举证的，由被申请人承担举证责任；

（三）法律、法规规定需要申请人提供证据的其他情形。

2.《民事诉讼法》（2023年9月1日）

第67条 当事人对自己提出的主张，有责任提供证据。

当事人及其诉讼代理人因客观原因不能自行收集的证据，或者人民法院认为审理案件需要的证据，人民法院应当调查收集。

人民法院应当按照法定程序，全面地、客观地审查核实证据。

第68条 当事人对自己提出的主张应当及时提供证据。

人民法院根据当事人的主张和案件审理情况，确定当事人应当提供的证据及其期限。当事人在该期限内提供证据确有困难的，可以向人民法院申请延长期限，人民法院根据当事人的申请适当延长。当事人逾期提供证据的，人民法院应当责令其说明理由；拒不说明理由或者理由不成立的，人民法院根据不同情形可以不予采纳该证据，或者采纳该证据但予以训诫、罚款。

3. **《刑事诉讼法》**（2018 年 10 月 26 日）

第 51 条 公诉案件中被告人有罪的举证责任由人民检察院承担，自诉案件中被告人有罪的举证责任由自诉人承担。

第三十八条 原告举证责任

在起诉被告不履行法定职责的案件中，原告应当提供其向被告提出申请的证据。但有下列情形之一的除外：

（一）被告应当依职权主动履行法定职责的；

（二）原告因正当理由不能提供证据的。

在行政赔偿、补偿的案件中，原告应当对行政行为造成的损害提供证据。因被告的原因导致原告无法举证的，由被告承担举证责任。

● 司法解释及文件

《最高人民法院关于适用〈中华人民共和国行政诉讼法〉的解释》（2018 年 2 月 6 日 法释〔2018〕1 号）

第 47 条 根据行政诉讼法第三十八条第二款的规定，在行政赔偿、补偿案件中，因被告的原因导致原告无法就损害情况举证的，应当由被告就该损害情况承担举证责任。

对于各方主张损失的价值无法认定的，应当由负有举证责任的一方当事人申请鉴定，但法律、法规、规章规定行政机关在作出行政行为时依法应当评估或者鉴定的除外；负有举证责任的当事人拒绝申请鉴定的，由其承担不利的法律后果。

当事人的损失因客观原因无法鉴定的，人民法院应当结合当事人的主张和在案证据，遵循法官职业道德，运用逻辑推理和生活经验、生活常识等，酌情确定赔偿数额。

案例指引

沙某甲等诉马鞍山市S区人民政府房屋强制拆除行政赔偿案（最高人民法院指导案例91号）

裁判要旨：法院生效裁判认为，根据《中华人民共和国土地管理法实施条例》第四十五条的规定，土地行政主管部门责令限期交出土地，被征收人拒不交出的，申请人民法院强制执行。马鞍山市S区人民政府提供的证据不能证明原告自愿交出了被征土地上的房屋，其在土地行政主管部门未作出责令交出土地决定亦未申请人民法院强制执行的情况下，对沙某甲等四人的房屋组织实施拆除，行为违法。关于被拆房屋内物品损失问题，根据《中华人民共和国行政诉讼法》第三十八条第二款之规定，在行政赔偿、补偿的案件中，原告应当对行政行为造成的损害提供证据。因被告的原因导致原告无法举证的，由被告承担举证责任。马鞍山市S区人民政府组织拆除上诉人的房屋时，未依法对屋内物品登记保全，未制作物品清单并交上诉人签字确认，致使上诉人无法对物品受损情况举证，故该损失是否存在、具体损失情况等，依法应由马鞍山市S区人民政府承担举证责任。上诉人主张的屋内物品5万元包括衣物、家具、家电、手机等，均系日常生活必需品，符合一般家庭实际情况，且被上诉人亦未提供证据证明这些物品不存在，故对上诉人主张的屋内物品种类、数量及价值应予认定。上诉人主张实木雕花床价值为5万元，已超出市场正常价格范围，其又不能确定该床的材质、形成时间、与普通实木雕花床有何不同等，法院不予支持。但出于最大限度保护被侵权人的合法权益考虑，结合目前普通实木雕花床的市场价格，按“就高不就低”的原则，综合酌定该实木雕花床价值为3万元。综上，法院作出如上判决。

第三十九条　法院要求当事人提供或者补充证据

人民法院有权要求当事人提供或者补充证据。

● **司法解释及文件**

《最高人民法院关于适用〈中华人民共和国行政诉讼法〉的解释》（2018年2月6日　法释〔2018〕1号）

第37条　根据行政诉讼法第三十九条的规定，对当事人无争议，但涉及国家利益、公共利益或者他人合法权益的事实，人民法院可以责令当事人提供或者补充有关证据。

第44条　人民法院认为有必要的，可以要求当事人本人或者行政机关执法人员到庭，就案件有关事实接受询问。在询问之前，可以要求其签署保证书。

保证书应当载明据实陈述、如有虚假陈述愿意接受处罚等内容。当事人或者行政机关执法人员应当在保证书上签名或者捺印。

负有举证责任的当事人拒绝到庭、拒绝接受询问或者拒绝签署保证书，待证事实又欠缺其他证据加以佐证的，人民法院对其主张的事实不予认定。

第四十条　法院调取证据

人民法院有权向有关行政机关以及其他组织、公民调取证据。但是，不得为证明行政行为的合法性调取被告作出行政行为时未收集的证据。

● **司法解释及文件**

《最高人民法院关于行政诉讼证据若干问题的规定》（2002年7月24日　法发〔2002〕21号）

第22条　根据行政诉讼法第三十四条第二款的规定，有下列情形之一的，人民法院有权向有关行政机关以及其他组织、公民调取证据：

（一）涉及国家利益、公共利益或者他人合法权益的事实认定的；

（二）涉及依职权追加当事人、中止诉讼、终结诉讼、回避等程序性事项的。

第 23 条　原告或者第三人不能自行收集，但能够提供确切线索的，可以申请人民法院调取下列证据材料：

（一）由国家有关部门保存而须由人民法院调取的证据材料；

（二）涉及国家秘密、商业秘密、个人隐私的证据材料；

（三）确因客观原因不能自行收集的其他证据材料。

人民法院不得为证明被诉具体行政行为的合法性，调取被告在作出具体行政行为时未收集的证据。

第 24 条　当事人申请人民法院调取证据的，应当在举证期限内提交调取证据申请书。

调取证据申请书应当写明下列内容：

（一）证据持有人的姓名或者名称、住址等基本情况；

（二）拟调取证据的内容；

（三）申请调取证据的原因及其要证明的案件事实。

第 25 条　人民法院对当事人调取证据的申请，经审查符合调取证据条件的，应当及时决定调取；不符合调取证据条件的，应当向当事人或者其诉讼代理人送达通知书，说明不准许调取的理由。当事人及其诉讼代理人可以在收到通知书之日起三日内向受理申请的人民法院书面申请复议一次。人民法院应当在收到复议申请之日起五日内作出答复。

人民法院根据当事人申请，经调取未能取得相应证据的，应当告知申请人并说明原因。

第 26 条　人民法院需要调取的证据在异地的，可以书面委托证据所在地人民法院调取。受托人民法院应当在收到委托书后，按照委托要求及时完成调取证据工作，送交委托人民法院。受托人民法院不能完成委托内容的，应当告知委托的人民法院并说明原因。

第四十一条 申请法院调取证据

与本案有关的下列证据，原告或者第三人不能自行收集的，可以申请人民法院调取：

（一）由国家机关保存而须由人民法院调取的证据；

（二）涉及国家秘密、商业秘密和个人隐私的证据；

（三）确因客观原因不能自行收集的其他证据。

● 法 律

1.《民事诉讼法》（2023 年 9 月 1 日）

第 67 条第 2 款 当事人及其诉讼代理人因客观原因不能自行收集的证据，或者人民法院认为审理案件需要的证据，人民法院应当调查收集。

2.《刑事诉讼法》（2018 年 10 月 26 日）

第 54 条 人民法院、人民检察院和公安机关有权向有关单位和个人收集、调取证据。有关单位和个人应当如实提供证据。

行政机关在行政执法和查办案件过程中收集的物证、书证、视听资料、电子数据等证据材料，在刑事诉讼中可以作为证据使用。

对涉及国家秘密、商业秘密、个人隐私的证据，应当保密。

凡是伪造证据、隐匿证据或者毁灭证据的，无论属于何方，必须受法律追究。

案例指引

曾某诉自贡市公安局交通警察支队吊销机动车驾驶证案①

裁判摘要：本案审理过程中，曾某在上诉状中向本院申请调取其于2022年12月15日出入公安机关的监控视频，本院根据《中华人民共和国行政诉讼法》第四十一条第一项的规定要求市交警支队提供上述视频，市交警支队于2024年3月27日向本院出具《情况说明》一份，内容为因荣县公安局执法办案区的监控视频只能保存6个月，所以现在无法调取曾某出入荣县公安局执法办案区时的视频。关于曾某认为其《讯问笔录》系其受胁迫才签字，非其真实意思表示，不应被采信的问题。《中华人民共和国行政诉讼法》第三十四条虽然规定“被告对作出的行政行为负有举证责任，应当提供作出该行政行为的证据和所依据的规范性文件”，但这不是说行政诉讼中的所有待证事实都须由行政机关承担举证责任。曾某主张以“受胁迫”为由不采信《讯问笔录》，故其应提供其受到胁迫的证据，这类证据的证明力可以弱一点，甚至可以合理说明，但其未能提供相应证据予以证明，且其诉由皆为推测意见。故，曾某的该上诉理由无事实和法律依据，本院不予采纳。

第四十二条 证据保全

在证据可能灭失或者以后难以取得的情况下，诉讼参加人可以向人民法院申请保全证据，人民法院也可以主动采取保全措施。

司法解释及文件

《最高人民法院关于行政诉讼证据若干问题的规定》（2002年7月24日 法发〔2002〕21号）

第27条 当事人根据行政诉讼法第三十六条的规定向人民

① 本案例选自中国裁判文书网。

法院申请保全证据的，应当在举证期限届满前以书面形式提出，并说明证据的名称和地点、保全的内容和范围、申请保全的理由等事项。

当事人申请保全证据的，人民法院可以要求其提供相应的担保。

法律、司法解释及文件规定诉前保全证据的，依照其规定办理。

第28条 人民法院依照行政诉讼法第三十六条①规定保全证据的，可以根据具体情况，采取查封、扣押、拍照、录音、录像、复制、鉴定、勘验、制作询问笔录等保全措施。

人民法院保全证据时，可以要求当事人或者其诉讼代理人到场。

第四十三条 证据适用规则

证据应当在法庭上出示，并由当事人互相质证。对涉及国家秘密、商业秘密和个人隐私的证据，不得在公开开庭时出示。

人民法院应当按照法定程序，全面、客观地审查核实证据。对未采纳的证据应当在裁判文书中说明理由。

以非法手段取得的证据，不得作为认定案件事实的根据。

司法解释及文件

《最高人民法院关于适用〈中华人民共和国行政诉讼法〉的解释》

（2018年2月6日 法释〔2018〕1号）

第43条 有下列情形之一的，属于行政诉讼法第四十三条第三款规定的“以非法手段取得的证据”：

（一）严重违反法定程序收集的证据材料；

（二）以违反法律强制性规定的手段获取且侵害他人合法权益的证据材料；

（三）以利诱、欺诈、胁迫、暴力等手段获取的证据材料。

---

① 对应2017年公布的《行政诉讼法》第四十二条。

第六章 起诉和受理

第四十四条 行政复议与行政诉讼的关系

对属于人民法院受案范围的行政案件，公民、法人或者其他组织可以先向行政机关申请复议，对复议决定不服的，再向人民法院提起诉讼；也可以直接向人民法院提起诉讼。

法律、法规规定应当先向行政机关申请复议，对复议决定不服再向人民法院提起诉讼的，依照法律、法规的规定。

司法解释及文件

《最高人民法院关于适用〈中华人民共和国行政诉讼法〉的解释》

（2018年2月6日 法释〔2018〕1号）

第56条 法律、法规规定应当先申请复议，公民、法人或者其他组织未申请复议直接提起诉讼的，人民法院裁定不予立案。

依照行政诉讼法第四十五条的规定，复议机关不受理复议申请或者在法定期限内不作出复议决定，公民、法人或者其他组织不服，依法向人民法院提起诉讼的，人民法院应当依法立案。

第57条 法律、法规未规定行政复议为提起行政诉讼必经程序，公民、法人或者其他组织既提起诉讼又申请行政复议的，由先立案的机关管辖；同时立案的，由公民、法人或者其他组织选择。公民、法人或者其他组织已经申请行政复议，在法定复议期间内又向人民法院提起诉讼的，人民法院裁定不予立案。

第58条 法律、法规未规定行政复议为提起行政诉讼必经程序，公民、法人或者其他组织向复议机关申请行政复议后，又经复议机关同意撤回复议申请，在法定起诉期限内对原行政行为提起诉讼的，人民法院应当依法立案。

第59条 公民、法人或者其他组织向复议机关申请行政复议后，复议机关作出维持决定的，应当以复议机关和原行为机关为共同被告，并以复议决定送达时间确定起诉期限。

● 案例指引

杨某诉山东省人民政府行政复议案［最高人民法院行政审判十大典型案例（第一批）之十］

裁判摘要：当事人申请行政复议和提起行政诉讼应当具有利用复议制度和诉讼制度解决行政争议的正当性。行政诉讼是解决行政争议，保护公民、法人和其他组织合法权益，监督行政机关依法行使职权的法律救济途径。人民法院既要充分保障当事人正当诉权的行使，又要引导、规范当事人行使诉权。人民法院有义务识别、判断当事人的请求是否具有足以利用行政复议制度和行政诉讼制度加以解决的必要性，避免因缺乏诉的利益而不当行使诉权的情形发生，坚决抵制滥用诉权的行为。对于明显违背行政复议制度、明显具有任性恣意色彩的反复申请，即使行政复议机关予以拒绝，当事人不服提起诉讼的，人民法院也可以不予立案，或者在立案之后裁定驳回起诉。

第四十五条　经行政复议的起诉期限

公民、法人或者其他组织不服复议决定的，可以在收到复议决定书之日起十五日内向人民法院提起诉讼。复议机关逾期不作决定的，申请人可以在复议期满之日起十五日内向人民法院提起诉讼。法律另有规定的除外。

● 司法解释及文件

《最高人民法院关于适用〈中华人民共和国行政诉讼法〉的解释》（2018年2月6日　法释〔2018〕1号）

第56条　法律、法规规定应当先申请复议，公民、法人或者其他组织未申请复议直接提起诉讼的，人民法院裁定不予立案。

依照行政诉讼法第四十五条的规定，复议机关不受理复议申请或者在法定期限内不作出复议决定，公民、法人或者其他组织不服，依法向人民法院提起诉讼的，人民法院应当依法立案。

第 57 条　法律、法规未规定行政复议为提起行政诉讼必经程序，公民、法人或者其他组织既提起诉讼又申请行政复议的，由先立案的机关管辖；同时立案的，由公民、法人或者其他组织选择。公民、法人或者其他组织已经申请行政复议，在法定复议期间内又向人民法院提起诉讼的，人民法院裁定不予立案。

第 58 条　法律、法规未规定行政复议为提起行政诉讼必经程序，公民、法人或者其他组织向复议机关申请行政复议后，又经复议机关同意撤回复议申请，在法定起诉期限内对原行政行为提起诉讼的，人民法院应当依法立案。

第 59 条　公民、法人或者其他组织向复议机关申请行政复议后，复议机关作出维持决定的，应当以复议机关和原行为机关为共同被告，并以复议决定送达时间确定起诉期限。

第四十六条　一般起诉期限

公民、法人或者其他组织直接向人民法院提起诉讼的，应当自知道或者应当知道作出行政行为之日起六个月内提出。法律另有规定的除外。

因不动产提起诉讼的案件自行政行为作出之日起超过二十年，其他案件自行政行为作出之日起超过五年提起诉讼的，人民法院不予受理。

司法解释及文件

《最高人民法院关于适用〈中华人民共和国行政诉讼法〉的解释》

（2018 年 2 月 6 日　法释〔2018〕1 号）

第 65 条　公民、法人或者其他组织不知道行政机关作出的行政行为内容的，其起诉期限从知道或者应当知道该行政行为内容之日起计算，但最长不得超过行政诉讼法第四十六条第二款规定的起诉期限。

第138条 人民法院决定在行政诉讼中一并审理相关民事争议，或者案件当事人一致同意相关民事争议在行政诉讼中一并解决，人民法院准许的，由受理行政案件的人民法院管辖。

公民、法人或者其他组织请求一并审理相关民事争议，人民法院经审查发现行政案件已经超过起诉期限，民事案件尚未立案的，告知当事人另行提起民事诉讼；民事案件已经立案的，由原审判组织继续审理。

人民法院在审理行政案件中发现民事争议为解决行政争议的基础，当事人没有请求人民法院一并审理相关民事争议的，人民法院应当告知当事人依法申请一并解决民事争议。当事人就民事争议另行提起民事诉讼并已立案的，人民法院应当中止行政诉讼的审理。民事争议处理期间不计算在行政诉讼审理期限内。

● 案例指引

海南某公司诉海南省人民政府行政复议案（人民法院案例库：2023-12-3-016-018）

裁判要旨：行政机关作出行政行为时，未告知公民、法人或者其他组织起诉期限的，起诉期限从公民、法人或者其他组织知道或者应当知道起诉期限之日起计算。所谓“知道”，是指有充分证据证明，申请人知道作出行政行为的时间；所谓“应当知道”，是指遵循法官职业道德，运用逻辑推理和生活经验，根据相关证据，推定申请人知道作出行政行为的时间。

第四十七条　行政机关不履行法定职责的起诉期限

公民、法人或者其他组织申请行政机关履行保护其人身权、财产权等合法权益的法定职责，行政机关在接到申请之日起两个月内不履行的，公民、法人或者其他组织可以向人民法院提起诉讼。法律、法规对行政机关履行职责的期限另有规定的，从其规定。

公民、法人或者其他组织在紧急情况下请求行政机关履行保护其人身权、财产权等合法权益的法定职责，行政机关不履行的，提起诉讼不受前款规定期限的限制。

司法解释及文件

《最高人民法院关于适用〈中华人民共和国行政诉讼法〉的解释》（2018 年 2 月 6 日　法释〔2018〕1 号）

第 66 条　公民、法人或者其他组织依照行政诉讼法第四十七条第一款的规定，对行政机关不履行法定职责提起诉讼的，应当在行政机关履行法定职责期限届满之日起六个月内提出。

第四十八条　起诉期限的扣除和延长

公民、法人或者其他组织因不可抗力或者其他不属于其自身的原因耽误起诉期限的，被耽误的时间不计算在起诉期限内。

公民、法人或者其他组织因前款规定以外的其他特殊情况耽误起诉期限的，在障碍消除后十日内，可以申请延长期限，是否准许由人民法院决定。

法　律

1. **《民事诉讼法》**（2023 年 9 月 1 日）

第 86 条　当事人因不可抗拒的事由或者其他正当理由耽误

期限的，在障碍消除后的十日内，可以申请顺延期限，是否准许，由人民法院决定。

2.《刑事诉讼法》（2018年10月26日）

第106条　当事人由于不能抗拒的原因或者有其他正当理由而耽误期限的，在障碍消除后五日以内，可以申请继续进行应当在期满以前完成的诉讼活动。

前款申请是否准许，由人民法院裁定。

司法解释及文件

3.《最高人民法院关于进一步推进行政争议多元化解工作的意见》（2021年12月22日　法发〔2021〕36号）

17. 因非诉讼方式解决行政争议耽误的期限，人民法院计算起诉期限时，应当依照行政诉讼法第四十八条规定予以扣除，但存在本意见第19条①规定情形的除外。

4.《最高人民法院关于适用〈中华人民共和国行政诉讼法〉的解释》（2018年2月6日　法释〔2018〕1号）

第69条　有下列情形之一，已经立案的，应当裁定驳回起诉：

……

（二）超过法定起诉期限且无行政诉讼法第四十八条规定情形的；

……

---

① 该意见第19条规定，当事人在诉前调解中存在虚假调解、恶意拖延、恶意保全等不诚信行为，妨碍诉讼活动的，人民法院立案后经查证属实的，可以视情节轻重，依法作出处理。

● 案例指引

某村委会诉黑龙江省某市不动产登记中心行政登记诉讼监督案
（最高人民检察院检例第206号）

案例要旨：判断起诉是否超过法定起诉期限以及是否存在非自身原因耽误起诉期限的情形，应当充分考虑行政相对人是否积极行使诉权，以及耽误起诉期限是否具有正当理由。公民、法人或其他组织通过申请行政复议主张权利，行政机关承诺自行纠错的，公民、法人或其他组织等待行政机关自行纠错的时间，符合《中华人民共和国行政诉讼法》第四十八条第一款规定的“其他不属于其自身的原因耽误起诉期限”的情形，应当在起诉期限中扣除。

第四十九条　起诉条件

提起诉讼应当符合下列条件：

（一）原告是符合本法第二十五条规定的公民、法人或者其他组织；

（二）有明确的被告；

（三）有具体的诉讼请求和事实根据；

（四）属于人民法院受案范围和受诉人民法院管辖。

● 司法解释及文件

1.《最高人民法院关于审理行政协议案件若干问题的规定》
（2019年11月27日　法释〔2019〕17号）

第9条　在行政协议案件中，行政诉讼法第四十九条第三项规定的“有具体的诉讼请求”是指：

（一）请求判决撤销行政机关变更、解除行政协议的行政行为，或者确认该行政行为违法；

（二）请求判决行政机关依法履行或者按照行政协议约定履行义务；

（三）请求判决确认行政协议的效力；

（四）请求判决行政机关依法或者按照约定订立行政协议；

（五）请求判决撤销、解除行政协议；

（六）请求判决行政机关赔偿或者补偿；

（七）其他有关行政协议的订立、履行、变更、终止等诉讼请求。

2.《最高人民法院关于适用〈中华人民共和国行政诉讼法〉的解释》（2018 年 2 月 6 日　法释〔2018〕1 号）

第 54 条　依照行政诉讼法第四十九条的规定，公民、法人或者其他组织提起诉讼时应当提交以下起诉材料：

（一）原告的身份证明材料以及有效联系方式；

（二）被诉行政行为或者不作为存在的材料；

（三）原告与被诉行政行为具有利害关系的材料；

（四）人民法院认为需要提交的其他材料。

由法定代理人或者委托代理人代为起诉的，还应当在起诉状中写明或者在口头起诉时向人民法院说明法定代理人或者委托代理人的基本情况，并提交法定代理人或者委托代理人的身份证明和代理权限证明等材料。

第 67 条　原告提供被告的名称等信息足以使被告与其他行政机关相区别的，可以认定为行政诉讼法第四十九条第二项规定的“有明确的被告”。

起诉状列写被告信息不足以认定明确的被告的，人民法院可以告知原告补正；原告补正后仍不能确定明确的被告的，人民法院裁定不予立案。

第 68 条　行政诉讼法第四十九条第三项规定的“有具体的诉讼请求”是指：

（一）请求判决撤销或者变更行政行为；

（二）请求判决行政机关履行特定法定职责或者给付义务；

（三）请求判决确认行政行为违法；

（四）请求判决确认行政行为无效；

（五）请求判决行政机关予以赔偿或者补偿；

（六）请求解决行政协议争议；

（七）请求一并审查规章以下规范性文件；

（八）请求一并解决相关民事争议；

（九）其他诉讼请求。

当事人单独或者一并提起行政赔偿、补偿诉讼的，应当有具体的赔偿、补偿事项以及数额；请求一并审查规章以下规范性文件的，应当提供明确的文件名称或者审查对象；请求一并解决相关民事争议的，应当有具体的民事诉讼请求。

当事人未能正确表达诉讼请求的，人民法院应当要求其明确诉讼请求。

3.《最高人民法院关于审理反倾销行政案件应用法律若干问题的规定》（2002年11月21日　法释〔2002〕35号）

第2条　与反倾销行政行为具有法律上利害关系的个人或者组织为利害关系人，可以依照行政诉讼法及其他有关法律、行政法规的规定，向人民法院提起行政诉讼。

前款所称利害关系人，是指向国务院主管部门提出反倾销调查书面申请的申请人，有关出口经营者和进口经营者及其他具有法律上利害关系的自然人、法人或者其他组织。

4.《最高人民法院关于审理反补贴行政案件应用法律若干问题的规定》（2002年11月21日　法释〔2002〕36号）

第2条　与反补贴行政行为具有法律上利害关系的个人或者组织为利害关系人，可以依照行政诉讼法及其他有关法律、行政法规的规定，向人民法院提起行政诉讼。

前款所称利害关系人，是指向国务院主管机关提出反补贴调查书面申请的申请人，有关出口经营者和进口经营者及其他具有法律上利害关系的自然人、法人或者其他组织。

第五十条　起诉方式

起诉应当向人民法院递交起诉状，并按照被告人数提出副本。

书写起诉状确有困难的，可以口头起诉，由人民法院记入笔录，出具注明日期的书面凭证，并告知对方当事人。

● 法　律

《民事诉讼法》（2023 年 9 月 1 日）

第 123 条　起诉应当向人民法院递交起诉状，并按照被告人数提出副本。

书写起诉状确有困难的，可以口头起诉，由人民法院记入笔录，并告知对方当事人。

● 案例指引

陆某诉贵州省某县人民政府行政强制拆迁案①

裁判摘要：《中华人民共和国行政诉讼法》第五十条第一款规定“起诉应当向人民法院递交起诉状，并按照被告人数提出副本”。适用该规定具体到本案，有以下两方面问题：第一，陆奶平芳通过中国邮政特快专递方式向一审法院提起本案行政诉讼是否影响陆奶平芳依法行使诉权。该条款所称“递交”，但未明确规定以何种方式递交。一般认为，当事人应当积极行使自己的权利，亲自到法院递交诉状提起行政诉讼为妥。当事人如以邮寄的方式递交诉状，因本人或代理人不能亲自到法院递交起诉状和预交诉讼费，法院无法判断起诉材料是否是当事人真实意思表示，且后续进行审查亦有诸多不便，特别是《中华人民共和国行政诉讼法》第五十一条规定，法院立案审查期限为七日，

---

① 本案例选自中国裁判文书网。

七日内必须作出是否立案的决定。对于以邮寄方式立案的当事人，因为当事人与法院信息不对称等因素，法院在七日审查期限内无法确定能否立案。不过，同为行政救济制度的行政复议，根据《中华人民共和国行政复议法实施条例》第十八条规定，申请人书面申请行政复议的，可以采取当面递交、邮寄或者传真等方式提出行政复议申请。有条件的行政复议机构可以接受以电子邮件形式提出的行政复议申请。故在法律没有禁止当事人以邮寄方式递交起诉状的情况下，为充分保护诉权，本案陆奶平芳通过中国邮政特快专递方式而未到一审法院受理窗口当面提交起诉状并不违反法律规定。第二，向一审法院而未明确具体部门邮寄提起本案行政诉讼是否影响陆奶平芳依法行使诉权。《中华人民共和国行政诉讼法》第五十条第一款规定起诉应当向人民法院递交起诉状，但该条款并未规定“递交”给人民法院哪个部门或者人员，没有限定起诉人必须或者只能向人民法院受理窗口递交起诉状。在本案，陆奶平芳自称向一审法院直接邮寄诉状而未具体明确该院的哪个部门或者人员，亦不违反法律规定。

第五十一条 登记立案

人民法院在接到起诉状时对符合本法规定的起诉条件的，应当登记立案。

对当场不能判定是否符合本法规定的起诉条件的，应当接收起诉状，出具注明收到日期的书面凭证，并在七日内决定是否立案。不符合起诉条件的，作出不予立案的裁定。裁定书应当载明不予立案的理由。原告对裁定不服的，可以提起上诉。

起诉状内容欠缺或者有其他错误的，应当给予指导和释明，并一次性告知当事人需要补正的内容。不得未经指导和释明即以起诉不符合条件为由不接收起诉状。

对于不接收起诉状、接收起诉状后不出具书面凭证，以及不一次性告知当事人需要补正的起诉状内容的，当事人可以向上级人民法院投诉，上级人民法院应当责令改正，并对直接负责的主管人员和其他直接责任人员依法给予处分。

● 司法解释及文件

《最高人民法院关于适用〈中华人民共和国行政诉讼法〉的解释》

（2018 年 2 月 6 日　法释〔2018〕1 号）

第 49 条　行政诉讼法第五十一条第二款规定的立案期限，因起诉状内容欠缺或者有其他错误通知原告限期补正的，从补正后递交人民法院的次日起算。由上级人民法院转交下级人民法院立案的案件，从受诉人民法院收到起诉状的次日起算。

第 53 条　人民法院对符合起诉条件的案件应当立案，依法保障当事人行使诉讼权利。

对当事人依法提起的诉讼，人民法院应当根据行政诉讼法第五十一条的规定接收起诉状。能够判断符合起诉条件的，应当当场登记立案；当场不能判断是否符合起诉条件的，应当在接收起诉状后七日内决定是否立案；七日内仍不能作出判断的，应当先予立案。

第 60 条　人民法院裁定准许原告撤诉后，原告以同一事实和理由重新起诉的，人民法院不予立案。

准予撤诉的裁定确有错误，原告申请再审的，人民法院应当通过审判监督程序撤销原准予撤诉的裁定，重新对案件进行审理。

第 61 条　原告或者上诉人未按规定的期限预交案件受理费，又不提出缓交、减交、免交申请，或者提出申请未获批准的，按自动撤诉处理。在按撤诉处理后，原告或者上诉人在法定期限内再次起诉或者上诉，并依法解决诉讼费预交问题的，人民法院应予立案。

第 62 条　人民法院判决撤销行政机关的行政行为后，公民、法人或者其他组织对行政机关重新作出的行政行为不服向人民法院起诉的，人民法院应当依法立案。

第 63 条　行政机关作出行政行为时，没有制作或者没有送达法律文书，公民、法人或者其他组织只要能证明行政行为存在，并在法定期限内起诉的，人民法院应当依法立案。

第69条　有下列情形之一，已经立案的，应当裁定驳回起诉：

（一）不符合行政诉讼法第四十九条规定的；

（二）超过法定起诉期限且无行政诉讼法第四十八条规定情形的；

（三）错列被告且拒绝变更的；

（四）未按照法律规定由法定代理人、指定代理人、代表人为诉讼行为的；

（五）未按照法律、法规规定先向行政机关申请复议的；

（六）重复起诉的；

（七）撤回起诉后无正当理由再行起诉的；

（八）行政行为对其合法权益明显不产生实际影响的；

（九）诉讼标的已为生效裁判或者调解书所羁束的；

（十）其他不符合法定起诉条件的情形。

前款所列情形可以补正或者更正的，人民法院应当指定期间责令补正或者更正；在指定期间已经补正或者更正的，应当依法审理。

人民法院经过阅卷、调查或者询问当事人，认为不需要开庭审理的，可以迳行裁定驳回起诉。

第五十二条　法院不立案的救济

人民法院既不立案，又不作出不予立案裁定的，当事人可以向上一级人民法院起诉。上一级人民法院认为符合起诉条件的，应当立案、审理，也可以指定其他下级人民法院立案、审理。

● 司法解释及文件

《最高人民法院关于适用〈中华人民共和国行政诉讼法〉的解释》

（2018年2月6日　法释〔2018〕1号）

第6条　当事人以案件重大复杂为由，认为有管辖权的基层人民法院不宜行使管辖权或者根据行政诉讼法第五十二条的规定，向中级人民法院起诉，中级人民法院应当根据不同情况在七日内分别作出以下处理：

（一）决定自行审理；

（二）指定本辖区其他基层人民法院管辖；

（三）书面告知当事人向有管辖权的基层人民法院起诉。

第五十三条　规范性文件的附带审查

公民、法人或者其他组织认为行政行为所依据的国务院部门和地方人民政府及其部门制定的规范性文件不合法，在对行政行为提起诉讼时，可以一并请求对该规范性文件进行审查。

前款规定的规范性文件不含规章。

● 司法解释及文件

《最高人民法院关于适用〈中华人民共和国行政诉讼法〉的解释》

（2018年2月6日　法释〔2018〕1号）

第145条　公民、法人或者其他组织在对行政行为提起诉讼时一并请求对所依据的规范性文件审查的，由行政行为案件管辖法院一并审查。

第146条　公民、法人或者其他组织请求人民法院一并审查行政诉讼法第五十三条规定的规范性文件，应当在第一审开庭审理前提出；有正当理由的，也可以在法庭调查中提出。

● 案例指引

1. 徐某诉山东省五莲县社会医疗保险事业处不予报销医疗费用案

（最高人民法院发布行政诉讼附带审查规范性文件典型案例①之一）

裁判要旨：修改后的行政诉讼法第五十三条增加了对规范性文件进行附带审查的条款。规范性文件的制定应以上位法为依据，与上位法相冲突的条款不具有合法性，不能作为认定行政行为合法的依据。本案涉及到的上位依据包括：《山东省新型农村合作医疗定点医疗机构暂行管理规定》第十二条规定："参合农民在山东省行政区域内非新农合定点医疗机构就医的费用不得纳入新农合基金补偿。"山东省卫生厅、民政厅、财政厅、农业厅《关于巩固和发展新型农村合作医疗制度的实施意见》规定："完善省内新农合定点医疗机构互认制度，凡经市级以上卫生行政部门确定并报省卫生行政部门备案的三级以上新农合定点医疗机构，在全省范围内互认；统筹地区根据参合农民就医流向，通过签订协议互认一、二级新农合定点医疗机构，享受当地规定的同级别新农合定点医疗机构补偿比例。"《实施办法》第五条第二款关于"参合农民到市外就医，必须到政府举办的公立医疗机构"的规定，限缩了行政相对人选择就医的权利，不符合上位依据的相关规定，不能作为认定涉案行政行为合法的依据。据此，二审法院撤销山东省五莲县人民法院一审判决；撤销五莲县社会医疗保险事业处作出的《书面答复》；并责令五莲县社会医疗保险事业处于判决生效之日起60日内对徐某的申请重新审查并作出处理。

---

① 参见中华人民共和国最高人民法院网站，https：//www.court.gov.cn/zixun/xiangqing/125871.html，最后访问时间：2025年10月28日。以下不再标注。

2. **方某诉浙江省淳安县公安局治安管理行政处罚一案**（最高人民法院发布行政诉讼附带审查规范性文件典型案例之二）

裁判要旨：本案争议的焦点在于，当事人申请附带审查的《消防安全要求》《消防执法问题批复》和《消防安全法律适用意见》是否对《治安管理处罚法》第三十九条①规定的“其他供社会公众活动的场所”进行了扩大解释。《治安管理处罚法》第三十九条适用的对象是“旅馆、饭店、影剧院、娱乐场、运动场、展览馆或者其他供社会公众活动的场所的经营管理人员”。本案中，人民法院通过对案涉规范性文件条文的审查，明确了对居住的出租房屋能否视为“其他供社会公众活动的场所”这一法律适用问题。由于“其他供社会公众活动的场所”为不确定法律概念，其内容与范围并不固定。本案中，居住的出租房物理上将毗邻的多幢、多间（套）房屋集中用于向不特定多数人出租，并且承租人具有较高的流动性，已与一般的居住房屋只关涉公民私人领域有质的区别，已经构成了与旅馆类似的具有一定开放性的公共活动场所。对于此类场所的经营管理人员，在出租获利的同时理应承担更高的消防安全管理责任。因此，《消防安全要求》《消防执法问题批复》和《消防安全法律适用意见》所规定的内容并不与《治安管理处罚法》第三十九条之规定相抵触。

3. **袁某诉江西省于都县人民政府物价行政征收一案**（最高人民法院发布行政诉讼附带审查规范性文件典型案例之三）

案例要旨：本案所涉及的污水处理费征收，根据法律法规的规定，其范围由征收对象和征收对象实施的行为确定。征收对象为城市污水集中处理规划区范围所有用水单位和个人，且征收对象需实施向城市排污管网和污水集中处理设施排放污水的行为。但《实施方案》所确定的污水处理费征收范围却扩大至“于都县中心城区规

---

① 对应2025年修订的《中华人民共和国治安管理处罚法》第四十五条。

划区范围内所有使用城市供水的企业、单位和个人”，违反法律法规规章及上级行政机关规范性文件规定。在《管理办法》第八条明确规定了征收范围后，于都县政府在其制定的规范性文件中扩大征收范围没有法律依据，应予修改。根据《最高人民法院关于适用〈中华人民共和国行政诉讼法〉的解释》第一百四十九条之规定，规范性文件不合法的，人民法院可以向规范性文件的制定机关提出司法建议。司法建议作为法律赋予人民法院的一项重要职责，是充分发挥审判职能的重要方式。人民法院在规范性文件附带审查后向有关机关发出司法建议，可以促进执法质量、扩展审判效果。

4. **大某商贸有限公司诉北京市丰台区食品药品监督管理局行政处罚案**（最高人民法院发布行政诉讼附带审查规范性文件典型案例之四）

裁判摘要：大某公司认为 GB28050-2011《食品安全国家标准预包装食品营养标签通则》（以下简称《通则》）3.2 项违背了原《食品安全法》的立法目的，超越了食品安全的适用范围以及食品安全的定义范畴。食品营养成分要求作为食品安全标准的内容仅仅涉及专供婴幼儿和其他特定人群的主辅食品的要求。本案所涉产品为普通食品，因此《通则》并不适用于本案。故请求法院对《通则》3.2 项附带进行合法性审查。

修改后的行政诉讼法第五十三条赋予了公民、法人或者其他组织对规范性文件请求附带审查的权利。第六十四条规定人民法院经审查认为规范性文件不合法的，规范性文件不作为认定行政行为合法的依据，并向制定机关提出处理建议。《最高人民法院关于适用〈中华人民共和国行政诉讼法〉的解释》第一百四十九条规定，规范性文件不合法的，人民法院不作为认定行政行为合法的依据，并在裁判理由中予以阐明。本案中，案涉《通则》3.2 项规定：预包装食品营养标签应使用中文。如同时使用外文标示的，其内容应当与中文相对应，外文字号不得大于中文字号。本案的裁判理由部分从立法目的、上位法的具体法律规定等角度详细阐明了《通则》3.2

项合法，应当在本案中作为法律依据予以适用的理由。二审法院更是将案件的争议焦点固定在《通则》3.2项的法律适用方面，通过对《通则》3.2项合法性的确认、《通则》3.2项应作为本案的法律适用依据、大昌公司的行为构成对《通则》3.2项的违反这三个焦点问题的深入说理，有理有据地驳回了大昌公司的主张。通过这一案件中规范性文件的附带审查，确保原《食品安全法》保障公众食品安全和身体健康立法宗旨的进一步落实。

5. 郑某诉浙江省温岭市人民政府土地行政批准案（最高人民法院发布行政诉讼附带审查规范性文件典型案例之五）

裁判要旨：本案中，温岭市政府制定的两个涉案规范性文件，将“应迁出未迁出的人口”及“已经出嫁的妇女及其子女”排除在申请个人建房用地和安置人口之外，显然与《中华人民共和国妇女权益保障法》等上位法规定精神不符。人民法院通过裁判，一方面维护了社会广泛关注的“外嫁女”及其子女的合法权益，也促进了行政机关及时纠正错误，对于规范性文件的一并审查，从更大范围内对“外嫁女”等群体的合法权益予以有力保护。

6. 上海某物业管理有限公司诉上海市住房和城乡建设管理委员会物业服务资质行政许可案（最高人民法院发布行政诉讼附带审查规范性文件典型案例之六）

裁判要旨：根据《行政许可法》的规定，法律法规已经设定行政许可的，下级行政机关可以依法通过制定规范性文件的方式明确许可所具备的条件。行政相对人对该规范性文件提起附带审查的，法院围绕该规范性文件与法律法规的规定是否存在冲突，制定主体、制定目的、制定过程是否符合规范，是否明显违法等情形进行审查。规范性文件不存在违法情形的，应当在判决理由中予以认可，并在该案中进行适用。本案中，人民法院通过判决明确了国家对从事物业管理活动的企业实行资质管理的制度，物业服务企业中从事物业管理的人员应当根据有关规定取得职业资格证书，且满足相应的人数标准。同时明确为了更好地提供物业管理服务，物业管理人员除具备职业资质以外，还应当具备服务的稳定性。原上海市房屋土地资源管理局作为物业服务企业资质的主管机关，根据上位法规定制定《新设立物业资质通知》，对《物业服务企业资质管理办法》中专职人员的认定标准进行了解释和细化规定，与《行政许可法》《物业管理条例》等法律法规的规定不相冲突。

7. 孙某诉原浙江省环境保护厅环保行政许可案（最高人民法院发布行政诉讼附带审查规范性文件典型案例之七）

案例要旨：人民法院在行政诉讼中对规范性文件附带审查时应正确把握审查方式，必要时可以征求制定机关的意见。为防治大气污染，全国各地逐步对黄标车进行治理淘汰，案涉机动车环保标志的核发及对原环保部制定的《机动车环保检验合格标志管理规定》进行的附带审查，不仅关系到车主切身利益，同时也关系到大气污染防治的民生大计。原环保部制定的《机动车环保检验合格标志管理规定》专业性和政策性较强，为更好地理解该文件的制定目的、依据及出台背景等，法院向原环保部发函了解情况，原环保部复函详细作了介绍。法院在听取了诉讼双方的主张及制定机关的意见，充分掌握信息后，作出审慎的审查结论。本案对合法的规范性文件予以适用，并对违反正当程序的环保标志核发行为确认违法，在保障行政相对人合法权益的同时，推动了环保标志的规范化管理。

8. 成都某医疗科技有限责任公司诉四川省成都市科学技术局科技项目资助行政许可案（最高人民法院发布行政诉讼附带审查规范性文件典型案例之八）

案例要旨：规范性文件附带审查制度在促进公民权益保护、监督规范性文件的制定以及促进法治政府“科学立法”的进程具有积极的意义。在本案的审理中，人民法院明确，原告提起规范性文件的审查需符合“附带性”的原则。首先，审查对象的附带性，只有直接作为被诉行政行为依据的规范性文件才可能成为人民法院的审查对象；其次，审查模式的附带性，即对规范性文件的审查只能在针对行政行为合法性审查中附带提出；最后，审查结果的附带性，人民法院对规范性文件的审查是为了确认诉争行政行为的直接依据是否合法进而确认行政行为的合法性，经审查后确认该规范性文件不合法，处理方式为不作为认定行政行为合法的依据，并向规范性文件的制定机关提出处理建议，而不就规范性文件的合法性做单独判定。本案中，由于被诉行为不属于人民法院行政诉讼受案范围，故原告一并提起要求确认被告制定的相关规范性文件违法的诉请也不属于人民法院行政诉讼的受案范围。

9. 毛某、祝某诉浙江省江山市某镇人民政府行政强制及行政赔偿案（最高人民法院发布行政诉讼附带审查规范性文件典型案例之九）

案例要旨：本案再次明确了规范性文件附带审查制度中审查对象的附带性，即作为被诉行政行为依据的规范性文件才可能成为人民法院的审查对象。如果规范性文件不是行政机关实施行政行为的法律依据，那么人民法院将不予审查。以促进经济社会转型升级为核心目标开展的“三改一拆”“五水共治”等活动，是贯彻党的十八届五中全会提出“创新、协调、绿色、开放、共享”五大发展理念的重要体现。对于严重影响生态环境的生猪养殖业开展整治提升，是生态文明建设的重要环节，环保部门和乡镇政府在其中发挥着主要作用。人民法院在审理此类行政案件中，一方面要依法审查行政主体的职权依据、法律依据和执法程序，对强制拆除等行为应严格审查其合法性；另一方面对于涉及赔偿的内容要依照国家赔偿法以及《最高人民法院关于审理行政赔偿案件若干问题的规定》等法律、司法解释中“合法权益”、直接损失、行为与损失之间因果关系等要素进行严格审查。本案中规范性文件并非行政行为作出依据，人民法院根据行政诉讼法的规定不予审查，明确了可以附带审查的规范性文件的法律界限。

第七章　审理和判决

第一节　一 般 规 定

第五十四条　公开审理原则

人民法院公开审理行政案件，但涉及国家秘密、个人隐私和法律另有规定的除外。

涉及商业秘密的案件，当事人申请不公开审理的，可以不公开审理。

● 法　律

1. **《民事诉讼法》**（2023年9月1日）

第137条　人民法院审理民事案件，除涉及国家秘密、个人隐私或者法律另有规定的以外，应当公开进行。

离婚案件，涉及商业秘密的案件，当事人申请不公开审理的，可以不公开审理。

2. **《刑事诉讼法》**（2018年10月26日）

第188条　人民法院审判第一审案件应当公开进行。但是有关国家秘密或者个人隐私的案件，不公开审理；涉及商业秘密的案件，当事人申请不公开审理的，可以不公开审理。

不公开审理的案件，应当当庭宣布不公开审理的理由。

● 案例指引

1. 贵州省榕江县人民检察院督促保护传统村落行政公益诉讼案（最高人民检察院检例第115号）

案例要旨：2019年2月27日，黎平县人民法院公开审理了本案。榕江县人民检察院出示了现场调查图片、走访当地村民以及政府工作人员的调查笔录，提供了《中国传统村落名录》等相关书证，证实宰荡侗寨和归柳侗寨已被列为“中国传统村落”，因违章建筑致使整体风貌受到严重破坏的客观事实。

2. 安徽省望江县人民检察院督促保护褒隐寺塔行政公益诉讼案（最高人民检察院发布八件文物和文化遗产保护检察公益诉讼典型案例①之四）

案例要旨：2023年8月3日，望江县人民法院对本案公开审理，市、县两级人大代表以及部分行政机关代表120余人现场旁听观摩。望江县院针对县文旅体局是否存在怠于履行保护监管职责等焦点问题进行充分论证，认为县文旅体局虽采取了向相关部门申报设计方案等整改措施，但推动缓慢，文物修缮工作停滞不前，文物价值持续受到损害。

3. 贵州省威宁县人民检察院督促整治喀斯特草原石漠化行政公益诉讼案（最高人民检察院发布七件荒漠化防治检察公益诉讼典型案例②之二）

案例要旨：2022年12月2日，威宁县院邀请人大代表、村民代表和具有石漠化防治专业知识的“益心为公”志愿者，实地查看整改情况，案涉违法建筑和圈地放牧设施已全部拆除，原地覆土种草、改良草地等项目按照计划有序实施。12月15日，鉴于威宁县林业局已依法对破坏“百草坪”草地问题履行职责，威宁县院依法向七星关区法院变更诉讼请求，请求确认威宁县林业局对威宁县“百草坪”草地资源被违法占用、破坏问题怠于履行监管职责行为违法。12月18日，七星关区法院公开审理本案，当庭宣判支持威宁县院全部诉讼请求。

---

① 参见中华人民共和国最高人民检察院网站，https：//www. spp. gov. cn//xwfbh/dxal/202406/t20240608_ 656721. shtml，最后访问时间：2025年10月28日。

② 参见中华人民共和国最高人民检察院网站，https：//www. spp. gov. cn//xwfbh/dxal/202309/t20230901_ 626915. shtml，最后访问时间：2025年10月28日。

第五十五条 回避

当事人认为审判人员与本案有利害关系或者有其他关系可能影响公正审判，有权申请审判人员回避。

审判人员认为自己与本案有利害关系或者有其他关系，应当申请回避。

前两款规定，适用于书记员、翻译人员、鉴定人、勘验人。

院长担任审判长时的回避，由审判委员会决定；审判人员的回避，由院长决定；其他人员的回避，由审判长决定。当事人对决定不服的，可以申请复议一次。

● 司法解释及文件

《最高人民法院关于适用〈中华人民共和国行政诉讼法〉的解释》
（2018 年 2 月 6 日　法释〔2018〕1 号）

第 74 条　当事人申请回避，应当说明理由，在案件开始审理时提出；回避事由在案件开始审理后知道的，应当在法庭辩论终结前提出。

被申请回避的人员，在人民法院作出是否回避的决定前，应当暂停参与本案的工作，但案件需要采取紧急措施的除外。

对当事人提出的回避申请，人民法院应当在三日内以口头或者书面形式作出决定。对当事人提出的明显不属于法定回避事由的申请，法庭可以依法当庭驳回。

申请人对驳回回避申请决定不服的，可以向作出决定的人民法院申请复议一次。复议期间，被申请回避的人员不停止参与本案的工作。对申请人的复议申请，人民法院应当在三日内作出复议决定，并通知复议申请人。

第 75 条　在一个审判程序中参与过本案审判工作的审判人员，不得再参与该案其他程序的审判。

发回重审的案件，在一审法院作出裁判后又进入第二审程序的，原第二审程序中合议庭组成人员不受前款规定的限制。

第五十六条 诉讼不停止执行

诉讼期间，不停止行政行为的执行。但有下列情形之一的，裁定停止执行：

（一）被告认为需要停止执行的；

（二）原告或者利害关系人申请停止执行，人民法院认为该行政行为的执行会造成难以弥补的损失，并且停止执行不损害国家利益、社会公共利益的；

（三）人民法院认为该行政行为的执行会给国家利益、社会公共利益造成重大损害的；

（四）法律、法规规定停止执行的。

当事人对停止执行或者不停止执行的裁定不服的，可以申请复议一次。

● 司法解释及文件

《最高人民法院关于适用〈中华人民共和国行政诉讼法〉的解释》

（2018年2月6日　法释〔2018〕1号）

第76条　人民法院对于因一方当事人的行为或者其他原因，可能使行政行为或者人民法院生效裁判不能或者难以执行的案件，根据对方当事人的申请，可以裁定对其财产进行保全、责令其作出一定行为或者禁止其作出一定行为；当事人没有提出申请的，人民法院在必要时也可以裁定采取上述保全措施。

人民法院采取保全措施，可以责令申请人提供担保；申请人不提供担保的，裁定驳回申请。

人民法院接受申请后，对情况紧急的，必须在四十八小时内作出裁定；裁定采取保全措施的，应当立即开始执行。

当事人对保全的裁定不服的，可以申请复议；复议期间不停止裁定的执行。

第77条　利害关系人因情况紧急，不立即申请保全将会使其合法权益受到难以弥补的损害的，可以在提起诉讼前向被保全财产所在地、被申请人住所地或者对案件有管辖权的人民法院申请采取保全措施。申请人应当提供担保，不提供担保的，裁定驳回申请。

人民法院接受申请后，必须在四十八小时内作出裁定；裁定采取保全措施的，应当立即开始执行。

申请人在人民法院采取保全措施后三十日内不依法提起诉讼的，人民法院应当解除保全。

当事人对保全的裁定不服的，可以申请复议；复议期间不停止裁定的执行。

第78条　保全限于请求的范围，或者与本案有关的财物。

财产保全采取查封、扣押、冻结或者法律规定的其他方法。人民法院保全财产后，应当立即通知被保全人。

财产已被查封、冻结的，不得重复查封、冻结。

涉及财产的案件，被申请人提供担保的，人民法院应当裁定解除保全。

申请有错误的，申请人应当赔偿被申请人因保全所遭受的损失。

第五十七条　先予执行

人民法院对起诉行政机关没有依法支付抚恤金、最低生活保障金和工伤、医疗社会保险金的案件，权利义务关系明确、不先予执行将严重影响原告生活的，可以根据原告的申请，裁定先予执行。

当事人对先予执行裁定不服的，可以申请复议一次。复议期间不停止裁定的执行。

第五十八条 拒不到庭或中途退庭的法律后果

经人民法院传票传唤，原告无正当理由拒不到庭，或者未经法庭许可中途退庭的，可以按照撤诉处理；被告无正当理由拒不到庭，或者未经法庭许可中途退庭的，可以缺席判决。

● 司法解释及文件

《最高人民法院关于适用〈中华人民共和国行政诉讼法〉的解释》（2018年2月6日 法释〔2018〕1号）

第79条 原告或者上诉人申请撤诉，人民法院裁定不予准许的，原告或者上诉人经传票传唤无正当理由拒不到庭，或者未经法庭许可中途退庭的，人民法院可以缺席判决。

第三人经传票传唤无正当理由拒不到庭，或者未经法庭许可中途退庭的，不发生阻止案件审理的效果。

根据行政诉讼法第五十八条的规定，被告经传票传唤无正当理由拒不到庭，或者未经法庭许可中途退庭的，人民法院可以按期开庭或者继续开庭审理，对到庭的当事人诉讼请求、双方的诉辩理由以及已经提交的证据及其他诉讼材料进行审理后，依法缺席判决。

● 案例指引

陈某诉某城市管理局行政处罚案（《最高人民法院公报》2003年第6期）

裁判摘要：原告被视为申请撤诉有三个条件。一是原告经人民两次传唤；二是原告拒不到庭；三是原告拒不到庭无正当理由。本案中上诉人某城市管理局即属于此种情况。

第五十九条 妨害行政诉讼强制措施

诉讼参与人或者其他人有下列行为之一的，人民法院可以根据情节轻重，予以训诫、责令具结悔过或者处一万元以下的罚款、十五日以下的拘留；构成犯罪的，依法追究刑事责任：

（一）有义务协助调查、执行的人，对人民法院的协助调查决定、协助执行通知书，无故推拖、拒绝或者妨碍调查、执行的；

（二）伪造、隐藏、毁灭证据或者提供虚假证明材料，妨碍人民法院审理案件的；

（三）指使、贿买、胁迫他人作伪证或者威胁、阻止证人作证的；

（四）隐藏、转移、变卖、毁损已被查封、扣押、冻结的财产的；

（五）以欺骗、胁迫等非法手段使原告撤诉的；

（六）以暴力、威胁或者其他方法阻碍人民法院工作人员执行职务，或者以哄闹、冲击法庭等方法扰乱人民法院工作秩序的；

（七）对人民法院审判人员或者其他工作人员、诉讼参与人、协助调查和执行的人员恐吓、侮辱、诽谤、诬陷、殴打、围攻或者打击报复的。

人民法院对有前款规定的行为之一的单位，可以对其主要负责人或者直接责任人员依照前款规定予以罚款、拘留；构成犯罪的，依法追究刑事责任。

罚款、拘留须经人民法院院长批准。当事人不服的，可以向上一级人民法院申请复议一次。复议期间不停止执行。

司法解释及文件

1.《最高人民法院关于适用〈中华人民共和国行政诉讼法〉的解释》（2018 年 2 月 6 日　法释〔2018〕1 号）

第 82 条　当事人之间恶意串通，企图通过诉讼等方式侵害国家利益、社会公共利益或者他人合法权益的，人民法院应当裁定驳回起诉或者判决驳回其请求，并根据情节轻重予以罚款、拘留；构成犯罪的，依法追究刑事责任。

第 83 条　行政诉讼法第五十九条规定的罚款、拘留可以单独适用，也可以合并适用。

对同一妨害行政诉讼行为的罚款、拘留不得连续适用。发生新的妨害行政诉讼行为的，人民法院可以重新予以罚款、拘留。

2.《最高人民法院关于行政诉讼证据若干问题的规定》（2002 年 7 月 24 日　法发〔2002〕21 号）

第 76 条　证人、鉴定人作伪证的，依照行政诉讼法第四十九条第一款第（二）项的规定追究其法律责任。

第 77 条　诉讼参与人或者其他人有对审判人员或者证人、鉴定人、勘验人及其近亲属实施威胁、侮辱、殴打、骚扰或者打击报复等妨碍行政诉讼行为的，依照行政诉讼法第四十九条第一款第（三）项、第（五）项或者第（六）项的规定追究其法律责任。

第 78 条　对应当协助调取证据的单位和个人，无正当理由拒不履行协助义务的，依照行政诉讼法第四十九条第一款第（五）项的规定追究其法律责任。

第六十条　调解

人民法院审理行政案件，不适用调解。但是，行政赔偿、补偿以及行政机关行使法律、法规规定的自由裁量权的案件可以调解。

调解应当遵循自愿、合法原则，不得损害国家利益、社会公共利益和他人合法权益。

● 司法解释及文件

《最高人民法院关于适用〈中华人民共和国行政诉讼法〉的解释》
（2018 年 2 月 6 日　法释〔2018〕1 号）

第 84 条　人民法院审理行政诉讼法第六十条第一款规定的行政案件，认为法律关系明确、事实清楚，在征得当事人双方同意后，可以迳行调解。

第 85 条　调解达成协议，人民法院应当制作调解书。调解书应当写明诉讼请求、案件的事实和调解结果。

调解书由审判人员、书记员署名，加盖人民法院印章，送达双方当事人。

调解书经双方当事人签收后，即具有法律效力。调解书生效日期根据最后收到调解书的当事人签收的日期确定。

第 86 条　人民法院审理行政案件，调解过程不公开，但当事人同意公开的除外。

经人民法院准许，第三人可以参加调解。人民法院认为有必要的，可以通知第三人参加调解。

调解协议内容不公开，但为保护国家利益、社会公共利益、他人合法权益，人民法院认为确有必要公开的除外。

当事人一方或者双方不愿调解、调解未达成协议的，人民法院应当及时判决。

当事人自行和解或者调解达成协议后，请求人民法院按照和解协议或者调解协议的内容制作判决书的，人民法院不予准许。

第 95 条　人民法院经审理认为被诉行政行为违法或者无效，可能给原告造成损失，经释明，原告请求一并解决行政赔偿争议的，人民法院可以就赔偿事项进行调解；调解不成的，应当一并判决。人民法院也可以告知其就赔偿事项另行提起诉讼。

第六十一条 民事争议和行政争议交叉

在涉及行政许可、登记、征收、征用和行政机关对民事争议所作的裁决的行政诉讼中，当事人申请一并解决相关民事争议的，人民法院可以一并审理。

在行政诉讼中，人民法院认为行政案件的审理需以民事诉讼的裁判为依据的，可以裁定中止行政诉讼。

● 司法解释及文件

《最高人民法院关于适用〈中华人民共和国行政诉讼法〉的解释》

（2018年2月6日 法释〔2018〕1号）

第13条 债权人以行政机关对债务人所作的行政行为损害债权实现为由提起行政诉讼的，人民法院应当告知其就民事争议提起民事诉讼，但行政机关作出行政行为时依法应予保护或者应予考虑的除外。

第137条 公民、法人或者其他组织请求一并审理行政诉讼法第六十一条规定的相关民事争议，应当在第一审开庭审理前提出；有正当理由的，也可以在法庭调查中提出。

第138条 人民法院决定在行政诉讼中一并审理相关民事争议，或者案件当事人一致同意相关民事争议在行政诉讼中一并解决，人民法院准许的，由受理行政案件的人民法院管辖。

公民、法人或者其他组织请求一并审理相关民事争议，人民法院经审查发现行政案件已经超过起诉期限，民事案件尚未立案的，告知当事人另行提起民事诉讼；民事案件已经立案的，由原审判组织继续审理。

人民法院在审理行政案件中发现民事争议为解决行政争议的基础，当事人没有请求人民法院一并审理相关民事争议的，人民法院应当告知当事人依法申请一并解决民事争议。当事人就民事争议另行提起民事诉讼并已立案的，人民法院应当中止行政诉讼的审理。民事争议处理期间不计算在行政诉讼审理期限内。

第139条 有下列情形之一的，人民法院应当作出不予准许一并审理民事争议的决定，并告知当事人可以依法通过其他渠道主张权利：

（一）法律规定应当由行政机关先行处理的；

（二）违反民事诉讼法专属管辖规定或者协议管辖约定的；

（三）约定仲裁或者已经提起民事诉讼的；

（四）其他不宜一并审理民事争议的情形。

对不予准许的决定可以申请复议一次。

第140条 人民法院在行政诉讼中一并审理相关民事争议的，民事争议应当单独立案，由同一审判组织审理。

人民法院审理行政机关对民事争议所作裁决的案件，一并审理民事争议的，不另行立案。

第141条 人民法院一并审理相关民事争议，适用民事法律规范的相关规定，法律另有规定的除外。

当事人在调解中对民事权益的处分，不能作为审查被诉行政行为合法性的根据。

第142条 对行政争议和民事争议应当分别裁判。

当事人仅对行政裁判或者民事裁判提出上诉的，未上诉的裁判在上诉期满后即发生法律效力。第一审人民法院应当将全部案卷一并移送第二审人民法院，由行政审判庭审理。第二审人民法院发现未上诉的生效裁判确有错误的，应当按照审判监督程序再审。

第143条 行政诉讼原告在宣判前申请撤诉的，是否准许由人民法院裁定。人民法院裁定准许行政诉讼原告撤诉，但其对已经提起的一并审理相关民事争议不撤诉的，人民法院应当继续审理。

第 144 条　人民法院一并审理相关民事争议，应当按行政案件、民事案件的标准分别收取诉讼费用。

第六十二条　撤诉

人民法院对行政案件宣告判决或者裁定前，原告申请撤诉的，或者被告改变其所作的行政行为，原告同意并申请撤诉的，是否准许，由人民法院裁定。

● 司法解释及文件

《最高人民法院关于适用〈中华人民共和国行政诉讼法〉的解释》
（2018 年 2 月 6 日　法释〔2018〕1 号）

第 60 条　人民法院裁定准许原告撤诉后，原告以同一事实和理由重新起诉的，人民法院不予立案。

准予撤诉的裁定确有错误，原告申请再审的，人民法院应当通过审判监督程序撤销原准予撤诉的裁定，重新对案件进行审理。

第 61 条　原告或者上诉人未按规定的期限预交案件受理费，又不提出缓交、减交、免交申请，或者提出申请未获批准的，按自动撤诉处理。在按撤诉处理后，原告或者上诉人在法定期限内再次起诉或者上诉，并依法解决诉讼费预交问题的，人民法院应予立案。

第 79 条　原告或者上诉人申请撤诉，人民法院裁定不予准许的，原告或者上诉人经传票传唤无正当理由拒不到庭，或者未经法庭许可中途退庭的，人民法院可以缺席判决。

第三人经传票传唤无正当理由拒不到庭，或者未经法庭许可中途退庭的，不发生阻止案件审理的效果。

根据行政诉讼法第五十八条的规定，被告经传票传唤无正当理由拒不到庭，或者未经法庭许可中途退庭的，人民法院可以按期开庭或者继续开庭审理，对到庭的当事人诉讼请求、双方的诉辩理由以及已经提交的证据及其他诉讼材料进行审理后，依法缺席判决。

第 80 条　原告或者上诉人在庭审中明确拒绝陈述或者以其他方式拒绝陈述，导致庭审无法进行，经法庭释明法律后果后仍不陈述意见的，视为放弃陈述权利，由其承担不利的法律后果。

当事人申请撤诉或者依法可以按撤诉处理的案件，当事人有违反法律的行为需要依法处理的，人民法院可以不准许撤诉或者不按撤诉处理。

法庭辩论终结后原告申请撤诉，人民法院可以准许，但涉及到国家利益和社会公共利益的除外。

第 143 条　行政诉讼原告在宣判前申请撤诉的，是否准许由人民法院裁定。人民法院裁定准许行政诉讼原告撤诉，但其对已经提起的一并审理相关民事争议不撤诉的，人民法院应当继续审理。

第六十三条　审理依据

人民法院审理行政案件，以法律和行政法规、地方性法规为依据。地方性法规适用于本行政区域内发生的行政案件。

人民法院审理民族自治地方的行政案件，并以该民族自治地方的自治条例和单行条例为依据。

人民法院审理行政案件，参照规章。

司法解释及文件

1.《最高人民法院关于适用〈中华人民共和国行政诉讼法〉的解释》（2018 年 2 月 6 日　法释〔2018〕1 号）

第 100 条　人民法院审理行政案件，适用最高人民法院司法解释的，应当在裁判文书中援引。

人民法院审理行政案件，可以在裁判文书中引用合法有效的规章及其他规范性文件。

2.《最高人民法院关于审理国际贸易行政案件若干问题的规定》（2002年8月27日　法释〔2002〕27号）

第7条　根据行政诉讼法第五十二条第一款及立法法第六十三条第一款和第二款规定，人民法院审理国际贸易行政案件，应当依据中华人民共和国法律、行政法规以及地方立法机关在法定立法权限范围内制定的有关或者影响国际贸易的地方性法规。地方性法规适用于本行政区域内发生的国际贸易行政案件。

第8条　根据行政诉讼法第五十三条第一款及立法法第七十一条、第七十二条和第七十三条规定，人民法院审理国际贸易行政案件，参照国务院部门根据法律和国务院的行政法规、决定、命令，在本部门权限范围内制定的有关或者影响国际贸易的部门规章，以及省、自治区、直辖市和省、自治区的人民政府所在地的市、经济特区所在地的市、国务院批准的较大的市的人民政府根据法律、行政法规和地方性法规制定的有关或者影响国际贸易的地方政府规章。

● 案例指引

1. 某盐业进出口有限公司苏州分公司诉江苏省苏州市盐务管理局盐业行政处罚案（最高人民法院指导案例5号）

裁判摘要：（1）盐业管理的法律、行政法规没有设定工业盐准运证的行政许可，地方性法规或者地方政府规章不能设定工业盐准运证这一新的行政许可。（2）盐业管理的法律、行政法规对盐业公司之外的其他企业经营盐的批发业务没有设定行政处罚，地方政府规章不能对该行为设定行政处罚。（3）地方政府规章违反法律规定设定许可、处罚的，人民法院在行政审判中不予适用。

2. 尹某帅、张某甲、尹某苒诉山东省德州经济技术开发区管理委员会、山东省德州经济技术开发区某镇人民政府拆迁安置补偿行政复议案（人民法院案例库：2023-12-3-016-013）

裁判要旨：法院生效裁判认为，《中华人民共和国行政诉讼法》第六十三条第一、三款规定，人民法院审理行政案件，以法律和行政法规、地方性法规为依据。地方性法规适用于本行政区域内发生的行政案件。人民法院审理行政案件，参照规章。最高人民法院印发的法（2004）96 号《关于审理行政案件适用法律规范问题的座谈会纪要》规定，人民法院经审查认为被诉行政行为依据的具体应用解释和其他规范性文件合法、有效并合理、适当的，在认定被诉具体行政行为合法性时应承认其效力。实践中，对于村庄改造房屋拆迁安置补偿缺乏上位法的统一、明确规定。地方政府和职能部门结合地方实际，依法制定规章或规章以下的规范性文件，人民法院经审查认为合法、有效并合理、适当的，应当承认其效力，并作为判断被诉拆迁补偿安置行为是否合法的根据。本案中，德州管委会为规范辖区内村庄改造房屋拆迁安置补偿工作，制定发布 9 号安置办法，批准 88 号请示作为 9 号安置办法的补充。9 号安置办法第十条规定，原户口在本村但已经迁出，在本村确有合法住宅的，视同本村村民（居民）给予补偿安置，三口人以上（含三口人）的每户给予 120 平方米安置。对于迁出后又迁回的，9 号安置办法未作规定，88 号请示明确“三口人以上（含三口人）的每户给予 120 平方米安置”。上述规定符合德州管委会辖区实际，与上位法规定不抵触，具有合理性和正当性。尹某帅原户口在尹庄村，因上学迁出后又迁回，符合前述规定的安置条件。某镇人民政府按照 9 号安置办法第十条规定给予尹某帅等 3 人 120 平方米的安置房，补偿安置行为合法有效。16 号复议决定维持该补偿安置行为，亦无不当。一、二审判决驳回尹某帅等 3 人的诉讼请求，认定事实清楚，适用法律法规正确，审判程序合法。

第六十四条 规范性文件审查和处理

人民法院在审理行政案件中，经审查认为本法第五十三条规定的规范性文件不合法的，不作为认定行政行为合法的依据，并向制定机关提出处理建议。

司法解释及文件

《最高人民法院关于适用〈中华人民共和国行政诉讼法〉的解释》

（2018年2月6日　法释〔2018〕1号）

第147条　人民法院在对规范性文件审查过程中，发现规范性文件可能不合法的，应当听取规范性文件制定机关的意见。

制定机关申请出庭陈述意见的，人民法院应当准许。

行政机关未陈述意见或者未提供相关证明材料的，不能阻止人民法院对规范性文件进行审查。

第148条　人民法院对规范性文件进行一并审查时，可以从规范性文件制定机关是否超越权限或者违反法定程序、作出行政行为所依据的条款以及相关条款等方面进行。

有下列情形之一的，属于行政诉讼法第六十四条规定的“规范性文件不合法”：

（一）超越制定机关的法定职权或者超越法律、法规、规章的授权范围的；

（二）与法律、法规、规章等上位法的规定相抵触的；

（三）没有法律、法规、规章依据，违法增加公民、法人和其他组织义务或者减损公民、法人和其他组织合法权益的；

（四）未履行法定批准程序、公开发布程序，严重违反制定程序的；

（五）其他违反法律、法规以及规章规定的情形。

第149条　人民法院经审查认为行政行为所依据的规范性文件合法的，应当作为认定行政行为合法的依据；经审查认为规范性文件不合法的，不作为人民法院认定行政行为合法的依据，并在裁判理由中予以阐明。作出生效裁判的人民法院应当向规范性文件的制定机关提出处理建议，并可以抄送制定机关的同级人民政府、上一级行政机关、监察机关以及规范性文件的备案机关。

规范性文件不合法的，人民法院可以在裁判生效之日起三个月内，向规范性文件制定机关提出修改或者废止该规范性文件的司法建议。

规范性文件由多个部门联合制定的，人民法院可以向该规范性文件的主办机关或者共同上一级行政机关发送司法建议。

接收司法建议的行政机关应当在收到司法建议之日起六十日内予以书面答复。情况紧急的，人民法院可以建议制定机关或者其上一级行政机关立即停止执行该规范性文件。

第 150 条 人民法院认为规范性文件不合法的，应当在裁判生效后报送上一级人民法院进行备案。涉及国务院部门、省级行政机关制定的规范性文件，司法建议还应当分别层报最高人民法院、高级人民法院备案。

第 151 条 各级人民法院院长对本院已经发生法律效力的判决、裁定，发现规范性文件合法性认定错误，认为需要再审的，应当提交审判委员会讨论。

最高人民法院对地方各级人民法院已经发生法律效力的判决、裁定，上级人民法院对下级人民法院已经发生法律效力的判决、裁定，发现规范性文件合法性认定错误的，有权提审或者指令下级人民法院再审。

第六十五条 裁判文书公开

人民法院应当公开发生法律效力的判决书、裁定书，供公众查阅，但涉及国家秘密、商业秘密和个人隐私的内容除外。

● 司法解释及文件

《最高人民法院关于适用〈中华人民共和国行政诉讼法〉的解释》

（2018 年 2 月 6 日　法释〔2018〕1 号）

第 86 条　人民法院审理行政案件，调解过程不公开，但当事人同意公开的除外。

经人民法院准许，第三人可以参加调解。人民法院认为有必要的，可以通知第三人参加调解。

调解协议内容不公开，但为保护国家利益、社会公共利益、他人合法权益，人民法院认为确有必要公开的除外。

当事人一方或者双方不愿调解、调解未达成协议的，人民法院应当及时判决。

当事人自行和解或者调解达成协议后，请求人民法院按照和解协议或者调解协议的内容制作判决书的，人民法院不予准许。

第六十六条　有关行政机关工作人员和被告的处理

人民法院在审理行政案件中，认为行政机关的主管人员、直接责任人员违法违纪的，应当将有关材料移送监察机关、该行政机关或者其上一级行政机关；认为有犯罪行为的，应当将有关材料移送公安、检察机关。

人民法院对被告经传票传唤无正当理由拒不到庭，或者未经法庭许可中途退庭的，可以将被告拒不到庭或者中途退庭的情况予以公告，并可以向监察机关或者被告的上一级行政机关提出依法给予其主要负责人或者直接责任人员处分的司法建议。

第二节 第一审普通程序

第六十七条 发送起诉状和提出答辩状

人民法院应当在立案之日起五日内，将起诉状副本发送被告。被告应当在收到起诉状副本之日起十五日内向人民法院提交作出行政行为的证据和所依据的规范性文件，并提出答辩状。人民法院应当在收到答辩状之日起五日内，将答辩状副本发送原告。

被告不提出答辩状的，不影响人民法院审理。

● 司法解释及文件

《最高人民法院关于适用〈中华人民共和国行政诉讼法〉的解释》（2018年2月6日 法释〔2018〕1号）

第70条 起诉状副本送达被告后，原告提出新的诉讼请求的，人民法院不予准许，但有正当理由的除外。

第六十八条 审判组织形式

人民法院审理行政案件，由审判员组成合议庭，或者由审判员、陪审员组成合议庭。合议庭的成员，应当是三人以上的单数。

● 法 律

1. **《民事诉讼法》**（2023年9月1日）

第40条 人民法院审理第一审民事案件，由审判员、人民陪审员共同组成合议庭或者由审判员组成合议庭。合议庭的成员人数，必须是单数。

适用简易程序审理的民事案件，由审判员一人独任审理。基层人民法院审理的基本事实清楚、权利义务关系明确的第一审民事案件，可以由审判员一人适用普通程序独任审理。

人民陪审员在参加审判活动时，除法律另有规定外，与审判员有同等的权利义务。

2. **《刑事诉讼法》**（2018 年 10 月 26 日）

第 183 条 基层人民法院、中级人民法院审判第一审案件，应当由审判员三人或者由审判员和人民陪审员共三人或者七人组成合议庭进行，但是基层人民法院适用简易程序、速裁程序的案件可以由审判员一人独任审判。

高级人民法院审判第一审案件，应当由审判员三人至七人或者由审判员和人民陪审员共三人或者七人组成合议庭进行。

最高人民法院审判第一审案件，应当由审判员三人至七人组成合议庭进行。

人民法院审判上诉和抗诉案件，由审判员三人或者五人组成合议庭进行。

合议庭的成员人数应当是单数。

第六十九条 驳回原告诉讼请求判决

行政行为证据确凿，适用法律、法规正确，符合法定程序的，或者原告申请被告履行法定职责或者给付义务理由不成立的，人民法院判决驳回原告的诉讼请求。

司法解释及文件

1. **《最高人民法院关于审理反倾销行政案件应用法律若干问题的规定》**（2002 年 11 月 21 日 法释〔2002〕35 号）

第 10 条 人民法院审理反倾销行政案件，根据不同情况，分别作出以下判决：

（一）被诉反倾销行政行为证据确凿，适用法律、行政法规正确，符合法定程序的，判决维持；

（二）被诉反倾销行政行为有下列情形之一的，判决撤销或者部分撤销，并可以判决被告重新作出反倾销行政行为：

1. 主要证据不足的；

2. 适用法律、行政法规错误的；

3. 违反法定程序的；

4. 超越职权的；

5. 滥用职权的。

（三）依照法律或者司法解释规定作出的其他判决。

2.《最高人民法院关于审理反补贴行政案件应用法律若干问题的规定》（2002 年 11 月 21 日　法释〔2002〕36 号）

第 10 条　人民法院审理反补贴行政案件，根据不同情况，分别作出以下判决：

（一）被诉反补贴行政行为证据确凿，适用法律、行政法规正确，符合法定程序的，判决维持；

（二）被诉反补贴行政行为有下列情形之一的，判决撤销或者部分撤销，并可以判决被告重新作出反补贴行政行为：

1. 主要证据不足的；

2. 适用法律、行政法规错误的；

3. 违反法定程序的；

4. 超越职权的；

5. 滥用职权的。

（三）依照法律或者司法解释规定作出的其他判决。

● 案例指引

1. 某石料厂诉某劳保局工伤认定案（《最高人民法院公报》2005 年第 8 期）

裁判摘要：劳动保障行政部门受理工伤认定申请后，依照法定程序要求用人单位在规定时间内提供相关证据，用人单位无正当理由拒不向行政机关提供证据，事后在行政诉讼程序中向人民法院提供的，人民法院可不予采纳。行政机关的具体行政行为证据确凿、适用法律、法规正确，符合法定程序的，人民法院应判决维持。

2. 某公司诉某市商务委员会行政决定案（《最高人民法院公报》2011年第7期）

裁判摘要：电子政务有别于传统行政方式的最大特点，体现在行政方式的无纸化、信息传递的网络化等方面。当事人在接受电子政务化的行政处理方式后，又以行政机关未向其送达书面处理决定书为由主张行政程序违法的，人民法院不予支持。

第七十条　撤销判决和重作判决

行政行为有下列情形之一的，人民法院判决撤销或者部分撤销，并可以判决被告重新作出行政行为：

（一）主要证据不足的；

（二）适用法律、法规错误的；

（三）违反法定程序的；

（四）超越职权的；

（五）滥用职权的；

（六）明显不当的。

司法解释及文件

《最高人民法院关于适用〈中华人民共和国行政诉讼法〉的解释》

（2018年2月6日　法释〔2018〕1号）

第89条　复议决定改变原行政行为错误，人民法院判决撤销复议决定时，可以一并责令复议机关重新作出复议决定或者判决恢复原行政行为的法律效力。

案例指引

1. 克某香料公司诉某局商标评审委员会商标申请驳回复审行政纠纷案（最高人民法院指导案例114号）

裁判摘要：最高人民法院作出行政裁定，提审本案，随后作出判决，撤销一审、二审判决及被诉决定，并判令某局商标评审委员会重新作出复审决定。最高人民法院认为，根据现有证据，申请商标请求在中国获得注册的商标类型为“三维立体商标”，而非记载于商标局档案并作为商标局、商标评审委员会审查基础的“普通商标”。克某公司已经在评审程序中明确了申请商标的具体类型为三维立体商标，并通过补充三面视图的方式提出了补正要求。对此，商标评审委员会既未在第13×××号决定中予以如实记载，也未针对克某公司提出的上述主张，对商标局驳回决定依据的相关事实是否有误予以核实，而仍将申请商标作为“图形商标”进行审查并迳行驳回克某公司复审申请的作法，违反法定程序，并可能损及行政相对人的合法利益，应当予以纠正。商标局、商标评审委员会应当根据复审程序的规定，以三维立体商标为基础，重新对申请商标是否具备显著特征等问题予以审查。

2. 重庆市某物业管理有限公司诉重庆市某区人力资源和社会保障局劳动和社会保障行政确认案（最高人民法院指导案例94号）

裁判要旨：罗某系重庆市某物业管理有限公司保安。2011年12月，罗某在某物业公司服务的圆某小区上班（24小时值班）。8时30分左右，在某路某大厦附近有人对一过往行人实施抢劫，罗某听到呼喊声后立即拦住抢劫者的去路，要求其交出抢劫的物品，在与抢劫者搏斗的过程中，不慎从22步台阶上摔倒在巷道拐角的平台上受伤。罗某于2012年6月向被告重庆市某区人力资源和社会保障局提出工伤认定申请。某区人社局当日受理后，于2012年6月向罗某发出《认定工伤中止通知书》，要求罗某补充提交见义勇为的认定材料。2012年7月，罗某补充了见义勇为相关材料。某区人社局核实后，根据《工伤保险条例》第十四条第七项之规定，于2012年8月作出6××号《认定工伤决定书》，认定罗某所受之伤属于因工受伤。某物业公司不服，向法院提起行政诉讼。在诉讼过程中，某区人社局作出《撤销工伤认定决定书》，并于2013年6月根据《工伤保险条例》第十五条第一款第二项之规定，作出5××号《认定工伤决定书》，认定罗某受伤属于视同因工受伤。某物业公司仍然不服，于2013年7月向重庆市人力资源和社会保障局申请行政复议，重庆市人力资源和社会保障局于2013年8月作出1××号《行政复议决定书》，予以维持。某物业公司认为某区人社局的认定决定适用法律错误，罗某所受伤依法不应认定为工伤。遂诉至法院，请求判决撤销《认定工伤决定书》，并责令被告重新作出认定。

3. 黄某、何甲、何乙诉四川省成都市某工商行政管理局行政处罚案（最高人民法院指导案例6号）

裁判要旨：法院生效裁判认为，《中华人民共和国行政处罚法》第四十二条①规定："行政机关作出责令停产停业、吊销许可证或者执照、较大数额罚款等行政处罚决定之前，应当告知当事人有要求举行听证的权利。"虽然该条规定没有明确列举"没收财产"，但是该条中的"等"系不完全列举，应当包括与明文列举的"责令停产停业、吊销许可证或者执照、较大数额罚款"类似的其他对相对人权益产生较大影响的行政处罚。为了保证行政相对人充分行使陈述权和申辩权，保障行政处罚决定的合法性和合理性，对没收较大数额财产的行政处罚，也应当根据行政处罚法第四十二条的规定适用听证程序。关于没收较大数额的财产标准，应比照《四川省行政处罚听证程序暂行规定》第三条"本规定所称较大数额的罚款，是指对非经营活动中的违法行为处以1000元以上，对经营活动中的违法行为处以20000元以上罚款"中对罚款数额的规定。因此，金堂工商局没收黄泽富等三人32台电脑主机的行政处罚决定，应属没收较

① 对应2021年公布的《行政处罚法》第六十三条。

大数额的财产，对黄泽富等三人的利益产生重大影响的行为，金堂工商局在作出行政处罚前应当告知被处罚人有要求听证的权利。本案中，金堂工商局在作出处罚决定前只按照行政处罚一般程序告知黄泽富等三人有陈述、申辩的权利，而没有告知听证权利，违反了法定程序，依法应予撤销。

4. 孙某某诉北京市平谷区某镇人民政府、北京市平谷区人民政府行政处罚及行政复议案（人民法院案例库：2024-12-3-016-007）

裁判要旨：法院生效裁判认为，参考国土部门与农业部门联合下发的关于设施农用地的规范文件的相关规定，设施农用地项目应该履行相应的审批或备案等手续。本案中，虽然在案证据无法证明涉案建筑取得了审批或备案手续，但孙某某在涉案土地建设养殖场经村委会研究同意，某镇政府曾在养殖专业合作社的经营场所证明上盖章确认，农业农村部门亦曾作出农业结构调整项目的认定。孙某某作为行政相对人实施了该项目建设，并一直将涉案建筑实际用于养殖，符合农用地的用途管制要求，亦满足了养殖产业发展的需求，其对涉案建筑及利用涉案建筑进行养殖的合法性产生了合理的信赖，该信赖利益应受法律保护。某镇政府未充分考量涉案建筑补办设施农用地相关手续的必要性，仅以未取得规划许可手续为由直接认定涉案建筑为违法建设，且未经责令补办程序，属于事实不清、证据不足、程序违法。故被诉限拆决定应当予以撤销，基于此，被诉复议决定应一并撤销，鉴于涉案建筑物已被拆除，不具有可撤销内容，故一并确认违法。

5. 何某诉某劳动局工伤认定行政行为案（《最高人民法院公报》2004 年第 9 期）

裁判摘要：根据劳动法的规定，认定劳动者工作时间在工作场所的卫生设施内发生伤亡与工作无关，属适用法律错误。行政机关作出具体行政行为时适用法律错误的，法院应判决撤销该行为并判决被告重新作出具体行政行为。

第七十一条 重作判决对被告的限制

人民法院判决被告重新作出行政行为的，被告不得以同一的事实和理由作出与原行政行为基本相同的行政行为。

司法解释及文件

《最高人民法院关于适用〈中华人民共和国行政诉讼法〉的解释》

（2018年2月6日 法释〔2018〕1号）

第90条 人民法院判决被告重新作出行政行为，被告重新作出的行政行为与原行政行为的结果相同，但主要事实或者主要理由有改变的，不属于行政诉讼法第七十一条规定的情形。

人民法院以违反法定程序为由，判决撤销被诉行政行为的，行政机关重新作出行政行为不受行政诉讼法第七十一条规定的限制。

行政机关以同一事实和理由重新作出与原行政行为基本相同的行政行为，人民法院应当根据行政诉讼法第七十条、第七十一条的规定判决撤销或者部分撤销，并根据行政诉讼法第九十六条的规定处理。

第七十二条 履行判决

人民法院经过审理，查明被告不履行法定职责的，判决被告在一定期限内履行。

司法解释及文件

《最高人民法院关于适用〈中华人民共和国行政诉讼法〉的解释》

（2018年2月6日 法释〔2018〕1号）

第91条 原告请求被告履行法定职责的理由成立，被告违法拒绝履行或者无正当理由逾期不予答复的，人民法院可以根据行政诉讼法第七十二条的规定，判决被告在一定期限内依法履行原告请求的法定职责；尚需被告调查或者裁量的，应当判决被告针对原告的请求重新作出处理。

案例指引

杨某诉某学校不履行法定职责案（《最高人民法院公报》2005 年第 7 期）

裁判摘要：根据教育法的规定，受教育者享有完成规定的学业后获得相应的学业证书的权利。教育机构没有直接向其准予毕业的受教育者发放毕业证书，构成违法。依据行政诉讼法的规定，人民法院对某学校不履行法定职责的行为，判决其在一定期限内履行。

第七十三条 给付判决

人民法院经过审理，查明被告依法负有给付义务的，判决被告履行给付义务。

司法解释及文件

《最高人民法院关于适用〈中华人民共和国行政诉讼法〉的解释》（2018 年 2 月 6 日　法释〔2018〕1 号）

第 92 条　原告申请被告依法履行支付抚恤金、最低生活保障待遇或者社会保险待遇等给付义务的理由成立，被告依法负有给付义务而拒绝或者拖延履行义务的，人民法院可以根据行政诉讼法第七十三条的规定，判决被告在一定期限内履行相应的给付义务。

第 93 条　原告请求被告履行法定职责或者依法履行支付抚恤金、最低生活保障待遇或者社会保险待遇等给付义务，原告未先向行政机关提出申请的，人民法院裁定驳回起诉。

人民法院经审理认为原告所请求履行的法定职责或者给付义务明显不属于行政机关权限范围的，可以裁定驳回起诉。

第七十四条　确认违法判决

行政行为有下列情形之一的，人民法院判决确认违法，但不撤销行政行为：

（一）行政行为依法应当撤销，但撤销会给国家利益、社会公共利益造成重大损害的；

（二）行政行为程序轻微违法，但对原告权利不产生实际影响的。

行政行为有下列情形之一，不需要撤销或者判决履行的，人民法院判决确认违法：

（一）行政行为违法，但不具有可撤销内容的；

（二）被告改变原违法行政行为，原告仍要求确认原行政行为违法的；

（三）被告不履行或者拖延履行法定职责，判决履行没有意义的。

司法解释及文件

《最高人民法院关于适用〈中华人民共和国行政诉讼法〉的解释》

（2018 年 2 月 6 日　法释〔2018〕1 号）

第 96 条　有下列情形之一，且对原告依法享有的听证、陈述、申辩等重要程序性权利不产生实质损害的，属于行政诉讼法第七十四条第一款第二项规定的“程序轻微违法”：

（一）处理期限轻微违法；

（二）通知、送达等程序轻微违法；

（三）其他程序轻微违法的情形。

案例指引

李某诉广东省交通运输厅政府信息公开案（最高人民法院指导案例 26 号）

裁判要旨：公民、法人或者其他组织通过政府公众网络系统向行政机关提交政府信息公开申请的，如该网络系统未作例外说明，则系统确认申请提交成功的日期应当视为行政机关收到政府信息公开申请之日。行政机关对于该申请的内部处理流程，不能成为行政机关延期处理的理由，逾期作出答复的，应当确认为违法。

法院生效裁判认为，《政府信息公开条例》第二十四条规定："行政机关收到政府信息公开申请，能够当场答复的，应当当场予以答复。行政机关不能当场答复的，应当自收到申请之日起 15 个工作日内予以答复；如需延长答复期限的，应当经政府信息公开工作机构负责人同意，并告知申请人，延长答复的期限最长不得超过 15 个工作日。"本案原告于 2011 年 6 月 1 日通过广东省人民政府公众网络系统向被告提交了政府信息公开申请，申请公开广州广园客运站至佛冈的客运里程数。政府公众网络系统生成了相应的电子申请编号，并向原告手机发送了申请提交成功的短信。被告确认收到上述申请并认可原告是基于生活生产需要获取上述信息，却于 2011 年 8 月 4 日才向原告作出《关于政府信息公开的答复》和《政府信息公开答复书》，已超过了上述规定的答复期限。由于广东省人民政府"政府信息网上依申请公开系统"作为政府信息申请公开平台所应当具有的整合性与权威性，如未作例外说明，则从该平台上递交成功的申请应视为相关行政机关已收到原告通过互联网提出的政府信息公开申请。至于外网与内网、上下级行政机关之间对于该申请的流转，属于行政机关内部管理事务，不能成为行政机关延期处理的理由。被告认为原告是向政府公众网络系统提交的申请，因其厅内网与互联网、省外网物理隔离而无法及时发现原告申请，应以其 2011 年 7 月 28 日发现原告申请为收到申请日期而没有超过答复期限的理由不能成立。因此，原告通过政府公众网络系统提交政府信息公开申请的，该网络系统确认申请提交成功的日期应当视为被告收到申请之日，被告逾期作出答复的，应当确认为违法。

第七十五条 确认无效判决

行政行为有实施主体不具有行政主体资格或者没有依据等重大且明显违法情形，原告申请确认行政行为无效的，人民法院判决确认无效。

司法解释及文件

1.《最高人民法院关于审理行政协议案件若干问题的规定》（2019年11月27日　法释〔2019〕17号）

第12条　行政协议存在行政诉讼法第七十五条规定的重大且明显违法情形的，人民法院应当确认行政协议无效。

人民法院可以适用民事法律规范确认行政协议无效。

行政协议无效的原因在一审法庭辩论终结前消除的，人民法院可以确认行政协议有效。

2.《最高人民法院关于适用〈中华人民共和国行政诉讼法〉的解释》（2018年2月6日　法释〔2018〕1号）

第94条　公民、法人或者其他组织起诉请求撤销行政行为，人民法院经审查认为行政行为无效的，应当作出确认无效的判决。

公民、法人或者其他组织起诉请求确认行政行为无效，人民法院审查认为行政行为不属于无效情形，经释明，原告请求撤销行政行为的，应当继续审理并依法作出相应判决；原告请求撤销行政行为但超过法定起诉期限的，裁定驳回起诉；原告拒绝变更诉讼请求的，判决驳回其诉讼请求。

第99条　有下列情形之一的，属于行政诉讼法第七十五条规定的“重大且明显违法”：

（一）行政行为实施主体不具有行政主体资格；

（二）减损权利或者增加义务的行政行为没有法律规范依据；

（三）行政行为的内容客观上不可能实施；

（四）其他重大且明显违法的情形。

第七十六条 确认违法和无效判决的补充规定

人民法院判决确认违法或者无效的，可以同时判决责令被告采取补救措施；给原告造成损失的，依法判决被告承担赔偿责任。

司法解释及文件

《最高人民法院关于适用〈中华人民共和国行政诉讼法〉的解释》

（2018 年 2 月 6 日　法释〔2018〕1 号）

第 95 条　人民法院经审理认为被诉行政行为违法或者无效，可能给原告造成损失，经释明，原告请求一并解决行政赔偿争议的，人民法院可以就赔偿事项进行调解；调解不成的，应当一并判决。人民法院也可以告知其就赔偿事项另行提起诉讼。

第 97 条　原告或者第三人的损失系由其自身过错和行政机关的违法行政行为共同造成的，人民法院应当依据各方行为与损害结果之间有无因果关系以及在损害发生和结果中作用力的大小，确定行政机关相应的赔偿责任。

第 98 条　因行政机关不履行、拖延履行法定职责，致使公民、法人或者其他组织的合法权益遭受损害的，人民法院应当判决行政机关承担行政赔偿责任。在确定赔偿数额时，应当考虑该不履行、拖延履行法定职责的行为在损害发生过程和结果中所起的作用等因素。

第七十七条 变更判决

行政处罚明显不当，或者其他行政行为涉及对款额的确定、认定确有错误的，人民法院可以判决变更。

人民法院判决变更，不得加重原告的义务或者减损原告的权益。但利害关系人同为原告，且诉讼请求相反的除外。

案例指引

上海某燃料有限公司诉上海市质量技术监督局行政处罚决定案

（《最高人民法院公报》2020 年第 10 期）

裁判摘要：有鉴于此，酌情变更被诉处罚决定的主文内容，原审判决亦应予以撤销。据此，上海市第三中级人民法院依据《中华人民共和国行政诉讼法》第七十七条和第八十九条第一款第（二）项、第三款之规定，于 2018 年 10 月 25 日判决：

一、撤销上海市徐汇区人民法院（2017）沪 0104 行初 189 号行政判决；

二、变更上海市质量技术监督局于 2017 年 6 月 30 日作出的第 2320170043 号行政处罚决定主文内容，第 2 项主文“2. 处违法销售产品货值金额 0.5 倍的罚款壹佰陆拾肆万零伍佰元整；”变更为“2. 处违法销售产品货值金额 0.5 倍的罚款 1153575 元；”；主文内容“罚没款共计壹佰陆拾捌万贰仟叁佰肆拾壹元贰角。”变更为“罚没款共计 1195416.2 元。”。

三、驳回上海中燃船舶燃料有限公司的其他诉讼请求。

第七十八条　行政协议履行及补偿判决

被告不依法履行、未按照约定履行或者违法变更、解除本法第十二条第一款第十一项规定的协议的，人民法院判决被告承担继续履行、采取补救措施或者赔偿损失等责任。

被告变更、解除本法第十二条第一款第十一项规定的协议合法，但未依法给予补偿的，人民法院判决给予补偿。

司法解释及文件

《最高人民法院关于审理行政协议案件若干问题的规定》（2019年11月27日　法释〔2019〕17号）

第16条　在履行行政协议过程中，可能出现严重损害国家利益、社会公共利益的情形，被告作出变更、解除协议的行政行为后，原告请求撤销该行为，人民法院经审理认为该行为合法的，判决驳回原告诉讼请求；给原告造成损失的，判决被告予以补偿。

被告变更、解除行政协议的行政行为存在行政诉讼法第七十条规定情形的，人民法院判决撤销或者部分撤销，并可以责令被告重新作出行政行为。

被告变更、解除行政协议的行政行为违法，人民法院可以依据行政诉讼法第七十八条的规定判决被告继续履行协议、采取补救措施；给原告造成损失的，判决被告予以赔偿。

第19条　被告未依法履行、未按照约定履行行政协议，人民法院可以依据行政诉讼法第七十八条的规定，结合原告诉讼请求，判决被告继续履行，并明确继续履行的具体内容；被告无法履行或者继续履行无实际意义的，人民法院可以判决被告采取相应的补救措施；给原告造成损失的，判决被告予以赔偿。

原告要求按照约定的违约金条款或者定金条款予以赔偿的，人民法院应予支持。

第七十九条　复议决定和原行政行为一并裁判

复议机关与作出原行政行为的行政机关为共同被告的案件，人民法院应当对复议决定和原行政行为一并作出裁判。

● 司法解释及文件

《最高人民法院关于适用〈中华人民共和国行政诉讼法〉的解释》

（2018年2月6日 法释〔2018〕1号）

第135条 复议机关决定维持原行政行为的，人民法院应当在审查原行政行为合法性的同时，一并审查复议决定的合法性。

作出原行政行为的行政机关和复议机关对原行政行为合法性共同承担举证责任，可以由其中一个机关实施举证行为。复议机关对复议决定的合法性承担举证责任。

复议机关作共同被告的案件，复议机关在复议程序中依法收集和补充的证据，可以作为人民法院认定复议决定和原行政行为合法的依据。

第136条 人民法院对原行政行为作出判决的同时，应当对复议决定一并作出相应判决。

人民法院依职权追加作出原行政行为的行政机关或者复议机关为共同被告的，对原行政行为或者复议决定可以作出相应判决。

人民法院判决撤销原行政行为和复议决定的，可以判决作出原行政行为的行政机关重新作出行政行为。

人民法院判决作出原行政行为的行政机关履行法定职责或者给付义务的，应当同时判决撤销复议决定。

原行政行为合法、复议决定违法的，人民法院可以判决撤销复议决定或者确认复议决定违法，同时判决驳回原告针对原行政行为的诉讼请求。

原行政行为被撤销、确认违法或者无效，给原告造成损失的，应当由作出原行政行为的行政机关承担赔偿责任；因复议决定加重损害的，由复议机关对加重部分承担赔偿责任。

原行政行为不符合复议或者诉讼受案范围等受理条件，复议机关作出维持决定的，人民法院应当裁定一并驳回对原行政行为和复议决定的起诉。

案例指引

1. **项某敏诉六盘水市人民政府改变原行政行为行政复议决定案**（《最高人民法院公报》2022 年第 11 期）

裁判摘要：依照《最高人民法院关于适用〈中华人民共和国行政诉讼法〉的解释》第八十九条规定，人民法院经审理认为复议决定改变原行政行为错误的，在判决撤销复议决定时，可以一并判决恢复原行政行为的法律效力。

2. **夏某英诉山东省威海市人民政府行政复议再审案**（《最高人民法院公报》2020 年第 12 期）

裁判摘要：若行政复议机关对被申请复议的行政行为的处理，和对一并提出的行政赔偿请求的处理，载于同一行政复议决定中，彼此可分，公民、法人或其他组织仅就行政复议决定中有关行政赔偿请求的处理提出起诉，人民法院应遵循不告不理原则，不就行政复议决定中有关行政行为的处理进行审理和裁判。

第八十条 公开宣判

人民法院对公开审理和不公开审理的案件，一律公开宣告判决。

当庭宣判的，应当在十日内发送判决书；定期宣判的，宣判后立即发给判决书。

宣告判决时，必须告知当事人上诉权利、上诉期限和上诉的人民法院。

法 律

1. **《民事诉讼法》**（2023 年 9 月 1 日）

第 151 条 人民法院对公开审理或者不公开审理的案件，一律公开宣告判决。

当庭宣判的，应当在十日内发送判决书；定期宣判的，宣判后立即发给判决书。

宣告判决时，必须告知当事人上诉权利、上诉期限和上诉的法院。

宣告离婚判决，必须告知当事人在判决发生法律效力前不得另行结婚。

2.《刑事诉讼法》（2018 年 10 月 26 日）

第 202 条 宣告判决，一律公开进行。

当庭宣告判决的，应当在五日以内将判决书送达当事人和提起公诉的人民检察院；定期宣告判决的，应当在宣告后立即将判决书送达当事人和提起公诉的人民检察院。判决书应当同时送达辩护人、诉讼代理人。

第 203 条 判决书应当由审判人员和书记员署名，并且写明上诉的期限和上诉的法院。

● 案例指引

济南某兰户外用品有限公司商标争议行政纠纷案①

裁判摘要：根据《中华人民共和国行政诉讼法》第八十条的规定，法院审理行政纠纷，可以当庭宣判。为提高司法效率，也应该在条件允许的情况下当庭或者在庭审结束后尽快作出判决。由此可见，一审法院在开庭当天作出判决，不仅不属于程序违法，反而属于应当鼓励的行为。一审法院在庭审中听取了各方当事人的意见，保障了各方当事人的陈述、质证、辩论权利，并在判决书中分析论述了争议焦点，故一审法院未剥夺某兰公司的诉讼权利。某兰公司关于一审法院违反法定程序的上诉理由缺乏事实与法律依据，本院不予支持。

---

① 本案例选自中国裁判文书网。

第八十一条 第一审审限

人民法院应当在立案之日起六个月内作出第一审判决。有特殊情况需要延长的，由高级人民法院批准，高级人民法院审理第一审案件需要延长的，由最高人民法院批准。

司法解释及文件

1.《最高人民法院关于适用〈中华人民共和国行政诉讼法〉的解释》（2018年2月6日　法释〔2018〕1号）

第50条　行政诉讼法第八十一条、第八十三条、第八十八条规定的审理期限，是指从立案之日起至裁判宣告、调解书送达之日止的期间，但公告期间、鉴定期间、调解期间、中止诉讼期间、审理当事人提出的管辖异议以及处理人民法院之间的管辖争议期间不应计算在内。

再审案件按照第一审程序或者第二审程序审理的，适用行政诉讼法第八十一条、第八十八条规定的审理期限。审理期限自再审立案的次日起算。

基层人民法院申请延长审理期限，应当直接报请高级人民法院批准，同时报中级人民法院备案。

2.《最高人民法院关于审理涉及农村集体土地行政案件若干问题的规定》（2011年8月7日　法释〔2011〕20号）

第13条　在审理土地行政案件中，人民法院经当事人同意进行协调的期间，不计算在审理期限内。当事人不同意继续协商的，人民法院应当及时审理，并恢复计算审理期限。

第三节 简易程序

第八十二条 简易程序适用情形

人民法院审理下列第一审行政案件，认为事实清楚、权利义务关系明确、争议不大的，可以适用简易程序：

（一）被诉行政行为是依法当场作出的；

（二）案件涉及款额二千元以下的；

（三）属于政府信息公开案件的。

除前款规定以外的第一审行政案件，当事人各方同意适用简易程序的，可以适用简易程序。

发回重审、按照审判监督程序再审的案件不适用简易程序。

● **司法解释及文件**

《最高人民法院关于适用〈中华人民共和国行政诉讼法〉的解释》
（2018 年 2 月 6 日 法释〔2018〕1 号）

第 102 条 行政诉讼法第八十二条规定的行政案件中的“事实清楚”，是指当事人对争议的事实陈述基本一致，并能提供相应的证据，无须人民法院调查收集证据即可查明事实；“权利义务关系明确”，是指行政法律关系中权利和义务能够明确区分；“争议不大”，是指当事人对行政行为的合法性、责任承担等没有实质分歧。

第八十三条 简易程序的审判组织形式和审限

适用简易程序审理的行政案件，由审判员一人独任审理，并应当在立案之日起四十五日内审结。

● 司法解释及文件

《最高人民法院关于适用〈中华人民共和国行政诉讼法〉的解释》

（2018 年 2 月 6 日　法释〔2018〕1 号）

第 103 条　适用简易程序审理的行政案件，人民法院可以用口头通知、电话、短信、传真、电子邮件等简便方式传唤当事人、通知证人、送达裁判文书以外的诉讼文书。

以简便方式送达的开庭通知，未经当事人确认或者没有其他证据证明当事人已经收到的，人民法院不得缺席判决。

第 104 条　适用简易程序案件的举证期限由人民法院确定，也可以由当事人协商一致并经人民法院准许，但不得超过十五日。被告要求书面答辩的，人民法院可以确定合理的答辩期间。

人民法院应当将举证期限和开庭日期告知双方当事人，并向当事人说明逾期举证以及拒不到庭的法律后果，由双方当事人在笔录和开庭传票的送达回证上签名或者捺印。

当事人双方均表示同意立即开庭或者缩短举证期限、答辩期间的，人民法院可以立即开庭审理或者确定近期开庭。

第八十四条　简易程序与普通程序的转换

人民法院在审理过程中，发现案件不宜适用简易程序的，裁定转为普通程序。

● 司法解释及文件

《最高人民法院关于适用〈中华人民共和国行政诉讼法〉的解释》

（2018 年 2 月 6 日　法释〔2018〕1 号）

第 105 条　人民法院发现案情复杂，需要转为普通程序审理的，应当在审理期限届满前作出裁定并将合议庭组成人员及相关事项书面通知双方当事人。

案件转为普通程序审理的，审理期限自人民法院立案之日起计算。

第四节　第二审程序

第八十五条　上诉

当事人不服人民法院第一审判决的，有权在判决书送达之日起十五日内向上一级人民法院提起上诉。当事人不服人民法院第一审裁定的，有权在裁定书送达之日起十日内向上一级人民法院提起上诉。逾期不提起上诉的，人民法院的第一审判决或者裁定发生法律效力。

● 司法解释及文件

《最高人民法院关于适用〈中华人民共和国行政诉讼法〉的解释》

（2018年2月6日　法释〔2018〕1号）

第101条　裁定适用于下列范围：

（一）不予立案；

（二）驳回起诉；

（三）管辖异议；

（四）终结诉讼；

（五）中止诉讼；

（六）移送或者指定管辖；

（七）诉讼期间停止行政行为的执行或者驳回停止执行的申请；

（八）财产保全；

（九）先予执行；

（十）准许或者不准许撤诉；

（十一）补正裁判文书中的笔误；

（十二）中止或者终结执行；

（十三）提审、指令再审或者发回重审；

（十四）准许或者不准许执行行政机关的行政行为；

（十五）其他需要裁定的事项。

对第一、二、三项裁定，当事人可以上诉。

裁定书应当写明裁定结果和作出该裁定的理由。裁定书由审判人员、书记员署名，加盖人民法院印章。口头裁定的，记入笔录。

第107条 第一审人民法院作出判决和裁定后，当事人均提起上诉的，上诉各方均为上诉人。

诉讼当事人中的一部分人提出上诉，没有提出上诉的对方当事人为被上诉人，其他当事人依原审诉讼地位列明。

第108条 当事人提出上诉，应当按照其他当事人或者诉讼代表人的人数提出上诉状副本。

原审人民法院收到上诉状，应当在五日内将上诉状副本发送其他当事人，对方当事人应当在收到上诉状副本之日起十五日内提出答辩状。

原审人民法院应当在收到答辩状之日起五日内将副本发送上诉人。对方当事人不提出答辩状的，不影响人民法院审理。

原审人民法院收到上诉状、答辩状，应当在五日内连同全部案卷和证据，报送第二审人民法院；已经预收的诉讼费用，一并报送。

第八十六条 二审审理方式

人民法院对上诉案件，应当组成合议庭，开庭审理。经过阅卷、调查和询问当事人，对没有提出新的事实、证据或者理由，合议庭认为不需要开庭审理的，也可以不开庭审理。

第八十七条 二审审查范围

人民法院审理上诉案件，应当对原审人民法院的判决、裁定和被诉行政行为进行全面审查。

法　律

《刑事诉讼法》（2018 年 10 月 26 日）

第 233 条　第二审人民法院应当就第一审判决认定的事实和适用法律进行全面审查，不受上诉或者抗诉范围的限制。

共同犯罪的案件只有部分被告人上诉的，应当对全案进行审查，一并处理。

案例指引

甲建材公司、乙建材公司诉湖南某工业园区管理委员会、湖南省某县人民政府行政协议案①

裁判摘要：本院认为，根据《中华人民共和国行政诉讼法》第八十七条之规定，本院应对原审判决和被诉行政行为进行全面审查。本案甲公司、乙公司的主要诉讼请求为确认某园区管委会作出的 13 号《通知》系该管委会代表某县政府向甲公司、乙公司发出解除《协议书》，确认《协议书》于 2015 年 5 月 12 日解除并要求予以赔偿，某园区管委会认为 13 号《通知》并非解除协议行为，故本案被诉行政行为是桂阳园区管委会作出的 13 号《通知》的行为。

第八十八条　二审审限

人民法院审理上诉案件，应当在收到上诉状之日起三个月内作出终审判决。有特殊情况需要延长的，由高级人民法院批准，高级人民法院审理上诉案件需要延长的，由最高人民法院批准。

① 本案例选自中国裁判文书网。

● 法　律

1. **《民事诉讼法》**（2023 年 9 月 1 日）

第 183 条　人民法院审理对判决的上诉案件，应当在第二审立案之日起三个月内审结。有特殊情况需要延长的，由本院院长批准。

人民法院审理对裁定的上诉案件，应当在第二审立案之日起三十日内作出终审裁定。

2. **《刑事诉讼法》**（2018 年 10 月 26 日）

第 243 条　第二审人民法院受理上诉、抗诉案件，应当在二个月以内审结。对于可能判处死刑的案件或者附带民事诉讼的案件，以及有本法第一百五十八条规定情形之一的，经省、自治区、直辖市高级人民法院批准或者决定，可以延长二个月；因特殊情况还需要延长的，报请最高人民法院批准。

最高人民法院受理上诉、抗诉案件的审理期限，由最高人民法院决定。

● 司法解释及文件

3. **《最高人民法院关于适用〈中华人民共和国行政诉讼法〉的解释》**（2018 年 2 月 6 日　法释〔2018〕1 号）

第 50 条　行政诉讼法第八十一条、第八十三条、第八十八条规定的审理期限，是指从立案之日起至裁判宣告、调解书送达之日止的期间，但公告期间、鉴定期间、调解期间、中止诉讼期间、审理当事人提出的管辖异议以及处理人民法院之间的管辖争议期间不应计算在内。

再审案件按照第一审程序或者第二审程序审理的，适用行政诉讼法第八十一条、第八十八条规定的审理期限。审理期限自再审立案的次日起算。

基层人民法院申请延长审理期限，应当直接报请高级人民法院批准，同时报中级人民法院备案。

案例指引

黎某、陈某诉湛江市某区人民政府、湛江市人民政府信访处理及驳回行政复议申请决定案[①]

裁判摘要： 本院查明，一审剥夺黎某、陈某的诉讼权利。2022年12月中，黎某和陈某不幸发高烧，黎某比陈某年纪小，2022年12月18日上午八时半黎某带病到一审法院，门卫不让进，就在法院门口处打电话给行政庭报告病情严重无法参加明天下午三时开庭，请求根据《行政诉讼法》第八十八条的规定，黎某、陈某有正当理由请求延期开庭。行政庭回复线上开庭，但黎某、陈某都发着高烧，无法线上开庭。坚决请求延期开庭，但是一审违法缺席审判。

第八十九条 二审裁判

人民法院审理上诉案件，按照下列情形，分别处理：

（一）原判决、裁定认定事实清楚，适用法律、法规正确的，判决或者裁定驳回上诉，维持原判决、裁定；

（二）原判决、裁定认定事实错误或者适用法律、法规错误的，依法改判、撤销或者变更；

（三）原判决认定基本事实不清、证据不足的，发回原审人民法院重审，或者查清事实后改判；

（四）原判决遗漏当事人或者违法缺席判决等严重违反法定程序的，裁定撤销原判决，发回原审人民法院重审。

原审人民法院对发回重审的案件作出判决后，当事人提起上诉的，第二审人民法院不得再次发回重审。

人民法院审理上诉案件，需要改变原审判决的，应当同时对被诉行政行为作出判决。

---

① 本案例选自中国裁判文书网。

司法解释及文件

《最高人民法院关于适用〈中华人民共和国行政诉讼法〉的解释》

（2018 年 2 月 6 日 法释〔2018〕1 号）

第 109 条 第二审人民法院经审理认为原审人民法院不予立案或者驳回起诉的裁定确有错误且当事人的起诉符合起诉条件的，应当裁定撤销原审人民法院的裁定，指令原审人民法院依法立案或者继续审理。

第二审人民法院裁定发回原审人民法院重新审理的行政案件，原审人民法院应当另行组成合议庭进行审理。

原审判决遗漏了必须参加诉讼的当事人或者诉讼请求的，第二审人民法院应当裁定撤销原审判决，发回重审。

原审判决遗漏行政赔偿请求，第二审人民法院经审查认为依法不应当予以赔偿的，应当判决驳回行政赔偿请求。

原审判决遗漏行政赔偿请求，第二审人民法院经审理认为依法应当予以赔偿的，在确认被诉行政行为违法的同时，可以就行政赔偿问题进行调解；调解不成的，应当就行政赔偿部分发回重审。

当事人在第二审期间提出行政赔偿请求的，第二审人民法院可以进行调解；调解不成的，应当告知当事人另行起诉。

第 123 条 人民法院审理二审案件和再审案件，对原审法院立案、不予立案或者驳回起诉错误的，应当分别情况作如下处理：

（一）第一审人民法院作出实体判决后，第二审人民法院认为不应当立案的，在撤销第一审人民法院判决的同时，可以迳行驳回起诉；

（二）第二审人民法院维持第一审人民法院不予立案裁定错误的，再审法院应当撤销第一审、第二审人民法院裁定，指令第一审人民法院受理；

（三）第二审人民法院维持第一审人民法院驳回起诉裁定错误的，再审法院应当撤销第一审、第二审人民法院裁定，指令第一审人民法院审理。

● 案例指引

1. 陆某诉某房屋土地管理局房屋拆迁行政裁决案（《最高人民法院公报》2007 年第 8 期）

裁判摘要：房屋拆迁过程中，被拆迁人、房屋承租人对于被拆房屋评估报告有异议的，有权申请复估。因此，基于正当程序原理，为保护被拆迁人、房屋承租人对被拆房屋评估报告依法申请复估的权利，拆迁人应将被拆房屋评估报告及时送达被拆迁人、房屋承租人。房屋拆迁行政裁决机关在裁决过程中，也应当对被拆房屋评估报告是否送达被拆迁人、房屋承租人的问题予以查明，并确保在裁决作出之前将评估报告送达被拆迁人、房屋承租人。房屋拆迁行政裁决机关未查明该问题即作出房屋拆迁行政裁决，且不能举证证明被拆房屋评估报告已经送达被拆迁人、房屋承租人的，所作房屋拆迁行政裁决属认定事实不清、主要证据不足，且违反法定程序。被拆迁人、房屋承租人诉至人民法院请求撤销该裁决的，人民法院应予支持。对于一审维持房屋拆迁行政裁决的判决，二审应予以撤销并改判。

2. 盐城市某食品有限公司东台分公司诉盐城市东台工商行政管理局工商行政处罚案（最高人民法院指导案例 60 号）

裁判摘要：法院生效裁判认为，《食品安全法》第二十条第四项规定，食品安全标准应当包括对与食品安全、营养有关的标签、标识、说明书的要求。第二十二条规定，本法规定的食品安全国家标准公布前，食品生产经营者应当按照现行食用农产品质量安全标准、食品卫生标准、食品质量标准和有关食品的行业标准生产经营食品。GB7718-2004《预包装食品标签通则》由国家质量监督检验检疫总局和国家标准化管理委员会制定，于 2005 年 10 月 1 日实施；《食品安全法》于2009年6月1日实施，新版的GB7718-2011《预包装食品标签管理通则》是由国务院卫生行政部门制定，且明确是食品安全国家标准，于2012年4月20日实施。本案原告某公司违法行为发生在2011年9月至2012年2月，GB7718-2004《预包装食品标签通则》属于当时的食品安全国家标准之一。因此，被告东台工商局适用GB7718-2004《预包装食品标签通则》对原告作出行政处罚，并无不当。江苏省东台市人民法院作出行政判决：维持东台工商局的《行政处罚决定书》。宣判后，某公司向江苏省盐城市中级人民法院提起上诉。江苏省盐城市中级人民法院作出行政判决：维持一审判决。

第五节　审判监督程序

第九十条　当事人申请再审

当事人对已经发生法律效力的判决、裁定，认为确有错误的，可以向上一级人民法院申请再审，但判决、裁定不停止执行。

司法解释及文件

1.《最高人民法院关于办理行政申请再审案件若干问题的规定》（2021年3月25日　法释〔2021〕6号）

第1条　当事人不服高级人民法院已经发生法律效力的判决、裁定，依照行政诉讼法第九十条的规定向最高人民法院申请再审的，最高人民法院应当依法审查，分别情况予以处理。

2.《最高人民法院关于适用〈中华人民共和国行政诉讼法〉的解释》（2018年2月6日　法释〔2018〕1号）

第110条　当事人向上一级人民法院申请再审，应当在判决、裁定或者调解书发生法律效力后六个月内提出。有下列情形之一的，自知道或者应当知道之日起六个月内提出：

（一）有新的证据，足以推翻原判决、裁定的；

（二）原判决、裁定认定事实的主要证据是伪造的；

（三）据以作出原判决、裁定的法律文书被撤销或者变更的；

（四）审判人员审理该案件时有贪污受贿、徇私舞弊、枉法裁判行为的。

第 118 条 按照审判监督程序决定再审的案件，裁定中止原判决、裁定、调解书的执行，但支付抚恤金、最低生活保障费或者社会保险待遇的案件，可以不中止执行。

上级人民法院决定提审或者指令下级人民法院再审的，应当作出裁定，裁定应当写明中止原判决的执行；情况紧急的，可以将中止执行的裁定口头通知负责执行的人民法院或者作出生效判决、裁定的人民法院，但应当在口头通知后十日内发出裁定书。

第 119 条 人民法院按照审判监督程序再审的案件，发生法律效力的判决、裁定是由第一审法院作出的，按照第一审程序审理，所作的判决、裁定，当事人可以上诉；发生法律效力的判决、裁定是由第二审法院作出的，按照第二审程序审理，所作的判决、裁定，是发生法律效力的判决、裁定；上级人民法院按照审判监督程序提审的，按照第二审程序审理，所作的判决、裁定是发生法律效力的判决、裁定。

人民法院审理再审案件，应当另行组成合议庭。

第 120 条 人民法院审理再审案件应当围绕再审请求和被诉行政行为合法性进行。当事人的再审请求超出原审诉讼请求，符合另案诉讼条件的，告知当事人可以另行起诉。

被申请人及原审其他当事人在庭审辩论结束前提出的再审请求，符合本解释规定的申请期限的，人民法院应当一并审理。

人民法院经再审，发现已经发生法律效力的判决、裁定损害国家利益、社会公共利益、他人合法权益的，应当一并审理。

第121条 再审审理期间，有下列情形之一的，裁定终结再审程序：

（一）再审申请人在再审期间撤回再审请求，人民法院准许的；

（二）再审申请人经传票传唤，无正当理由拒不到庭的，或者未经法庭许可中途退庭，按撤回再审请求处理的；

（三）人民检察院撤回抗诉的；

（四）其他应当终结再审程序的情形。

因人民检察院提出抗诉裁定再审的案件，申请抗诉的当事人有前款规定的情形，且不损害国家利益、社会公共利益或者他人合法权益的，人民法院裁定终结再审程序。

再审程序终结后，人民法院裁定中止执行的原生效判决自动恢复执行。

第122条 人民法院审理再审案件，认为原生效判决、裁定确有错误，在撤销原生效判决或者裁定的同时，可以对生效判决、裁定的内容作出相应裁判，也可以裁定撤销生效判决或者裁定，发回作出生效判决、裁定的人民法院重新审理。

● 案例指引

张某、陶某等诉四川省某市人民政府侵犯客运人力三轮车经营权案（最高人民法院指导案例88号）

裁判摘要：张某、陶某等不服，向四川省高级人民法院提出申诉。2002年7月，四川省高级人民法院作出驳回再审申请通知书。张某、陶某等不服，向最高人民法院申请再审。2016年3月，最高人民法院裁定提审本案。2017年5月，最高人民法院作出判决：一、撤销四川省资阳市中级人民法院第1＊号判决；二、确认四川省某市人民政府作出的《关于整顿城区小型车辆营运秩序的公告》和《关于整顿城区小型车辆营运秩序的补充公告》违法。

第九十一条 再审事由

当事人的申请符合下列情形之一的，人民法院应当再审：

（一）不予立案或者驳回起诉确有错误的；

（二）有新的证据，足以推翻原判决、裁定的；

（三）原判决、裁定认定事实的主要证据不足、未经质证或者系伪造的；

（四）原判决、裁定适用法律、法规确有错误的；

（五）违反法律规定的诉讼程序，可能影响公正审判的；

（六）原判决、裁定遗漏诉讼请求的；

（七）据以作出原判决、裁定的法律文书被撤销或者变更的；

（八）审判人员在审理该案件时有贪污受贿、徇私舞弊、枉法裁判行为的。

● 司法解释及文件

1.《最高人民法院关于办理行政申请再审案件若干问题的规定》（2021 年 3 月 25 日 法释〔2021〕6 号）

第 2 条 下列行政申请再审案件中，原判决、裁定适用法律、法规确有错误的，最高人民法院应当裁定再审：

（一）在全国具有普遍法律适用指导意义的案件；

（二）在全国范围内或者省、自治区、直辖市有重大影响的案件；

（三）跨省、自治区、直辖市的案件；

（四）重大涉外或者涉及香港特别行政区、澳门特别行政区、台湾地区的案件；

（五）涉及重大国家利益、社会公共利益的案件；

（六）经高级人民法院审判委员会讨论决定的案件；

（七）最高人民法院认为应当再审的其他案件。

2.《最高人民法院关于适用〈中华人民共和国行政诉讼法〉的解释》（2018 年 2 月 6 日 法释〔2018〕1 号）

第 111 条 当事人申请再审的，应当提交再审申请书等材料。人民法院认为有必要的，可以自收到再审申请书之日起五日内将再审申请书副本发送对方当事人。对方当事人应当自收到再审申请书副本之日起十五日内提交书面意见。人民法院可以要求申请人和对方当事人补充有关材料，询问有关事项。

第 112 条 人民法院应当自再审申请案件立案之日起六个月内审查，有特殊情况需要延长的，由本院院长批准。

第 113 条 人民法院根据审查再审申请案件的需要决定是否询问当事人；新的证据可能推翻原判决、裁定的，人民法院应当询问当事人。

第九十二条 人民法院依职权再审

各级人民法院院长对本院已经发生法律效力的判决、裁定，发现有本法第九十一条规定情形之一，或者发现调解违反自愿原则或者调解书内容违法，认为需要再审的，应当提交审判委员会讨论决定。

最高人民法院对地方各级人民法院已经发生法律效力的判决、裁定，上级人民法院对下级人民法院已经发生法律效力的判决、裁定，发现有本法第九十一条规定情形之一，或者发现调解违反自愿原则或者调解书内容违法的，有权提审或者指令下级人民法院再审。

司法解释及文件

《最高人民法院关于办理行政申请再审案件若干问题的规定》（2021 年 3 月 25 日 法释〔2021〕6 号）

第 3 条 行政申请再审案件有下列情形之一的，最高人民法院可以决定由作出生效判决、裁定的高级人民法院审查：

（一）案件基本事实不清、诉讼程序违法、遗漏诉讼请求的；

（二）再审申请人或者第三人人数众多的；

（三）由高级人民法院审查更适宜实质性化解行政争议的；

（四）最高人民法院认为可以由高级人民法院审查的其他情形。

第九十三条　抗诉和检察建议

最高人民检察院对各级人民法院已经发生法律效力的判决、裁定，上级人民检察院对下级人民法院已经发生法律效力的判决、裁定，发现有本法第九十一条规定情形之一，或者发现调解书损害国家利益、社会公共利益的，应当提出抗诉。

地方各级人民检察院对同级人民法院已经发生法律效力的判决、裁定，发现有本法第九十一条规定情形之一，或者发现调解书损害国家利益、社会公共利益的，可以向同级人民法院提出检察建议，并报上级人民检察院备案；也可以提请上级人民检察院向同级人民法院提出抗诉。

各级人民检察院对审判监督程序以外的其他审判程序中审判人员的违法行为，有权向同级人民法院提出检察建议。

● 司法解释及文件

《最高人民法院关于适用〈中华人民共和国行政诉讼法〉的解释》

（2018 年 2 月 6 日　法释〔2018〕1 号）

第 117 条　有下列情形之一的，当事人可以向人民检察院申请抗诉或者检察建议：

（一）人民法院驳回再审申请的；

（二）人民法院逾期未对再审申请作出裁定的；

（三）再审判决、裁定有明显错误的。

人民法院基于抗诉或者检察建议作出再审判决、裁定后，当事人申请再审的，人民法院不予立案。

第124条 人民检察院提出抗诉的案件，接受抗诉的人民法院应当自收到抗诉书之日起三十日内作出再审的裁定；有行政诉讼法第九十一条第二、三项规定情形之一的，可以指令下一级人民法院再审，但经该下一级人民法院再审过的除外。

人民法院在审查抗诉材料期间，当事人之间已经达成和解协议的，人民法院可以建议人民检察院撤回抗诉。

第125条 人民检察院提出抗诉的案件，人民法院再审开庭时，应当在开庭三日前通知人民检察院派员出庭。

第126条 人民法院收到再审检察建议后，应当组成合议庭，在三个月内进行审查，发现原判决、裁定、调解书确有错误，需要再审的，依照行政诉讼法第九十二条规定裁定再审，并通知当事人；经审查，决定不予再审的，应当书面回复人民检察院。

第127条 人民法院审理因人民检察院抗诉或者检察建议裁定再审的案件，不受此前已经作出的驳回当事人再审申请裁定的限制。

案例指引

1. 某实业公司诉某市住房和城乡建设局征收补偿认定纠纷抗诉案

（最高人民检察院检例第57号）

裁判摘要： 人民检察院办理行政诉讼监督案件，应当秉持客观公正立场，既保护行政相对人的合法权益，又支持合法的行政行为。依职权启动监督程序，不以当事人向人民法院申请再审为前提。认为行政判决、裁定可能存在错误，通过书面审查难以认定的，应当进行调查核实。

2. **黑辽检察机关督促撤销方某被冒名婚姻登记检察监督案**（最高人民检察院发布2023年度十大行政检察典型案例[①]之二）

案例要旨：2022年哈尔滨市某县检察院在办理公安干警滥用职权案中发现修某冒名婚姻登记线索，因线索涉及两省多地，黑龙江省检察院将部分监督线索移送至辽宁省检察院。为切实维护当事人合法权益，黑龙江省院、辽宁省院决定跨省协作，依职权进行监督。由省院统筹调度制定方案，按管辖区域各自组成三级检察院一体化办案组，兵分两路开展行政争议化解工作。办案组采取调查核实、释法说理、公开听证、公开宣告送达等方式，分别向冒名婚姻登记地民政部门制发检察建议，民政部门依法撤销了案涉婚姻登记；协调公安机关为方某消除了被冒名的行政处罚记录。黑龙江检察机关协调卫健委对修某冒名生育所涉出生医学证明登报声明作废；向法院制发审违和再审检察建议，撤销了缺席离婚的民事判决。辽宁检察机关在办案中了解到与修某缔结婚姻关系的杨某意外身亡，家中老母幼子生活困难后，依法向"一老一幼"发放司法救助金，并促成未成年人法定监护人变更。两省检察机关在"护航民生民利"专项监督活动中，共办理涉虚假婚姻登记案件49件，制发社会治理类检察建议1件。哈尔滨市院、大连市院还会同相关部门建立办理虚假婚姻登记案件协作配合机制。

冒用他人身份信息进行婚姻登记，不仅干扰正常的婚姻登记秩序，对公民的身心和生活也带来一系列负面影响。为一揽子解决百姓难心事，两省三级检察机关充分发挥一体化优势，跨省协作，多条线融合履职，实质性化解行政争议，积极延伸服务视角，打通检察为民"最后一公里"。以个案办理为切入点，建立诉源治理长效机制，联手畅通救济渠道，促进对冒名、虚假婚姻登记行为的综合治理。

---

① 参见中华人民共和国最高人民检察院网站，https：//www. spp. gov. cn/xwfbh/wsfbt/202401/t20240126_ 641512. shtml#2，最后访问时间：2025年10月28日。以下不再标注。

3. **钱某诉某村委会要求履行法定职责检察监督案**（最高人民检察院发布2023年度十大行政检察典型案例之三）

案例要旨：某检察分院审查后认为，村委会根据法规、规章授权可以成为行政诉讼被告；村委会对村民的建房申请张榜公布、签署意见、报送审批等系宅基地建房审批的必经阶段，属行政许可中的过程性行为；某村委会对钱某作出的《情况说明》，属于过程性行政行为但已导致事实上终止，产生了终局性结果，对钱某权利义务产生实质影响，属于行政诉讼受案范围。据此，某检察分院向某中级法院提出再审检察建议。2023年6月28日，某中级法院作出裁定，撤销原一、二审裁定，指令某基层法院继续审理。

4. **某村股份经济合作社诉某镇政府撤销行政协议检察监督案**（最高人民检察院发布2023年度十大行政检察典型案例之四）

案例要旨：浙江省检察院经调查核实查明，案涉奖励款确系补偿给经营者胡某，再审判决并无不当，依法作出不支持监督申请决定。但某县住建局《关停通知》和此后出具的《信访意见书》，对350万元奖励款归属“经营者”并不明确，某镇政府未征询某村意见即与胡某签订关停协议，引发争议。本案涉及1400余名村民领取涉案奖励款执行返还问题，已经引起多次集体信访，处理不当将成为影响社会稳定的隐患。省市县三级检察院一体促进行政争议化解，将进入强制执行环节的涉案民事纠纷与案涉行政争议统筹考虑，推动和解。某县检察院牵头县法院、县公安局、某镇政府等多次会商，联合镇政府利用践行“枫桥经验”的“村民说事”等平台，推动某村召开村民代表大会，达成解决方案，持续6年的行政争议化解。针对发现的问题，某县检察院会同法院依法向县住建局、某镇政府制发司法建议、检察建议，防范同类问题再次发生。

5. **某公司诉某县人社局支付保险待遇检察监督案**（最高人民检察院发布2023年度十大行政检察典型案例之五）

案例要旨：安徽省检察院认为，参保人员备案登记仅是一项管理措施，不属于支付工伤保险待遇的条件。用人单位未及时进行参保人员备案的，不应影响工伤职工从社会保障部门获得工伤保险待遇。原审判决适用法律错误，遂依法提出抗诉。安徽省高级法院提审本案，采纳抗诉意见，撤销原审判决，支持建安公司诉请。

通过类案检索发现，安徽省人社部门因参保人员未备案登记拒绝支付工伤保险待遇已引发多起诉讼，省检察院先后对3起同类型案件提出抗诉。为促进诉源治理，省检察院牵头与省高级法院、省人社厅专题会商，促成省人社厅出台《工伤保险政策经办口径》，明确项目参保未实名登记的，应由单位为其补办登记手续后，再由工伤保险基金按规定支付工伤保险待遇。目前该问题已在全省范围内解决，省检察院抗诉的另两起案件均和解撤诉，3起案涉工伤保险金已全部给付到位。

6. 王某鹏违法购买出售国家保护野生动物行刑反向衔接案（最高人民检察院发布2023年度十大行政检察典型案例之六）

案例要旨：行政检察部门经审查认为，三人的行为违反了《中华人民共和国野生动物保护法》有关规定，被不起诉后不予追究刑事责任，但需对其给予行政处罚。某县检察院分别向某县、A市、B县自然资源部门发出检察意见书，建议对违法人员按照《中华人民共和国野生动物保护法》第五十二条第一款、《中华人民共和国行政处罚法》《山东省自然资源行政处罚裁量标准》等有关法律法规进行处理。为保证监督层级对等，某县检察院报请A市检察院代为向A市自然资源局送达检察意见书。

2023年10月8日，某县检察院对某县自然资源局、A市自然资源局的行政处罚情况跟踪督促，审查后认为A市自然资源局行政处罚符合法律规定，某县自然资源局依据《中华人民共和国野生动物保护法》第五十二条第一款遗漏“没收违法所得”行政处罚，适用法律错误，向某县自然资源局发出检察建议书，建议其依法纠正。某县自然资源局收到检察建议书后，撤销原行政处罚决定，对王某鹏重新作出行政处罚决定。因B县自然资源和规划局两个月内未予回复办理情况或办理结果，某县检察院通过B县检察院跟踪督促，B县自然资源和规划局听取某县检察院意见，从某县检察院调取张某相关卷宗材料，立案并进行调查处理。

某县检察院与县司法局会签《关于加强行政检察与行政执法监督衔接工作的意见》，明确检察机关向行政机关提出行政处罚检察意见时抄送县司法局，共同督促行政机关依法行政。

7. **某国有农场诉某县自然资源局房屋所有权登记检察监督案**（最高人民检察院发布2023年度十大行政检察典型案例之七）

案例要旨：检察机关一体联动，主动为大局服务、为法治担当，敢于监督、善于监督，综合运用抗诉和再审检察建议方式，同步监督两级法院，做实“高质效办好每一个案件”，推动法院依法纠正错误生效判决。同时，通过督促行政机关依法履职、移送违法违纪案件线索等方式，将办案职能向社会治理领域延伸，推动行业突出问题整治，促进社会综合治理。

8. **杨某某诉某市医疗保障局劳动保障行政给付检察监督案**（最高人民检察院发布2023年度十大行政检察典型案例之八）

案例要旨：某市检察院认为，某市法院适用的3份规范性文件，违反了《中华人民共和国保险法》的规定，扩大了不纳入医保金支付范围，将不纳入基本医疗保险支付范围的医疗费用扩大到“因医疗事故所发生的费用”，减损了公民合法权益。本案属医疗事故，杨某某个人负担65374.41元无法纳入医保支付范围。某市检察院以法院适用法律错误提请抗诉。考虑到杨某某实际困难，为其申领救助金5000元。上级检察院提出抗诉，该市中级法院于2023年7月17日依法改判由某市医保局支付杨某某医疗保障待遇。检察机关积极参与溯源治理，就规范性文件违背上位法问题，向某市人大汇报。目前《关于进一步完善某市2016年新型农村合作医疗统筹补偿方案的通知》《某市新型农村合作医疗意外伤害住院补偿办法（试行）》已经废止。

9. **某信息技术公司诉某市食药监局、某市政府行政处罚检察监督案**（最高人民检察院发布2023年度十大行政检察典型案例之十）

案例要旨：检察机关经调查核实，查明：市食药监局曾对同案某医院作出另一行政处罚，最终处以涉案球管货值金额0.5倍罚款，即罚款97113.68元。检察机关审查认为：根据《中华人民共和国行政处罚法》第五条的规定，行政处罚所适用的处罚种类和处罚幅度要与违法行为的性质、情节及社会危害程度相适应。某公司主观目的在于维修原球管，没有主观故意，亦积极配合调查，在纠正违法行为和社会危害性方面与广西某医院的情形一致。对比市食药监局对同一案件中球管使用单位某医院罚款数额，综合平衡考量两方当事人的处罚幅度，案涉罚款明显畸重，违反《中华人民共和国行政处罚法》规定的过罚相当和公正原则，被诉行政行为明显不当。检察机关依法提出抗诉。

法院采纳检察机关的监督意见，依法改判并责令重新作出行政处罚决定。后某市市场监督管理局决定减轻处罚，处违法经营的医疗器械货值金额1倍罚款，即194227.35元。

10. **牛某某诉北京市公安局某分局不履行法定职责监督案**（最高人民检察院发布2022年度十大行政检察典型案例之一）

案例要旨：牛某某向北京市检察院某分院申请监督。某分院向北京市公安局调取郭某某拨打110报警电话录音。经审查认为，某分局接到报警后应当到现场进行处置。根据《人民警察法》《110接处警工作规则》的相关规定，对危及人身或财产安全迫切需要处置的紧急报警，处警民警接到指令后应当迅速前往现场开展处置工作。本案中，郭某某的报警反映其人身财产安全正面临危险，需要公安机关出警帮助，属于迫切需要处置的紧急报警。“帮拆”行为的理由不能免除某分局的法定职责。虽然公安机关称通过电话告知报警人情况，但该告知行为不能免除公安机关前往现场处置的法定职责。据此，提请上级检察院抗诉。上级检察院提出抗诉，该案发回重审并得到改判，最终确认了某公安分局对2018年12月28日报警未到现场处置行为违法。

11. 严某等诉上海市及某区规划和自然资源局撤销验收合格证监督案（最高人民检察院发布2022年度十大行政检察典型案例之四）

案例要旨：检察机关审查认为，本案实质是随着人民生活水平提高，家用汽车普及，人们对住宅小区规划建设提出了更高的安全性、便捷性要求。本案中，法院生效裁定以严某二人不具有行政诉讼主体资格为由驳回起诉，《最高人民法院关于适用〈中华人民共和国行政诉讼法〉的解释》第十八条规定业主委员会可以自己的名义提起诉讼，但并不意味着当业主专有部分合法权益受到损害时，业主就不能以自己的名义提起诉讼，《民法典》关于业主建筑物区分所有权的保护价值应当溢出到公法。考虑到严某二人的实质诉求是解决“堵门”问题，即使抗诉也难以解决当事人之间的争议，还可能对业主办理产权证书带来不利影响，同时了解到严某二人因车位堵门拒交物业费引发物业纠纷，正向某区检察院申请民事检察监督，分院决定与区院合力一揽子化解“行民”争议。最终严某二人与开发商、物业公司达成和解协议，以优惠价格购得堵门车位，撤回行政、民事监督申请。行政机关、相关企业还采用本案争议化解方案解决该小区类案诉讼。同时，检察机关依靠勘查获取的数据、向建设部国家标准制定专家及最高检专家库成员咨询获取的专家意见，针对地方性城市停车规范标准滞后于人民群众现实新需求的情况，向行政机关发出检察建议并抄送相关单位，建议提升停车库设计合理性与安全性，提高技术标准规范，均获得采纳及落实。

12. 江苏省南通市检察机关促进问题企业注销登记专项治理案（最高人民检察院发布2022年度十大行政检察典型案例之五）

案例要旨：南通市检察机关在办理江阴某金属矿砂公司安全生产违法非诉执行监督案、南通市某磷肥厂环境违法非诉执行监督案等一系列“恶意注销”案件中，发现问题企业通过注销登记逃避法律责任问题存在于行政处罚、行政非诉执行程序，以及刑事诉讼、民事诉讼、仲裁、执行等各个执法司法环节，严重影响行政和司法权威，损害国家和社会公共利益。遂决定在全市范围内开展恶意注销专项监督。

南通市检察机关利用大数据赋能，对全市5000余条涉案企业注销数据及对应上万条法院裁判、执行文书、检察文书、行政处罚等信息进行数据碰撞、筛选，发现各类型案件线索141件。南通市检察机关发挥一体化履职优势，对发现案件线索逐一审查研判，通过交办、提办等方式精准监督，全市立案监督51件，发出执行监督检察建议22件，行政违法行为监督检察建议22件，审违检察建议5件，再审检察建议2件。

针对专项监督中重点领域治理漏洞，检察机关创设《企业涉案情况告知函》，函告涉案企业注册地行政审批部门企业涉案信息，提醒及时关注涉案企业重大事项变更情况。通过召集辖区行政执法及行政审批部门召开联席会议、会签文件、向党委政府专项报告等形式，堵塞恶意注销漏洞，推进社会治理。

13. **何某某诉浙江省某市某区人社局工伤认定监督案**（最高人民检察院发布2022年度十大行政检察典型案例之六）

案例要旨：针对本案反映出的新招聘尚未参保、短期灵活用工等人员因客观原因有时难以获得充分社会保障支持，尤其是在工伤中权益无法得到及时保障的情况，某区检察院与法院、司法局、人社局签订《关于在涉劳动关系检察工作中加强共同调处与协作支持的意见（试行）》，就如何实质化解争议、避免"程序空转"、加强治理堵漏等达成共识。

对于人民法院未采纳再审检察建议，处理错误的，检察机关应当提请上级人民检察院监督。上级人民检察院认为下级人民检察院提请抗诉理由成立的，应当向同级人民法院提出抗诉。同时，坚持以抗促和的办案理念，综合运用释法说理、法律援助、司法救助等措施，推进行政争议实质性化解。对案件办理过程中发现的新招聘尚未参保、短期灵活用工等人员难以获得充分社会保障问题，与相关行政机关建立长效机制，有效保障该类人员的权益。

14. 施某甲（郭某）诉福建省某市政府颁证行为监督案（最高人民检察院发布2022年度十大行政检察典型案例之七）

案例要旨：检察机关对于因超过起诉期限、维权陷入困境的行政诉讼监督案件，不能只满足于程序结案、形式正确，而要坚持以人民为中心的立场，充分发挥法律监督职能，依法监督纠正错误行政行为，解决群众合法合理的诉求。检察机关运用“穿透式”办案方式，针对迄今近30年的登记颁证行为，在查清事实的基础上，引导登记机关自我纠错，并坚持跟踪推进，最终实质性解决争议，消除了权利人进一步申请颁证的障碍，解决困扰申请人多年的揪心事，也增强了申请人对内地司法公正的信心，实现政治效果、社会效果和法律效果的有机统一。

15. 苏某诉山东省某市房管局、赵某房屋行政登记监督案（最高人民检察院发布2022年度十大行政检察典型案例之八）

案例要旨：公房承租人对行政机关的颁证行为具有诉的利益，与该具体行政行为存在法律上的利害关系。检察机关通过开展行政裁判结果监督，纠正法院确有错误的生效裁判，依法维护当事人合法权益。一些行政诉讼案件中，即便错误的裁判结果得以纠正也无法实现对当事人合法权益的全面保护。检察机关通过对涉诉行政行为及关联行政行为的合法性进行审查，并对与所办案件相关的一系列诉争进展情况保持跟进，发挥一体化办案优势，依法能动运用检察监督方式和手段，确保当事人受损的合法权益得到全面救济，推动行政争议实质性化解，将国家住房保障政策落到实处。

16. 任某诉湖南省长沙市某街道办事处行政强制监督系列案（最高人民检察院发布2022年度十大行政检察典型案例之九）

案例要旨：某市检察院调查中取得涉案企业长沙原某运贸公司留守处人员胡某的证言等证据，证明涉案房屋曾作为公房分配给任某等人居住，遂提请省检察院抗诉。省检察院经调查核实查明：涉案企业改制时明确了企业资产优惠售卖，对职工住房问题全部解决到位。涉案房屋因水毁严重，破产时经评估已无使用价值，不属于优惠售卖范围，被废弃搁置。涉案房屋所在土地也被某市政府收回，企业与员工之间不再有承租关系。申请人要求按照公房承租人的标准予以补偿没有事实与法律依据，法院裁定正确，遂依法作出不支持监督决定。为实质性化解行政争议，承办检察官多次组织双方当事人和谈，召开专家论证会，加入申请人微信群持续5个月24小时在线答疑解惑，上门组织申请人学习讨论类案，最终帮助申请人认清案件法律关系，按照原搬迁政策签订了和解协议。对其中一位生活特别困难又无住房的申请人，依政策为其申请了公租房和3万元困难补助。涉及6户40人持续了4年的6个案件画上圆满句号。申请人和政府工作人员均表示，通过检察机关的办案，既有“满满的收获”，又受到了“法律的洗礼”。

17. **王某、朱某与某县政府确认行政行为违法抗诉案**（最高检发布十件行政诉讼监督典型案例①之一）

案例要旨：辽宁省人民检察院向辽宁省高级人民法院提出抗诉。理由是：本案证据能够证实王某、朱某依承包合同取得使用权的果园林地系林场合法享有使用权的国有林地，再审判决认定事实缺乏证据证明，适用法律错误。

县政府在实施公共水利建设用地征用行政行为时，对王某、朱某合法承包林地果园未依法定程序进行征用而是强行推毁，违反了行政法律规定，系行政行为违法。再审判决以治理堤防工程具有事实和法律依据的理由，从而认定县政府造成王某、朱某承包地地上物损失的具体行政行为合法，属认定事实及适用法律错误。

---

① 参见中华人民共和国最高人民检察院网站，https://www.spp.gov.cn/zdgz/201605/t20160525_118682.shtml，最后访问时间：2025年10月28日。以下不再标注。

18. **柴某、毕某与某县政府房屋行政登记纠纷抗诉案**（最高检发布十件行政诉讼监督典型案例之二）

案例要旨：湖北省人民检察院向湖北省高级人民法院提出抗诉。理由是：县房管局在柴某2006年11月6日提出异议要求撤销第95-12-911号房屋所有权证后，于2008年10月7日和2009年4月15日先后作出注销和撤销并公告作废前述房屋所有权证的决定，后又于2011年1月5日公告撤销2008年10月8日作出的决定。县房管局自柴某提出异议后，对争议房产证上所作的行政行为进行了数次变更，柴某诉权未能在法定期限内及时行使非自身原因造成。据此，应扣除柴某自2006年11月6日到2011年3月10日提起行政诉讼时非自身原因耽误的期间，柴某的起诉未超过二年期限。

湖北省高级人民法院再审认为，县政府作出被诉颁证行为时未向柴某告知诉权或起诉期限，柴某的起诉期限应当从知道或应当知道颁证行为内容之日起不超过2年。柴某向县房管局递交《关于房屋户主变更的申请报告》的行为不能作为认定其知道或应当知道被诉颁证行为内容的直接证据，县政府亦未能证明柴某何时知道被诉颁证行为，柴某的起诉期限应从2006年11月6日其向县房管局提出异议时起算。县房管局针对争议房产证所作处理行为，不为柴某、毕某二人自身所控制，且造成二人未能在法定期限内提起诉讼，应对被耽误的时间在起诉期间内予以扣除，判决撤销二审裁定，指令黄冈市中级人民法院继续审理。

19. **某县安监局与某工业公司安全生产行政处罚抗诉案**（最高检发布十件行政诉讼监督典型案例之三）

案例要旨：安徽省人民检察院向安徽省高级人民法院提出抗诉。理由是：工业公司既没有与谢某签订专门的安全生产管理协议或者在租赁协议中明确各自的安全生产管理职责，也没有履行好对下属企业安全生产监督管理职责，导致第一轮窑厂发生死亡事故，工业公司对该事故的发生负有责任。工业公司作为生产经营单位，在发生死亡事故后，县安监局依据《生产安全事故报告和调查处理条例》第三十七条第（一）项的规定对工业公司作出 12 万元罚款的行政处罚，适用法律并无不当。安庆市中级人民法院二审判决适用法律确有错误。

安徽省高级人民法院再审认为，县安监局认定工业公司是事故发生单位，对事故发生负有责任，有事实和法律依据。二审判决适用法律不当。判决：撤销二审判决，维持一审判决。

20. 熊某与某县国土局、县房管局行政登记抗诉案（最高检发布十件行政诉讼监督典型案例之四）

案例要旨：湖南省人民检察院分别就两份裁定向湖南省高级人民法院提出抗诉。理由是：原审裁定认定熊某于 2010 年 6 月 12 日知道对其享有权利的土地和房屋办理抵押登记的行政行为，属认定的基本事实缺乏证据证明。县国土局、县房管局认为熊某起诉超过法定期限，应由其承担举证责任，但其未提供证据证明上述事实。

本案张某是房屋抵押登记和土地抵押登记行政行为的利害关系人，属于人民法院应当依职权通知参加诉讼的第三人。原审法院未依职权追加张某作为第三人参加诉讼，审判程序违法。

湖南省高级人民法院分别作出再审裁定，撤销原一、二审裁定，指令湖南省桃源县人民法院继续审理。该院依法追加张某为第三人，并分别作出行政判决认为，张某与工行某支行签订的《个人借款/担保合同》中担保合同部分因共同共有的抵押房产未经共有人熊某的同意而被确认无效，基于担保合同产生的房屋及其土地抵押权消灭，县国土局、县房管局为张某办理土地、房屋抵押登记的行为因抵押权的消灭而依法不能成立。对于县国土局、县房管局认为熊某起诉超过诉讼时效的辩论意见，因其未提供证据予以证明，故不予采纳。判决：确认县国土局、县房管局对本案国有土地、房屋作出的抵押登记行为无效，并驳回熊某的其他诉讼请求。

21. 某村委会与王某请求履行法定职责抗诉案（最高检发布十件行政诉讼监督典型案例之五）

案例要旨：丹东市人民检察院向丹东市中级人民法院提出抗诉。

理由是：1. 有新证据足以推翻原一审判决。丹东市人民检察院所调取的土地档案、“虾场承包合同”可以充分证明涉案虾池属于某村集体所有。2. 原审判决违背行政前置程序，遗漏诉讼主体。市政府和管委会均未就王某的土地确权申请作出行政处理决定，法院在行政判决中直接判令管委会履行登记造册、核发土地权利证书的法定职责，违反法律规定的前置程序。政府对涉案虾场的土地登记与村委会有着直接的利害关系，法院没有通知村委会作为第三人参加诉讼，违背了行政诉讼法有关规定。正是基于这一原因，村委会具备了本案的再审申请人资格。3. 原审判决认定基本事实缺乏证据证明。生效土地使用证足以证明原审判决无事实依据。管委会和国土局收到王某土地登记申请后，因王某未提供“土地权属来源证明”和“地上附着物权属证明”而作出不予登记发证的决定并无不当。

丹东市中级人民法院指令辽宁省东港市人民法院再审本案。该院再审撤销了原一审判决，驳回王某的诉讼请求。

22. 胡某等与某乡政府土地行政征收抗诉案（最高检发布十件行政诉讼监督典型案例之六）

案例要旨：贵州省人民检察院向贵州省高级人民法院提出抗诉。理由是：某乡政府作出的《实施方案》的征地范围及补偿标准特定，乡政府还对征地范围内农户的土地面积进行了公示，与部分农户签订了征地协议，涉及特定的某村砂石矿开采项目范围内被征地对象的实际利益，并非针对不特定对象发布的能反复适用的规范性文件，人民法院应受理胡某等人的起诉。

贵州省高级人民法院指令安顺市中级人民法院再审本案。该院再审认为，《实施方案》明确规定征地范围和补偿标准，能对行政相对人的合法权益产生实际影响，是可诉的行政行为。一审裁定认为该方案是未涉及特定对象实体权益义务的普遍行为，二审裁定认为该方案不是行政行为，都是错误的。裁定：撤销一、二审裁定，指令贵州省普定县人民法院受理本案。

23. 某村委会 19（2）队与某县政府土地行政登记纠纷抗诉案（最高检发布十件行政诉讼监督典型案例之七）

案例要旨：广西壮族自治区人民检察院依职权再次向广西壮族自治区人民法院提出抗诉。理由是：县政府地籍调查程序违法。首先，县政府在某村委会申请土地登记前即进行了地籍调查；其次，县政府进行地籍调查时，未通知相邻宗地使用者到现场共同指界，地籍调查表"指界人"一栏只有某村委会的签字。

本案争议是由于争议地权属不明而产生。县政府进行地籍调查时，某村委会未提供证据证明争议地属其所有，而某村委会 19（2）队在诉讼期间提交的证据能够证明争议地为其所有。

广西壮族自治区人民法院再审认为，土地登记是土地登记机关对土地权利人所享有的土地权利予以认可和证明的两种行政行为，土地登记不创设权利义务，仅产生公示、公信效力；土地登记机关根据土地登记申请者提供的材料，经权属审核，在土地权属来源清楚的情况下才予以登记。县政府认为争议地属于某村委会的主要依据均不是争议土地权属的"法定权属凭证"，不能证明争议土地的权属已经明确，且第 48101 号集体土地使用证上"土地所有者"栏为空白，县政府认为争议土地权属来源清楚、应属于某村委会所有的证据不足。此外，地籍调查表"指界人"一栏只有某村委会的签字，违反了《城镇地籍调查规程》关于"界址的认定必须由本宗地及相邻宗地使用者亲自到现场共同指界"的相关规定。判决撤销一审、二审、再审判决，以及县政府颁发的第 48101 号集体土地使用证。

24. 某县建委与某开发公司城建行政合同纠纷抗诉案（最高检发布十件行政诉讼监督典型案例之八）

案例要旨：重庆市人民检察院认为再审判决仍符合抗诉条件，决定跟进监督，于 2014 年再次向重庆市高级人民法院提出抗诉。主要理由是：再审判决认定某县建委未履行牵头协调解决项目用地的拆迁、安置和土地出让事宜系违约行为并判令其继续履行错误。首先，《协议》约定某县建委的合同义务不得超出其职权范围，超出其职责约定应为无效；其次，判决认定某县建委没有履行协调义务的依据不足；某县建委已基本履行了《协议》约定义务，《协议》未能继续履行的根本原因系开发公司未能取得涉案建设项目的国有土地使用权。

重庆市高级人民法院再审认为，某开发公司的诉讼请求是要求某县建委按照《协议》第四条履行“协调该项目上下左右的关系，牵头负责协调解决涉及该项目开发建设的相关问题，并提供地质灾害评估意见”的约定义务，一审、二审及原再审均以某县建委无证据证明履行了上述义务为由判决双方继续履行。而从《协议》第四条约定来看，某开发公司要求某县建委协调什么关系和解决什么问题并不具体；该协调义务是否属于某县建委的法定职责范围也不明确；某县建委如何协调、能否协调均不确定。因此，某开发公司的诉讼请求不具体，其起诉不符合法律规定的条件，裁定撤销原一审、二审和再审判决，驳回了某开发公司的起诉。

25. **某市林业局与郑某等行政非诉执行检察建议案**（最高检发布十件行政诉讼监督典型案例之九）

案例要旨：海南省文昌市人民检察院依职权向海南省文昌市人民法院发出检察建议书，要求海南省文昌市人民法院依法将上述五宗案件移交执行。理由是：1. 法院依法对市林业局的申请进行书面审查裁定准予执行后，未按照最高人民法院有关规定及时将案件移交该院负责强制执行非诉行政行为的机构执行，致使该五宗案件至今未进入执行程序。2. 行政非诉执行案件经人民法院行政审判机构进行合法性审查裁定准予强制执行的，不需要申请人再次向人民法院申请。3. 根据《最高人民法院关于严格执行案件审理期限制度的若干规定》的规定，非诉执行案件应当在立案之日起三个月内执结，有特殊情况需要延长的应依法进行审批。本案自 2013 年 11 月 19 日立案后，既没有办理延长期限审批手续，也没有裁定中止执行或终结执行、不予执行，已严重超期。

海南省文昌市人民法院于 2015 年 12 月 9 日函复文昌市人民检察

院，在采纳检察建议的同时，对该院2012年以来的行政非诉执行案件进行自查，发现已裁定准予执行、但没有直接移送立案庭登记执行的案件共计26件（包括本案涉及的5件），该院表示会尽快将上述26宗案件移送立案庭进行立案登记后移交执行局执行。

26. 某区水务局与某有限公司行政非诉执行检察建议案（最高检发布十件行政诉讼监督典型案例之十）

案例要旨：福建省莆田市涵江区人民检察院依职权向涵江区人民法院发出检察建议书。理由是：（2011）011号行政处罚决定书存在具体处罚内容不清问题，其中处罚决定第二项“清除河道内填占的石块、渣土、建筑垃圾恢复原状”未明确某有限公司填占的河道位置、方位以及面积等。根据《中华人民共和国行政强制法》第五十五条的规定，行政机关申请法院强制执行应当提供申请强制执行标的情况，区水务局所作具体行政行为不符合申请强制执行的条件。根据最高人民法院《关于执行〈中华人民共和国行政诉讼法〉若干问题的解释》第八十六条的规定，对不符合条件的申请，人民法院应当裁定不予受理。

涵江区人民法院采纳了检察建议，于2014年8月20日裁定撤销（2012）涵执审字第61号行政裁定书。

27. 福建潘某英诉某区公安分局行政拘留检察监督案（全国检察机关行政诉讼监督典型案例之一）

案例要旨：潘某英向某市人民检察院申请监督。某市人民检察院提请福建省人民检察院抗诉。福建省人民检察院经查阅卷宗、调查核实，认为本案被诉行政行为系某区公安分局于2014年6月20日作出的行政处罚决定，虽然申请人提出的原审判决采信证据不合法、违反举证分配原则等申请监督理由不成立，但被诉行政处罚存在以下违法情形：2014年1月15日，某区公安分局决定对潘某英处以行政拘留七日并罚款五百元，在送交某市拘留所执行行政拘留时，某市拘留所发出建议停止执行拘留通知书，随后某区公安分局将潘某英释放。根据公安部《关于印发〈关于行政拘留执行有关问题的意见〉的通知》相关规定，应视为拘留决定机关同意停止执行行政拘留，行政拘留决定终止执行。在事隔5个多月之后，某区公安分局重新作出相同文号、相同内容的行政处罚决定书，违反了一事不再罚原则，将潘某英再次执行拘留，亦明显违法。

福建省高级人民法院于2018年2月8日作出裁定，指令某市中级人民法院再审。2020年5月29日，某市中级人民法院作出再审判决，认为2014年1月15日的行政处罚决定应不再执行，公安机关对同一个行为再次作出内容完全相同的行政处罚决定书，属一事重复处罚，程序违法，判决撤销原一、二审判决及被诉行政处罚决定。

28. 江苏丁某诉某区住房和城乡建设局等建设工程规划许可检察监督案（全国检察机关行政诉讼监督典型案例之二）

案例要旨：丁某不服法院二审裁定，向某市人民检察院申请监督。某市人民检察院受理该案后，调阅了法院诉讼卷宗。因本案涉及的基础事实距今将近20年，又经历了机构改革、撤县并区等历史变迁，很多机构和人员都发生了变化，承办检察官先后走访案涉行政机关了解情况。

经审查，丁某在二审审理期间，向二审法院提交了原某县人民法院行政审判庭法官手写的说明材料，有法官的签名并盖法院院章。该说明材料能够证明某县人民法院于2012年12月28日收取丁某起诉状后，一直未对其起诉作出是否立案的决定。但二审法院在庭审中未对该证据进行质证，亦未对该证据是否采信作出审查判断。

某市人民检察院认为，丁某提交的证据足以证明因不属于其自身原因引起了起诉期限的扣除，根据行政诉讼法第四十八条第一款之规定，丁某于2016年11月18日向某铁路运输法院提起行政诉讼，并未超过法律规定的起诉期限。原审法院以超过起诉期限为由驳回起诉确有错误。2019年7月11日，某市人民检察院向市中级人民法院发出再审检察建议。

市中级人民法院采纳再审检察建议，于2019年9月18日裁定再审，并将此案发回某铁路运输法院重审。某铁路运输法院重审期间，丁某意外死亡。丁某女儿曹某表示继承其母亲的诉讼权利，本案原告变更为曹某。在法院、检察院的共同推动下，2020 年 9 月 14 日，双方当事人就解决行政争议达成一致意见。原告向法院提交了撤诉申请，法院裁定准予撤诉。

29. 山东某养殖中心诉某镇政府强制清除地上物审判程序检察监督案（全国检察机关行政诉讼监督典型案例之三）

案例要旨：2020 年 3 月 27 日，某养殖中心认为某区人民法院对其起诉应当立案而不予立案，违反了行政诉讼法的相关规定，向某区人民检察院申请监督。某区人民检察院予以受理，听取了某养殖中心的意见，进行了调查核实。经审查认为，根据行政诉讼法第五十一条第一款、第二款、《最高人民法院关于适用〈中华人民共和国行政诉讼法〉的解释》第五十三条第二款关于登记立案制的规定，人民法院对当场不能判断是否符合起诉条件的，应当在接收起诉状后七日内决定是否立案。某养殖中心于 2020 年 3 月 13 日向某区人民法院递交行政起诉状，某区人民法院应当于七日内即 2020 年 3 月 20 日前决定是否立案。但截至某养殖中心向某区人民检察院申请监督时（2020 年 3 月 27 日），某区人民法院既不立案，也不作出不予立案裁定，违反了行政诉讼法及司法解释的规定。

该案后经法院一审、二审，判决某镇政府赔偿某养殖中心 249440 元。

第八章　执　　行

第九十四条　生效裁判和调解书的执行

当事人必须履行人民法院发生法律效力的判决、裁定、调解书。

● 司法解释及文件

《最高人民法院关于适用〈中华人民共和国行政诉讼法〉的解释》

（2018年2月6日　法释〔2018〕1号）

第152条　对发生法律效力的行政判决书、行政裁定书、行政赔偿判决书和行政调解书，负有义务的一方当事人拒绝履行的，对方当事人可以依法申请人民法院强制执行。

人民法院判决行政机关履行行政赔偿、行政补偿或者其他行政给付义务，行政机关拒不履行的，对方当事人可以依法向法院申请强制执行。

第153条　申请执行的期限为二年。申请执行时效的中止、中断，适用法律有关规定。

申请执行的期限从法律文书规定的履行期间最后一日起计算；法律文书规定分期履行的，从规定的每次履行期间的最后一日起计算；法律文书中没有规定履行期限的，从该法律文书送达当事人之日起计算。

逾期申请的，除有正当理由外，人民法院不予受理。

第154条　发生法律效力的行政判决书、行政裁定书、行政赔偿判决书和行政调解书，由第一审人民法院执行。

第一审人民法院认为情况特殊，需要由第二审人民法院执行的，可以报请第二审人民法院执行；第二审人民法院可以决定由其执行，也可以决定由第一审人民法院执行。

第九十五条　申请强制执行和执行管辖

公民、法人或者其他组织拒绝履行判决、裁定、调解书的，行政机关或者第三人可以向第一审人民法院申请强制执行，或者由行政机关依法强制执行。

司法解释及文件

《最高人民法院关于适用〈中华人民共和国行政诉讼法〉的解释》

（2018 年 2 月 6 日　法释〔2018〕1 号）

第 156 条　没有强制执行权的行政机关申请人民法院强制执行其行政行为，应当自被执行人的法定起诉期限届满之日起三个月内提出。逾期申请的，除有正当理由外，人民法院不予受理。

第 157 条　行政机关申请人民法院强制执行其行政行为的，由申请人所在地的基层人民法院受理；执行对象为不动产的，由不动产所在地的基层人民法院受理。

基层人民法院认为执行确有困难的，可以报请上级人民法院执行；上级人民法院可以决定由其执行，也可以决定由下级人民法院执行。

第 158 条　行政机关根据法律的授权对平等主体之间民事争议作出裁决后，当事人在法定期限内不起诉又不履行，作出裁决的行政机关在申请执行的期限内未申请人民法院强制执行的，生效行政裁决确定的权利人或者其继承人、权利承受人在六个月内可以申请人民法院强制执行。

享有权利的公民、法人或者其他组织申请人民法院强制执行生效行政裁决，参照行政机关申请人民法院强制执行行政行为的规定。

第 159 条　行政机关或者行政行为确定的权利人申请人民法院强制执行前，有充分理由认为被执行人可能逃避执行的，可以申请人民法院采取财产保全措施。后者申请强制执行的，应当提供相应的财产担保。

第 160 条　人民法院受理行政机关申请执行其行政行为的案件后，应当在七日内由行政审判庭对行政行为的合法性进行审查，并作出是否准予执行的裁定。

人民法院在作出裁定前发现行政行为明显违法并损害被执行人合法权益的，应当听取被执行人和行政机关的意见，并自受理之日起三十日内作出是否准予执行的裁定。

需要采取强制执行措施的，由本院负责强制执行非诉行政行为的机构执行。

第161条　被申请执行的行政行为有下列情形之一的，人民法院应当裁定不准予执行：

（一）实施主体不具有行政主体资格的；

（二）明显缺乏事实根据的；

（三）明显缺乏法律、法规依据的；

（四）其他明显违法并损害被执行人合法权益的情形。

行政机关对不准予执行的裁定有异议，在十五日内向上一级人民法院申请复议的，上一级人民法院应当在收到复议申请之日起三十日内作出裁定。

第九十六条　对行政机关拒绝履行的执行措施

行政机关拒绝履行判决、裁定、调解书的，第一审人民法院可以采取下列措施：

（一）对应当归还的罚款或者应当给付的款额，通知银行从该行政机关的账户内划拨；

（二）在规定期限内不履行的，从期满之日起，对该行政机关负责人按日处五十元至一百元的罚款；

（三）将行政机关拒绝履行的情况予以公告；

（四）向监察机关或者该行政机关的上一级行政机关提出司法建议。接受司法建议的机关，根据有关规定进行处理，并将处理情况告知人民法院；

（五）拒不履行判决、裁定、调解书，社会影响恶劣的，可以对该行政机关直接负责的主管人员和其他直接责任人员予以拘留；情节严重，构成犯罪的，依法追究刑事责任。

● 法 律

1.《民事诉讼法》(2023 年 9 月 1 日)

第 114 条 诉讼参与人或者其他人有下列行为之一的，人民法院可以根据情节轻重予以罚款、拘留；构成犯罪的，依法追究刑事责任：

……

(六) 拒不履行人民法院已经发生法律效力的判决、裁定的。

人民法院对有前款规定的行为之一的单位，可以对其主要负责人或者直接责任人员予以罚款、拘留；构成犯罪的，依法追究刑事责任。

第 206 条 人民法院受理申请后，经审查，符合法律规定的，裁定调解协议有效，一方当事人拒绝履行或者未全部履行的，对方当事人可以向人民法院申请执行；不符合法律规定的，裁定驳回申请，当事人可以通过调解方式变更原调解协议或者达成新的调解协议，也可以向人民法院提起诉讼。

第 247 条 发生法律效力的民事判决、裁定，当事人必须履行。一方拒绝履行的，对方当事人可以向人民法院申请执行，也可以由审判员移送执行员执行。

调解书和其他应当由人民法院执行的法律文书，当事人必须履行。一方拒绝履行的，对方当事人可以向人民法院申请执行。

2.《刑事诉讼法》(2018 年 10 月 26 日)

第 259 条第 1 款 判决和裁定在发生法律效力后执行。

● 司法解释及文件

3.《人民检察院公益诉讼办案规则》(2021 年 6 月 29 日 高检发释字〔2021〕2 号)

第 111 条 人民检察院发现人民法院有下列不履行或者怠于履行执行职责情形之一的，应当向同级人民法院提出检察建议：

……

（六）对拒绝履行行政判决、裁定、调解书的行政机关未依照《中华人民共和国行政诉讼法》第九十六条规定采取执行措施的；

（七）其他不履行或者怠于履行执行职责行为的。

● 案例指引

某镇人民政府执行裁定复议案①

裁判摘要：某法院认为，异议人王某称所冻结的其名下账号为1300××××××××资金 532814. 63 元为清洁取暖补贴资金、70 周岁以上被征地农民生活补贴资金等民生保障资金，属于专项经费专款专用，不能用于行政赔偿的执行，但根据《最高人民法院关于人民法院民事执行中查封、扣押、冻结财产的规定》第三条规定，该部分资金并非不得冻结的财产。同时，根据《中华人民共和国行政诉讼法》第九十六条规定："行政机关拒绝履行判决、裁定、调解书的，第一审人民法院可以采取下列措施：（一）对应当归还的罚款或者应当给付的款额，通知银行从该行政机关的账户内划拨；……"故某法院冻结异议人王某名下的账号为1300××××××××资金 532814. 63 元符合法律规定。本院查明，某法院查明的事实清楚，本院予以确认。本院认为，当事人应主动履行生效法律文书确定的义务，不主动履行的，在执行中，人民法院可依法查封、冻结、扣划被执行人名下的财产。本案中，被执行人王某未主动履行生效法律文书确定的义务，某法院在执行中，冻结其名下银行账户存款并无不当。裁定驳回某镇人民政府的复议申请，维持某法院的异议裁定。

---

① 本案例选自中国裁判文书网。

第九十七条 非诉执行

公民、法人或者其他组织对行政行为在法定期限内不提起诉讼又不履行的，行政机关可以申请人民法院强制执行，或者依法强制执行。

司法解释及文件

1.《最高人民法院关于对林业行政机关依法作出具体行政行为申请人民法院强制执行问题的复函》（2020年12月29日 法释〔2020〕21号）

林业部：

你部林函策字（1993）308号函收悉，经研究，同意你部所提意见，即：林业主管部门依法作出的具体行政行为，自然人、法人或者非法人组织在法定期限内既不起诉又不履行的，林业主管部门依据行政诉讼法第九十七条的规定可以申请人民法院强制执行，人民法院应予受理。

2.《最高人民法院关于适用〈中华人民共和国行政诉讼法〉的解释》（2018年2月6日 法释〔2018〕1号）

第155条 行政机关根据行政诉讼法第九十七条的规定申请执行其行政行为，应当具备以下条件：

（一）行政行为依法可以由人民法院执行；

（二）行政行为已经生效并具有可执行内容；

（三）申请人是作出该行政行为的行政机关或者法律、法规、规章授权的组织；

（四）被申请人是该行政行为所确定的义务人；

（五）被申请人在行政行为确定的期限内或者行政机关催告期限内未履行义务；

（六）申请人在法定期限内提出申请；

（七）被申请执行的行政案件属于受理执行申请的人民法院管辖。

行政机关申请人民法院执行，应当提交行政强制法第五十五条规定的相关材料。

人民法院对符合条件的申请，应当在五日内立案受理，并通知申请人；对不符合条件的申请，应当裁定不予受理。行政机关对不予受理裁定有异议，在十五日内向上一级人民法院申请复议的，上一级人民法院应当在收到复议申请之日起十五日内作出裁定。

3.《最高人民法院关于违法的建筑物、构筑物、设施等强制拆除问题的批复》（2013年3月27日　法释〔2013〕5号）

北京市高级人民法院：

根据行政强制法和城乡规划法有关规定精神，对涉及违反城乡规划法的违法建筑物、构筑物、设施等的强制拆除，法律已经授予行政机关强制执行权，人民法院不受理行政机关提出的非诉行政执行申请。

● 案例指引

湖北省某县水利局申请强制执行肖某河道违法建设处罚决定监督案（最高人民检察院检例第59号）

裁判摘要：办理行政非诉执行监督案件，应当查明行政机关对相关事项是否具有直接强制执行权，对具有直接强制执行权的行政机关向人民法院申请强制执行，人民法院不应当受理而受理的，应当依法进行监督。人民检察院在履行行政非诉执行监督职责中，发现行政机关的行政行为存在违法或不当履职情形的，可以向行政机关提出检察建议。

第九章　涉外行政诉讼

第九十八条　涉外行政诉讼的法律适用原则

外国人、无国籍人、外国组织在中华人民共和国进行行政诉讼，适用本法。法律另有规定的除外。

● 宪 法

1.《宪法》（2018 年 3 月 11 日）

第 32 条 中华人民共和国保护在中国境内的外国人的合法权利和利益，在中国境内的外国人必须遵守中华人民共和国的法律。

● 法 律

2.《民事诉讼法》（2023 年 9 月 1 日）

第 270 条 在中华人民共和国领域内进行涉外民事诉讼，适用本编规定。本编没有规定的，适用本法其他有关规定。

第 271 条 中华人民共和国缔结或者参加的国际条约同本法有不同规定的，适用该国际条约的规定，但中华人民共和国声明保留的条款除外。

第 272 条 对享有外交特权与豁免的外国人、外国组织或者国际组织提起的民事诉讼，应当依照中华人民共和国有关法律和中华人民共和国缔结或者参加的国际条约的规定办理。

3.《刑事诉讼法》（2018 年 10 月 26 日）

第 17 条 对于外国人犯罪应当追究刑事责任的，适用本法的规定。

对于享有外交特权和豁免权的外国人犯罪应当追究刑事责任的，通过外交途径解决。

● 案例指引

意大利某控股股份公司诉山东省某市某税务局税务行政征收案①

裁判摘要：本院认为，《中华人民共和国行政诉讼法》第 98 条规定："外国人、无国籍人、外国组织在中华人民共和国进行行政诉讼，适用本法。法律另有规定的除外。"根据上述法律规定，本案应

① 本案例选自中国裁判文书网。

适用《中华人民共和国行政诉讼法》。本案原审判决查明事实清楚，被上诉人作出《通知书》程序合法，上诉人与被上诉人双方主要是对于《通知书》的法律适用产生争议。意大利某公司将其持有的ZY集团的股权转让给了上诉人，是“子公司”将股权转让给了“母公司”，不符合59号文第7条第（一）项①规定，也即不符合59号文规定的特殊性税务处理规定应当适用的条件。上诉人主张本案交易应适用59号文规定的特殊税务处理的规定，依据不足。《通知书》并不违反中意税收协定、中意投资协定、中芬投资协定的相关规定，上诉人主张《通知书》存在选择性执法问题亦无事实依据。

第九十九条 同等与对等原则

外国人、无国籍人、外国组织在中华人民共和国进行行政诉讼，同中华人民共和国公民、组织有同等的诉讼权利和义务。

外国法院对中华人民共和国公民、组织的行政诉讼权利加以限制的，人民法院对该国公民、组织的行政诉讼权利，实行对等原则。

● 宪 法

《宪法》（2018年3月11日）

第32条 中华人民共和国保护在中国境内的外国人的合法权利和利益，在中国境内的外国人必须遵守中华人民共和国的法律。

---

① 《财政部、国家税务总局关于企业重组业务企业所得税处理若干问题的通知》（财税［2009］59号）第7条规定：“企业发生涉及中国境内与境外之间（包括港澳台地区）的股权和资产收购交易，除应符合本通知第五条规定的条件外，还应同时符合下列条件，才可选择适用特殊性税务处理规定：（一）非居民企业向其100%直接控股的另一非居民企业转让其拥有的居民企业股权，没有因此造成以后该项股权转让所得预提税负担变化，且转让方非居民企业向主管税务机关书面承诺在3年（含3年）内不转让其拥有受让方非居民企业的股权；……”

● 案例指引

丁某诉商丘市某区人民政府房屋征收决定案①

裁判摘要：本院认为，《中华人民共和国行政诉讼法》第九十九条规定：外国人、无国籍人、外国组织在中华人民共和国进行行政诉讼，同中华人民共和国公民和组织有同等的诉讼权利和义务。外国法院对中华人民共和国公民、组织的行政诉讼权利加以限制的，人民法院对该国公民、组织的行政诉讼权利，实行对等原则。本案中，丁某接受其祖父的赠与，取得了涉案房屋的财产权，但因其国籍系美国，不拥有对中华人民共和国的集体土地进行使用的权利，同时，根据上述规定，丁某对其所在国法院对中华人民共和国公民、组织的行政诉讼权利是否加以限制，人民法院对丁子崴作为该国公民的行政诉讼权利是否实行对等原则，没有进行举证，其行政诉讼的原告主体资格不能认定。综上，上诉人的上诉理由不能成立，本院不予支持。一审裁定适用法律正确，依法应予维持。

第一百条 中国律师代理

外国人、无国籍人、外国组织在中华人民共和国进行行政诉讼，委托律师代理诉讼的，应当委托中华人民共和国律师机构的律师。

● 法　律

《民事诉讼法》（2023年9月1日）

第274条　外国人、无国籍人、外国企业和组织在人民法院起诉、应诉，需要委托律师代理诉讼的，必须委托中华人民共和国的律师。

---

① 本案例选自中国裁判文书网。

第十章　附　则

第一百零一条　适用民事诉讼法规定

人民法院审理行政案件，关于期间、送达、财产保全、开庭审理、调解、中止诉讼、终结诉讼、简易程序、执行等，以及人民检察院对行政案件受理、审理、裁判、执行的监督，本法没有规定的，适用《中华人民共和国民事诉讼法》的相关规定。

法　律

《民事诉讼法》（2023年9月1日）

第103条　人民法院对于可能因当事人一方的行为或者其他原因，使判决难以执行或者造成当事人其他损害的案件，根据对方当事人的申请，可以裁定对其财产进行保全、责令其作出一定行为或者禁止其作出一定行为；当事人没有提出申请的，人民法院在必要时也可以裁定采取保全措施。

人民法院采取保全措施，可以责令申请人提供担保，申请人不提供担保的，裁定驳回申请。

人民法院接受申请后，对情况紧急的，必须在四十八小时内作出裁定；裁定采取保全措施的，应当立即开始执行。

第104条　利害关系人因情况紧急，不立即申请保全将会使其合法权益受到难以弥补的损害的，可以在提起诉讼或者申请仲裁前向被保全财产所在地、被申请人住所地或者对案件有管辖权的人民法院申请采取保全措施。申请人应当提供担保，不提供担保的，裁定驳回申请。

人民法院接受申请后，必须在四十八小时内作出裁定；裁定采取保全措施的，应当立即开始执行。

申请人在人民法院采取保全措施后三十日内不依法提起诉讼或者申请仲裁的，人民法院应当解除保全。

第 105 条　保全限于请求的范围，或者与本案有关的财物。

第 106 条　财产保全采取查封、扣押、冻结或者法律规定的其他方法。人民法院保全财产后，应当立即通知被保全财产的人。

财产已被查封、冻结的，不得重复查封、冻结。

第 107 条　财产纠纷案件，被申请人提供担保的，人民法院应当裁定解除保全。

第 108 条　申请有错误的，申请人应当赔偿被申请人因保全所遭受的损失。

第 137 条　人民法院审理民事案件，除涉及国家秘密、个人隐私或者法律另有规定的以外，应当公开进行。

离婚案件，涉及商业秘密的案件，当事人申请不公开审理的，可以不公开审理。

第 138 条　人民法院审理民事案件，根据需要进行巡回审理，就地办案。

第 139 条　人民法院审理民事案件，应当在开庭三日前通知当事人和其他诉讼参与人。公开审理的，应当公告当事人姓名、案由和开庭的时间、地点。

第 140 条　开庭审理前，书记员应当查明当事人和其他诉讼参与人是否到庭，宣布法庭纪律。

开庭审理时，由审判长或者独任审判员核对当事人，宣布案由，宣布审判人员、法官助理、书记员等的名单，告知当事人有关的诉讼权利义务，询问当事人是否提出回避申请。

第 153 条　有下列情形之一的，中止诉讼：

（一）一方当事人死亡，需要等待继承人表明是否参加诉讼的；

（二）一方当事人丧失诉讼行为能力，尚未确定法定代理人的；

（三）作为一方当事人的法人或者其他组织终止，尚未确定权利义务承受人的；

（四）一方当事人因不可抗拒的事由，不能参加诉讼的；

（五）本案必须以另一案的审理结果为依据，而另一案尚未审结的；

（六）其他应当中止诉讼的情形。

中止诉讼的原因消除后，恢复诉讼。

第 154 条　有下列情形之一的，终结诉讼：

（一）原告死亡，没有继承人，或者继承人放弃诉讼权利的；

（二）被告死亡，没有遗产，也没有应当承担义务的人的；

（三）离婚案件一方当事人死亡的；

（四）追索赡养费、扶养费、抚养费以及解除收养关系案件的一方当事人死亡的。

第 220 条　有下列情形之一的，当事人可以向人民检察院申请检察建议或者抗诉：

（一）人民法院驳回再审申请的；

（二）人民法院逾期未对再审申请作出裁定的；

（三）再审判决、裁定有明显错误的。

人民检察院对当事人的申请应当在三个月内进行审查，作出提出或者不予提出检察建议或者抗诉的决定。当事人不得再次向人民检察院申请检察建议或者抗诉。

第 221 条　人民检察院因履行法律监督职责提出检察建议或者抗诉的需要，可以向当事人或者案外人调查核实有关情况。

第 222 条　人民检察院提出抗诉的案件，接受抗诉的人民法院应当自收到抗诉书之日起三十日内作出再审的裁定；有本法第二百一十一条第一项至第五项规定情形之一的，可以交下一级人民法院再审，但经该下一级人民法院再审的除外。

第 223 条　人民检察院决定对人民法院的判决、裁定、调解书提出抗诉的，应当制作抗诉书。

第 224 条　人民检察院提出抗诉的案件，人民法院再审时，应当通知人民检察院派员出席法庭。

第 283 条　人民法院对在中华人民共和国领域内没有住所的当事人送达诉讼文书，可以采用下列方式：

（一）依照受送达人所在国与中华人民共和国缔结或者共同参加的国际条约中规定的方式送达；

（二）通过外交途径送达；

（三）对具有中华人民共和国国籍的受送达人，可以委托中华人民共和国驻受送达人所在国的使领馆代为送达；

（四）向受送达人在本案中委托的诉讼代理人送达；

（五）向受送达人在中华人民共和国领域内设立的独资企业、代表机构、分支机构或者有权接受送达的业务代办人送达；

（六）受送达人为外国人、无国籍人，其在中华人民共和国领域内设立的法人或者其他组织担任法定代表人或者主要负责人，且与该法人或者其他组织为共同被告的，向该法人或者其他组织送达；

（七）受送达人为外国法人或者其他组织，其法定代表人或者主要负责人在中华人民共和国领域内的，向其法定代表人或者主要负责人送达；

（八）受送达人所在国的法律允许邮寄送达的，可以邮寄送达，自邮寄之日起满三个月，送达回证没有退回，但根据各种情况足以认定已经送达的，期间届满之日视为送达；

（九）采用能够确认受送达人收悉的电子方式送达，但是受送达人所在国法律禁止的除外；

（十）以受送达人同意的其他方式送达，但是受送达人所在国法律禁止的除外。

不能用上述方式送达的，公告送达，自发出公告之日起，经过六十日，即视为送达。

第 285 条 被告在中华人民共和国领域内没有住所的，人民法院应当将起诉状副本送达被告，并通知被告在收到起诉状副本后三十日内提出答辩状。被告申请延期的，是否准许，由人民法院决定。

第 286 条 在中华人民共和国领域内没有住所的当事人，不服第一审人民法院判决、裁定的，有权在判决书、裁定书送达之日起三十日内提起上诉。被上诉人在收到上诉状副本后，应当在三十日内提出答辩状。当事人不能在法定期间提起上诉或者提出答辩状，申请延期的，是否准许，由人民法院决定。

第 287 条 人民法院审理涉外民事案件的期间，不受本法第一百五十二条、第一百八十三条规定的限制。

第一百零二条 诉讼费用

人民法院审理行政案件，应当收取诉讼费用。诉讼费用由败诉方承担，双方都有责任的由双方分担。收取诉讼费用的具体办法另行规定。

● 司法解释及文件

《最高人民法院关于适用〈中华人民共和国行政诉讼法〉的解释》

（2018 年 2 月 6 日 法释〔2018〕1 号）

第 144 条 人民法院一并审理相关民事争议，应当按行政案件、民事案件的标准分别收取诉讼费用。

第一百零三条 施行日期

本法自 1990 年 10 月 1 日起施行。

● 司法解释及文件

《最高人民法院关于适用〈中华人民共和国行政诉讼法〉的解释》

（2018年2月6日　法释〔2018〕1号）

第162条　公民、法人或者其他组织对2015年5月1日之前作出的行政行为提起诉讼，请求确认行政行为无效的，人民法院不予立案。

第163条　本解释自2018年2月8日起施行。

本解释施行后，《最高人民法院关于执行〈中华人民共和国行政诉讼法〉若干问题的解释》（法释〔2000〕8号）、《最高人民法院关于适用〈中华人民共和国行政诉讼法〉若干问题的解释》（法释〔2015〕9号）同时废止。最高人民法院以前发布的司法解释与本解释不一致的，不再适用。

附录一

最高人民法院关于适用《中华人民共和国行政诉讼法》的解释

（2017年11月13日最高人民法院审判委员会第1726次会议通过 2018年2月6日最高人民法院公告公布 自2018年2月8日起施行 法释〔2018〕1号）

为正确适用《中华人民共和国行政诉讼法》（以下简称行政诉讼法），结合人民法院行政审判工作实际，制定本解释。

一、受案范围

第一条 公民、法人或者其他组织对行政机关及其工作人员的行政行为不服，依法提起诉讼的，属于人民法院行政诉讼的受案范围。

下列行为不属于人民法院行政诉讼的受案范围：

（一）公安、国家安全等机关依照刑事诉讼法的明确授权实施的行为；

（二）调解行为以及法律规定的仲裁行为；

（三）行政指导行为；

（四）驳回当事人对行政行为提起申诉的重复处理行为；

（五）行政机关作出的不产生外部法律效力的行为；

（六）行政机关为作出行政行为而实施的准备、论证、研究、层报、咨询等过程性行为；

（七）行政机关根据人民法院的生效裁判、协助执行通知书作出的执行行为，但行政机关扩大执行范围或者采取违法方式实施的除外；

（八）上级行政机关基于内部层级监督关系对下级行政机关作出的听取报告、执法检查、督促履责等行为；

（九）行政机关针对信访事项作出的登记、受理、交办、转送、复查、复核意见等行为；

（十）对公民、法人或者其他组织权利义务不产生实际影响的行为。

第二条 行政诉讼法第十三条第一项规定的“国家行为”，是指国务院、中央军事委员会、国防部、外交部等根据宪法和法律的授权，以国家的名义实施的有关国防和外交事务的行为，以及经宪法和法律授权的国家机关宣布紧急状态等行为。

行政诉讼法第十三条第二项规定的“具有普遍约束力的决定、命令”，是指行政机关针对不特定对象发布的能反复适用的规范性文件。

行政诉讼法第十三条第三项规定的“对行政机关工作人员的奖惩、任免等决定”，是指行政机关作出的涉及行政机关工作人员公务员权利义务的决定。

行政诉讼法第十三条第四项规定的“法律规定由行政机关最终裁决的行政行为”中的“法律”，是指全国人民代表大会及其常务委员会制定、通过的规范性文件。

二、管辖

第三条 各级人民法院行政审判庭审理行政案件和审查行政机关申请执行其行政行为的案件。

专门人民法院、人民法庭不审理行政案件，也不审查和执行行政机关申请执行其行政行为的案件。铁路运输法院等专门人民法院审理行政案件，应当执行行政诉讼法第十八条第二款的规定。

第四条 立案后，受诉人民法院的管辖权不受当事人住所地改变、追加被告等事实和法律状态变更的影响。

第五条 有下列情形之一的，属于行政诉讼法第十五条第三项规定的“本辖区内重大、复杂的案件”：

（一）社会影响重大的共同诉讼案件；

（二）涉外或者涉及香港特别行政区、澳门特别行政区、台湾地区的案件；

（三）其他重大、复杂案件。

第六条 当事人以案件重大复杂为由，认为有管辖权的基层人民法院不宜行使管辖权或者根据行政诉讼法第五十二条的规定，向中级人民法院起诉，中级人民法院应当根据不同情况在七日内分别作出以下处理：

（一）决定自行审理；

（二）指定本辖区其他基层人民法院管辖；

（三）书面告知当事人向有管辖权的基层人民法院起诉。

第七条 基层人民法院对其管辖的第一审行政案件，认为需要由中级人民法院审理或者指定管辖的，可以报请中级人民法院决定。中级人民法院应当根据不同情况在七日内分别作出以下处理：

（一）决定自行审理；

（二）指定本辖区其他基层人民法院管辖；

（三）决定由报请的人民法院审理。

第八条 行政诉讼法第十九条规定的“原告所在地”，包括原告的户籍所在地、经常居住地和被限制人身自由地。

对行政机关基于同一事实，既采取限制公民人身自由的行政强制措施，又采取其他行政强制措施或者行政处罚不服的，由被告所在地或者原告所在地的人民法院管辖。

第九条 行政诉讼法第二十条规定的“因不动产提起的行政诉讼”是指因行政行为导致不动产物权变动而提起的诉讼。

不动产已登记的，以不动产登记簿记载的所在地为不动产所在地；不动产未登记的，以不动产实际所在地为不动产所在地。

第十条 人民法院受理案件后，被告提出管辖异议的，应当在收到起诉状副本之日起十五日内提出。

对当事人提出的管辖异议，人民法院应当进行审查。异议成立的，裁定将案件移送有管辖权的人民法院；异议不成立的，裁定驳回。

人民法院对管辖异议审查后确定有管辖权的，不因当事人增加或者变更诉讼请求等改变管辖，但违反级别管辖、专属管辖规定的除外。

第十一条 有下列情形之一的，人民法院不予审查：

（一）人民法院发回重审或者按第一审程序再审的案件，当事人提出管辖异议的；

（二）当事人在第一审程序中未按照法律规定的期限和形式提出管辖异议，在第二审程序中提出的。

三、诉讼参加人

第十二条 有下列情形之一的，属于行政诉讼法第二十五条第一款规定的“与行政行为有利害关系”：

（一）被诉的行政行为涉及其相邻权或者公平竞争权的；

（二）在行政复议等行政程序中被追加为第三人的；

（三）要求行政机关依法追究加害人法律责任的；

（四）撤销或者变更行政行为涉及其合法权益的；

（五）为维护自身合法权益向行政机关投诉，具有处理投诉职责的行政机关作出或者未作出处理的；

（六）其他与行政行为有利害关系的情形。

第十三条 债权人以行政机关对债务人所作的行政行为损害债权实现为由提起行政诉讼的，人民法院应当告知其就民事争议提起民事诉讼，但行政机关作出行政行为时依法应予保护或者应予考虑的除外。

第十四条 行政诉讼法第二十五条第二款规定的“近亲属”，包括配偶、父母、子女、兄弟姐妹、祖父母、外祖父母、孙子女、外孙子女和其他具有扶养、赡养关系的亲属。

公民因被限制人身自由而不能提起诉讼的，其近亲属可以依其口头或者书面委托以该公民的名义提起诉讼。近亲属起诉时无法与被限制人身自由的公民取得联系，近亲属可以先行起诉，并在诉讼中补充提交委托证明。

第十五条 合伙企业向人民法院提起诉讼的，应当以核准登记的字号为原告。未依法登记领取营业执照的个人合伙的全体合伙人为共同原告；全体合伙人可以推选代表人，被推选的代表人，应当由全体合伙人出具推选书。

个体工商户向人民法院提起诉讼的，以营业执照上登记的经营者为原告。有字号的，以营业执照上登记的字号为原告，并应当注明该字号经营者的基本信息。

第十六条 股份制企业的股东大会、股东会、董事会等认为行政机关作出的行政行为侵犯企业经营自主权的，可以企业名义提起诉讼。

联营企业、中外合资或者合作企业的联营、合资、合作各方，认为联营、合资、合作企业权益或者自己一方合法权益受行政行为侵害的，可以自己的名义提起诉讼。

非国有企业被行政机关注销、撤销、合并、强令兼并、出售、分立或者改变企业隶属关系的，该企业或者其法定代表人可以提起诉讼。

第十七条 事业单位、社会团体、基金会、社会服务机构等非营利法人的出资人、设立人认为行政行为损害法人合法权益的，可以自己的名义提起诉讼。

第十八条 业主委员会对于行政机关作出的涉及业主共有利益的行政行为，可以自己的名义提起诉讼。

业主委员会不起诉的，专有部分占建筑物总面积过半数或者占总户数过半数的业主可以提起诉讼。

第十九条 当事人不服经上级行政机关批准的行政行为，向人民法院提起诉讼的，以在对外发生法律效力的文书上署名的机关为被告。

第二十条 行政机关组建并赋予行政管理职能但不具有独立承担法律责任能力的机构，以自己的名义作出行政行为，当事人不服提起诉讼的，应当以组建该机构的行政机关为被告。

法律、法规或者规章授权行使行政职权的行政机关内设机构、派出机构或者其他组织，超出法定授权范围实施行政行为，当事人不服提起诉讼的，应当以实施该行为的机构或者组织为被告。

没有法律、法规或者规章规定，行政机关授权其内设机构、派出机构或者其他组织行使行政职权的，属于行政诉讼法第二十六条规定的委托。当事人不服提起诉讼的，应当以该行政机关为被告。

第二十一条 当事人对由国务院、省级人民政府批准设立的开发区管理机构作出的行政行为不服提起诉讼的，以该开发区管理机构为被告；对由国务院、省级人民政府批准设立的开发区管理机构所属职能部门作出的行政行为不服提起诉讼的，以其职能部门为被告；对其他开发区管理机构所属职能部门作出的行政行为不服提起诉讼的，以开发区管理机构为被告；开发区管理机构没有行政主体资格的，以设立该机构的地方人民政府为被告。

第二十二条 行政诉讼法第二十六条第二款规定的“复议机关改变原行政行为”，是指复议机关改变原行政行为的处理结果。复议机关改变原行政行为所认定的主要事实和证据、改变原行政行为所适用的规范依据，但未改变原行政行为处理结果的，视为复议机关维持原行政行为。

复议机关确认原行政行为无效，属于改变原行政行为。

复议机关确认原行政行为违法，属于改变原行政行为，但复议机关以违反法定程序为由确认原行政行为违法的除外。

第二十三条 行政机关被撤销或者职权变更，没有继续行使其职权的行政机关的，以其所属的人民政府为被告；实行垂直领导的，以垂直领导的上一级行政机关为被告。

第二十四条 当事人对村民委员会或者居民委员会依据法律、

法规、规章的授权履行行政管理职责的行为不服提起诉讼的，以村民委员会或者居民委员会为被告。

当事人对村民委员会、居民委员会受行政机关委托作出的行为不服提起诉讼的，以委托的行政机关为被告。

当事人对高等学校等事业单位以及律师协会、注册会计师协会等行业协会依据法律、法规、规章的授权实施的行政行为不服提起诉讼的，以该事业单位、行业协会为被告。

当事人对高等学校等事业单位以及律师协会、注册会计师协会等行业协会受行政机关委托作出的行为不服提起诉讼的，以委托的行政机关为被告。

第二十五条 市、县级人民政府确定的房屋征收部门组织实施房屋征收与补偿工作过程中作出行政行为，被征收人不服提起诉讼的，以房屋征收部门为被告。

征收实施单位受房屋征收部门委托，在委托范围内从事的行为，被征收人不服提起诉讼的，应当以房屋征收部门为被告。

第二十六条 原告所起诉的被告不适格，人民法院应当告知原告变更被告；原告不同意变更的，裁定驳回起诉。

应当追加被告而原告不同意追加的，人民法院应当通知其以第三人的身份参加诉讼，但行政复议机关作共同被告的除外。

第二十七条 必须共同进行诉讼的当事人没有参加诉讼的，人民法院应当依法通知其参加；当事人也可以向人民法院申请参加。

人民法院应当对当事人提出的申请进行审查，申请理由不成立的，裁定驳回；申请理由成立的，书面通知其参加诉讼。

前款所称的必须共同进行诉讼，是指按照行政诉讼法第二十七条的规定，当事人一方或者双方为两人以上，因同一行政行为发生行政争议，人民法院必须合并审理的诉讼。

第二十八条 人民法院追加共同诉讼的当事人时，应当通知其他当事人。应当追加的原告，已明确表示放弃实体权利的，可不予追加；既不愿意参加诉讼，又不放弃实体权利的，应追加为第三人，其不参加诉讼，不能阻碍人民法院对案件的审理和裁判。

第二十九条 行政诉讼法第二十八条规定的“人数众多”，一般指十人以上。

根据行政诉讼法第二十八条的规定，当事人一方人数众多的，由当事人推选代表人。当事人推选不出的，可以由人民法院在起诉的当事人中指定代表人。

行政诉讼法第二十八条规定的代表人为二至五人。代表人可以委托一至二人作为诉讼代理人。

第三十条 行政机关的同一行政行为涉及两个以上利害关系人，其中一部分利害关系人对行政行为不服提起诉讼，人民法院应当通知没有起诉的其他利害关系人作为第三人参加诉讼。

与行政案件处理结果有利害关系的第三人，可以申请参加诉讼，或者由人民法院通知其参加诉讼。人民法院判决其承担义务或者减损其权益的第三人，有权提出上诉或者申请再审。

行政诉讼法第二十九条规定的第三人，因不能归责于本人的事由未参加诉讼，但有证据证明发生法律效力的判决、裁定、调解书损害其合法权益的，可以依照行政诉讼法第九十条的规定，自知道或者应当知道其合法权益受到损害之日起六个月内，向上一级人民法院申请再审。

第三十一条 当事人委托诉讼代理人，应当向人民法院提交由委托人签名或者盖章的授权委托书。委托书应当载明委托事项和具体权限。公民在特殊情况下无法书面委托的，也可以由他人代书，并由自己捺印等方式确认，人民法院应当核实并记录在卷；被诉行政机关或者其他有义务协助的机关拒绝人民法院向被限制人身自由的公民核实的，视为委托成立。当事人解除或者变更委托的，应当书面报告人民法院。

第三十二条 依照行政诉讼法第三十一条第二款第二项规定，与当事人有合法劳动人事关系的职工，可以当事人工作人员的名义作为诉讼代理人。以当事人的工作人员身份参加诉讼活动，应当提交以下证据之一加以证明：

（一）缴纳社会保险记录凭证；

（二）领取工资凭证；

（三）其他能够证明其为当事人工作人员身份的证据。

第三十三条 根据行政诉讼法第三十一条第二款第三项规定，有关社会团体推荐公民担任诉讼代理人的，应当符合下列条件：

（一）社会团体属于依法登记设立或者依法免予登记设立的非营利性法人组织；

（二）被代理人属于该社会团体的成员，或者当事人一方住所地位于该社会团体的活动地域；

（三）代理事务属于该社会团体章程载明的业务范围；

（四）被推荐的公民是该社会团体的负责人或者与该社会团体有合法劳动人事关系的工作人员。

专利代理人经中华全国专利代理人协会推荐，可以在专利行政案件中担任诉讼代理人。

四、证据

第三十四条 根据行政诉讼法第三十六条第一款的规定，被告申请延期提供证据的，应当在收到起诉状副本之日起十五日内以书面方式向人民法院提出。人民法院准许延期提供的，被告应当在正当事由消除后十五日内提供证据。逾期提供的，视为被诉行政行为没有相应的证据。

第三十五条 原告或者第三人应当在开庭审理前或者人民法院指定的交换证据清单之日提供证据。因正当事由申请延期提供证据的，经人民法院准许，可以在法庭调查中提供。逾期提供证据的，人民法院应当责令其说明理由；拒不说明理由或者理由不成立的，视为放弃举证权利。

原告或者第三人在第一审程序中无正当事由未提供而在第二审程序中提供的证据，人民法院不予接纳。

第三十六条 当事人申请延长举证期限，应当在举证期限届满前向人民法院提出书面申请。

申请理由成立的，人民法院应当准许，适当延长举证期限，并通知其他当事人。申请理由不成立的，人民法院不予准许，并通知申请人。

第三十七条 根据行政诉讼法第三十九条的规定，对当事人无争议，但涉及国家利益、公共利益或者他人合法权益的事实，人民法院可以责令当事人提供或者补充有关证据。

第三十八条 对于案情比较复杂或者证据数量较多的案件，人民法院可以组织当事人在开庭前向对方出示或者交换证据，并将交换证据清单的情况记录在卷。

当事人在庭前证据交换过程中没有争议并记录在卷的证据，经审判人员在庭审中说明后，可以作为认定案件事实的依据。

第三十九条 当事人申请调查收集证据，但该证据与待证事实无关联、对证明待证事实无意义或者其他无调查收集必要的，人民法院不予准许。

第四十条 人民法院在证人出庭作证前应当告知其如实作证的义务以及作伪证的法律后果。

证人因履行出庭作证义务而支出的交通、住宿、就餐等必要费用以及误工损失，由败诉一方当事人承担。

第四十一条 有下列情形之一，原告或者第三人要求相关行政执法人员出庭说明的，人民法院可以准许：

（一）对现场笔录的合法性或者真实性有异议的；

（二）对扣押财产的品种或者数量有异议的；

（三）对检验的物品取样或者保管有异议的；

（四）对行政执法人员身份的合法性有异议的；

（五）需要出庭说明的其他情形。

第四十二条 能够反映案件真实情况、与待证事实相关联、来源和形式符合法律规定的证据，应当作为认定案件事实的根据。

第四十三条 有下列情形之一的，属于行政诉讼法第四十三条第三款规定的“以非法手段取得的证据”：

（一）严重违反法定程序收集的证据材料；

（二）以违反法律强制性规定的手段获取且侵害他人合法权益的证据材料；

（三）以利诱、欺诈、胁迫、暴力等手段获取的证据材料。

第四十四条 人民法院认为有必要的，可以要求当事人本人或者行政机关执法人员到庭，就案件有关事实接受询问。在询问之前，可以要求其签署保证书。

保证书应当载明据实陈述、如有虚假陈述愿意接受处罚等内容。当事人或者行政机关执法人员应当在保证书上签名或者捺印。

负有举证责任的当事人拒绝到庭、拒绝接受询问或者拒绝签署保证书，待证事实又欠缺其他证据加以佐证的，人民法院对其主张的事实不予认定。

第四十五条 被告有证据证明其在行政程序中依照法定程序要求原告或者第三人提供证据，原告或者第三人依法应当提供而没有提供，在诉讼程序中提供的证据，人民法院一般不予采纳。

第四十六条 原告或者第三人确有证据证明被告持有的证据对原告或者第三人有利的，可以在开庭审理前书面申请人民法院责令行政机关提交。

申请理由成立的，人民法院应当责令行政机关提交，因提交证据所产生的费用，由申请人预付。行政机关无正当理由拒不提交的，人民法院可以推定原告或者第三人基于该证据主张的事实成立。

持有证据的当事人以妨碍对方当事人使用为目的，毁灭有关证据或者实施其他致使证据不能使用行为的，人民法院可以推定对方当事人基于该证据主张的事实成立，并可依照行政诉讼法第五十九条规定处理。

第四十七条 根据行政诉讼法第三十八条第二款的规定，在行政赔偿、补偿案件中，因被告的原因导致原告无法就损害情况举证的，应当由被告就该损害情况承担举证责任。

对于各方主张损失的价值无法认定的，应当由负有举证责任的一方当事人申请鉴定，但法律、法规、规章规定行政机关在作出行政行为时依法应当评估或者鉴定的除外；负有举证责任的当事人拒绝申请鉴定的，由其承担不利的法律后果。

当事人的损失因客观原因无法鉴定的，人民法院应当结合当事人的主张和在案证据，遵循法官职业道德，运用逻辑推理和生活经验、生活常识等，酌情确定赔偿数额。

五、期间、送达

第四十八条 期间包括法定期间和人民法院指定的期间。

期间以时、日、月、年计算。期间开始的时和日，不计算在期间内。

期间届满的最后一日是节假日的，以节假日后的第一日为期间届满的日期。

期间不包括在途时间，诉讼文书在期满前交邮的，视为在期限内发送。

第四十九条 行政诉讼法第五十一条第二款规定的立案期限，因起诉状内容欠缺或者有其他错误通知原告限期补正的，从补正后递交人民法院的次日起算。由上级人民法院转交下级人民法院立案的案件，从受诉人民法院收到起诉状的次日起算。

第五十条 行政诉讼法第八十一条、第八十三条、第八十八条规定的审理期限，是指从立案之日起至裁判宣告、调解书送达之日止的期间，但公告期间、鉴定期间、调解期间、中止诉讼期间、审理当事人提出的管辖异议以及处理人民法院之间的管辖争议期间不应计算在内。

再审案件按照第一审程序或者第二审程序审理的，适用行政诉讼法第八十一条、第八十八条规定的审理期限。审理期限自再审立案的次日起算。

基层人民法院申请延长审理期限，应当直接报请高级人民法院批准，同时报中级人民法院备案。

第五十一条 人民法院可以要求当事人签署送达地址确认书，当事人确认的送达地址为人民法院法律文书的送达地址。

当事人同意电子送达的，应当提供并确认传真号、电子信箱等电子送达地址。

当事人送达地址发生变更的，应当及时书面告知受理案件的人民法院；未及时告知的，人民法院按原地址送达，视为依法送达。

人民法院可以通过国家邮政机构以法院专递方式进行送达。

第五十二条 人民法院可以在当事人住所地以外向当事人直接送达诉讼文书。当事人拒绝签署送达回证的，采用拍照、录像等方式记录送达过程即视为送达。审判人员、书记员应当在送达回证上注明送达情况并签名。

六、起诉与受理

第五十三条 人民法院对符合起诉条件的案件应当立案，依法保障当事人行使诉讼权利。

对当事人依法提起的诉讼，人民法院应当根据行政诉讼法第五十一条的规定接收起诉状。能够判断符合起诉条件的，应当当场登记立案；当场不能判断是否符合起诉条件的，应当在接收起诉状后七日内决定是否立案；七日内仍不能作出判断的，应当先予立案。

第五十四条 依照行政诉讼法第四十九条的规定，公民、法人或者其他组织提起诉讼时应当提交以下起诉材料：

（一）原告的身份证明材料以及有效联系方式；

（二）被诉行政行为或者不作为存在的材料；

（三）原告与被诉行政行为具有利害关系的材料；

（四）人民法院认为需要提交的其他材料。

由法定代理人或者委托代理人代为起诉的，还应当在起诉状中写明或者在口头起诉时向人民法院说明法定代理人或者委托代理人的基本情况，并提交法定代理人或者委托代理人的身份证明和代理权限证明等材料。

第五十五条 依照行政诉讼法第五十一条的规定，人民法院应当就起诉状内容和材料是否完备以及是否符合行政诉讼法规定的起诉条件进行审查。

起诉状内容或者材料欠缺的，人民法院应当给予指导和释明，并一次性全面告知当事人需要补正的内容、补充的材料及期限。在指定期限内补正并符合起诉条件的，应当登记立案。当事人拒绝补正或者经补正仍不符合起诉条件的，退回诉状并记录在册；坚持起诉的，裁定不予立案，并载明不予立案的理由。

第五十六条 法律、法规规定应当先申请复议，公民、法人或者其他组织未申请复议直接提起诉讼的，人民法院裁定不予立案。

依照行政诉讼法第四十五条的规定，复议机关不受理复议申请或者在法定期限内不作出复议决定，公民、法人或者其他组织不服，依法向人民法院提起诉讼的，人民法院应当依法立案。

第五十七条 法律、法规未规定行政复议为提起行政诉讼必经程序，公民、法人或者其他组织既提起诉讼又申请行政复议的，由先立案的机关管辖；同时立案的，由公民、法人或者其他组织选择。公民、法人或者其他组织已经申请行政复议，在法定复议期间内又向人民法院提起诉讼的，人民法院裁定不予立案。

第五十八条 法律、法规未规定行政复议为提起行政诉讼必经程序，公民、法人或者其他组织向复议机关申请行政复议后，又经复议机关同意撤回复议申请，在法定起诉期限内对原行政行为提起诉讼的，人民法院应当依法立案。

第五十九条 公民、法人或者其他组织向复议机关申请行政复议后，复议机关作出维持决定的，应当以复议机关和原行为机关为共同被告，并以复议决定送达时间确定起诉期限。

第六十条 人民法院裁定准许原告撤诉后，原告以同一事实和理由重新起诉的，人民法院不予立案。

准予撤诉的裁定确有错误，原告申请再审的，人民法院应当通过审判监督程序撤销原准予撤诉的裁定，重新对案件进行审理。

第六十一条 原告或者上诉人未按规定的期限预交案件受理费，又不提出缓交、减交、免交申请，或者提出申请未获批准的，按自动撤诉处理。在按撤诉处理后，原告或者上诉人在法定期限内再次起诉或者上诉，并依法解决诉讼费预交问题的，人民法院应予立案。

第六十二条 人民法院判决撤销行政机关的行政行为后，公民、法人或者其他组织对行政机关重新作出的行政行为不服向人民法院起诉的，人民法院应当依法立案。

第六十三条 行政机关作出行政行为时，没有制作或者没有送达法律文书，公民、法人或者其他组织只要能证明行政行为存在，并在法定期限内起诉的，人民法院应当依法立案。

第六十四条 行政机关作出行政行为时，未告知公民、法人或者其他组织起诉期限的，起诉期限从公民、法人或者其他组织知道或者应当知道起诉期限之日起计算，但从知道或者应当知道行政行为内容之日起最长不得超过一年。

复议决定未告知公民、法人或者其他组织起诉期限的，适用前款规定。

第六十五条 公民、法人或者其他组织不知道行政机关作出的行政行为内容的，其起诉期限从知道或者应当知道该行政行为内容之日起计算，但最长不得超过行政诉讼法第四十六条第二款规定的起诉期限。

第六十六条 公民、法人或者其他组织依照行政诉讼法第四十七条第一款的规定，对行政机关不履行法定职责提起诉讼的，应当在行政机关履行法定职责期限届满之日起六个月内提出。

第六十七条 原告提供被告的名称等信息足以使被告与其他行政机关相区别的，可以认定为行政诉讼法第四十九条第二项规定的“有明确的被告”。

起诉状列写被告信息不足以认定明确的被告的，人民法院可以告知原告补正；原告补正后仍不能确定明确的被告的，人民法院裁定不予立案。

第六十八条 行政诉讼法第四十九条第三项规定的“有具体的诉讼请求”是指：

（一）请求判决撤销或者变更行政行为；

（二）请求判决行政机关履行特定法定职责或者给付义务；

（三）请求判决确认行政行为违法；

（四）请求判决确认行政行为无效；

（五）请求判决行政机关予以赔偿或者补偿；

（六）请求解决行政协议争议；

（七）请求一并审查规章以下规范性文件；

（八）请求一并解决相关民事争议；

（九）其他诉讼请求。

当事人单独或者一并提起行政赔偿、补偿诉讼的，应当有具体的赔偿、补偿事项以及数额；请求一并审查规章以下规范性文件的，应当提供明确的文件名称或者审查对象；请求一并解决相关民事争议的，应当有具体的民事诉讼请求。

当事人未能正确表达诉讼请求的，人民法院应当要求其明确诉讼请求。

第六十九条 有下列情形之一，已经立案的，应当裁定驳回起诉：

（一）不符合行政诉讼法第四十九条规定的；

（二）超过法定起诉期限且无行政诉讼法第四十八条规定情形的；

（三）错列被告且拒绝变更的；

（四）未按照法律规定由法定代理人、指定代理人、代表人为诉讼行为的；

（五）未按照法律、法规规定先向行政机关申请复议的；

（六）重复起诉的；

（七）撤回起诉后无正当理由再行起诉的；

（八）行政行为对其合法权益明显不产生实际影响的；

（九）诉讼标的已为生效裁判或者调解书所羁束的；

（十）其他不符合法定起诉条件的情形。

前款所列情形可以补正或者更正的，人民法院应当指定期间责令补正或者更正；在指定期间已经补正或者更正的，应当依法审理。

人民法院经过阅卷、调查或者询问当事人，认为不需要开庭审理的，可以迳行裁定驳回起诉。

第七十条 起诉状副本送达被告后，原告提出新的诉讼请求的，人民法院不予准许，但有正当理由的除外。

七、审理与判决

第七十一条 人民法院适用普通程序审理案件，应当在开庭三日前用传票传唤当事人。对证人、鉴定人、勘验人、翻译人员，应当用通知书通知其到庭。当事人或者其他诉讼参与人在外地的，应当留有必要的在途时间。

第七十二条 有下列情形之一的，可以延期开庭审理：

（一）应当到庭的当事人和其他诉讼参与人有正当理由没有到庭的；

（二）当事人临时提出回避申请且无法及时作出决定的；

（三）需要通知新的证人到庭，调取新的证据，重新鉴定、勘验，或者需要补充调查的；

（四）其他应当延期的情形。

第七十三条 根据行政诉讼法第二十七条的规定，有下列情形之一的，人民法院可以决定合并审理：

（一）两个以上行政机关分别对同一事实作出行政行为，公民、法人或者其他组织不服向同一人民法院起诉的；

（二）行政机关就同一事实对若干公民、法人或者其他组织分别作出行政行为，公民、法人或者其他组织不服分别向同一人民法院起诉的；

（三）在诉讼过程中，被告对原告作出新的行政行为，原告不服向同一人民法院起诉的；

（四）人民法院认为可以合并审理的其他情形。

第七十四条 当事人申请回避，应当说明理由，在案件开始审理时提出；回避事由在案件开始审理后知道的，应当在法庭辩论终结前提出。

被申请回避的人员，在人民法院作出是否回避的决定前，应当暂停参与本案的工作，但案件需要采取紧急措施的除外。

对当事人提出的回避申请，人民法院应当在三日内以口头或者书面形式作出决定。对当事人提出的明显不属于法定回避事由的申请，法庭可以依法当庭驳回。

申请人对驳回回避申请决定不服的，可以向作出决定的人民法院申请复议一次。复议期间，被申请回避的人员不停止参与本案的工作。对申请人的复议申请，人民法院应当在三日内作出复议决定，并通知复议申请人。

第七十五条 在一个审判程序中参与过本案审判工作的审判人员，不得再参与该案其他程序的审判。

发回重审的案件，在一审法院作出裁判后又进入第二审程序的，原第二审程序中合议庭组成人员不受前款规定的限制。

第七十六条 人民法院对于因一方当事人的行为或者其他原因，可能使行政行为或者人民法院生效裁判不能或者难以执行的案件，根据对方当事人的申请，可以裁定对其财产进行保全、责令其作出一定行为或者禁止其作出一定行为；当事人没有提出申请的，人民法院在必要时也可以裁定采取上述保全措施。

人民法院采取保全措施，可以责令申请人提供担保；申请人不提供担保的，裁定驳回申请。

人民法院接受申请后，对情况紧急的，必须在四十八小时内作出裁定；裁定采取保全措施的，应当立即开始执行。

当事人对保全的裁定不服的，可以申请复议；复议期间不停止裁定的执行。

第七十七条 利害关系人因情况紧急，不立即申请保全将会使其合法权益受到难以弥补的损害的，可以在提起诉讼前向被保全财产所在地、被申请人住所地或者对案件有管辖权的人民法院申请采取保全措施。申请人应当提供担保，不提供担保的，裁定驳回申请。

人民法院接受申请后，必须在四十八小时内作出裁定；裁定采取保全措施的，应当立即开始执行。

申请人在人民法院采取保全措施后三十日内不依法提起诉讼的，人民法院应当解除保全。

当事人对保全的裁定不服的，可以申请复议；复议期间不停止裁定的执行。

第七十八条 保全限于请求的范围，或者与本案有关的财物。

财产保全采取查封、扣押、冻结或者法律规定的其他方法。人民法院保全财产后，应当立即通知被保全人。

财产已被查封、冻结的，不得重复查封、冻结。

涉及财产的案件，被申请人提供担保的，人民法院应当裁定解除保全。

申请有错误的，申请人应当赔偿被申请人因保全所遭受的损失。

第七十九条 原告或者上诉人申请撤诉，人民法院裁定不予准许的，原告或者上诉人经传票传唤无正当理由拒不到庭，或者未经法庭许可中途退庭的，人民法院可以缺席判决。

第三人经传票传唤无正当理由拒不到庭，或者未经法庭许可中途退庭的，不发生阻止案件审理的效果。

根据行政诉讼法第五十八条的规定，被告经传票传唤无正当理由拒不到庭，或者未经法庭许可中途退庭的，人民法院可以按期开庭或者继续开庭审理，对到庭的当事人诉讼请求、双方的诉辩理由以及已经提交的证据及其他诉讼材料进行审理后，依法缺席判决。

第八十条 原告或者上诉人在庭审中明确拒绝陈述或者以其他

方式拒绝陈述，导致庭审无法进行，经法庭释明法律后果后仍不陈述意见的，视为放弃陈述权利，由其承担不利的法律后果。

当事人申请撤诉或者依法可以按撤诉处理的案件，当事人有违反法律的行为需要依法处理的，人民法院可以不准许撤诉或者不按撤诉处理。

法庭辩论终结后原告申请撤诉，人民法院可以准许，但涉及到国家利益和社会公共利益的除外。

第八十一条 被告在一审期间改变被诉行政行为的，应当书面告知人民法院。

原告或者第三人对改变后的行政行为不服提起诉讼的，人民法院应当就改变后的行政行为进行审理。

被告改变原违法行政行为，原告仍要求确认原行政行为违法的，人民法院应当依法作出确认判决。

原告起诉被告不作为，在诉讼中被告作出行政行为，原告不撤诉的，人民法院应当就不作为依法作出确认判决。

第八十二条 当事人之间恶意串通，企图通过诉讼等方式侵害国家利益、社会公共利益或者他人合法权益的，人民法院应当裁定驳回起诉或者判决驳回其请求，并根据情节轻重予以罚款、拘留；构成犯罪的，依法追究刑事责任。

第八十三条 行政诉讼法第五十九条规定的罚款、拘留可以单独适用，也可以合并适用。

对同一妨害行政诉讼行为的罚款、拘留不得连续适用。发生新的妨害行政诉讼行为的，人民法院可以重新予以罚款、拘留。

第八十四条 人民法院审理行政诉讼法第六十条第一款规定的行政案件，认为法律关系明确、事实清楚，在征得当事人双方同意后，可以迳行调解。

第八十五条 调解达成协议，人民法院应当制作调解书。调解书应当写明诉讼请求、案件的事实和调解结果。

调解书由审判人员、书记员署名，加盖人民法院印章，送达双方当事人。

调解书经双方当事人签收后，即具有法律效力。调解书生效日期根据最后收到调解书的当事人签收的日期确定。

第八十六条 人民法院审理行政案件，调解过程不公开，但当事人同意公开的除外。

经人民法院准许，第三人可以参加调解。人民法院认为有必要的，可以通知第三人参加调解。

调解协议内容不公开，但为保护国家利益、社会公共利益、他人合法权益，人民法院认为确有必要公开的除外。

当事人一方或者双方不愿调解、调解未达成协议的，人民法院应当及时判决。

当事人自行和解或者调解达成协议后，请求人民法院按照和解协议或者调解协议的内容制作判决书的，人民法院不予准许。

第八十七条 在诉讼过程中，有下列情形之一的，中止诉讼：

（一）原告死亡，须等待其近亲属表明是否参加诉讼的；

（二）原告丧失诉讼行为能力，尚未确定法定代理人的；

（三）作为一方当事人的行政机关、法人或者其他组织终止，尚未确定权利义务承受人的；

（四）一方当事人因不可抗力的事由不能参加诉讼的；

（五）案件涉及法律适用问题，需要送请有权机关作出解释或者确认的；

（六）案件的审判须以相关民事、刑事或者其他行政案件的审理结果为依据，而相关案件尚未审结的；

（七）其他应当中止诉讼的情形。

中止诉讼的原因消除后，恢复诉讼。

第八十八条 在诉讼过程中，有下列情形之一的，终结诉讼：

（一）原告死亡，没有近亲属或者近亲属放弃诉讼权利的；

（二）作为原告的法人或者其他组织终止后，其权利义务的承受人放弃诉讼权利的。

因本解释第八十七条第一款第一、二、三项原因中止诉讼满九十日仍无人继续诉讼的，裁定终结诉讼，但有特殊情况的除外。

第八十九条 复议决定改变原行政行为错误，人民法院判决撤销复议决定时，可以一并责令复议机关重新作出复议决定或者判决恢复原行政行为的法律效力。

第九十条 人民法院判决被告重新作出行政行为，被告重新作出的行政行为与原行政行为的结果相同，但主要事实或者主要理由有改变的，不属于行政诉讼法第七十一条规定的情形。

人民法院以违反法定程序为由，判决撤销被诉行政行为的，行政机关重新作出行政行为不受行政诉讼法第七十一条规定的限制。

行政机关以同一事实和理由重新作出与原行政行为基本相同的行政行为，人民法院应当根据行政诉讼法第七十条、第七十一条的规定判决撤销或者部分撤销，并根据行政诉讼法第九十六条的规定处理。

第九十一条 原告请求被告履行法定职责的理由成立，被告违法拒绝履行或者无正当理由逾期不予答复的，人民法院可以根据行政诉讼法第七十二条的规定，判决被告在一定期限内依法履行原告请求的法定职责；尚需被告调查或者裁量的，应当判决被告针对原告的请求重新作出处理。

第九十二条 原告申请被告依法履行支付抚恤金、最低生活保障待遇或者社会保险待遇等给付义务的理由成立，被告依法负有给付义务而拒绝或者拖延履行义务的，人民法院可以根据行政诉讼法第七十三条的规定，判决被告在一定期限内履行相应的给付义务。

第九十三条 原告请求被告履行法定职责或者依法履行支付抚恤金、最低生活保障待遇或者社会保险待遇等给付义务，原告未先向行政机关提出申请的，人民法院裁定驳回起诉。

人民法院经审理认为原告所请求履行的法定职责或者给付义务明显不属于行政机关权限范围的，可以裁定驳回起诉。

第九十四条 公民、法人或者其他组织起诉请求撤销行政行为，人民法院经审查认为行政行为无效的，应当作出确认无效的判决。

公民、法人或者其他组织起诉请求确认行政行为无效，人民法院审查认为行政行为不属于无效情形，经释明，原告请求撤销行政行为的，应当继续审理并依法作出相应判决；原告请求撤销行政行为但超过法定起诉期限的，裁定驳回起诉；原告拒绝变更诉讼请求的，判决驳回其诉讼请求。

第九十五条 人民法院经审理认为被诉行政行为违法或者无效，可能给原告造成损失，经释明，原告请求一并解决行政赔偿争议的，人民法院可以就赔偿事项进行调解；调解不成的，应当一并判决。人民法院也可以告知其就赔偿事项另行提起诉讼。

第九十六条 有下列情形之一，且对原告依法享有的听证、陈述、申辩等重要程序性权利不产生实质损害的，属于行政诉讼法第七十四条第一款第二项规定的“程序轻微违法”：

（一）处理期限轻微违法；

（二）通知、送达等程序轻微违法；

（三）其他程序轻微违法的情形。

第九十七条 原告或者第三人的损失系由其自身过错和行政机关的违法行政行为共同造成的，人民法院应当依据各方行为与损害结果之间有无因果关系以及在损害发生和结果中作用力的大小，确定行政机关相应的赔偿责任。

第九十八条 因行政机关不履行、拖延履行法定职责，致使公民、法人或者其他组织的合法权益遭受损害的，人民法院应当判决行政机关承担行政赔偿责任。在确定赔偿数额时，应当考虑该不履行、拖延履行法定职责的行为在损害发生过程和结果中所起的作用等因素。

第九十九条 有下列情形之一的，属于行政诉讼法第七十五条规定的“重大且明显违法”：

（一）行政行为实施主体不具有行政主体资格；

（二）减损权利或者增加义务的行政行为没有法律规范依据；

（三）行政行为的内容客观上不可能实施；

（四）其他重大且明显违法的情形。

第一百条 人民法院审理行政案件，适用最高人民法院司法解释的，应当在裁判文书中援引。

人民法院审理行政案件，可以在裁判文书中引用合法有效的规章及其他规范性文件。

第一百零一条 裁定适用于下列范围：

（一）不予立案；

（二）驳回起诉；

（三）管辖异议；

（四）终结诉讼；

（五）中止诉讼；

（六）移送或者指定管辖；

（七）诉讼期间停止行政行为的执行或者驳回停止执行的申请；

（八）财产保全；

（九）先予执行；

（十）准许或者不准许撤诉；

（十一）补正裁判文书中的笔误；

（十二）中止或者终结执行；

（十三）提审、指令再审或者发回重审；

（十四）准许或者不准许执行行政机关的行政行为；

（十五）其他需要裁定的事项。

对第一、二、三项裁定，当事人可以上诉。

裁定书应当写明裁定结果和作出该裁定的理由。裁定书由审判人员、书记员署名，加盖人民法院印章。口头裁定的，记入笔录。

第一百零二条 行政诉讼法第八十二条规定的行政案件中的“事实清楚”，是指当事人对争议的事实陈述基本一致，并能提供相应的证据，无须人民法院调查收集证据即可查明事实；“权利义务关系明确”，是指行政法律关系中权利和义务能够明确区分；“争议不大”，是指当事人对行政行为的合法性、责任承担等没有实质分歧。

第一百零三条 适用简易程序审理的行政案件，人民法院可以用口头通知、电话、短信、传真、电子邮件等简便方式传唤当事人、通知证人、送达裁判文书以外的诉讼文书。

以简便方式送达的开庭通知，未经当事人确认或者没有其他证据证明当事人已经收到的，人民法院不得缺席判决。

第一百零四条 适用简易程序案件的举证期限由人民法院确定，也可以由当事人协商一致并经人民法院准许，但不得超过十五日。被告要求书面答辩的，人民法院可以确定合理的答辩期间。

人民法院应当将举证期限和开庭日期告知双方当事人，并向当事人说明逾期举证以及拒不到庭的法律后果，由双方当事人在笔录和开庭传票的送达回证上签名或者捺印。

当事人双方均表示同意立即开庭或者缩短举证期限、答辩期间的，人民法院可以立即开庭审理或者确定近期开庭。

第一百零五条 人民法院发现案情复杂，需要转为普通程序审理的，应当在审理期限届满前作出裁定并将合议庭组成人员及相关事项书面通知双方当事人。

案件转为普通程序审理的，审理期限自人民法院立案之日起计算。

第一百零六条 当事人就已经提起诉讼的事项在诉讼过程中或者裁判生效后再次起诉，同时具有下列情形的，构成重复起诉：

（一）后诉与前诉的当事人相同；

（二）后诉与前诉的诉讼标的相同；

（三）后诉与前诉的诉讼请求相同，或者后诉的诉讼请求被前诉裁判所包含。

第一百零七条 第一审人民法院作出判决和裁定后，当事人均提起上诉的，上诉各方均为上诉人。

诉讼当事人中的一部分人提出上诉，没有提出上诉的对方当事人为被上诉人，其他当事人依原审诉讼地位列明。

第一百零八条 当事人提出上诉，应当按照其他当事人或者诉讼代表人的人数提出上诉状副本。

原审人民法院收到上诉状，应当在五日内将上诉状副本发送其他当事人，对方当事人应当在收到上诉状副本之日起十五日内提出答辩状。

原审人民法院应当在收到答辩状之日起五日内将副本发送上诉人。对方当事人不提出答辩状的，不影响人民法院审理。

原审人民法院收到上诉状、答辩状，应当在五日内连同全部案卷和证据，报送第二审人民法院；已经预收的诉讼费用，一并报送。

第一百零九条 第二审人民法院经审理认为原审人民法院不予立案或者驳回起诉的裁定确有错误且当事人的起诉符合起诉条件的，应当裁定撤销原审人民法院的裁定，指令原审人民法院依法立案或者继续审理。

第二审人民法院裁定发回原审人民法院重新审理的行政案件，原审人民法院应当另行组成合议庭进行审理。

原审判决遗漏了必须参加诉讼的当事人或者诉讼请求的，第二审人民法院应当裁定撤销原审判决，发回重审。

原审判决遗漏行政赔偿请求，第二审人民法院经审查认为依法不应当予以赔偿的，应当判决驳回行政赔偿请求。

原审判决遗漏行政赔偿请求，第二审人民法院经审理认为依法应当予以赔偿的，在确认被诉行政行为违法的同时，可以就行政赔偿问题进行调解；调解不成的，应当就行政赔偿部分发回重审。

当事人在第二审期间提出行政赔偿请求的，第二审人民法院可以进行调解；调解不成的，应当告知当事人另行起诉。

第一百一十条 当事人向上一级人民法院申请再审，应当在判决、裁定或者调解书发生法律效力后六个月内提出。有下列情形之一的，自知道或者应当知道之日起六个月内提出：

（一）有新的证据，足以推翻原判决、裁定的；

（二）原判决、裁定认定事实的主要证据是伪造的；

（三）据以作出原判决、裁定的法律文书被撤销或者变更的；

（四）审判人员审理该案件时有贪污受贿、徇私舞弊、枉法裁判行为的。

第一百一十一条 当事人申请再审的，应当提交再审申请书等材料。人民法院认为有必要的，可以自收到再审申请书之日起五日内将再审申请书副本发送对方当事人。对方当事人应当自收到再审申请书副本之日起十五日内提交书面意见。人民法院可以要求申请人和对方当事人补充有关材料，询问有关事项。

第一百一十二条 人民法院应当自再审申请案件立案之日起六个月内审查，有特殊情况需要延长的，由本院院长批准。

第一百一十三条 人民法院根据审查再审申请案件的需要决定是否询问当事人；新的证据可能推翻原判决、裁定的，人民法院应当询问当事人。

第一百一十四条 审查再审申请期间，被申请人及原审其他当事人依法提出再审申请的，人民法院应当将其列为再审申请人，对其再审事由一并审查，审查期限重新计算。经审查，其中一方再审申请人主张的再审事由成立的，应当裁定再审。各方再审申请人主张的再审事由均不成立的，一并裁定驳回再审申请。

第一百一十五条 审查再审申请期间，再审申请人申请人民法院委托鉴定、勘验的，人民法院不予准许。

审查再审申请期间，再审申请人撤回再审申请的，是否准许，由人民法院裁定。

再审申请人经传票传唤，无正当理由拒不接受询问的，按撤回再审申请处理。

人民法院准许撤回再审申请或者按撤回再审申请处理后，再审申请人再次申请再审的，不予立案，但有行政诉讼法第九十一条第二项、第三项、第七项、第八项规定情形，自知道或者应当知道之日起六个月内提出的除外。

第一百一十六条 当事人主张的再审事由成立，且符合行政诉讼法和本解释规定的申请再审条件的，人民法院应当裁定再审。

当事人主张的再审事由不成立，或者当事人申请再审超过法定申请再审期限、超出法定再审事由范围等不符合行政诉讼法和本解释规定的申请再审条件的，人民法院应当裁定驳回再审申请。

第一百一十七条 有下列情形之一的，当事人可以向人民检察院申请抗诉或者检察建议：

（一）人民法院驳回再审申请的；

（二）人民法院逾期未对再审申请作出裁定的；

（三）再审判决、裁定有明显错误的。

人民法院基于抗诉或者检察建议作出再审判决、裁定后，当事人申请再审的，人民法院不予立案。

第一百一十八条 按照审判监督程序决定再审的案件，裁定中止原判决、裁定、调解书的执行，但支付抚恤金、最低生活保障费或者社会保险待遇的案件，可以不中止执行。

上级人民法院决定提审或者指令下级人民法院再审的，应当作出裁定，裁定应当写明中止原判决的执行；情况紧急的，可以将中止执行的裁定口头通知负责执行的人民法院或者作出生效判决、裁定的人民法院，但应当在口头通知后十日内发出裁定书。

第一百一十九条 人民法院按照审判监督程序再审的案件，发生法律效力的判决、裁定是由第一审法院作出的，按照第一审程序审理，所作的判决、裁定，当事人可以上诉；发生法律效力的判决、裁定是由第二审法院作出的，按照第二审程序审理，所作的判决、裁定，是发生法律效力的判决、裁定；上级人民法院按照审判监督程序提审的，按照第二审程序审理，所作的判决、裁定是发生法律效力的判决、裁定。

人民法院审理再审案件，应当另行组成合议庭。

第一百二十条 人民法院审理再审案件应当围绕再审请求和被诉行政行为合法性进行。当事人的再审请求超出原审诉讼请求，符合另案诉讼条件的，告知当事人可以另行起诉。

被申请人及原审其他当事人在庭审辩论结束前提出的再审请求，符合本解释规定的申请期限的，人民法院应当一并审理。

人民法院经再审，发现已经发生法律效力的判决、裁定损害国家利益、社会公共利益、他人合法权益的，应当一并审理。

第一百二十一条 再审审理期间，有下列情形之一的，裁定终结再审程序：

（一）再审申请人在再审期间撤回再审请求，人民法院准许的；

（二）再审申请人经传票传唤，无正当理由拒不到庭的，或者未经法庭许可中途退庭，按撤回再审请求处理的；

（三）人民检察院撤回抗诉的；

（四）其他应当终结再审程序的情形。

因人民检察院提出抗诉裁定再审的案件，申请抗诉的当事人有前款规定的情形，且不损害国家利益、社会公共利益或者他人合法权益的，人民法院裁定终结再审程序。

再审程序终结后，人民法院裁定中止执行的原生效判决自动恢复执行。

第一百二十二条 人民法院审理再审案件，认为原生效判决、裁定确有错误，在撤销原生效判决或者裁定的同时，可以对生效判决、裁定的内容作出相应裁判，也可以裁定撤销生效判决或者裁定，发回作出生效判决、裁定的人民法院重新审理。

第一百二十三条 人民法院审理二审案件和再审案件，对原审法院立案、不予立案或者驳回起诉错误的，应当分别情况作如下处理：

（一）第一审人民法院作出实体判决后，第二审人民法院认为不应当立案的，在撤销第一审人民法院判决的同时，可以迳行驳回起诉；

（二）第二审人民法院维持第一审人民法院不予立案裁定错误的，再审法院应当撤销第一审、第二审人民法院裁定，指令第一审人民法院受理；

（三）第二审人民法院维持第一审人民法院驳回起诉裁定错误的，再审法院应当撤销第一审、第二审人民法院裁定，指令第一审人民法院审理。

第一百二十四条 人民检察院提出抗诉的案件，接受抗诉的人民法院应当自收到抗诉书之日起三十日内作出再审的裁定；有行政诉讼法第九十一条第二、三项规定情形之一的，可以指令下一级人民法院再审，但经该下一级人民法院再审过的除外。

人民法院在审查抗诉材料期间，当事人之间已经达成和解协议的，人民法院可以建议人民检察院撤回抗诉。

第一百二十五条 人民检察院提出抗诉的案件，人民法院再审开庭时，应当在开庭三日前通知人民检察院派员出庭。

第一百二十六条 人民法院收到再审检察建议后，应当组成合议庭，在三个月内进行审查，发现原判决、裁定、调解书确有错误，需要再审的，依照行政诉讼法第九十二条规定裁定再审，并通知当事人；经审查，决定不予再审的，应当书面回复人民检察院。

第一百二十七条 人民法院审理因人民检察院抗诉或者检察建议裁定再审的案件，不受此前已经作出的驳回当事人再审申请裁定的限制。

八、行政机关负责人出庭应诉

第一百二十八条 行政诉讼法第三条第三款规定的行政机关负责人，包括行政机关的正职、副职负责人以及其他参与分管的负责人。

行政机关负责人出庭应诉的，可以另行委托一至二名诉讼代理人。行政机关负责人不能出庭的，应当委托行政机关相应的工作人员出庭，不得仅委托律师出庭。

第一百二十九条 涉及重大公共利益、社会高度关注或者可能引发群体性事件等案件以及人民法院书面建议行政机关负责人出庭的案件，被诉行政机关负责人应当出庭。

被诉行政机关负责人出庭应诉的，应当在当事人及其诉讼代理人基本情况、案件由来部分予以列明。

行政机关负责人有正当理由不能出庭应诉的，应当向人民法院提交情况说明，并加盖行政机关印章或者由该机关主要负责人签字认可。

行政机关拒绝说明理由的，不发生阻止案件审理的效果，人民法院可以向监察机关、上一级行政机关提出司法建议。

第一百三十条 行政诉讼法第三条第三款规定的“行政机关相应的工作人员”，包括该行政机关具有国家行政编制身份的工作人员以及其他依法履行公职的人员。

被诉行政行为是地方人民政府作出的，地方人民政府法制工作机构的工作人员，以及被诉行政行为具体承办机关工作人员，可以视为被诉人民政府相应的工作人员。

第一百三十一条 行政机关负责人出庭应诉的，应当向人民法院提交能够证明该行政机关负责人职务的材料。

行政机关委托相应的工作人员出庭应诉的，应当向人民法院提交加盖行政机关印章的授权委托书，并载明工作人员的姓名、职务和代理权限。

第一百三十二条 行政机关负责人和行政机关相应的工作人员均不出庭，仅委托律师出庭的或者人民法院书面建议行政机关负责人出庭应诉，行政机关负责人不出庭应诉的，人民法院应当记录在案和在裁判文书中载明，并可以建议有关机关依法作出处理。

九、复议机关作共同被告

第一百三十三条 行政诉讼法第二十六条第二款规定的“复议机关决定维持原行政行为”，包括复议机关驳回复议申请或者复议请求的情形，但以复议申请不符合受理条件为由驳回的除外。

第一百三十四条 复议机关决定维持原行政行为的，作出原行政行为的行政机关和复议机关是共同被告。原告只起诉作出原行政行为的行政机关或者复议机关的，人民法院应当告知原告追加被告。原告不同意追加的，人民法院应当将另一机关列为共同被告。

行政复议决定既有维持原行政行为内容，又有改变原行政行为内容或者不予受理申请内容的，作出原行政行为的行政机关和复议机关为共同被告。

复议机关作共同被告的案件，以作出原行政行为的行政机关确定案件的级别管辖。

第一百三十五条 复议机关决定维持原行政行为的，人民法院应当在审查原行政行为合法性的同时，一并审查复议决定的合法性。

作出原行政行为的行政机关和复议机关对原行政行为合法性共同承担举证责任，可以由其中一个机关实施举证行为。复议机关对复议决定的合法性承担举证责任。

复议机关作共同被告的案件，复议机关在复议程序中依法收集和补充的证据，可以作为人民法院认定复议决定和原行政行为合法的依据。

第一百三十六条 人民法院对原行政行为作出判决的同时，应当对复议决定一并作出相应判决。

人民法院依职权追加作出原行政行为的行政机关或者复议机关为共同被告的，对原行政行为或者复议决定可以作出相应判决。

人民法院判决撤销原行政行为和复议决定的，可以判决作出原行政行为的行政机关重新作出行政行为。

人民法院判决作出原行政行为的行政机关履行法定职责或者给付义务的，应当同时判决撤销复议决定。

原行政行为合法、复议决定违法的，人民法院可以判决撤销复议决定或者确认复议决定违法，同时判决驳回原告针对原行政行为的诉讼请求。

原行政行为被撤销、确认违法或者无效，给原告造成损失的，应当由作出原行政行为的行政机关承担赔偿责任；因复议决定加重损害的，由复议机关对加重部分承担赔偿责任。

原行政行为不符合复议或者诉讼受案范围等受理条件，复议机关作出维持决定的，人民法院应当裁定一并驳回对原行政行为和复议决定的起诉。

十、相关民事争议的一并审理

第一百三十七条 公民、法人或者其他组织请求一并审理行政诉讼法第六十一条规定的相关民事争议，应当在第一审开庭审理前提出；有正当理由的，也可以在法庭调查中提出。

第一百三十八条 人民法院决定在行政诉讼中一并审理相关民事争议，或者案件当事人一致同意相关民事争议在行政诉讼中一并解决，人民法院准许的，由受理行政案件的人民法院管辖。

公民、法人或者其他组织请求一并审理相关民事争议，人民法院经审查发现行政案件已经超过起诉期限，民事案件尚未立案的，告知当事人另行提起民事诉讼；民事案件已经立案的，由原审判组织继续审理。

人民法院在审理行政案件中发现民事争议为解决行政争议的基础，当事人没有请求人民法院一并审理相关民事争议的，人民法院应当告知当事人依法申请一并解决民事争议。当事人就民事争议另行提起民事诉讼并已立案的，人民法院应当中止行政诉讼的审理。民事争议处理期间不计算在行政诉讼审理期限内。

第一百三十九条 有下列情形之一的，人民法院应当作出不予准许一并审理民事争议的决定，并告知当事人可以依法通过其他渠道主张权利：

（一）法律规定应当由行政机关先行处理的；

（二）违反民事诉讼法专属管辖规定或者协议管辖约定的；

（三）约定仲裁或者已经提起民事诉讼的；

（四）其他不宜一并审理民事争议的情形。

对不予准许的决定可以申请复议一次。

第一百四十条 人民法院在行政诉讼中一并审理相关民事争议

的，民事争议应当单独立案，由同一审判组织审理。

人民法院审理行政机关对民事争议所作裁决的案件，一并审理民事争议的，不另行立案。

第一百四十一条 人民法院一并审理相关民事争议，适用民事法律规范的相关规定，法律另有规定的除外。

当事人在调解中对民事权益的处分，不能作为审查被诉行政行为合法性的根据。

第一百四十二条 对行政争议和民事争议应当分别裁判。

当事人仅对行政裁判或者民事裁判提出上诉的，未上诉的裁判在上诉期满后即发生法律效力。第一审人民法院应当将全部案卷一并移送第二审人民法院，由行政审判庭审理。第二审人民法院发现未上诉的生效裁判确有错误的，应当按照审判监督程序再审。

第一百四十三条 行政诉讼原告在宣判前申请撤诉的，是否准许由人民法院裁定。人民法院裁定准许行政诉讼原告撤诉，但其对已经提起的一并审理相关民事争议不撤诉的，人民法院应当继续审理。

第一百四十四条 人民法院一并审理相关民事争议，应当按行政案件、民事案件的标准分别收取诉讼费用。

十一、规范性文件的一并审查

第一百四十五条 公民、法人或者其他组织在对行政行为提起诉讼时一并请求对所依据的规范性文件审查的，由行政行为案件管辖法院一并审查。

第一百四十六条 公民、法人或者其他组织请求人民法院一并审查行政诉讼法第五十三条规定的规范性文件，应当在第一审开庭审理前提出；有正当理由的，也可以在法庭调查中提出。

第一百四十七条 人民法院在对规范性文件审查过程中，发现规范性文件可能不合法的，应当听取规范性文件制定机关的意见。

制定机关申请出庭陈述意见的，人民法院应当准许。

行政机关未陈述意见或者未提供相关证明材料的，不能阻止人民法院对规范性文件进行审查。

第一百四十八条 人民法院对规范性文件进行一并审查时，可以从规范性文件制定机关是否超越权限或者违反法定程序、作出行政行为所依据的条款以及相关条款等方面进行。

有下列情形之一的，属于行政诉讼法第六十四条规定的“规范性文件不合法”：

（一）超越制定机关的法定职权或者超越法律、法规、规章的授权范围的；

（二）与法律、法规、规章等上位法的规定相抵触的；

（三）没有法律、法规、规章依据，违法增加公民、法人和其他组织义务或者减损公民、法人和其他组织合法权益的；

（四）未履行法定批准程序、公开发布程序，严重违反制定程序的；

（五）其他违反法律、法规以及规章规定的情形。

第一百四十九条 人民法院经审查认为行政行为所依据的规范性文件合法的，应当作为认定行政行为合法的依据；经审查认为规范性文件不合法的，不作为人民法院认定行政行为合法的依据，并在裁判理由中予以阐明。作出生效裁判的人民法院应当向规范性文件的制定机关提出处理建议，并可以抄送制定机关的同级人民政府、上一级行政机关、监察机关以及规范性文件的备案机关。

规范性文件不合法的，人民法院可以在裁判生效之日起三个月内，向规范性文件制定机关提出修改或者废止该规范性文件的司法建议。

规范性文件由多个部门联合制定的，人民法院可以向该规范性文件的主办机关或者共同上一级行政机关发送司法建议。

接收司法建议的行政机关应当在收到司法建议之日起六十日内予以书面答复。情况紧急的，人民法院可以建议制定机关或者其上一级行政机关立即停止执行该规范性文件。

第一百五十条 人民法院认为规范性文件不合法的，应当在裁判生效后报送上一级人民法院进行备案。涉及国务院部门、省级行政机关制定的规范性文件，司法建议还应当分别层报最高人民法院、高级人民法院备案。

第一百五十一条 各级人民法院院长对本院已经发生法律效力的判决、裁定，发现规范性文件合法性认定错误，认为需要再审的，应当提交审判委员会讨论。

最高人民法院对地方各级人民法院已经发生法律效力的判决、裁定，上级人民法院对下级人民法院已经发生法律效力的判决、裁定，发现规范性文件合法性认定错误的，有权提审或者指令下级人民法院再审。

十二、执行

第一百五十二条 对发生法律效力的行政判决书、行政裁定书、行政赔偿判决书和行政调解书，负有义务的一方当事人拒绝履行的，对方当事人可以依法申请人民法院强制执行。

人民法院判决行政机关履行行政赔偿、行政补偿或者其他行政给付义务，行政机关拒不履行的，对方当事人可以依法向法院申请强制执行。

第一百五十三条 申请执行的期限为二年。申请执行时效的中止、中断，适用法律有关规定。

申请执行的期限从法律文书规定的履行期间最后一日起计算；法律文书规定分期履行的，从规定的每次履行期间的最后一日起计算；法律文书中没有规定履行期限的，从该法律文书送达当事人之日起计算。

逾期申请的，除有正当理由外，人民法院不予受理。

第一百五十四条 发生法律效力的行政判决书、行政裁定书、行政赔偿判决书和行政调解书，由第一审人民法院执行。

第一审人民法院认为情况特殊，需要由第二审人民法院执行的，可以报请第二审人民法院执行；第二审人民法院可以决定由其执行，也可以决定由第一审人民法院执行。

第一百五十五条 行政机关根据行政诉讼法第九十七条的规定申请执行其行政行为，应当具备以下条件：

（一）行政行为依法可以由人民法院执行；

（二）行政行为已经生效并具有可执行内容；

（三）申请人是作出该行政行为的行政机关或者法律、法规、规章授权的组织；

（四）被申请人是该行政行为所确定的义务人；

（五）被申请人在行政行为确定的期限内或者行政机关催告期限内未履行义务；

（六）申请人在法定期限内提出申请；

（七）被申请执行的行政案件属于受理执行申请的人民法院管辖。

行政机关申请人民法院执行，应当提交行政强制法第五十五条规定的相关材料。

人民法院对符合条件的申请，应当在五日内立案受理，并通知申请人；对不符合条件的申请，应当裁定不予受理。行政机关对不予受理裁定有异议，在十五日内向上一级人民法院申请复议的，上一级人民法院应当在收到复议申请之日起十五日内作出裁定。

第一百五十六条 没有强制执行权的行政机关申请人民法院强制执行其行政行为，应当自被执行人的法定起诉期限届满之日起三个月内提出。逾期申请的，除有正当理由外，人民法院不予受理。

第一百五十七条 行政机关申请人民法院强制执行其行政行为的，由申请人所在地的基层人民法院受理；执行对象为不动产的，由不动产所在地的基层人民法院受理。

基层人民法院认为执行确有困难的，可以报请上级人民法院执行；上级人民法院可以决定由其执行，也可以决定由下级人民法院执行。

第一百五十八条 行政机关根据法律的授权对平等主体之间民

事争议作出裁决后，当事人在法定期限内不起诉又不履行，作出裁决的行政机关在申请执行的期限内未申请人民法院强制执行的，生效行政裁决确定的权利人或者其继承人、权利承受人在六个月内可以申请人民法院强制执行。

享有权利的公民、法人或者其他组织申请人民法院强制执行生效行政裁决，参照行政机关申请人民法院强制执行行政行为的规定。

第一百五十九条 行政机关或者行政行为确定的权利人申请人民法院强制执行前，有充分理由认为被执行人可能逃避执行的，可以申请人民法院采取财产保全措施。后者申请强制执行的，应当提供相应的财产担保。

第一百六十条 人民法院受理行政机关申请执行其行政行为的案件后，应当在七日内由行政审判庭对行政行为的合法性进行审查，并作出是否准予执行的裁定。

人民法院在作出裁定前发现行政行为明显违法并损害被执行人合法权益的，应当听取被执行人和行政机关的意见，并自受理之日起三十日内作出是否准予执行的裁定。

需要采取强制执行措施的，由本院负责强制执行非诉行政行为的机构执行。

第一百六十一条 被申请执行的行政行为有下列情形之一的，人民法院应当裁定不准予执行：

（一）实施主体不具有行政主体资格的；

（二）明显缺乏事实根据的；

（三）明显缺乏法律、法规依据的；

（四）其他明显违法并损害被执行人合法权益的情形。

行政机关对不准予执行的裁定有异议，在十五日内向上一级人民法院申请复议的，上一级人民法院应当在收到复议申请之日起三十日内作出裁定。

十三、附则

第一百六十二条 公民、法人或者其他组织对 2015 年 5 月 1 日之前作出的行政行为提起诉讼，请求确认行政行为无效的，人民法院不予立案。

第一百六十三条 本解释自2018年2月8日起施行。

本解释施行后，《最高人民法院关于执行〈中华人民共和国行政诉讼法〉若干问题的解释》（法释〔2000〕8号）、《最高人民法院关于适用〈中华人民共和国行政诉讼法〉若干问题的解释》（法释〔2015〕9号）同时废止。最高人民法院以前发布的司法解释与本解释不一致的，不再适用。

附录二

1. 行政起诉状[①]

行政起诉状
原告×××，……（自然人写明姓名、性别、工作单位、住址、有效身份证件号码、联系方式等基本信息；法人或其他组织写明名称、地址、联系电话、法定代表人或负责人等基本信息）。 委托代理人×××，……（写明姓名、工作单位等基本信息）。 被告×××，……（写明名称、地址、法定代表人等基本信息）。 其他当事人×××，……（参照原告的身份写法，没有其他当事人，此项可不写）。 诉讼请求：……（应写明具体、明确的诉讼请求）。 事实和理由：……（写明起诉的理由及相关事实依据，尽量逐条列明）。 此致 ××××人民法院

① 参见中华人民共和国最高人民法院网站，https：//www. court. gov. cn/upload/file/2015/06/29/09/55/20150629095529_ 28214. pdf，最后访问时间：2025 年 10 月 28 日。以下不再标注。

原告：×××（签名盖章）
［法人：×××（盖章）］
××××年××月××日
（写明递交起诉状之日）

附：
1. 起诉状副本××份
2. 被诉行政行为××份
3. 其他材料××份

【说明】

一、根据立案登记制，行政起诉采取书面主义，即起诉人除确实存在困难外，必须递交行政起诉状，且起诉状必须具备法定的基本要素和要求，能初步证明符合《中华人民共和国行政诉讼法》第四十九条等规定的起诉条件。

二、公民、法人或者其他组织提起行政诉讼，可以根据《中华人民共和国行政诉讼法》第四十九条第（三）项的规定提出下列具体的诉讼请求：

（1）请求判决撤销、变更行政行为；
（2）请求判决行政机关履行法定职责或者给付义务；
（3）请求判决确认行政行为违法；
（4）请求判决行政机关予以赔偿或者补偿；
（5）请求解决行政协议争议；
（6）请求一并审查规章以下规范性文件；
（7）请求一并解决相关民事争议。
（8）其他诉讼请求。

诉讼请求不明确的，人民法院应当予以释明。

2. 举证通知书（被告举证用）

××××人民法院

举证通知书

（被告举证用）

（××××）×行×字第××号

×××：

根据《中华人民共和国行政诉讼法》、《最高人民法院关于行政诉讼证据若干问题的规定》（以下简称《证据规定》）的有关规定，现将有关举证事项通知如下：

一、你应当在收到起诉状副本之日起十五日内，提供据以作出被诉行政行为的全部证据和所依据的规范性文件。不提供或者无正当理由逾期提供证据，将视为被诉行政行为没有相应证据。

因不可抗力或者客观上不能控制的其他正当事由，不能在前述规定的期限内提供证据的，应当在收到起诉状副本之日起十五日内向人民法院提出延期提供证据的书面申请。人民法院准许延期提供的，应当在正当事由消除后十日内提供证据。逾期提供的，将视为被诉行政行为没有相应证据。

二、你认为原告起诉超过法定期限，应当承担举证责任。原告或者第三人提出其在行政程序中没有提出的反驳理由或者证据的，经人民法院准许，你可以在第一审程序中补充相应的证据。

三、在诉讼过程中，你与你的诉讼代理人不得自行向原告、第三人和证人收集证据。

四、你可按照《证据规定》的要求，提供书证、物证、视听资料、电子数据、证人证言、鉴定意见、现场笔录、在中华人民共和国领域外形成的证据以及外文书证或者视听资料等证据材料。证据涉及国家秘密、商业秘密或者个人隐私的，应当作出明确标注，并向法庭说明，由法庭予以审查确认。

向人民法院提供证据，应当对提交的证据材料分类编号，对证据材料的名称、证明对象和内容作简要说明，签名或者盖章，注明提交日期，并依照对方当事人人数提出证据清单。

五、你申请人民法院调取证据的，应当在举证期限内提交调取证据申请书。调取证据申请书应写明证据持有人的姓名或名称、住址等基本情况，写明拟调取证据的内容以及申请调取证据的原因及其要证明的案件事实。

在证据可能灭失或者以后难以取得的情况下，可以向人民法院申请保全证据。申请保全证据，应当在举证期限届满前以书面形式提出，并说明证据的名称和地点、保全的内容和范围、申请保全的理由等事项。

申请保全证据，应向法院提供相应的担保。

六、你认为人民法院委托的鉴定部门作出的鉴定意见存在《证据规定》第三十条规定的情形，可以申请重新鉴定。

如果你对需要鉴定的事项负有举证责任，在举证期限内无正当理由不提出鉴定申请、不预交鉴定费用或者拒不提供相关材料，致使对案件争议的事实无法通过鉴定结论予以认定的，你将对该事实承担举证不能的法律后果。

七、申请证人出庭作证的，应当在举证期限届满前提出。经申请，人民法院可以就证人能否正确表达意志进行审查或者交由有关部门鉴定。你提供的证人、鉴定人因出庭作证或者接受询问而支出的合理费用，由你先行支付，由败诉一方当事人承担。

八、对当事人无争议，但涉及国家利益、公共利益或者他人合法权益的事实，人民法院有权要求你提供或者补充有关证据。

九、在人民法院组织交换证据程序中，你应向对方出示或者交换证据。

十、你如果有伪造、隐藏、毁灭证据或者提供虚假证明材料，妨碍人民法院审理案件的，指使、贿买、胁迫他人作伪证或者威胁、阻止证人作证的行为之一的，人民法院可以根据情节轻重，予以训诫、责令具结悔过或者处一万元以下的罚款、十五日以下的拘留，也可以对你主要负责人或者直接责任人员予以罚款、拘留；构成犯罪的，依法追究刑事责任。如果对处罚决定不服，可以向作出决定的人民法院申请复议。

××××年××月××日

（院印）

【说明】

本通知书适用于一审诉讼程序。

3. 举证通知书（原告、第三人举证用）

××××人民法院

举证通知书

（原告、第三人举证用）

（××××）×行×字第××号

×××：

根据《中华人民共和国行政诉讼法》、《最高人民法院关于行政诉讼证据若干问题的规定》（下称《证据规定》）的有关规定，现将有关举证事项通知如下：

一、人民法院组织庭前交换证据的，你应在指定的证据交换之日提供证据；未组织庭前交换证据的，应当在开庭审理前提供证据。如果在前述期限内不提交证据材料，视为放弃举证权利。

因正当事由申请延期提供证据的，你应在举证期限内向人民法院申请延期举证，经人民法院准许，可以适当延长举证期限。

你逾期提交的证据材料，应当说明理由，不说明理由或理由不成立的，人民法院将不组织质证。但被告同意质证的除外。

在第一审程序中无正当理由未提供而在第二审程序中提供的证据，人民法院将不予接纳。

二、你应当提供符合起诉条件的相应证据材料。在起诉被告不作为的案件中，还应当提供在行政程序中曾经提出申请的证据材料。但下列情形除外：（一）你申请的事项是被告应当依职权主动履行的法定职责；（二）你因正当事由不能提供相关证据材料。在行政赔偿、补偿诉讼中，你应当对被诉行政行为造成损害的事实提供证据。

你也可以提供证明被诉行政行为违法的证据。提供的证据不成立的，并不免除被告对被诉行政行为合法性承担的举证责任。

对当事人无争议，但涉及国家利益、公共利益或者他人合法权益的事实，人民法院有权要求当事人提供或者补充有关证据。

三、你可按照《证据规定》的要求提供书证、物证、视听资料、电子数据、证人证言、在中华人民共和国领域外形成的证据以及外文书证或者外国语视听资料等证据材料。对涉及国家秘密、商业秘密或者个人隐私的证据，应当作出明确标注，并向法庭说明，由法庭予以审查确认。

向人民法院提供证据，应当对提交的证据材料分类编号，对证据材料的名称、证明对象和内容作简要说明，签名或者盖章，注明提交日期，并依照对方当事人人数提出证据清单。

四、因客观原因不能自行收集，但能够提供确切线索的证据材料，可以申请人民法院调取。

申请人民法院调取证据，应当在举证期限内提交书面申请。调取证据申请书应写明证据持有人的姓名或名称、住址等基本情况，拟调取证据的内容以及申请调取证据的原因及其要证明的案件事实。

五、在证据可能灭失或者以后难以取得的情况下，可以向人民法院申请保全证据。申请保全证据，应当在举证期限届满前以书面形式提出，并说明证据的名称和地点、保全的内容和范围、申请保全的理由等事项。

申请保全证据，应向法院提供相应的担保。

六、有证据或者有正当理由表明被告据以认定案件事实的鉴定意见可能有错误的，可以在举证期限内以书面形式申请重新鉴定。

你认为人民法院委托的鉴定部门作出的鉴定意见存在《证据规定》第三十条规定的情形，可以申请重新鉴定。

如果你对需要鉴定的事项负有举证责任，在举证期限内无正当理由不提出鉴定申请、不预交鉴定费用或者拒不提供相关材料，致使对案件争议的事实无法通过鉴定结论予以认定的，你将对该事实承担举证不能的法律后果。

七、在人民法院组织交换证据程序中，你应向对方出示或者交换证据。

八、你提供的证人、鉴定人因出庭作证或者接受询问而支出的合理费用，由你先行支付，由败诉一方当事人承担。

九、你如果有伪造、隐藏、毁灭证据或者提供虚假证明材料，妨碍人民法院审理案件的，指使、贿买、胁迫他人作伪证或者威胁、阻止证人作证的行为之一的，人民法院可以根据情节轻重，予以训诫、责令具结悔过或者处一万元以下的罚款、十五日以下的拘留；单位有前述行为之一的，人民法院可以对其主要负责人或者直接责任人员予以罚款、拘留；构成犯罪的，依法追究刑事责任。如果对处罚决定不服，可以向作出决定的人民法院申请复议。

××××年××月××日

（院印）

【说明】

本通知书适用于一审诉讼程序。

4. 通知书（调取证据用）

××××人民法院

通 知 书

（调取证据用）

（××××）×行×字第××号

×××：

关于……（写明当事人的姓名或者名称及案由）一案，根据《中华人民共和国行政诉讼法》第四十条、第四十一条的规定，我院决定就……事项，向你调取下列证据：……（写明需要调取的证据的名称）。

××××年××月××日

（院印）

【说明】

一、本通知书适用于《中华人民共和国行政诉讼法》第四十条、第四十一条规定的情形。

二、本通知书送达被调取证据的行政机关、其他组织或者公民。

三、本通知书可以附录当事人配合调取证据的义务和不配合调取证据可能承担的法律责任。

四、实施调查令制度的人民法院，也可参考本样式制定相应的调查令样式，当事人可以依法向人民法院申请出具调查令，并持调查令依法向第三人调取证据。

5. 行政机关负责人出庭通知书

××××人民法院

行政机关负责人出庭通知书

（××××）×行×字第××号

×××（写明被诉行政机关）：

本院已经依法受理原告（或上诉人）×××与被告（或被上诉人）×××……（写明案由）一案，定于××××年××月××日××时在本院第×法庭（如具体时间和法庭未定，也可不写）开庭审理本案。根据《中华人民共和国行政诉讼法》第三条第三款（如有其他规定，可写：和……规定）的规定，现通知你单位委派一名负责人出庭应诉。

特此通知。

××××年××月××日

（院印）

【说明】

本通知书样式供各级人民法院通知行政机关负责人出庭应诉。

6. 证人出庭申请书

证人出庭申请书

（申请证人出庭用）

申请人×××，……（写明姓名或名称等基本情况）。

申请事项：

申请人×××因……（写明案由）一案，你院已于××××年××月××日立案受理。为查明案件事实，特向你院申请通知证人×××出庭作证。

申请理由：

……

此致

××××人民法院

申请人：×××（签字/公章）

××××年××月××日

附：

证人联系方式：证人×××（姓名、性别、身份证件号码、地址、电话）

【说明】

本申请书适用于《最高人民法院关于行政诉讼证据若干问题的规定》第四十三条规定的情形。

7. 先予执行申请书

先予执行申请书

（申请先予执行用）

申请人×××，……（写明姓名等基本情况）。

请求事项：

根据《中华人民共和国行政诉讼法》第五十七条的规定，特向你院申请责令×××先予支付抚恤金（或最低生活保障金，工伤、医疗社会保险金）……（写明给付数量、金额等）。

申请理由：

……

此致

××××人民法院

申请人：×××（签字）

××××年××月××日

【说明】

先予执行是指法院对某些案件作出判决前，为解决权利人的生活所需，裁定义务机关履行一定义务的诉讼措施。先予执行的条件是：（1）当事人之间权利关系明确，不先予执行会严重影响原告的生活；（2）被申请人有履行能力；（3）在作出判决之前采取。先予执行的范围主要有三类：一是支付抚恤金的案件；二是支付最低生活保障金的案件；三是支付工伤、医疗社会保险金的案件。

8. 停止执行申请书

停止执行申请书

（申请停止执行用）

申请人×××，……（写明姓名或名称等基本情况）。

申请事项：

根据《中华人民共和国行政诉讼法》第五十六条的规定，特向你院申请停止执行被告（或被上诉人、被申请人）×××的行政行为（可写明具体内容）。

申请理由：

……

此致

××××人民法院

申请人：×××（签字/公章）

××××年××月××日

9. 处理建议书（对规范性文件提出处理建议用）

××××人民法院

处理建议书

（对规范性文件提出处理建议用）

（××××）×行×字第××号

××××（主送单位名称）：

在×××诉×××……（写明当事人姓名或名称和案由）一案中，原告×××认为……（写明规范性文件的名称，并归纳原告认为规范性文件不合法的理由）不合法，依据《中华人民共和国行政诉讼法》第五十三条的规定一并请求对……（写明规范性文件的名称）进行审查。

本院审查后于××××年××月××日作出（××××）×行×字第××号判决，并将该规范性文件不作为认定行政行为合法的依据。该判决已发生法律效力。本院认为，……（写明规范性文件不合法的结论及其理由）。根据《中华人民共和国行政诉讼法》第六十四条的规定，特建议：

……（写明建议的具体事项）。

以上建议请研究处理，并将处理结果函告本院。

抄送：××××（抄送机关名称）

××××年××月××日

（院印）

附：行政判决书××份

【说明】

一、本处理建议书样式供各级人民法院根据《中华人民共和国行政诉讼法》第五十三条的规定一并对规范性文件进行审查过程中，发现规范性文件存在不合法的问题，依据《中华人民共和国行政诉讼法》第六十四条规定，向制定机关提出处理建议时使用。

二、“规范性文件不合法的结论及理由”应当与行政判决书主文保持一致。“提出建议的理由”要有法律、法规和政策依据，建议的事项要具体明确，切实可行，并要正确处理好人民法院处理建议权的界限。

10. 司法建议书

×××× 人民法院

司法建议书

（人民法院提出书面建议用）

（××××）×行×字第××号

××××（主送单位名称）：

本院在审理×××诉×××……（写明当事人姓名或者名称和案由）一案中，发现……（写明发现行政行为存在的问题和提出建议的理由）。为此，特建议：

……（写明建议的具体事项）。

以上建议请研究处理，并尽快将处理结果函告本院。

抄送：××××（抄送机关名称）

××××年××月××日

（院印）

【说明】

一、本样式供各级人民法院在行政案件的审判和执行过程中发现有关单位存在重要问题，向该单位或其上级领导机关提出解决问题和改进工作的书面建议时使用。

二、“存在的问题”要书写清楚，“提出建议的理由”要有法律、法规和政策依据，建议的事项要具体明确，切实可行。特别是对有关人员的处理建议，要有确凿的事实根据和法律、法规或规章的依据。如涉及《中华人民共和国行政诉讼法》第九十六条第（四）项有关问题提出司法建议的，应当引用上述法条作为依据。

11. 本书所涉文件目录

宪法

2018 年 3 月 11 日　中华人民共和国宪法

法律

2000 年 10 月 31 日　中华人民共和国国家通用语言文字法
2011 年 6 月 30 日　中华人民共和国行政强制法
2012 年 10 月 26 日　中华人民共和国国家赔偿法
2017 年 6 月 27 日　中华人民共和国行政诉讼法
2018 年 10 月 26 日　中华人民共和国人民检察院组织法
2018 年 10 月 26 日　中华人民共和国刑事诉讼法
2018 年 12 月 29 日　中华人民共和国公务员法
2019 年 3 月 15 日　中华人民共和国外商投资法
2019 年 4 月 23 日　中华人民共和国行政许可法
2020 年 6 月 20 日　中华人民共和国公职人员政务处分法
2021 年 1 月 22 日　中华人民共和国行政处罚法
2023 年 9 月 1 日　中华人民共和国行政复议法
2023 年 9 月 1 日　中华人民共和国民事诉讼法
2023 年 12 月 29 日　中华人民共和国刑法

行政法规及文件

2007 年 5 月 29 日　中华人民共和国行政复议法实施条例
2008 年 5 月 12 日　国务院关于加强市县政府依法行政的决定
2019 年 4 月 3 日　中华人民共和国政府信息公开条例
2019 年 12 月 26 日　中华人民共和国外商投资法实施条例
2021 年 12 月 22 日　国务院办公厅转发司法部关于审理政府信息公开行政复议案件若干问题指导意见的通知

2022 年 6 月 6 日	国务院关于加强数字政府建设的指导意见

部门规章及文件

2009 年 4 月 30 日	财政部、国家税务总局关于企业重组业务企业所得税处理若干问题的通知
2010 年 1 月 6 日	中国保险监督管理委员会行政复议办法
2010 年 5 月 4 日	中国证券监督管理委员会行政复议办法
2010 年 12 月 22 日	农业部行政复议工作规定
2015 年 9 月 7 日	住房城乡建设行政复议办法
2018 年 6 月 15 日	税务行政复议规则
2021 年 4 月 20 日	农业农村部关于全面推进农业农村法治建设的意见
2021 年 11 月 9 日	生态环境部关于深化生态环境领域依法行政持续强化依法治污的指导意见
2021 年 12 月 6 日	人力资源社会保障部关于印发《人力资源和社会保障法治建设实施方案（2021 — 2025 年）》的通知
2021 年 12 月 13 日	法治市场监管建设实施纲要（2021—2025 年）
2022 年 3 月 28 日	中国银保监会关于印发银行业保险业法治建设实施方案的通知
2022 年 6 月 2 日	国家邮政局关于深入推进邮政管理部门法治政府建设的实施意见
2023 年 12 月 27 日	国家发展和改革委员会行政复议实施办法
2024 年 1 月 22 日	中华人民共和国海关审理行政复议案件程序规定
2024 年 2 月 26 日	工业和信息化部行政复议实施办法
2024 年 2 月 28 日	国家国防科技工业局行政复议实施办法
2024 年 3 月 1 日	国家中医药管理局行政复议与行政应诉管理办法
2024 年 4 月 3 日	行政复议普通程序听取意见办法

2024 年 4 月 3 日　行政复议普通程序听证办法
2024 年 4 月 3 日　关于进一步加强行政复议调解工作推动行政争议实质性化解的指导意见
2024 年 4 月 4 日　应急管理部行政复议和行政应诉工作办法
2024 年 4 月 11 日　生态环境部行政复议办法
2024 年 4 月 18 日　国家外汇管理局行政复议程序
2024 年 6 月 7 日　海事行政复议工作规定
2024 年 7 月 16 日　国家矿山安全监察局行政复议及行政应诉办法
2024 年 12 月 30 日　国家知识产权局行政复议规程

司法解释及文件

2001 年 2 月 16 日　最高人民法院关于国有资产产权管理行政案件管辖问题的解释
2002 年 7 月 24 日　最高人民法院关于行政诉讼证据若干问题的规定
2002 年 8 月 27 日　最高人民法院关于审理国际贸易行政案件若干问题的规定
2002 年 11 月 21 日　最高人民法院关于审理反倾销行政案件应用法律若干问题的规定
2002 年 11 月 21 日　最高人民法院关于审理反补贴行政案件应用法律若干问题的规定
2004 年 5 月 18 日　最高人民法院关于印发《关于审理行政案件适用法律规范问题的座谈会纪要》的通知
2009 年 11 月 9 日　最高人民法院印发《关于依法保护行政诉讼当事人诉权的意见》的通知
2011 年 3 月 10 日　最高人民法院、最高人民检察院关于印发《关于对民事审判活动与行政诉讼实行法律监督的若干意见（试行）》的通知
2011 年 7 月 13 日　最高人民法院印发《关于审理证券行政处罚案件证据若干问题的座谈会纪要》的通知

2011 年 8 月 7 日	最高人民法院关于审理涉及农村集体土地行政案件若干问题的规定
2012 年 3 月 26 日	最高人民法院关于办理申请人民法院强制执行国有土地上房屋征收补偿决定案件若干问题的规定
2013 年 3 月 27 日	最高人民法院关于违法的建筑物、构筑物、设施等强制拆除问题的批复
2018 年 2 月 6 日	最高人民法院关于适用《中华人民共和国行政诉讼法》的解释
2019 年 11 月 27 日	最高人民法院关于审理行政协议案件若干问题的规定
2020 年 6 月 22 日	最高人民法院关于行政机关负责人出庭应诉若干问题的规定
2020 年 12 月 29 日	最高人民法院关于对与证券交易所监管职能相关的诉讼案件管辖与受理问题的规定
2021 年 3 月 25 日	最高人民法院关于正确确定县级以上地方人民政府行政诉讼被告资格若干问题的规定
2021 年 3 月 25 日	最高人民法院关于办理行政申请再审案件若干问题的规定
2021 年 6 月 29 日	人民检察院公益诉讼办案规则
2021 年 12 月 22 日	最高人民法院关于进一步推进行政争议多元化解工作的意见
2022 年 3 月 20 日	最高人民法院关于审理行政赔偿案件若干问题的规定
2022 年 4 月 20 日	最高人民法院关于第一审知识产权民事、行政案件管辖的若干规定
2023 年 7 月 28 日	最高人民法院印发《关于加强和规范案件提级管辖和再审提审工作的指导意见》的通知

地方性法规

2018 年 4 月 26 日　黑龙江省五大连池世界地质公园保护条例

请示答复

2021 年 6 月 4 日　最高人民法院对十三届全国人大四次会议第 9717 号建议的答复

2021 年 6 月 23 日　最高人民法院对十三届全国人大四次会议第 6353 号建议的答复

2021 年 11 月 19 日　司法部对十三届全国人大四次会议第 5444 号建议的答复

2023 年 11 月 18 日　国务院关于《支持北京深化国家服务业扩大开放综合示范区建设工作方案》的批复

答记者问

2020 年 3 月 8 日　最高人民检察院第七检察厅负责人就“加强行政检察监督促进行政争议实质性化解”专项活动答记者问

图书在版编目（CIP）数据

行政复议法、行政诉讼法一本通 / 法规应用研究中心编. -- 3 版. -- 北京 ：中国法治出版社，2025. 1（2025. 12 重印）. -- （法律一本通）. -- ISBN 978-7-5216-4925-3

Ⅰ. D925. 304

中国国家版本馆 CIP 数据核字第 20246XT900 号

责任编辑：谢雯　　封面设计：杨泽江

行政复议法、行政诉讼法一本通

XINGZHENG FUYIFA、XINGZHENG SUSONGFA YIBENTONG

编者/法规应用研究中心

经销/新华书店

印刷/保定市中画美凯印刷有限公司

开本/880 毫米×1230 毫米　32 开　　印张/ 15. 125　字数/ 386 千

版次/2025 年 1 月第 3 版　　2025 年 12 月第 3 次印刷

中国法治出版社出版

书号 ISBN 978-7-5216-4925-3　　定价：49. 00 元

北京市西城区西便门西里甲 16 号西便门办公区

邮政编码：100053　　传真：010-63141600

网址：http：//www. zgfzs. com　　**编辑部电话：010-63141793**

市场营销部电话：010-63141612　　**总编室电话：010-63141606**

（如有印装质量问题，请与本社总编室联系。）

法律一本通丛书·第十版

1. 民法典一本通
2. 刑法一本通
3. 行政许可法、行政处罚法、行政强制法一本通
4. 土地管理法一本通
5. 农村土地承包法一本通
6. 道路交通安全法一本通
7. 劳动法一本通
8. 劳动合同法一本通
9. 公司法一本通
10. 安全生产法一本通
11. 税法一本通
12. 产品质量法、食品安全法、消费者权益保护法一本通
13. 公务员法一本通
14. 商标法、专利法、著作权法一本通
15. 民事诉讼法一本通
16. 刑事诉讼法一本通
17. 行政复议法、行政诉讼法一本通
18. 社会保险法一本通
19. 行政处罚法一本通
20. 环境保护法一本通
21. 网络安全法、数据安全法、个人信息保护法一本通
22. 监察法、监察官法、监察法实施条例一本通
23. 法律援助法一本通
24. 家庭教育促进法、未成年人保护法、预防未成年人犯罪法一本通
25. 工会法一本通
26. 反电信网络诈骗法一本通
27. 劳动争议调解仲裁法一本通
28. 劳动法、劳动合同法、劳动争议调解仲裁法一本通
29. 保险法一本通
30. 妇女权益保障法一本通
31. 治安管理处罚法一本通
32. 农产品质量安全法一本通
33. 企业破产法一本通
34. 反间谍法一本通
35. 民法典：总则编一本通
36. 民法典：物权编一本通
37. 民法典：合同编一本通
38. 民法典：人格权编一本通
39. 民法典：婚姻家庭编一本通
40. 民法典：继承编一本通
41. 民法典：侵权责任编一本通
42. 文物保护法一本通
43. 反洗钱法一本通
44. 学前教育法、未成年人保护法、教育法一本通
45. 能源法一本通
46. 各级人民代表大会常务委员会监督法、全国人民代表大会和地方各级人民代表大会选举法、全国人民代表大会和地方各级人民代表大会代表法一本通
47. 矿产资源法一本通
48. 未成年人保护法、妇女权益保障法、老年人权益保障法一本通

……